非協力ゲーム理論

本書を両親に捧げる

非協力ゲーム理論

グレーヴァ香子 著

数理経済学叢書

知泉書館

編集委員

神谷 和也／楠岡 成雄／グレーヴァ香子

武隈 愼一／原 千秋／俣野 博／丸山 徹

刊 行 の 辞

　数理経済学研究センターは，数学・経済学両分野に携わる学徒の密接な協力をつうじて，数理経済学研究の一層の進展を図ることを目的に，平成9年に設立された．以来十数年にわたり，各種研究集会の開催，研究成果の刊行と普及などの活動を継続しつつある．

　活動の一環として，このほど知泉書館の協力により，数理経済学叢書の刊行が実現のはこびに到ったことは同人一同の深く喜びとするところである．

　この叢書は研究センターに設置された編集委員会の企画・編集により，(一) 斯学における新しい研究成果を体系的に論じた研究書，および (二) 大学院向きの良質の教科書を逐次刊行するシリーズである．

　数学の成果の適切な応用をつうじて経済現象の分析が深まり，また逆に経済分析の過程から数学への新たな着想が生まれるならば，これこそ研究センターの目指す本懐であり，叢書の刊行がそのための一助ともなることを祈りつつ努力したいと思う．

　幸いにしてこの叢書刊行の企てが広範囲の学徒のご賛同とご理解を得て，充実した成果に結実するよう読者諸賢のお力添えをお願いする次第である．

　2011 年 4 月

　　　　　　　　　　　　　　　数理経済学叢書　編集委員一同

序

　ゲーム理論とは社会の数学的分析である。ゲーム理論を体系的に創始したのは，1944年のフォン・ノイマン (J. von Neumann) とモルゲンシュテルン (O. Morgenstern) の共著『ゲームと経済行動の理論』(Theory of Games and Economic Behavior, 1944) である[1]。その冒頭には，当時の経済学では，個別主体の最適化は扱えても，主体が集まった社会で何が起きるかを数学的に分析できないので，そのような「社会の数学的分析」の道具として開発されたのがゲーム理論であるとされている。

　これは二つの意味で画期的なことであった。一つはもちろん，それまでにない新しい数学の分野を開拓したということであり，もう一つは社会科学を最先端の科学に引き上げたことである。社会科学の側面からゲーム理論を学ぶに当たって，我々は誇りを持ってこの二つを心に留め，このままずっとゲーム理論がその高い科学的水準を維持し続けるよう，努力したい。

　ゲーム理論はその後天才ナッシュを含む多数の優秀な研究者によって，大きく花開いた。ゲーム理論関連の研究者に与えられたノーベル経済学賞は既に4回，1994年（ナッシュ，ゼルテン，ハルサニ），2001年（アカロフ，スペンス，スティグリッツ），2005年（シェリング，オーマン），2007年（マイヤソン，マスキン）に渡っている。今や世界中の多くの大学でゲーム理論が教えられ，ゲーム理論学会が把握しているだけでも毎年多数の学会が開かれて賑わっている。筆者が学部生だったころは，ゲーム理論の定期的な講義などなかったことを思うと，隔世の感がある。

---

　1) それ以前にも，ツェルメロ (Zermelo, 1913)，ボレル (Borel, 1921-27, 英訳 1953) の研究，フォン・ノイマンの論文 (1928) などがあったが，体系的にまとめられたのはこの本による。詳しくは，中山 (2005) などを参照されたい。

ゲーム理論についての本も，加速度的に増えていると言ってよく，今更何を書くべきなのかという問題はある．結局は，筆者にしか書けないものを書くというしかない．とはいえ，筆者は並みいる優秀な日本のゲーム理論家の中では末席を汚しているばかりで，とても筆者の研究だけを書くわけにはいかない．唯一，多少自信があるのは国語能力である．そこで，厳密な理論の本であっても，「読める」本を書くという目標を立てた．なるべく外来語を使用せず日常の日本語で説明し，しかし用語は厳密に使用した．ただし，人名等のカタカナ表記は筆者の解釈であって，不正確かもしれない．（本人に確認した読み方もある．例えばアスヘイム (Asheim) など．）用語の和訳についても，筆者のものと異なる訳があるかもしれない．そのため，読者の混乱を減らし，将来外国語で書かれた論文を読む人の便宜のために，人名と用語については原語あるいは英語の表記も併記した．文体についても，論文風の簡潔すぎる文章ではなく，しかし入門書風の卑近すぎる文章でもなく，厳密かつわかりやすい文章を書こうと努力した．おそらく，本書は寝そべって読むには難しいが，机に向かってメモをとりながら読むほどのものではない．本当に理解しようと思えば，誰にでも理解できるように書いたつもりである．

　理論的な学問は完全にわかったか，わからないかのどちらかしかないと筆者は思う．完全にわかるとは，用語の意味を正しく理解し，理論の中の主張について，そこに至る論理も一歩一歩全て理解することである．どこかに穴があれば，それはわかったとは言えない．だから，入門書を読んだだけで，ゲーム理論がわかったとは言えない．また，他人に自分の言葉で説明できなければ，わかったとは言えない．その意味では，本書は筆者自身がゲーム理論（の一部）を完全に理解しようとする過程の表現でもあり，また，本書を読んで一人でも多くの読者が，少なくともいくつかの主張について「完全にわかった」という経験をしてくれたらうれしい．（とはいえ，いろいろな制約によって，本書の全ての命題についてすら，完全な証明を与えていないのは，内心忸怩たるものがあるが，もし版を重ねることができたり，今後他で書くことがあれば，さらに充実させたいと思っている．）

　本書の内容は，筆者が慶應義塾大学，早稲田大学，ノルウェー経営大学 (Norwegian School of Management BI) で行ってきた講義と，筆者自身の研究をもとにしたものである．実際に教室で行ってきた練習問題も解答付きで多

数収録し，自習の助けになるようになっている．内容とその表現の正確さについては最大限の努力はしたが，間違いは必ずあると思われ，書籍という制約上すぐには訂正できていないであろう．ここであらかじめ謝罪しておく．発見された間違いについては随時筆者のウェブサイト (http://web.econ.keio.ac.jp/staff/takakofg/book.html) で訂正していく予定である．また，筆者の能力の不足とページ数の制限により，本書に書いていない重要な研究分野がいくつもあることもお詫びしておく．特に知識 (knowledge) の問題や学習 (learning) の研究について書けなかったことは残念である．

本書の読み方について述べると，初学者には，まず * 印の付いていない章，節を読み，関連の練習問題について考えることをお薦めする．大学でゲーム理論の研究会に所属するレベルの学生はさらに一つの * がついた部分を学んで欲しい．大学院ではこれらを踏まえて，** の付いた章，節から始めて，参考文献にあるような論文の理解へと進んでいって欲しい．（章の中でレベルが違う節にはさらに星がつけてある．そうでない場合は章のレベルと同じである．）

本書の成立に当たっては，丸山徹先生にお話をいただいたことに感謝する．また，本書の草稿を丁寧に読んで，たくさんの改善すべき箇所を指摘して下さった以下の皆様にも感謝する．武隈慎一先生，金丸啓子さん，熨斗隆幸さん，虞朝聞君，竹田瑛史郎君，市橋翔太君，慶應義塾大学大学院のゲーム理論上級参加者のみなさん，グレーヴァ研究会のみなさん．ただし，言うまでもなく，本書の間違いはすべて著者の責任である．

本書の内容は筆者の研究とも密接な関連を持っており，共同研究者の方々（特に奥野（藤原）正寛先生，安田洋祐先生，鈴木伸枝先生）には，日頃たくさんの啓蒙を受けていることを改めて感謝する．また筆者がこれまでにいろいろな場面（大学，大学院，セミナー，学会等）で本当にたくさんの方から教えていただいたことは書ききれない．特に日本人だけを列記すると，学部時代からの恩師，長名寛明先生，川又邦雄先生，慶應義塾大学大学院でお世話になった大山道広先生，先輩としていつもサポートして下さった中村慎助先生，帰国後，東大大学院の勉強会に入れて下さった松井彰彦先生，論文とは書き方なのであると教えて下さった金子守先生，矢野誠先生，同僚として常に暖かくサポートして下さる中山幹夫先生，学会等で会うといつも助言，

激励して下さる神取道宏先生，神谷和也先生，梶井厚志先生，西條辰義先生，鈴村興太郎先生，西村直子先生，武藤滋夫先生，岡田章先生，松山公紀先生，小原一郎先生など，まったく業績のない時代から筆者を仲間として受け入れて下さったことを感謝している。特に奥野（藤原）正寛先生は，筆者のスタンフォード留学を決定付ける推薦状を書いて下さったことから始まって，その後一貫して筆者を激励し続け，近年は共同研究まで一緒にして下さって，筆者のキャリアのほぼ全体を作って下さったと言っても過言ではない。ここで心よりの感謝を記しておく。

最後に，でも最小にではなく，最大に，いつも筆者の仕事と人生全般をサポートしてくれている Henrich Greve 氏に感謝する。彼がいなかったら筆者のキャリアはここまでこれなかったと思う。そして，だいぶ役に立つようになってきたヤンと遼にも感謝する。仕事でうまくいかなかったとき，疲れて帰ってきたとき，彼らの笑顔が何よりも私の助けとなってきた。ありがとう。

2011 年 4 月　　　　　　　　　　　　　　　　　　　　グレーヴァ 香子

目　次

序 ……………………………………………………………………… vii

第1章　ゲームとは …………………………………………… 3
1.1　ゲームとは ……………………………………………………… 3
1.2　非協力ゲームと協力ゲーム …………………………………… 4
1.3　ゲームの構成要素 ……………………………………………… 5
1.4　合理性について ………………………………………………… 8

第2章　戦略的支配 …………………………………………… 11
2.1　囚人のジレンマ ………………………………………………… 11
2.2　厳密に支配される戦略 ………………………………………… 12
2.3　ゲームをよく知っているということ ………………………… 16
2.4　支配される戦略の逐次消去 …………………………………… 17
2.5　弱く支配される戦略 …………………………………………… 21
2.6　ミニマックス原理 * …………………………………………… 23
2.7　3人ゲームの行列表現 ………………………………………… 26

第3章　ナッシュ均衡 ………………………………………… 31
3.1　ナッシュ均衡 …………………………………………………… 31
3.2　クールノーのモデルと均衡 …………………………………… 36
3.3　ベルトランのモデルと均衡 …………………………………… 40
3.4　位置選択ゲームと均衡 ………………………………………… 44
3.5　支配関係とナッシュ均衡 * …………………………………… 46
3.6　ナッシュ均衡の存在問題と混合戦略 ………………………… 48

目次

- 3.7 ナッシュ均衡の存在定理 ** ……………………………………………56
- 3.8 合理化可能性 ** ………………………………………………………59

第4章 後ろ向きの帰納法 ……………………………………………75
- 4.1 展開形ゲーム ……………………………………………………75
- 4.2 展開形ゲームの戦略 ……………………………………………84
- 4.3 後ろ向きの帰納法 ………………………………………………89
- 4.4 チェーンストア・パラドックス ………………………………93
- 4.5 シュタッケルベルクのモデルと均衡 …………………………97
- 4.6 最後通牒ゲーム …………………………………………………98
- 4.7 交互提案交渉ゲーム …………………………………………100
- 4.8 自然の導入 ……………………………………………………106
- 4.9 合理性の共有知識と後ろ向きの帰納法 ** …………………110

第5章 部分ゲーム完全均衡 ………………………………………117
- 5.1 部分ゲーム完全均衡 …………………………………………117
- 5.2 暗黙の参入阻止ゲーム ………………………………………120
- 5.3 神経経済学のパラドックス …………………………………124
- 5.4 有限回繰り返しゲーム ………………………………………126
- 5.5 無限回繰り返しゲーム ………………………………………133
- 5.6 均衡における談合 ……………………………………………142
- 5.7 完全フォーク定理 * …………………………………………144
- 5.8 同時意思決定でない繰り返しゲーム * ……………………152
- 5.9 重複世代による繰り返しゲーム * …………………………157

第6章 ベイジアン・ナッシュ均衡 ………………………………169
- 6.1 不完備情報の定式化の問題 …………………………………169
- 6.2 ベイジアンゲーム ……………………………………………170
- 6.3 不完備情報のクールノーモデル ……………………………179
- 6.4 オークション …………………………………………………181
- 6.5 ハルサニの純化定理 * ………………………………………185

第7章　完全ベイジアン均衡　193
7.1　不完備情報の展開形ゲーム　193
7.2　シグナリングゲーム　200
7.3　一括均衡と分離均衡　202
7.4　均衡の精緻化　207

第8章　均衡の精緻化 **　217
8.1　さらなる安定性　217
8.2　摂動完全均衡　218
8.3　プロパー均衡　224
8.4　逐次均衡　226
8.5　チェーンストア・パラドックスの解決　233
8.6　不完全モニタリングの無限回繰り返しゲーム　240
8.7　ランダム・マッチングゲーム　246
8.8　情報構造の研究の今後について　248

第9章　均衡選択 *　253
9.1　利得支配とリスク支配　253
9.2　グローバルゲーム **　259
9.3　神取＝メイラス＝ロブのモデル **　263

第10章　進化的安定性 *　271
10.1　進化的安定戦略　271
10.2　ESS より弱い安定性概念　280
10.3　チープトークゲーム　283
10.4　非対称ゲーム　286
10.5　展開形ゲームにおける進化的安定性　288
10.6　自発的繰り返しゲームにおける進化的安定性 **　290
10.7　再生動学　301

付録 A　位相数学の基礎　311

A.1 論理………………………………………………………………311
 A.2 位相………………………………………………………………314
付録B 動的計画法……………………………………………………319
 B.1 無限期間動的計画法 ……………………………………………319
 B.2 ベルマン方程式 (Bellman Equation)…………………………320

練習問題解答……………………………………………………………324
参考文献…………………………………………………………………345
索引………………………………………………………………………355

　星印は難易度を表し，無印が初級，* が中級，** が上級レベルである。(章の中でレベルが違う節にはさらに星がつけてある。そうでない場合は章のレベルと同じである。)

本書で使用する記号

本書では標準的な論理学，数学の記号を用いるが，読者の便利のため以下に特に重要なものをまとめておく．

$\emptyset$　空集合
$\Re$　実数全体の集合
$\Re_+(\Re_{++})$　非負（正）の実数全体の集合
$X = \{x \mid A\}$　性質 A を満たす x を集めた集合 X
$x \in X$　集合 X に，x が属する（x は X の要素（元）である）
$x \notin X$　集合 X に，x が属さない（x は X の要素（元）でない）
$\forall x \in X$　集合 X に属する任意（全て）の要素 x について
$\exists x \in X$　ある x が集合 X の中に存在して
$x = (x_1, x_2, \ldots, x_n)$　n 次元ベクトル（第 i 座標を x_i とする）
$f : X \to Y$　定義域を集合 X，値域を集合 Y とする関数 f
$\max_{x \in X} f(x)$　集合 X の範囲内で x を動かしたときの関数 f の最大値
$\mathrm{argmax}_{x \in X} f(x)$　集合 X の範囲内で関数 f の最大値を与える要素 x
$\min_{x \in X} f(x)$　集合 X の範囲内で x を動かしたときの関数 f の最小値
$X \times Y$　集合 X と Y の直積
$X \cup Y$　集合 X と Y の合併
$X \cap Y$　集合 X と Y の共通部分
$X \subseteq Y$　集合 X は集合 Y に含まれる（等しいときを含む）
$F : X \to\to Y$　定義域を集合 X，値域を集合 Y とする対応（多価関数）F
$[0, 1]$　両端を 0 と 1 とし，それらを含む実数区間（線分）
$(0, 1)$　両端を 0 と 1 とし，それらを含まない実数区間（線分）
$\Pi_{i=1}^n x_i = x_1 \times x_2 \times \cdots \times x_n$　多数のかけ算
$supp(p)$：確率分布 p が正の確率を付与するもの全体の集合（確率分布のサポート）

非協力ゲーム理論
Non-Cooperative Game Theory

第1章
ゲームとは
(Games in Game Theory)

1.1 ゲームとは

　皆さんは,「ゲーム」と言われると何を連想するだろうか？ 俗にゲームと呼ばれるものはいろいろある。子どもたちが大好きなゲーム機でやるゲーム,スポーツの試合,囲碁や将棋,チェスなどのボードゲームなど。ところが,これらは実はかなり異なった性質を持っている。ゲーム機のゲームは,対戦型でない場合は相手はプログラムであり,その場で意思決定するもの同士の戦いというわけではない。むしろパズル解きに近いものである。スポーツでは,対戦相手はもちろんおり,お互いにその場で意思決定をしているが,結果はそれだけでは決まらないことが多い。例えば野球でインコース低めに投げようと投手が意思決定したとしても,必ずそのように投げられるとは限らず,またその原因が刻々変わる風だったりする。このように意思決定だけではコントロールできないものが結果を大きく左右することが多いのがスポーツである。これらに対し,囲碁,将棋,チェスなどでは,結果に大きく影響するのは自分と対戦相手の意思決定だけである。

　ゲーム理論は「社会の数学的・論理的な分析」を目指している[1]。であるか

---
　1) フォン・ノイマン=モルゲンシュテルン (von Neumann and Morgenstern, 1944) の第1版の序文には "our aim is primarily to show that there is a rigorous approach to these subjects" とあり,"these subjects" とは経済学,社会学である。

ら，一人でプログラムと戦う状況は興味の対象ではない．また，意思決定をしたとしても，それ以外の要因が複雑にからみあうスポーツの状況は，数学的，論理的な分析だけでは結果が予想できないことが多い．複数の意思決定者が存在して社会を構成し，しかも彼らの意思決定が結果に直結するという状況が，数学的，論理的分析に最も適している．従って，ボードゲームのような状況がゲーム理論の主たる分析の対象なのである．ただし，こうした複数の意思決定者により結果が決まるような状況は，小はじゃんけんやボードゲームから，大は国家間の交渉まで多岐にわたって存在する．

1.2 非協力ゲームと協力ゲーム

ゲーム理論においては，意思決定者は各自独立に意思決定し行動するとみなすか，複数の意思決定者が一つのグループとして行動できるとするか，を明確に分ける．なぜなら，グループで行動できるかどうかは，各人の意思決定やその結果に大きく影響するからである．前者の前提に立ってゲームを分析するのが非協力ゲームの理論であり，本書で取り扱うものである．後者のケースを分析するのが協力ゲームの理論である．ナッシュ(Nash, 1951) の定義で言うと，複数の意思決定者の間で拘束的な合意 (binding agreement) をすることができないという前提のゲーム理論が非協力ゲーム理論であり，それができるという前提のゲーム理論が協力ゲーム理論である．

しかし，どちらの前提が正しいかという議論は意味がない．場合によるからである．フォン・ノイマン＝モルゲンシュテルン (von Neumann and Morgenstern, 1944) の本では，両者の理論がまったく対等に繰り広げられている．ただ，ゲーム理論の応用としてもっとも発達しているミクロ経済学においては意思決定者（企業や消費者）の間で拘束的な合意ができないと考えるのがもっともらしい．

また，非協力ゲームの分析の主たる目的は，「一人一人が独立して意思決定をしたとき，社会全体ではどのような行動の分布になるか」を調べることであるのに対し，協力ゲームの主たる目的は「人々がいろいろなグループを組んで交渉や行動ができるとき，どのように配分が行われるのか」を調べるこ

とである．従って，何を知りたいのか，どのような状況を取り扱いたいのか，によってどちらの理論を用いるべきかが決まる．

本書は非協力ゲームのみを扱う．協力ゲームを含めた日本語の本としては，鈴木 (1994)，岡田 (1996)，中山 (1997, 2005) 等がある．その他の書籍については，巻末の参考文献を参照されたい．

1.3 ゲームの構成要素

一つのゲームを記述するには，四つの要素を確定する必要がある．それは，関係する意思決定主体が誰であるか，彼らは何をすることができるのか，彼らの目的は何か，そして彼らはゲームの構造について何を知っていて何を知らないのかということである．ゲーム理論は，このように特定化されたゲームでありさえすればどのようなものであっても，そのゲームの結果として何が起こるかを論理的に予想する方法を与えようとする一般理論である．

ゲーム理論における意思決定主体は，プレイヤー (players) と呼ばれる．人間でもいいし，企業などの組織，あるいは行動する主体としては動物も許容される．ゲーム理論においては，基本的には意思決定すなわち行動であるとする．例えば，じゃんけんでグーを出そうと意思決定したということは，グーを出したということと同じとする．ただし，結果的に行うことができた現実の行動と，その行動をしようと意思決定したということが必ずしも一致しない場合も，これらの間によく起こる（したがって長期的，統計的には予測可能な）関係が設定できれば分析できる．例えば，企業が「新製品を開発しよう」という意思決定をした（そして実際に開発にとりかかった）としても，必ずしも新製品が開発できるとは限らない．しかし，過去の似たような経験などから，だいたい 80%の場合開発に成功し，そうでなければ何もできない，というように確率的な因果関係を設定できるかもしれない．このような場合は，どれが実際に起こるかは，自然 (Nature) というプレイヤーを導入して，その確率的な選択によって決まると考える．この，自然というプレイヤーは，本来のプレイヤーたちがコントロールできないものをコントロールするもの，ということである．モデル内の意思決定者たちがコントロールできないもの

をコントロールするもの，を導入するという発想は，例えばそれまでの経済学にはなく，「自然」の概念によって不確実性や情報の形そのものが数学的，論理的に定式化できるようになったことは特筆に値する[2]。

プレイヤーの集合が特定されたら，各プレイヤーについて，そのプレイヤーが選ぶことができる選択肢の集合を特定する。しかし，厳密に言うと選択肢が単に羅列できるケースと，そうでないケースがある。例えば，じゃんけんというゲームでは，3つの手から一つを選んでおしまいであるから，3つの手を選択肢とすればよい。しかし囲碁や将棋のように，段階を踏み，しかも場合に応じて選べる行動の範囲が異なり，可能な範囲から何をするかを決めるというゲームの場合，選択肢には二通りの考え方がある。各局面（自分が意思決定する場面一つ一つ）における行動も選択するし，ゲーム全体を通じた行動計画も選択する。

そこでゲーム理論では意思決定の回数に応じてゲームを分けて記述する。じゃんけんのように，ゲームの始めに選択肢を並べて比べ，本質的には1度だけ意思決定するゲームを標準形ゲーム (normal form games) あるいは戦略形ゲーム (strategic form games) と呼び[3]，そこでは選択肢即ちゲーム全体における行動であり，これを戦略 (strategies) と呼ぶ。

これに対し，囲碁のように段階的に意思決定を何度も行うゲームの場合は，具体的に誰がいつ意思決定をするか，その場合に選べる選択肢は何か，を順を追って記述する。このようなゲームを展開形ゲーム (extensive form games) と呼ぶ。展開形ゲームにおいては，ゲーム全体を通した行動計画を戦略とし，これはすべての意思決定の局面での選択を決めておくということである[4]。各局面における意思決定の内容は行動 (actions) と呼んで区別する。

---

2) スポーツもこの自然という考え方を導入すれば分析できるのではないか，と言えるが，理論の予測を出来る限り正確にするには意思決定者たちがコントロールできないものがあまりに多く，しかも刻々と変化することが多いので，スポーツの論理的分析はやはり難しい。
3) 本書では標準形ゲームに名称を統一しておく。フォン・ノイマンは当初「標準化されたゲーム」(normalized games) と呼んでおり，本来全てのゲームはまず展開形で記述し，それを戦略を並べて比較するという形に標準化したのが標準化ゲームであると考えていた。
4) この用語法は軍事用語と整合的になっている。「戦略」は戦争全体にわたる計画であり，「戦術」(tactics) は全体の戦略の下で具体的な問題解決を行うことである。例えばクラウゼヴィッツ『戦争論』(2001) 第2編第1章を参照。

1.3　ゲームの構成要素

次に，各プレイヤーの目的であるが，これはゲームのいろいろな終わり方（ゲームの結果 (outcome) あるいは帰結）それぞれについて，各プレイヤーがどう評価するかを数値で表現し，できる限りその数値を大きくすることがプレイヤーの目的であると考える．標準形ゲームの場合，全員のプレイヤーがそれぞれ一つの戦略を決めれば，ゲームの結果が一つ確定されると考える．展開形ゲームでも同様に，各プレイヤーの各局面での行動が全て決まる，すなわち全員がそれぞれ一つの戦略を決めれば，ゲームの結果が確定される．その結果を，各プレイヤーは**利得** (payoff) という数値で評価し，出来る限り自己の利得を高くするように意思決定するものとする．利得の数値は全員の戦略の組み合わせに依存して変化するので，**利得関数** (payoff function) として記述される．

各プレイヤーがこのように明確に定義された利得関数の値を出来る限り最大にするように意思決定するという行動仮説が，ゲーム理論における**合理性** (rationality) である[5]．しかし，これは個別主体の単なる最大化問題にはならない．なぜなら，プレイヤーは自分の戦略を決めるだけではゲームの結果を確定できず，最終的な自己の利得を決定できないのがゲームだからである．アダム・スミスに始まり一般均衡理論までの経済学では，多数の意思決定主体からなる社会を分析しながらも，各主体がおのおの自己の目的関数を最大化するように行動すればよい，とされていた．しかし，ゲーム理論においては，他者の意思決定が自己の利得に影響を及ぼすことを明示的に導入する．したがって，一人の最大化問題ではなく，社会の最大化問題，あるいは利害が対立している意思決定者間の綱引きの問題であり，フォン・ノイマンほどの偉大な学者が挑戦するに値する問題なのである．

最後に，ゲームの構造をプレイヤーたちがどの程度知っているかという情報構造もゲームの重要な一部となる．プレイヤーの集合，それぞれの戦略の集合と利得関数すべてを全員がよく知っている場合，これを**完備情報** (complete information) ゲームと呼ぶ．そうでないゲームを**不完備情報** (incomplete information) ゲームと呼ぶ．（「よく知っている」ことの定義は 2.3 節で説明する．）プレイヤーたちの知識は，彼らの意思決定に重大な影響を及ぼすし，不

---

[5] 合理性の行動仮説については近年議論があり，次節に本書の立場を述べておく．

完備情報である場合,「ゲームをよく知らないゲーム」を定式化するという問題から始めなくてはならない。これは簡単ではない。そこで,本書では,まず完備情報ゲームから始める。そこでは,プレイヤーは分析者である我々と同じくらいにゲームの構造が完全にわかっているので,安心して議論を進めることができる。

また,展開形ゲームの厳密な分析のためには,情報構造にさらに細かい分類がなされる。過去のプレイヤーの意思決定がその後に意思決定するプレイヤーに知られているか否かは,後者の合理的意思決定に重要な影響を及ぼすので,まずそれを分ける。**完全情報** (perfect information) ゲームとは,過去の全員の意思決定が全てのプレイヤーに知られているゲームのことで,そうでないゲームは**不完全情報** (imperfect information) ゲームと呼ばれる。例えばチェスや囲碁のようなゲームは完全情報である。

過去に自分が行った意思決定と,自分が知っていたことはその後もずっと忘れないという情報構造のことを**完全記憶** (perfect recall) と呼ぶ。完全記憶がないと,自分の知っていたことを忘れてしまい,合理的な意思決定に支障をきたすことがある。しかし,完全記憶だからといって,完全情報である必要はない。知らなかったことがあってもかまわないが,情報は減りはしないということである。

1.4 合理性について

近年,行動経済学等の興隆により,現実の人間が必ずしも合理的でない,という研究が増え,そこから,合理性を基礎としたゲーム理論は根本的にやり直すべきだという議論まで一部で出てきている。しかし,ゲーム理論の目的をよく考えれば,「根本的にやり直す」必要はない。理論の目的は,現実のすべての(あるいはかなりの)現象を詳細に説明したり予測したりすることではない。そのような大それた目的を持ってしまったら,理論物理学すら達成できていないことは明らかである[6]。神ならぬ人間が作る科学に求めるもの

---

6) 例えば,中谷『科学の方法』(1958) に,科学によっては,ちり紙一枚がどのように落

1.4　合理性について

は,「ものごとの本筋を理解する」程度のことである。そして，本筋とは何であるかをよく考えると，けして不合理なものに惑わされる必要はないと筆者は思う。

　個人は確かに常に合理的ではない。しかし，常に不合理であるわけでもない。小さな子供でも，大きいお菓子と小さいお菓子を見れば，自然と大きいお菓子に手が出る。逆に，自分より小さな子供がそばにいたら，その子のことを思って自分は小さいお菓子を取ったりもする。いずれも何らかの目的に沿った行動であり，合理的である。表面上あるいは外部者から見ると不合理と思われる行動であっても，その背後に当人なりの理由があることは多々あり，ゲーム理論では何らかの利得関数で行動が説明できるのなら，関数形は問わないのである[7]。また，状況を十分に理解できなかったために，理解している者から見れば不合理と思われる行動を取ることはもちろんある。例えば，どちらのお菓子がおいしいかを知らなくて，まずい方を取ってしまったとしても，その行動を不合理とは言えまい。ゲーム理論では情報を明確に意思決定に導入できるので，情報の範囲内での合理的意思決定でいいのである。つまり,「判断を誤る」理由が情報の欠如であるならば現在のゲーム理論の範疇である。あるいは,「判断を誤る」のではなく「厳密な意味での最大化をするのは面倒なので適当に決める」(satisficing) のであれば（例えば最もおいしいケーキをたくさんの中から調べるのが面倒なので手近なものをとる行動など），これも意思決定コストなどを導入して利得関数の構造を調節することで現在のゲーム理論で扱える。「判断を誤る」のが純粋な失敗であれば，確率的選択行動を導入することが考えられる。例えば強化学習 (reinforcement learning) モデルは既にそうなっている。さらに，システマティックな理由で「判断を誤る」のであれば（たとえばカーネマン＝トヴァースキー (Kahneman and

---

ちるのかも，完全には予測できないことが書かれている。それはそのときそのときで空気抵抗や風の動きが微妙に異なり，そこまで計算できないからである。よく考えてみれば当り前のことであり，科学を過信してはいけないが，失望するべきことでもない。これと同様に少数の人間がある特定の状況でどのように意思決定するかまで完全に予測できないからといって悲観することはない。

　7)　経済学を背景にゲーム理論に取り組む人にときどき誤解が見られるが，ゲーム理論における利得最大化は，自己の消費量のみに依存する効用最大化と同じではない。利他的な利得関数を持つプレイヤーがいてもかまわない。

Tversky, 1979) のプロスペクト理論のように），体系があるのだからいずれは定式化して理論に導入できるであろう．つまり，基本理論は単純ではあるが，十分な拡張性を持っているというのが第1の論点である．

また，実験などで観察される意思決定は各人の人生において重要なものではなく，本当に重要な意思決定（例えば就職，転職行動）では，はたから見ても合理的な行動（例えば所得の増加を目指した転職）が十分実証的に観察されている．短期的，あるいは個別の事例においてはいろいろな種類の行動パターンが発見されたとしても，（進化ゲーム理論が仮定するように）長期的に考えれば何らかの意味で合理的な行動パターンだけが生き残る可能性も高い．つまり，「本筋」とは非常に重要な事柄や長期的に安定的に観察される事象，と考えれば，合理性を仮定した理論で「本筋」を理解するには十分であるというのが第2の論点である．

さらに，社会が不合理[8]であっていいはずはない．例えば，中世のように階級や世襲制度によって職業選択の自由をなくせば，能力のある人間がそれを育成・発揮できず，本人にとっても社会にとっても不幸なことになる．ゲーム理論や近代の社会科学の理論（例えば経済理論）が作られた背景には，（筆者が思うに）過去の不合理な社会からの決別の意図があると思う．そのためには社会科学は合理性を「基礎」とすることで，暗に合理性を教育してよいと思う．逆に，個人の不合理を無条件で許容してしまえば，ナチズムのような社会全体での不合理に発展しないとも限らない．つまり，「本筋」の一つは本来そうあって欲しい人々と社会である，というのが第3の論点である．本来そうあって欲しい社会を研究し，それに近づくように教育することは学問の一つの重要な役割であると思う．

---

8) あまり厳密な表現ではないが，ここでは，社会の合理性とは，社会として，あるいはその構成員にとって，選べる選択肢に理由のない制限を設けたりせず，現実のデータに即して比較検討して，何らかの意味でよりよい選択を行うこと，程度の意味である．

第 2 章

戦略的支配
(Strategic Dominance)

2.1 囚人のジレンマ

　ゲーム理論において，おそらく最も有名な例である囚人のジレンマ (Prisoner's Dilemma) から始めよう。これは二人のプレイヤーによる標準形ゲームである。ここに，二人の容疑者 A と B が，ある犯罪の共犯の疑いで拘置されているとする。二人は別々の部屋で取り調べを受けていて，お互い連絡はできない。A と B が選べる選択肢は同じで，黙秘するか，自白するか，の二つの戦略しかないとする。二人はどうするだろうか？

　この問題の戦略的結果を考えるには，まず容疑者各人の目的を考えなくてはならない。例えば，起訴されたら有罪の確率は非常に高いとしよう。もし有罪になるのであれば，刑罰を出来る限り小さくしたいであろう。また，もし不起訴になれる可能性があるのならば，それが一番いいであろう。では，どのように戦略を選ぶと，不起訴あるいは刑が軽くなるのだろうか？ それは，検察が二人の戦略の選択に対してどう出るか，その後の裁判がどうなるか，による。現在のところ，二人ともを有罪とする決定的な証拠を検察は持っていない。証拠のありかを知っているのは，容疑者たちだけである。そこで，検事が以下のような司法取引を持ち出したとする[1]。「もし，お前が今すぐ証拠

---

[1] 司法取引はアメリカでは頻繁に行われているが，本書執筆時点では日本では法制度としてはない。ただし，それに近いものとしては，公正取引委員会によるリーニエンシー制度がある。

のありかを自白したら，捜査に協力したということで不起訴にする。しかし，お前が黙秘を続けている間に，相棒が証拠のありかを自白したら，お前だけが裁判にかかり，有罪になるだろう。」

用心深い容疑者は，「もし二人とも自白したらどうなるんで？」と聞くかもしれない。この場合，司法取引が成立しないので，不起訴にはならないが，一人で罪をかぶることは免れるであろう。さらに，もう一つの可能性として，二人とも黙秘を続けることもあり得る。このときは，検察は手持ちの乏しい証拠だけで裁判に持って行くとして，自白によって証拠がはっきりしている場合よりは容疑者にとって裁判は怖くない。

以上の話をまとめて，刑期から利得を考えてみよう。容疑者 A が自白，B が黙秘の場合，司法取引により A の刑期は 0 年であるが，B は 5 年の刑期になるとする。逆に，A が黙秘，B が自白の場合，A が 5 年の刑期，B が 0 年になるとする。刑期は少ないほどいいので，利得としては，5 年の刑期は 0 年より低い数値であるべきである。そこで，刑期に -1 をかけたものを利得としてみよう。不起訴の場合，利得は 0，刑期 5 年の場合，利得は -5 となる。もし二人とも自白したら，司法取引は成立しないので起訴となり，検察はかなりの証拠をにぎることになるので，刑期は 3 年ずつ，また二人とも黙秘したら，裁判にはなるものの証拠が少ないので，刑期は 1 年ずつ，とする。すると二人とも自白した場合の利得はそれぞれ -3，二人とも黙秘した場合の利得はそれぞれ -1 ということになる。

さて，あなたが容疑者 A だったら（B でもよいが），どうすると利得を最大に（あるいは刑期を最短に）できるであろうか？

2.2 厳密に支配される戦略

前節の記述でゲームは定式化されたのであるが，今後論理的に分析するためには数学的に表現したほうが便利である。まず，プレイヤーの戦略の集合を記号 S にプレイヤー名の添字を付けて書くことにする。つまり，二人のプレイヤーの戦略の集合は $S_A = \{$ 自白，黙秘 $\}$，$S_B = \{$ 自白，黙秘 $\}$ と書ける。プレイヤー A の利得（あるいは刑期）は，自分の選択だけでは決まらな

い。二人の戦略の組み合わせによって決まる。二人の戦略の組み合わせ全体というのは，二人の戦略の集合の直積 $S_A \times S_B$ である。そこで，プレイヤー A の利得は，$u_A : S_A \times S_B \to \Re$ という**利得関数** (payoff function) として表記される。具体的には，前節の囚人のジレンマでは
$u_A($ 自白, 自白 $) = -3$, $u_A($ 黙秘, 自白 $) = -5$, $u_A($ 自白, 黙秘 $) = 0$,
$u_A($ 黙秘, 黙秘 $) = -1$
で特定化される。(ここで，括弧内の第 1 項がプレイヤー A の戦略，第 2 項がプレイヤー B の戦略である。)

では，プレイヤー A の立場に立って，どうすれば利得を最大にできるか考えてみよう。自分の戦略と相手の戦略を分けて，利得の数値を行列のような表にしたものが表 2.1 である。この表を見ればわかりやすいが，B がもし自白を選ぶなら，A は自白する方がよい。なぜなら自白すれば 3 年の刑ですむが，黙秘すると 5 年の刑になるからである。次に，B が黙秘を選ぶことを考える。このときも A は自白した方がいい。なぜなら自白すればすぐ釈放されるが，黙秘してしまうと 1 年の刑であるからである。

表 **2.1** プレイヤー A の利得行列

A の戦略 \ B の戦略	自白	黙秘
自白	-3	0
黙秘	-5	-1

つまり，表 2.1 からも，論理からも明らかなように，相手のどんな戦略に対しても，自白戦略は黙秘戦略より厳密に大きい利得を与える。したがって，利得を最大にしようとするプレイヤー A は，黙秘戦略をとるはずはない。

この考え方を一般化する。n 人ゲームを考え，プレイヤーの集合を $\{1, 2, \ldots, n\}$，各プレイヤー i の戦略の集合を S_i，利得関数を $u_i : S_1 \times \cdots \times S_n \to \Re$ とする。また，今後の記号の簡単化のため，

$$S := S_1 \times S_2 \times \cdots \times S_n$$

$$S_{-i} := S_1 \times \cdots \times S_{i-1} \times S_{i+1} \times \cdots \times S_n$$

という記号を定義しておく。S は全てのプレイヤーの戦略の組み合わせの集

第 2 章 戦略的支配 (Strategic Dominance)

合であり，S_{-i} はプレイヤー i を除いた全てのプレイヤーの戦略の組み合わせの集合である。

定義 2.2.1. プレイヤー i の戦略 $s_i \in S_i$ が，そのプレイヤーの他の戦略 $s'_i \in S_i$ に厳密に支配される[2] (strictly dominated) とは，他のプレイヤーの任意[3]の戦略の組み合わせ $s_{-i} \in S_{-i}$ について，

$$u_i(s_i, s_{-i}) < u_i(s'_i, s_{-i})$$

が成立することである。

　この定義の下で，利得を最大化しようとする（合理的な）プレイヤーは，他の戦略に厳密に支配される戦略は取らないと考えることができる。すると，上記の囚人のジレンマのゲームではプレイヤー A は黙秘戦略をとることはないので，自白戦略をとるはずだ，ということになる。なぜこのような間接的な方法で自白戦略を予想するのかということであるが，一般には戦略は 2 つ以上あるかもしれないからである。その場合，重要なのは厳密に支配されている戦略を選ぶことは利得最大化に矛盾しているということであり，厳密に支配されて・い・な・い戦略を選ぶ，だけでは分析が不十分なのである[4]。

　次に，プレイヤー B の利得関数を定式化する。このとき，プレイヤー A の戦略が第 1 項，プレイヤー B の戦略が第 2 項であることに注意すると，
$u_B($ 自白, 黙秘 $) = -5$, $u_B($ 黙秘, 黙秘 $) = -1$, $u_B($ 自白, 自白 $) = -3$, $u_B($ 黙秘, 自白 $) = 0$

---

[2] もっと直観的には "dominate" を「優越する」とすべきであろうが，「支配」という訳語の方が一般的と思われるので，本書では「支配」を用いることにする。また，ここでは確率を導入していないことに注意。確率を導入して混合戦略（3.6 節参照）まで含めた定義は 3.8 節にある。

[3] 「任意の戦略」，「ある戦略」などのような書きかたは日常の日本語からすると違和感があるかもしれないが，論理的な記述方法として数学やその他の学問の理論において常に用いられる書き方であり，厳密な定義がある。初学者は巻末の付録 A や論理学の入門書等を読んで理解しておいて欲しい。

[4] ただし，全ての他の戦略を厳密に支配している戦略（これを支配戦略 (dominant strategy) と呼ぶ）があれば，それを選ぶのが合理的である，とは言える。囚人のジレンマではたまたま，厳密に支配されていない戦略と支配戦略が一致していたので分析が簡単なのである。一般には支配戦略を持つゲームはほとんどないので，本書では「支配戦略を選ぶ」という予想は重視しない。

で決まる．これをよく見ると，プレイヤー A の利得関数とまったく対称的（自分と相手を入れ替えれば同じ[5]）になっている．従って，同じ論理によりプレイヤー B にとっても，黙秘戦略は自白戦略に厳密に支配されているので，黙秘戦略は採用されないと考えてよい．

以上のことから，囚人のジレンマゲームにおいては両プレイヤーが自白戦略をとる，(自白, 自白) という戦略の組み合わせが予想されるのである．

ところで，なぜこのゲームの名前がジレンマなのであろうか？ 戦略を選ぶということなら，プレイヤーたちは，かなり単純な論理で選ぶ戦略を決めることができそうであるから問題はない．だが，結果的にどんな利得になったかを考えてみると，これがジレンマであることがわかる．(自白, 自白) の組み合わせだと，両者とも 3 年の刑なのであるが，もし (黙秘, 黙秘) を選ぶことができたら，二人とも 1 年の刑で済んだはずなのである．(黙秘, 黙秘) の組み合わせは，二人にとって (自白, 自白) より高い利得を得られる組み合わせである．このとき，(自白, 自白) の組み合わせは 2 人のプレイヤーから成る社会にとっては望ましいとは言えない．このような価値観を数学的に定義したものが効率性 (efficiency) である．

定義 2.2.2. 戦略の組み合わせ $(s_1, s_2, \ldots, s_n) \in S$ が効率的 (efficient) である[6]とは，以下の条件が成立する戦略の組み合わせ $(s'_1, s'_2, \ldots, s'_n) \in S$ が存在しないことである．

(1) 全てのプレイヤー i にとって

$$u_i(s_1, s_2, \ldots, s_n) \leqq u_i(s'_1, s'_2, \ldots, s'_n);$$

(2) かつ，少なくとも一人のプレイヤー j について

$$u_j(s_1, s_2, \ldots, s_n) < u_j(s'_1, s'_2, \ldots, s'_n).$$

---

[5] あるいは，プレイヤー B の利得を表 2.1 にあてはめて書くと，A の行列に対して対称行列になっている．この場合，B は上下でなく左右を選ぶと考える．

[6] 正確には，ここでの定義は強い意味での効率性 (Strong Efficiency) である．弱い意味での効率性という定義もあり，それは，(1) の弱い不等式を厳密な不等式にかえたものを満たす他の戦略の組み合わせ $(s'_1, s'_2, \ldots, s'_n) \in S$ が存在しないことである．

16　第 2 章　戦略的支配 (Strategic Dominance)

　上記の定義により，囚人のジレンマゲームで予想される，合理的プレイヤーによる戦略の組み合わせ（自白，自白）は効率的ではないとなる。なぜなら，(1) と (2) を満たす（黙秘，黙秘）という戦略の組が存在するからである。

　各プレイヤーが自己の利得を最大にしようと合理的に意思決定した結果が，プレイヤー全体で考えると効率的でない，ということは非協力ゲームにおける最大の問題の一つである。しかし，非協力ゲームにおいては各プレイヤーは独立に意思決定していて，他者への影響を考えていないのであるから，当然起こりうる問題とも言える。独立に意思決定していても，他者への配慮をさせることができるのかという問題は，任意のゲームについてどのような戦略の組み合わせが起こるのかという均衡を探るという問題とは別であり，ゲームのデザイン（設計）の問題，あるいは，特定の性質をもった均衡を持つゲームの集合（クラス）を特定するという問題である。囚人のジレンマに限って言えば，後者の問題は無限回繰り返しゲーム（第 5 章）および不完備情報（第 8 章）を考えることで解決されている。

2.3　ゲームをよく知っているということ

　これまでの議論では，各プレイヤーは自己の利得関数さえ知っていれば，合理的な選択ができた。しかし，そのような考え方はすぐ行き詰まってしまう。例えば，囚人のジレンマの利得を少し変えてみよう。プレイヤー B の利得はそのままにして，A の利得を，相手が自白したら自分も自白した方がよいが，相手が黙秘するならば自分も黙秘した方がよいという構造に変えてみる。
$u_A($ 自白, 自白 $) = -3$, $u_A($ 黙秘, 自白 $) = -5$, $u_A($ 自白, 黙秘 $) = -1$, $u_A($ 黙秘, 黙秘 $) = 0$
にしてみよう。行列にすると，以下の表 2.2 のようになる。

　この場合，A のどちらの戦略も他の戦略に支配されることはない。では，A はどうやって選んだらいいのだろうか？ここで，A はゲームの構造を知っているとしてみよう。特に，B が選べる戦略も自分と同じ，自白または黙秘であり，B の利得関数は 2.2 節のものと同じで
$u_B($ 自白, 黙秘 $) = -5$, $u_B($ 黙秘, 黙秘 $) = -1$, $u_B($ 自白, 自白 $) = -3$,

表 2.2　プレイヤー A の新しい利得行列

A の戦略 \ B の戦略	自白	黙秘
自白	−3	−1
黙秘	−5	0

$u_B($ 黙秘, 自白 $) = 0$
であると知っているとする．さらに，B は自己の利得を最大にしようと戦略を選ぶということも知っているとする．ここまで知っていれば，A は，B の立場に立ってその戦略を予想することができる．今の場合，B は 2.2 節での論理に従って自白を選ぶはずである．そう予想すれば，A は自分が自白すれば −3，黙秘すれば −5 の利得であると計算できるので，自白戦略を選ぶことが合理的となる．

このように，各プレイヤーが全員の利得関数と彼らが合理的であることを知っていれば，他のプレイヤーの思考を読んで，自分が選ぶべき戦略を決めるヒントにできるかもしれない．本書では第 5 章の終わりまでは完備情報ゲームに限定するので，プレイヤーたちは単にゲームの構造（プレイヤーの集合，全員の戦略の集合，全員の利得関数）と全員の合理性を知っているのみならず，各プレイヤーは「各プレイヤーがゲームの構造と全員の合理性を知っている」ことを知っているし，さらに，「各プレイヤーは「各プレイヤーがゲームの構造と全員の合理性を知っている」ことを知っている」ことを知っているし，…と無限に深い知識を仮定することにする．このような状況をゲームが共有知識 (common knowledge) になっている，と言う[7]．

2.4　支配される戦略の逐次消去

前節のプレイヤー A の新しい利得のときの分析のポイントは，ゲームが共

---
7)　共有知識についての詳しい記述はオズボーン＝ルービンシュタイン (Osborne and Rubinstein, 1994) 第 5 章などを参照するとよい．

有知識になっていれば，誰でもよいので厳密に支配される戦略を一つずつ消去していって解くことができることがあるということである．ただし，他者の意思決定についての読みが入るので，ここで，一人のプレイヤーの利得の表でなく，二人のプレイヤーの利得の表を合わせたものを考えよう．例えば，2.3 節での変形囚人のジレンマゲームは表 2.3 のように表現できる．(2 人が 2 つずつの戦略を持つので，各プレイヤーは 2 × 2 行列の利得を持つ．そこでこのようなゲームは 2 × 2 ゲームと呼ばれている．)

表 2.3 変形囚人のジレンマゲームの行列表現

A \ B	自白	黙秘
自白	−3, −3	−1, −5
黙秘	−5, 0	0, −1

　左上のマスに示されている A と B はプレイヤーの名前であり，A の戦略が行，B の戦略が列で表されていることは表 2.2 と同様である．プレイヤー A は行として表される「自白」または「黙秘」を選ぶので行プレイヤー (row player)，プレイヤー B は列として表される「自白」または「黙秘」を選ぶので列プレイヤー (column player) とも呼ばれる．数字が入っているマスの二つの数値は，左の数値（第 1 座標）を行プレイヤーの利得，右側の数値（第 2 座標）を列プレイヤーの利得とするのが通例である．表 2.3 は，標準形ゲームの三要素（プレイヤー，各プレイヤーの戦略全て，および全ての戦略の組に対する各プレイヤーの利得）すべてを行列で表現しているので，標準形ゲームの**行列表現** (matrix representation) と呼ばれる．行列表現を使うと，2 人のプレイヤーの戦略的意思決定問題を一望の下に考えることができるので便利である．ただし，行プレイヤー A の意思決定問題は上下の（行の）選択であるのに対し，列プレイヤー B の意思決定問題は左右の（列の）選択であることに注意が必要である．例えば，プレイヤー A は黙秘戦略を選ぶことで，下の行の利得の第 1 座標である −5 または 0 のどちらかを得る，というところまでは自分でコントロールできるが，0 になるかどうかは，列プレイヤーであるプレイヤー B の選択にかかっている．

　表 2.3 を使って，前節の議論をもう一度やってみよう．ゲームの構造すなわ

ち表 2.3 が共有知識で，お互いの合理性も共有知識だとしよう。プレイヤー A の戦略の間には厳密な支配関係がないが，プレイヤー B の黙秘戦略は自白戦略に厳密に支配されている。従って B は黙秘戦略は選ばない。しかも，プレイヤー A はこのことを予想できる。したがって，A は表 2.3 のうち，B が黙秘を選ぶ部分は考慮しなくてよくなるので，行列表現を縮小した表 2.4 を考えればよいのである。この表 2.4 において，プレイヤー A は第 1 座標の利得を比較して，自白戦略が合理的であると判断でき，ゲームの帰結は（自白，自白）となる。

表 2.4 行列表現の縮小

A \ B	自白
自白	$-3, -3$
黙秘	$-5, 0$

表 2.3 の例では，共有知識（つまり何層にも渡る知識）であることまでは必要でなく，プレイヤー A がゲームの構造を知っていて，B の合理性を知っているだけでよかった。しかし，もっと複雑なゲームになると，さらに深い知識が必要となる。例として，2 人のプレイヤーの名前を 1 と 2 とし，それぞれ 3 つの戦略（プレイヤー 1 の戦略は x, y, z，プレイヤー 2 の戦略は X, Y, Z）を持っている表 2.5 のようなゲームを考えてみよう。（これは 2 人のプレイヤーがそれぞれ 3 つの戦略を持っているので，各プレイヤーの利得は 3×3 の行列になり，3×3 ゲームと呼ばれる。）

表 2.5 3×3 ゲームの例

1 \ 2	X	Y	Z
x	3, 5	2, 2	2, 3
y	2, 2	0, 4	4, 1
z	1, 1	1, 2	1, 5

表 2.5 のゲームにおける二人の戦略的意思決定の結果を予想するに当たって，まずプレイヤー 1 の立場に立って考えてみよう。戦略 x と y の間には厳

密な支配関係はない。プレイヤー 2 が戦略 X または Y の場合は戦略 x がよいが，Z の場合は y がよいからである。しかし，z は x に厳密に支配されている。従って，合理的なプレイヤー 1 は z を取ることはない。同様にして，プレイヤー 2 は列 X, Y, Z のどれかを選ぶことができるので，第 2 座標の利得のうち，左右の大小関係を調べるのであるが，表 2.5 からはどの戦略間にも厳密な支配関係はない。例えば，プレイヤー 1 が x を選ぶときは X がよいが，プレイヤー 1 が y を選ぶときは Y がよく，z のときは Z がよい。

ここまでが自己の利得関数の知識による推論である。次に，プレイヤー 1 の利得関数とその合理性を知っているプレイヤー 2 は，プレイヤー 1 が z を取らないことを予想できるので，z を消去した後の縮小された行列表現（表 2.6）に限定することができる。

表 2.6　縮小された行列表現

1\ 2	X	Y	Z
x	3, 5	2, 2	2, 3
y	2, 2	0, 4	4, 1

この縮小ゲームで考えると，プレイヤー 2 にとって Z は X に厳密に支配される。しかし，表 2.6 ではプレイヤー 1 の残された戦略 x と y の間に厳密な支配関係はない。

さて，プレイヤー 1 もプレイヤー 2 の合理性とその利得関数，さらに「プレイヤー 2 が自分（プレイヤー 1）の合理性と利得関数を知っていること」を知っている。従って，プレイヤー 1 はプレイヤー 2 がまず z の可能性を消去して，表 2.6 を考えるだろうと予想でき，そこから Z を取らないと予想できるのである。従って，ゲームをさらに縮小して，表 2.7 のようにできる。

表 2.7　さらに縮小された行列表現

1\ 2	X	Y
x	3, 5	2, 2
y	2, 2	0, 4

表 2.7 のゲームにおいてプレイヤー 1 の戦略 y は x に厳密に支配されるので，x が合理的な選択であることがわかる．また，この予想の下に，プレイヤー 2 が取るべき戦略は X であることになる．（ここでは，プレイヤー 2 が「プレイヤー 1 が「プレイヤー 2 が自分の利得関数を知っていること」を知っていること」を知っていることが使われている．）こうして，(x, X) だけが残り，それが予想される結果となる．

このように，厳密に支配されている戦略を逐次消去して残った戦略の組み合わせをゲームの結果の予想とすることができる．ただし，消去を何度も繰り返せるのは上記のように，ゲームの構造とお互いの合理性が何層にも知られているということが必要であり，任意の戦略の数のゲームで逐次消去をするためには，無限の層，すなわち共有知識が必要となる．

また，逐次消去のプロセスで，厳密に支配されている戦略が複数ある場合，消去の順番はどのような順番でも，残る戦略の組み合わせは同じである．なぜなら，いくつかを残しておいて，他の戦略を消去していったとしても，厳密に支配されていることにかわりはないので，最終的にはどこかですべて消去されるからである．

2.5 弱く支配される戦略

戦略間の厳密な支配関係には，他者の任意の戦略の組み合わせについて，利得の間に厳密な不等式が成立しなければならない．しかし，もう少しだけ弱く考えると，一部では同じ利得であって，その他では厳密に利得が低いという戦略もあまり合理的とは言えない．例えば以下の表 2.8 のゲームを見てみよう．

表 2.8　戦略間の弱い支配関係

1 \ 2	L	R
U	11, 0	10, 0
D	10, 0	10, 0

このゲームではどちらのプレイヤーにとっても，厳密に支配される戦略は存在しない。なぜなら，プレイヤー1にとって D 戦略は相手が R 戦略を取るならば U 戦略と同じ利得を与えるし，プレイヤー2にとってはどちらの戦略の利得も同じである。

しかし，プレイヤー1にとって D 戦略はあまり合理的とは言えない。U 戦略を取れば，相手が何をしようとも，D が与える利得10を最低でももらえ，場合によってはそれより厳密に高い利得がもらえるからである。そこで，戦略間の弱い支配関係を定義してみる。

定義 2.5.1. プレイヤー i の戦略 $s_i \in S_i$ が，そのプレイヤーの他の戦略 $s'_i \in S_i$ に**弱く支配される** (weakly dominated) とは，以下の二つの条件が成立することである。

(1) 他のプレイヤーの任意の戦略の組み合わせ $s_{-i} \in S_{-i}$ について，

$$u_i(s_i, s_{-i}) \leqq u_i(s'_i, s_{-i})$$

かつ，

(2) 他のプレイヤーの戦略の組み合わせ $s'_{-i} \in S_{-i}$ が少なくとも一つ存在し，

$$u_i(s_i, s'_{-i}) < u_i(s'_i, s'_{-i})$$

が成立する。

弱く支配される戦略の消去は，厳密に支配される戦略の消去より強い均衡概念，すなわち，より小さい集合を残すものとなる。例えば，明らかに上記の表 2.8 のゲームでは厳密に支配される戦略の消去では何も消去できない（すなわち均衡としての予想は全ての戦略の組み合わせとなる）が，弱く支配される戦略を消去できるのであれば，D は落とすことができる。ただし，それでもプレイヤー2の戦略 L と R の間には，まったく利得の違いがないので，これらのどちらかを落とすことはできない。

しかし，逐次消去を考えると，消去の順番によって残る戦略の組み合わせが異なることがある。表 2.8 を少しだけ変えて，表 2.9 のゲームにしてみよう。もし，プレイヤー2の戦略の厳密な支配関係に着目して，L を消去すると，その後にはもはや弱く支配される戦略も存在しないので，$\{(U, R), (D, R)\}$ の二

表 2.9 弱く支配される戦略の消去

1\ 2	L	R
U	11, 0	10, 10
D	10, 0	10, 10

つが残る。しかし，先にプレイヤー1の戦略の弱い支配関係に着目して，D を消去すると，その後でも L は R に厳密に支配されているので，これを消去できる。したがってこの順番で逐次消去すると (U, R) だけが残る。このように，弱く支配される戦略を消去して予想するという均衡概念には注意が必要である。3章で扱うナッシュ均衡を標準的な均衡概念としたときには，弱く支配される戦略を消去してしまうと，ナッシュ均衡の戦略まで消去することがあり得るので，戦略の消去としては厳密に支配されているものだけを消去することが安全である。（厳密に支配される戦略を消去してもナッシュ均衡の戦略は消去されない。詳しくは 3.5 節を参照されたい。）ただし，もしたくさん均衡があるならば，弱く支配されている戦略が使われていないものの方がよい，という考え方は納得できる。（ルース＝ライファ(Luce and Raiffa, 1957)，コールバーグ＝マルタンス (Kohlberg and Mertens, 1986) などが提唱している。）

2.6　ミニマックス原理 *

多くのゲームにおいては，戦略間に支配関係はない。しかし，お互いが自己の利得最大化を目指しているということから推論して何らかの戦略の組み合わせにたどり着けないものか。例えば，以下のような2人ゼロサムゲーム (zero-sum game) を考えてみよう。2人ゼロサムゲーム（あるいはゼロ和ゲーム）とは，どんな戦略の組み合わせにおいても二人のプレイヤーの利得の和が0となっているゲームのことである。例えば，片方が勝ち，もう一方が負けるという形になっているゲームなどはゼロサムとして表現できる。

2人ゼロサムゲームでは，各プレイヤーは自分の利得を大きくすることが，

表2.10　2人ゼロサムゲームの例

1\ 2	X	Y
x	3, -3	-4, 4
y	-2, 2	-1, 1
z	2, -2	1, -1

相手の利得を小さくすることと同じである．従って，ゲームの構造と合理性が共有知識であれば，自分がある戦略をとろうとしたら，相手は逆に自分の利得を最小にするように行動してくると予想される．その予想のもとで，各戦略の利得を調べてみることができる．例えば，表 2.10 のゲームにおいては，プレイヤー 1 としては，自分が戦略 x をとるならば，プレイヤー 2 は X ではなく Y をとることが予想されるので，戦略 x はおそらく利得 -4 をもたらすはずであると考えることができる．このような「相手が自分の利得を最小にするように行動してきたときの自分の利得」は，その戦略の**保証利得** (reservation payoff) と呼ばれる．表 2.10 のゲームの各プレイヤーの各戦略の保証利得は，以下の表 2.11 のように追加的に行と列をつけて表記するとわかりやすい．

表2.11　各戦略の保証利得

1\ 2	X	Y	1 の保証利得
x	3, -3	-4, 4	-4
y	-2, 2	-1, 1	-2
z	2, -2	1, -1	1
2 の保証利得	-3	-1	

2 人ゼロサムゲームにおいては，相手が自分の利得を最小にするように行動することと，相手自身の利得を最大にしようと行動することが同値であるから，相手の合理性を前提として自分の利得を最大にするということは，保証利得を最大にするのと同じことである．式で表現すると，プレイヤー 1 は

2.6 ミニマックス原理 *

以下のような最大化問題を解くことになる。

$$\max_{s_1 \in S_1} \min_{s_2 \in S_2} u_1(s_1, s_2)$$

同様にして，プレイヤー2の最大化問題は

$$\max_{s_2 \in S_2} \min_{s_1 \in S_1} u_2(s_1, s_2)$$

であるが，ゼロサムゲームでは任意の (s_1, s_2) について $u_2(s_1, s_2) = -u_1(s_1, s_2)$ であるから，

$$\min_{s_2 \in S_2} \max_{s_1 \in S_1} u_1(s_1, s_2)$$

と書いてもよい。この値は，プレイヤー‐1のミニマックス値 (minmax value)（あるいは保証水準 (security level)）と呼ばれる[8]。

表 2.11 のゲームにおいてはプレイヤー1にとって保証利得を最大にする戦略は z，プレイヤー2にとって保証利得を最大にする戦略は Y であるということになる。しかも，二人がこの戦略の組み合わせをしているとき，実際に保証利得が実現するのである。したがって，矛盾なく，この2人ゼロサムゲームの結果として，(z, Y) を予想することができる。

しかし，ミニマックス原理が常に整合的な戦略の組み合わせをもたらすとは限らないこともすぐにわかる。例えば表 2.12 の例を見てみよう。プレイヤー1にとって保証利得を最大にする戦略は b，プレイヤー2にとって保証利得を最大にする戦略は B であるが，戦略の組み合わせ (b, B) において，彼らの利得は保証利得ではない。言い換えれば，「相手が自分の利得を最小にしようとしている」という前提のもとで自分の利得を最大にする，ということが整合的にならない。

しかし，「相手が相手自身の利得を最大にしているということを踏まえて自己の利得を最大にする」という考え方はまだ有効である。この考え方はその後のナッシュ均衡へとつながる重要な考え方となっていく。2人ゼロサムゲー

---

[8] 正確にはこの定義は純戦略の範囲での定義である。一般の相関戦略の範囲での定義は5章の定義 5.7.1 にある。

表 2.12　ゼロサムゲームでない場合

1\ 2	A	B	1 の保証利得
a	2, -2	0, 0	0
b	1, -1	3, 3	1
2 の保証利得	-2	0	

ムでは「相手が自分の利得を最小にしようとすること」と「相手は相手自身の利得を最大にしようとすること」は同値であったが，一般のゲームでは同値でなく，後者の考え方が相手の合理性を表しているからである．

2.7　3人ゲームの行列表現

本章ではこれまで2人ゲームの行列表現ばかり取り上げてきたので，3人の場合どのように表現できるかを最後に述べておく．例えば，プレイヤー1，2，3がいて，プレイヤー1の戦略の集合は $\{x, y\}$，プレイヤー2の戦略の集合は $\{X, Y\}$，プレイヤー3の戦略の集合は $\{L, R\}$ であるとする．このとき，以下のように二つの表を並べ，各表においてプレイヤー1はこれまで通り行を選び，プレイヤー2は列を選ぶと解釈し，プレイヤー3は左の行列 L（戦略 L に対応する）か，右の行列 R（戦略 R に対応する）を選ぶと解釈すればよい．このときプレイヤー3は行列プレイヤーと呼ばれる．

表 2.13　3人ゲームの行列表現

1\ 2	X	Y
x	3, 5, 4	0, 2, 1
y	2, 2, 5	2, 4, 3

1\ 2	X	Y
x	3, 5, 2	2, 2, 0
y	2, 2, 0	0, 4, 1

3：L　　　　　　　　　　　R

3人の利得は行プレイヤー，列プレイヤー，行列プレイヤーの順に書くのが通例である．プレイヤー3の利得を比較するには，二つの表を行ったり来

2.7 3人ゲームの行列表現

たりしなくてはならない。例えば，プレイヤー1が戦略 x，プレイヤー2が戦略 Y を取ると予想したとき，プレイヤー3が比較すべきなのは，表 L の (x, Y) に対応する部分の第3項の利得1と，表 R の (x, Y) に対応する部分の第3項の利得0である。このように比較していくと，表2.13で表される3人同時ゲームでは，プレイヤー3にとって，戦略 R は戦略 L に厳密に支配されていることがわかる。このように，行プレイヤー，列プレイヤー，行列プレイヤーとすれば，三人ゲームを簡単に表記できる。

4人以上のゲームになると，行列表現では煩雑になるので通常は行われない。言葉や式で定式化することになる。

練習問題[9]

2.1 以下のゲームの記述を行列表現に表しなさい。

(a) セールスマン A と B がいる。二人の能力は同じで，彼らの売り上げは本人の努力のみで決まるとする。それぞれ「努力する」（戦略 E）と「さぼる」（戦略 N）という二つの戦略を持っているとする。彼らの利得は以下の相対評価で決まる勝ち点であるとする。

二人とも同じように努力するか同じようにさぼれば，売り上げは同じとなり，勝ち点はそれぞれ 1 点とする。どちらかが努力して，もう一人がさぼれば，努力した方の売り上げが大きくなり勝ち点 3 を得る。さぼった方の勝ち点は 0 となる。

(b) (a) と同じ状況であるが，利得構造が少し違う。努力するとコストが 2.5 点分かかるとする。勝ち点は (a) と同じように与えられるとする。

(c) 家電量販店 P1 と P2 の戦いを考える。両店は毎朝，目玉商品に値段を付ける。今日の目玉商品はノートパソコンで，仕入れ値は 9 万円だったとする。簡単化のため，2 台まで売れるとする。値段としては，両店とも 9 万 8000 円か 9 万 5000 円のどちらかを考える。（パソコンは同じものとする。）両店が同じ価格をつけたら，それぞれ 1 台ずつ，パソコンを売ることができる。一方の店の方が安かったら，安い店は 2 台をその値段で売ることができ，高かった方の店は何も売ることができないとする。利得は利潤（売り上げ金額 − 仕入れ値）とする。

2.2 問題 2.1 で書いた行列表現をもとに，各ゲーム (a),(b),(c) の支配される戦略の逐次消去による結果を調べなさい。

2.3 以下のゲームについて弱く支配される戦略を逐次消去する順番をいろいろに変えて，残った「均衡」がどうなるか調べなさい。

---

[9] 奇数番号の練習問題の解答は巻末にある。

練 習 問 題　　　　　29

1 \ 2	left	center	right
up	2, 3	2, 2	1, 2
middle	2, 1	2, 2	2, 2
down	3, 1	2, 2	2, 2

2.4 n 人の参加者（プレイヤー）による封印第2価格オークション (sealed-bid second-price auction) を以下で定義する．各プレイヤーの戦略は「付け値」(bid) という数値で，非負の実数ならなんでもよいとする．各プレイヤーは付け値を紙に書いて他のプレイヤーに見られないように封印して提出する．全員の付け値が出そろったところで封を開け，最も高い付け値を書いたプレイヤーが勝者となり，そのプレイヤーは，全員の付け値の中で2番目に高い付け値の金額を支払うことで商品を手に入れることができる．もし最も高い付け値を書いたプレイヤーが複数いたら，彼らの間でくじを引いて一人を勝者とする．

プレイヤー $i = 1, 2, \ldots, n$ の利得は，以下のように定義される．i がその商品を所有した場合に得られる便益を金額に直したものを評価額と呼び，評価額を v_i（ただし $v_i \geqq 0$），全員の付け値の組み合わせを $\mathbf{b} = (b_1, b_2, \ldots, b_n)$ とすると，i が勝者になった場合の利得は，$v_i - f(\mathbf{b})$（ただし $f(\mathbf{b})$ はベクトル $\mathbf{b}$ の座標の値の中で2番目に高い数値）とし，そうでない場合は0とする．

このゲームにおいて，任意のプレイヤー $i = 1, 2, \ldots, n$ について，自己の評価額 v_i を付け値とする戦略 $b_i^* = v_i$ が，その他の任意の戦略を弱く支配することを証明しなさい．

2.5 以下の行列表現で表される2人標準形ゲームを考える．

P1 \ P2	a	b	c
A	4, 1	5, 2	−2, 1
B	3, 3	4, 4	1, 2
C	2, 5	1, 1	−1, 6
D	5, 0	2, 4	0, 5

(a) $K_0 =$「P1 は厳密に支配される戦略はとらない，自己の利得関数を知っている．かつ P2 は厳密に支配される戦略はとらない，自己の利得関数を知っている．」とする．K_0 ということだけから（それ以上の知識はないと仮定する），予想される戦略の組み合わせの集合は何か？（表記のしかたとしては，例えば $\{A, B\} \times \{a, b\}$ などと書くとよい．もちろん戦略の組み合わせを列記してもよい．）

(b) $K_1 =$「P1 は K_0 を知っているし，P2 の利得関数を知っている。かつ P2 は K_0 を知っているし，P1 の利得関数を知っている。」とする。K_1 だけから予想される戦略の組み合わせの集合は何か？

(c) $K_2 =$「P1 は K_0 と K_1 を知っているし，P2 も K_0 と K_1 を知っている」とする。K_2 だけから予想される戦略の組み合わせの集合は何か？

(d) 厳密に支配される戦略の逐次消去で残る戦略の組み合わせの集合は何か？

2.6 3人ゲームを以下のように表すとする。プレイヤー1（P1）は行 U,D のどちらかを選び，プレイヤー2（P2）は列 L,R のどちらかを，プレイヤー3（P3）は行列 A,B のどちらかを同時に選ぶものとする。利得は第 i 座標がプレイヤー i の利得 ($i=1,2,3$) とする。厳密に支配されている戦略の逐次消去によって残る戦略の組を求めなさい。

P1\ P2	L	R
U	2, 2, 2	3, 1, 1
D	1, 1, 3	2, 3, 4

P1\ P2	L	R
U	1, 2, 3	31, 1, 0
D	0, 3, 2	30, 30, 30

P3: 表 A   表 B

第 3 章

ナッシュ均衡
(Nash Equilibrium)

―――――――

3.1 ナッシュ均衡

囚人のジレンマにおいて予想される戦略の組み合わせ（自白，自白）を別な解釈で考えてみよう。もし，相手が自白すると予想したら，自分は自白から他の戦略に変えると，利得が下がってしまう。これが二人ともに成立する。だから，（自白，自白）という組み合わせは「相手の行動予測のもとに戦略的に動こうとしても安定的」である，と考えることができる。このような考え方は，厳密に支配される戦略を消去するという考え方のように一人のプレイヤーの戦略間の比較をするのではなく，戦略の組み合わせの安定性を考えるものである。非協力ゲームにおいては，二人以上のプレイヤーが協力して，ある戦略の組み合わせから他の戦略の組み合わせに移ることはできないので，比較するときは，他のプレイヤーの戦略を固定して，各プレイヤーが自己の利得の最大化のみ考えたとき，他の戦略に逸脱（変更）したいかどうかを考える。誰も，自分一人では逸脱しないとき，その戦略の組み合わせは安定である。この安定性を提案したのがナッシュ(Nash, 1950a) の重要な貢献の一つである。

このような戦略的安定性概念を用いると，厳密に支配される戦略が存在しないゲームにおいてもゲームの結果をある程度予想することができる。次のような例を考えてみよう。

プレイヤーは学生の a さんと b さんの二人である。二人は今日の夕方学校

が終わったらすぐに一緒にコンサートに行くことになっている．今は最後の授業中で，しかも二人は違う教室にいる．授業中なので連絡することはできない．（二人はまじめなので携帯電話を使わないか，あるいは片方が携帯電話を家に忘れてきたと考えよう．）授業終了直後に自分が行く／いる場所として，お互い別々に，a さんの教室 (戦略 A) か，あるいは b さんの教室 (戦略 B) のどちらかを決めなくてはならないとする．もし，一方が自分の教室で待ち，他方が相手の教室に出向いて来れば，すぐに二人は落ち合うことができるので 1 の利得を得るとする．さらに，その場合，自分の教室にいて待っている方がうれしいと考え，追加的に 1 の利得を得るとする．最悪なのは，違う教室に行ってしまうこと，つまり a さんが教室 B，b さんが教室 A に行くとか，その逆にお互い自分の教室で待ってしまうことである．この場合なかなか会えないので利得は二人とも 0 であるとする．（このゲームは**両性の闘い (Battle of the Sexes)** と呼ばれるゲームの現代版である．オリジナルの両性の闘いゲームについては，ルース＝ライファ（Luce and Raiffa, 1957）を参照．）以上のことを行列表現で表してみよう．

表 3.1 待ち合わせゲーム

a \ b	A	B
A	2, 1	0, 0
B	0, 0	1, 2

このゲームでは，どちらのプレイヤーにも厳密に支配される戦略が存在しない．したがってゲームを縮小することもできない．しかし，二人が出会えるような戦略の組 (A, A), (B, B) と，二人が出会えない戦略の組 (A, B), (B, A) との間には，戦略的安定性の違いがある．(A, A), (B, B) においては，どちらのプレイヤーも，自分だけが戦略を変えても利得は上がらないので，安定的であると考えられるが，(A, B), (B, A) の場合は，自分が戦略を変えれば出会えることができるので利得が上がるから，安定的とは言えない．従って，この待ち合わせゲームで予想される帰結は少なくとも (A, B), (B, A) を含まないものであるべきである．

では，この議論を数学的に厳密に表現しよう．まず，自分以外の他のプレ

イヤー全員の戦略の組を一つずつ考え，それに対し自分にとって利得が最大となる戦略というものを定義する。

定義 3.1.1. 任意のプレイヤー $i \in \{1, 2, \ldots, n\}$ と，i 以外のプレイヤーの任意の戦略の組み合わせ $s_{-i} \in S_{-i}$ について，i の s_{-i} に対する**最適反応** (best response)[1]とは，自分が使える任意の戦略 $s_i \in S_i$ に対して

$$u_i(s_i^*, s_{-i}) \geqq u_i(s_i, s_{-i})$$

が成立するような戦略 s_i^* のことである。

一般には，他者の戦略の組み合わせが一つ固定されていても，最適反応は一つとは限らない。そこでプレイヤー i の，他者の戦略の組み合わせ s_{-i} に対する最適反応の集合を

$$BR_i(s_{-i}) = \{s_i^* \in S_i \mid u_i(s_i^*, s_{-i}) \geqq u_i(s_i, s_{-i}), \ \forall s_i \in S_i\}$$

と定義する。戦略的に安定な組み合わせにおいては，どのプレイヤーも他のプレイヤーの戦略に対して最適反応をしていることになる。

定義 3.1.2. 戦略の組み合わせ $(s_1^*, s_2^*, \ldots, s_n^*) \in S$ が**ナッシュ均衡** (Nash equilibrium) であるとは，各プレイヤー $i \in \{1, 2, \ldots, n\}$ について，

$$s_i^* \in BR_i(s_1^*, s_2^*, \ldots, s_{i-1}^*, s_{i+1}^*, \ldots, s_n^*)$$

が成立することである。

表 3.1 の待ち合わせゲームにこの概念を当てはめてみよう。まず，どちらのプレイヤーであっても，相手の戦略が A であるときの最適反応は A である。従って，(A,A) はナッシュ均衡である。同様に，相手の戦略が B であるときの最適反応は B である。ゆえに待ち合わせゲームのナッシュ均衡は二つあり，(A,A) と (B,B) である。

2.1 節で述べられた囚人のジレンマの行列表現は以下の表 3.2 であるが，このゲームでは，相手の戦略が自白であっても黙秘であっても最適反応は自白である。従って，ナッシュ均衡は（自白，自白）だけである。

---

[1] 最適応答（best reply）と呼ぶ文献もある。

表 3.2 囚人のジレンマゲーム

A \ B	自白	黙秘
自白	$-3, -3$	$0, -5$
黙秘	$-5, 0$	$-1, -1$

　ナッシュ均衡の導出に慣れるために，もう一つ例を挙げておく．これは映画『理由なき反抗』や『スタンドバイミー』に出てくるアメリカの若者の非常に危険なゲームである．プレイヤーは不良少年 A と B である．二人は仲が悪く，どちらが弱虫（チキン）であるかを勝負で決めようということになった．『理由なき反抗』バージョンでは，二人はおんぼろ車を 1 台ずつ持ってきて，崖に向かって並走し，どちらが先に車から逃げ出すかで勇気を試す．『スタンドバイミー』バージョンでは，荒野の一本道をお互いに向かって車を走らせて，やはりどちらが先にブレーキを踏んだり道からはずれるかを試す．これを単純化して，戦略は Go と Stop の二つであるとし，二人が同時にどちらかを選んで終わりとする．自分が Go で相手が Stop であるときが勝ちで，逆の場合が負けである．お互い Go であると死ぬので最悪であり，お互い Stop であると勝ちと負けの中間ということになる．これを表現した利得関数の例が表 3.3 である[2]．

表 3.3 チキンゲームの例

A \ B	Go	Stop
Go	$-100, -100$	$10, -10$
Stop	$-10, 10$	$-1, -1$

　このゲームには 4 つの戦略の組み合わせがあり，(Go, Go) は明らかにナッシュ均衡ではない．相手が Go ならば自分は死ぬよりは Stop を選ぶのが合理的である．また，(Stop, Stop) もナッシュ均衡ではない．相手が Stop してく

---

[2] このゲームのもう一つの解釈として，Go 戦略が攻撃的な「タカ」戦略，Stop 戦略が平和的な「ハト」戦略であるとして，タカ・ハトゲーム (Hawk-Dove game) と呼ばれることもある．

3.1 ナッシュ均衡

れるなら Go を選んで勝てるからである。(この場合，相手より少し進んだところで止まればいいので死なないと考えよう。) (Go, Stop) と (Stop, Go) は両方ともナッシュ均衡である。相手の戦略に対して，お互いに自分の利得を最大にしているからである。

待ち合わせゲーム (表 3.1)，囚人のジレンマ (表 3.2)，チキンゲーム (表 3.3) のいずれにおいても，二人のプレイヤーの戦略の集合は同じである。しかし，待ち合わせゲームと囚人のジレンマのナッシュ均衡は二人とも同じ戦略をとる組み合わせになっている（これを**対称均衡** (symmetric equilibrium) と呼ぶ）のに対し，チキンゲームのナッシュ均衡はどちらも，二人が異なる戦略をとる組み合わせ（これを**非対称均衡** (asymmetric equilibrium) と呼ぶ）になっていることに注意しよう。均衡だからといって，二人が同じ戦略である必要はないことがわかる。

ナッシュ均衡の解釈はいくつかある。第 1 に，それは自己拘束的 (self-enforcing) な合意であるということである[3]。プレイヤーたちが事前に集まって「これこれの戦略の組み合わせを行おう」と決めたとする。その後実際にゲームをプレイする時に，他のプレイヤーが当初の約束に従っていると予想すると，どのプレイヤーも自分一人だけではこの約束を破って他の戦略を行っても利得の増加がないならば，やはり約束に従うであろう。このような戦略の組み合わせは自己拘束的であると言い，ナッシュ均衡の定義そのものである。

第 2 に，ナッシュ均衡は，各プレイヤーが何ステップもの推論を重ねた先の収束したプレイであるという解釈もできる。このことを 2 人のプレイヤーで，相手の各戦略にはただ一つの最適反応があるようなゲームで述べると以下のようになる。まずプレイヤー 1 がプレイヤー 2 の戦略を s_2 であると予想したとする。これに対してプレイヤー 1 としては最適反応 $s_1 = BR_1(s_2)$ をとるのが合理的である。しかし，プレイヤー 2 はこのことを予想するかもしれない。その場合，プレイヤー 2 は s_1 に対する最適反応 $s'_2 = BR_2(s_1)$ を取ってくると予想できる。これに対しては，プレイヤー 1 は $s'_1 = BR_1(s'_2)$ を取るべきである。しかし，このこともプレイヤー 2 は予想するかもしれない。その場

---

[3] これは，ナッシュ(Nash, 1951) による協力ゲームの定義に用いられているような，絶対に破られない拘束的合意 (binding agreement) とは異なる。

合，プレイヤー2は $s_2'' = BR_2(s_1')$ を取ってくるから，自分は $s_1'' = BR_1(s_2'')$ を取るべき，……と推論を重ねていったとき，この過程が収束すれば，それは $s_1^* = BR_1(s_2^*)$ かつ $s_2^* = BR_2(s_1^*)$ であるような戦略の組み合わせである。これはナッシュ均衡に他ならない。プレイヤー2についても同様で，相手の戦略の予想から，最適反応，その最適反応……と推論した収束先はナッシュ均衡である。

3.2 クールノーのモデルと均衡

推論あるいは最適反応の連鎖の過程の収束先としての均衡概念はナッシュ以前にクールノー (Cournot, 1838) が既に考えていた。経済学におけるクールノー均衡である。これを簡単な経済モデルで考えてみよう。しかもこのゲームは無限個の戦略のゲームとなるので，そのときのナッシュ均衡の求め方も教えてくれる。

ある財の市場では企業1と企業2だけが供給者であるとし，この2企業間のゲームを考える。それぞれの戦略は生産量であり，戦略全体の集合は非負の実数の集合とする。各企業は生産量を同時に一つ選んでゲームは終わる。各企業の利得は売り上げ金額から生産費用を引いた金額，すなわち利潤であるとする。売り上げ金額は，財の販売価格に自社の生産量をかけたものである。企業 $i(i=1,2)$ の生産費用は，ある定数 c_i に自社の生産量をかけたものとする。つまり，1単位余計に生産するには c_i 円の追加的費用（これを限界費用と呼ぶ）がかかるとし，これは何単位生産しても変わらないとする。企業1の生産量を q_1，企業2の生産量を q_2 としたとき，これらを売り切ることのできる価格は

$$A - q_1 - q_2$$

で表されるものとする。（ここで，A は c_1, c_2 のいずれよりも大きい定数とする。）以上をまとめると，企業1の利得関数は両企業の戦略の組み合わせ (q_1, q_2) に依存して，

$$u_1(q_1, q_2) = (A - q_1 - q_2)q_1 - c_1 q_1$$

となる。同様にして企業2の利得関数は

$$u_2(q_1, q_2) = (A - q_1 - q_2)q_2 - c_2 q_2$$

となる。

　クールノーは，相手の戦略（生産量）に対する最適反応を求め，その連鎖を考えた。企業2の戦略が q_2 であったとするとき，企業1の最適反応は $u_1(\cdot, q_2)$ を最大化する q_1 である。この関数 $u_1(\cdot, q_2)$ は変数 q_1 に関して最大値を持つことは，

$$u_1(q_1, q_2) = (A - q_1 - q_2)q_1 - c_1 q_1 = -q_1^2 + (A - q_2 - c_1)q_1$$

という式変形によって容易にわかる。これは q_1 についての2次関数で，2次の項の係数が負なので上に凸な形をしている。従って最大値を与えるのは，ちょうど $u_1(\cdot, q_2)$ の導関数がゼロになる q_1 である。$u_1(\cdot, q_2)$ を q_1 で（偏）微分すると

$$\frac{\partial u_1(q_1, q_2)}{\partial q_1} = -2q_1 + A - q_2 - c_1 \tag{3.1}$$

となる[4]ので，$-2q_1 + A - q_2 - c_1 = 0$ を q_1 について解き，

$$q_1 = \frac{1}{2}(A - q_2 - c_1) \tag{3.2}$$

が q_2 に対する最適反応であることがわかる[5]。

　同様に，企業1の戦略が q_1 であるときの企業2の最適反応は

$$q_2 = \frac{1}{2}(A - q_1 - c_2)$$

となる。これらの最適反応の式を使うと，2企業の最適反応の連鎖を考えることができる。例えば，企業1は企業2が $q_2^{(0)} = \frac{1}{4}(A - c_2)$ という戦略をと

---

[4] つまり利得の導関数が相手の戦略の減少関数になっている。プレイヤー2も同様であり，このようなゲームは**戦略的代替性** (strategic substitutability) を持つと言う。ビューロウ他 (Bulow et al., 1985) を参照。

[5] 正確には q_2 があまりに大きいときは $\frac{1}{2}(A - q_2 - c_1) < 0$ となってしまうので，$\max\{\frac{1}{2}(A - q_2 - c_1), 0\}$ とすべきであるが，後で見るように企業2の戦略 q_2 の合理的範囲も制限されるので以下では $\frac{1}{2}(A - q_2 - c_1) \geqq 0$ の範囲だけで分析する。

ると予想したとする。これに対する企業1の最適反応は

$$q_1^{(0)} = \frac{1}{2}(A - q_2^{(0)} - c_1) = \frac{1}{8}(3A - 4c_1 + c_2)$$

と計算できる。これに対する企業2の最適反応は

$$q_2^{(1)} = \frac{1}{2}(A - q_1^{(0)} - c_2) = \frac{1}{16}(5A + 4c_1 - 9c_2)$$

である。このように最適反応の連鎖を計算していくと

$$\begin{aligned}
q_1^{(1)} &= \frac{1}{2}(A - q_2^{(1)} - c_1) = \frac{1}{32}(11A - 20c_1 + 9c_2) \\
q_2^{(2)} &= \frac{1}{2}(A - q_1^{(1)} - c_2) = \frac{1}{64}(21A + 20c_1 - 41c_2) \\
q_1^{(2)} &= \frac{1}{2}(A - q_2^{(2)} - c_1) = \frac{1}{128}(43A - 84c_1 + 41c_2) \\
&\cdots
\end{aligned}$$

となり, $q_1^{(m)}, q_2^{(m)}$ はそれぞれ

$$q_1^* = \frac{1}{3}A - \frac{2}{3}c_1 + \frac{1}{3}c_2, \quad q_2^* = \frac{1}{3}A + \frac{1}{3}c_1 - \frac{2}{3}c_2$$

に収束することがわかる。この収束先をクールノーは均衡としたが,実際,収束先においては $q_1^* = \frac{1}{2}(A - q_2^* - c_1)$ かつ $q_2^* = \frac{1}{2}(A - q_1^* - c_2)$ が成立するので, q_1^* は q_2^* に対する最適反応であり, q_2^* は q_1^* に対する最適反応である。つまり (q_1^*, q_2^*) はナッシュ均衡なのである。

上記のプロセスを推論と考えると,企業2は別な予想から出発して,同じような推論を繰り返すことができる。それでも (q_1^*, q_2^*) に収束する。したがって,このゲームでは,現実に企業が最適反応のプレイの連鎖をしているとしてもナッシュ均衡に到達できるし,それぞれ任意の予想から推論を突き詰めたとしてもナッシュ均衡に到達する。(なお,これは一般には言えない。クールノーモデルは非常に特殊なのである。興味のある読者は3.8節を見て欲しい。)

最適反応をグラフとして表現すると,図 3.1 のような二つの直線となり,クールノー・ナッシュ均衡は,二人とも相手の戦略に対して最適反応を行う組み合わせであるから,二つのグラフの交点として表される。

3.2 クールノーのモデルと均衡

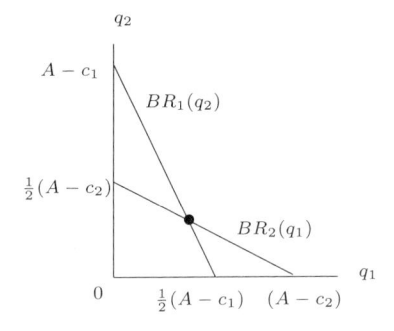

図 3.1 クールノー・ナッシュ均衡

最後にクールノー・ナッシュ均衡の効率性について考える．均衡における価格は

$$\frac{1}{3}(A + c_1 + c_2)$$

となるので，均衡利得はそれぞれ

$$u_1(q_1^*, q_2^*) = \frac{1}{9}(A - 2c_1 + c_2)^2, \quad u_2(q_1^*, q_2^*) = \frac{1}{9}(A + c_1 - 2c_2)^2$$

となる．簡単化のために，両企業の限界費用が等しく，$c_1 = c_2 = c$ となるような対称ゲームにしてみると，各企業 $i = 1, 2$ の均衡利得は

$$u_i(q_1^*, q_2^*) = \frac{1}{9}(A - c)^2$$

となる．ここで，たとえば各企業が $q_1^o = q_2^o = \frac{1}{4}(A - c)$ という生産量を選ぶとすると，利得は1企業あたり

$$\frac{1}{8}(A - c)^2$$

となり，両企業ともに利得が上がる．したがって囚人のジレンマと同様，ナッシュ均衡は必ずしも効率的でない．

現実的には，このような問題に直面した企業は談合などによって生産調整を行うことがあり得る．しかし，ナッシュ均衡でない数量の組み合わせを，自己の利得最大化のみを目的とした企業に強制することは難しい．たとえば，上

記の $q_1^o = \frac{1}{4}(A-c)$, $q_2^o = \frac{1}{4}(A-c)$ をしようと2企業が口約束したとしても，いざプレイするときになれば，相手の戦略 q_j^o に対する最適反応は q_i^o ではないので，裏切ることが合理的である．

ところが，現実には談合による生産調整のようなことは行われている．合理的な企業間でも（一見すると）ナッシュ均衡でない行動をお互いにさせることが可能なのである．このゲーム理論的分析は5.6節で取り上げる．

3.3 ベルトランのモデルと均衡

クールノーのモデルでは，企業は生産量を戦略としていたが，価格を戦略とするケースも考えられる．価格競争のモデルはベルトラン（Bertrand, 1883）によって提唱された．同じナッシュ均衡を求めるにしても，利得関数の構造が異なってくる．特に，製品が完全代替財であるか，そうでないかが重要な意味を持つ．以下では前節と同様，2企業 ($i = 1, 2$) だけが供給している市場を考える．戦略（価格）は両企業とも，任意の非負の実数を選ぶことができるとする．

3.3.1 製品差別化のあるケース

ここでは，2企業の製品は顧客にとって同じではなく，片方の企業の製品を他社の製品より好んでいることがあるので，必ずしも安い方に全員が買いに行かないというケースを考える．例として，企業1が価格 p_1 を選び，企業2が価格 p_2 を設定しているとき，企業1の製品の需要は

$$D_1(p_1, p_2) = A - p_1 + p_2,$$

企業2の製品の需要は

$$D_2(p_1, p_2) = A - p_2 + p_1$$

と表されるとする．これらの関数形は，自社の製品価格がライバル社の価格より高くても，必ずしも需要はゼロにならないことを含んでいる．

前節と同様，企業 i の限界費用は生産量に関わらず一定で $c_i > 0$ であるとする．また，A は c_1, c_2 より大きいとする．すると x 単位生産するための費用は $c_i x$ となる．このとき，企業 $i(i=1,2)$ の利得関数（利潤）は j をライバル社とすると

$$\begin{aligned} u_i(p_i, p_j) &= (p_i - c_i) D_i(p_i, p_j) \\ &= -p_i^2 + (A + c_i + p_j) p_i - A c_i - c_i p_j \end{aligned}$$

となる．これは p_i の2次関数で，2次の項の係数が負であるから，p_i についての導関数がゼロとなるような p_i で最大となる．導関数は

$$\frac{\partial u_i(p_1, p_2)}{\partial p_i} = -2 p_i + A + c_i + p_j$$

である[6]ので，これを 0 にするような最適反応は

$$p_i = \frac{1}{2} \Big(A + c_i + p_j \Big)$$

であることがわかる．

このゲームのナッシュ均衡 (p_1^*, p_2^*) は連立方程式

$$\begin{cases} p_1 = \frac{1}{2} \Big(A + c_1 + p_2 \Big) \\ p_2 = \frac{1}{2} \Big(A + c_2 + p_1 \Big) \end{cases}$$

の解であり，具体的には，

$$p_1^* = \frac{1}{3} \Big(3A + 2c_1 + c_2 \Big), \quad p_2^* = \frac{1}{3} \Big(3A + c_1 + 2c_2 \Big)$$

である．特に $c_1 = c_2 = c$ という対称ゲームを考えると，$(p_1^*, p_2^*) = (A+c, A+c)$ であり，両企業とも限界費用 c より高い価格を付けることがわかる．

3.3.2 完全代替財のケース

2企業の製品が顧客にとってまったく同じである（これを経済学では完全代替財であると言う）場合，価格が異なれば，安い方にすべての需要がいく

---

[6] 利得の導関数は相手の戦略 p_j の増加関数である．このようなゲームは**戦略的補完性** (strategic complementarity) を持つと呼ばれる．

ことになる.この場合,企業 i の製品に対する需要は次のように不連続になってしまう.

$$D_i(p_1, p_2) = \begin{cases} A - p_i & \text{if } p_i < p_j \\ \frac{1}{2}(A - p_i) & \text{if } p_i = p_j \\ 0 & \text{if } p_i > p_j \end{cases}$$

(ここでは,2企業が同じ価格の場合,半分ずつ市場需要を分け合うと仮定している.また,$A > c_1, c_2$ とする.)これでは,利得関数も不連続で,微分して最大化するというわけにはいかない.しかし,論理的にナッシュ均衡を求めることができる.簡単化のために $c_1 = c_2 = c$ のケースを考えよう.

まず,企業1と企業2の価格が異なるような戦略の組み合わせがナッシュ均衡になり得るかを考える.一般性を失うことなく,$p_1 < p_2$ としてみる.このとき,限界費用 c との大小関係について場合分けする.もし,$c < p_1 < p_2$ であるならば,企業1は市場を独占し,かつ正の利得を得る.これに対し,企業2は0の利得を得ているので,戦略を変更して $c < p_2' < p_1$ となるような価格 p_2' にすれば,正の利得を得ることができる.(価格としては任意の実数を許すので,このような実数 p_2' は存在する.)従って,少なくとも一人のプレイヤーが最適反応を行っていないので,$c < p_1 < p_2$ となるような戦略の組み合わせはナッシュ均衡ではない.

もし,$c = p_1 (< p_2)$ であれば,企業1は0の利得しか得ていない.そこで少し価格を上げて,$c < p_1' < p_2$ となるような価格 p_1' にすれば,まだ企業2より安いので需要を得ることができ,しかも正の利得を獲得できる.したがって $c = p_1 < p_2$ となるような戦略の組み合わせもナッシュ均衡ではない.$p_1 < c < p_2$ であるような場合もまったく同じ理由でナッシュ均衡ではない.では,$p_1 < p_2 \leqq c$ であるような場合はどうか.このときは企業1は負の利得を得ているので,$p_1' > p_2$ に変更することによってゼロの利得にすることができるから,やはりナッシュ均衡ではない.以上により,2企業が異なる価格をつけるような戦略の組み合わせはナッシュ均衡ではないことがわかった.

次に,2企業が同一価格 p を選ぶとする.ここで,$p > c$,$p = c$,$p < c$ の3つのケースが考えられる.$p > c$ の場合を考えてみると,このとき各企業

3.3 ベルトランのモデルと均衡

は $\frac{1}{2}(A-p)$ の需要を得て，

$$u_i(p,p) = (p-c)\frac{1}{2}(A-p)$$

の利得を得ている．しかし，ほんの少し価格を下げて，$p-\epsilon$ にすれば，市場を独占でき，

$$u_i(p-\epsilon,p) = (p-\epsilon-c)(A-p+\epsilon) > (p-c)\frac{1}{2}(A-p)$$

とすることができる（そのような十分小さい正の ϵ が存在する）．したがってこのような戦略の組み合わせはナッシュ均衡ではない．$p < c$ のときは，両企業とも負の利得を得ているので，むしろ価格を上げて，利得をゼロにした方がよい．したがってこれもナッシュ均衡とはならない．

最後に $p_1 = p_2 = p = c$ となる戦略の組み合わせを考える．両企業とも利得はゼロであるが，この戦略の組み合わせはナッシュ均衡である．どちらかの企業が他の価格に変更することを考える．価格を上げると需要はゼロになるので，利得はゼロのままである．価格を c より下げると需要は増えるが，負の利得となる．従って他の価格に変えても利得を上げることはできないのである．

このように，不連続な利得関数のゲームであっても純戦略のナッシュ均衡が存在する場合もある．また，製品差別化のあった場合と比較すると，均衡の価格は限界費用そのものであり，両企業とも利得は 0 になっている．これは，完全代替財であるときの方が需要の増減が激しく，競争が激しいからである．（ただし以上の分析は戦略の集合が連続体であることに依存する．離散集合から価格を選ぶ場合は，完全代替財であっても価格が限界費用まで下がらないことがある．練習問題 3.2(b) を参照．）

また，ベルトラン・ナッシュ均衡も一般には効率的ではない．例えば完全代替財のケースでは，両企業で協力して限界費用より高く，かつ同じ価格を付ければ，両企業とも正の利得を得ることができるからである．

3.4 位置選択ゲームと均衡

経済学のみならず政治学などにも応用範囲の広い，**位置選択** (location choice) ゲームを紹介する。これも無限戦略のゲームである[7]。ある線分上に連続に「ポジション」がある。この線分は，商品の性質についての消費者の好みの分布の範囲であったり，政策についての投票者の好みの分布の範囲であったり，いろいろな解釈が可能である。二人のプレイヤー 1 と 2 が同時に一つずつポジション s_1, s_2 を選んでゲームは終わる。以下は消費者モデルとして書くが，投票モデルでも全く同じ議論ができる。

各プレイヤーの利得は，お互いのポジションと，線分上の消費者や投票者の分布に依存する。ここでは，最も単純なケースとして，線分 $[0, 1]$ 上に消費者が一様分布で存在しているとする。各消費者は，自分のポジションに最も近いプレイヤーに利得 1 を与える。これは商品の購入による 1 消費者当たりの利潤と解釈できる。(投票モデルの場合は 1 票を投票するという行動に対応する。) 2 人のプレイヤーが同じ距離にあるときは，1/2 の確率でどちらかを選んで購入すると仮定する。

プレイヤー 1 が $s_1 \in [0, 1]$，プレイヤー 2 が $s_2 \in [0, 1]$ を選んだときのプレイヤー 1 の利得を場合分けしながら求めてみよう。対称ゲームなのでプレイヤー 2 の利得は同様に求められる。

(i) $s_1 < s_2$ の場合：s_1 より左側 (0 に近い側) にいる消費者全員と s_1 と s_2 の間にいる消費者のうち，二人の中点 $\frac{1}{2}(s_1 + s_2)$ から左側にいる，s_1 により近い消費者がプレイヤー 1 に利得を与える。一様分布であるので，これらの消費者の総数は $\frac{1}{2}(s_1 + s_2)$ である。従って，プレイヤー 1 の利得は $\frac{1}{2}(s_1 + s_2)$ と表せる。

(ii) $s_1 > s_2$ の場合：(i) と逆の議論によりプレイヤー 1 の利得は二人のポジションの中点から右側の消費者の数 $1 - \frac{1}{2}(s_1 + s_2)$ である。

---

[7] 有限戦略にすることも可能である。例えばワトソン (Watson, 2002) の第 8 章を参照。

3.4 位置選択ゲームと均衡

(iii) $s_1 = s_2$ の場合：この場合，どの消費者にとっても二人のプレイヤーは同じ距離である。したがって消費者は半分がプレイヤー1に行くことになり，利得は $\frac{1}{2}$ となる。

このゲームのただ一つのナッシュ均衡は $(s_1^*, s_2^*) = (\frac{1}{2}, \frac{1}{2})$ であることを証明しよう。まず，相手のポジションが $\frac{1}{2}$ であるとき，その左か右に位置してしまうと2点の中点から左あるいは右側の消費者しか得られない。つまり，$s_i < \frac{1}{2}$ ならば $\frac{1}{2}(s_i + \frac{1}{2})$ が利得であるが，この数は $\frac{1}{2}$ より厳密に少ない。逆に，$s_i > \frac{1}{2}$ ならば $1 - \frac{1}{2}(s_i + \frac{1}{2})$ が利得であるが，これも $\frac{1}{2}$ より厳密に少ない。しかし同じ $\frac{1}{2}$ にポジションを取れば利得として $\frac{1}{2}$ を得られる。つまり，相手の戦略 $\frac{1}{2}$ に対する最適反応は $\frac{1}{2}$ であり，$(s_1^*, s_2^*) = (\frac{1}{2}, \frac{1}{2})$ はナッシュ均衡である。

次に，この他にナッシュ均衡は存在しないことを示す。$s_1 \neq s_2$ であるような任意の戦略の組み合わせを取る。すると少なくとも一人のプレイヤーが，相手により近いポジションに変更することで利得を高めることができる。したがってナッシュ均衡ではない。また，$s_1 = s_2$ であるが $\frac{1}{2}$ ではない組み合わせを考える。このときは両プレイヤーは $\frac{1}{2}$ の利得を得ている。$s_1 = s_2$ は $\frac{1}{2}$ ではないので，右側か左側のどちらかの範囲が $\frac{1}{2}$ より大きい。そこで，その方向へ少しポジションを移動させると $\frac{1}{2}$ より大きい利得を獲得できる。ゆえにこのような組み合わせもナッシュ均衡ではない。

消費者の分布はもっと一般の形でも同じような議論ができる。一様分布の場合，平均と中央値 (median)[8] が同じ $\frac{1}{2}$ であったためよくわからなかったが，中央値がただ一つ存在するとき，そこに両者が位置するのがただ一つのナッシュ均衡となる。この結果は政治経済学で「中位投票者定理」(Median Voter Theorem) と呼ばれる。オズボーン (Osborne, 2004) の本の3.3節にはいろいろな位置選択ゲームの分析がわかりやすく説明されている。

---

[8] 中央値とは，この場合，その左側の総消費者数とその右側の総消費者数が両方ともちょうど $\frac{1}{2}$ になっているポジションである。

3.5 支配関係とナッシュ均衡 *

囚人のジレンマゲームにおいては，厳密に支配される戦略を消去することによって得られる帰結とナッシュ均衡が一致している。しかし，待ち合わせゲームの例が示すように，厳密に支配される戦略を消去しようとしても何も消せないが，ナッシュ均衡は戦略の組み合わせの集合全体ではない場合もある。そこで，厳密に支配される戦略の逐次消去による均衡概念と，ナッシュ均衡との関係について明確にしてみよう。

命題 3.5.1. 戦略の組み合わせ $s^* = (s_1^*, s_2^*, \ldots, s_n^*) \in S$ がナッシュ均衡であるならば，厳密に支配されている戦略を逐次消去するプロセスにおいて s^* は消去されない。

証明：背理法を使う。厳密に支配されている戦略を逐次消去したら，s^* のうちの誰かの戦略が消去されてしまったとする。複数消去されるかもしれないので，最初に消去されるものを s_i^* とする。

すると，消去のプロセスのある時点で，s_i^* を厳密に支配する戦略 $s_i' \in S_i$ が存在する。このことを不等式条件で書くと，s_i^* を消去する時点まで残っている任意の s_{-i} については

$$u_i(s_i', s_{-i}) > u_i(s_i^*, s_{-i})$$

が成り立つ。s_i^* が消去されるとき，他の星印の戦略はまだ生き残っているのであるから，上記の「任意の s_{-i}」として，s_{-i}^* を考えることができる。したがって，

$$u_i(s_i', s_{-i}^*) > u_i(s_i^*, s_{-i}^*)$$

が成立する。しかし，これは s^* がナッシュ均衡であることに矛盾する。□

命題 3.5.2. 全てのプレイヤーの戦略の数を有限個とする。このとき，厳密に支配されている戦略を逐次消去するプロセスにおいて，ただ一つの戦略の組み合わせ $s^* = (s_1^*, s_2^*, \ldots, s_n^*) \in S$ が残ったら，s^* はそのゲームのただ一つのナッシュ均衡である。

証明：s^* がナッシュ均衡であることと，他にはナッシュ均衡が存在しないことを示す。

（1） s^* はナッシュ均衡であることを示す。

背理法を使う。s^* はナッシュ均衡でないとしてみる。すると，少なくとも一人のプレイヤー i が存在して，s_i^* は s_{-i}^* に対して最適反応ではない。つまり，$s_i' \neq s_i^* \in S_i$ が存在して，

$$u_i(s_i', s_{-i}^*) > u_i(s_i^*, s_{-i}^*)$$

となっているはずである。しかし，この s_i' は厳密に支配される戦略を消去する過程で消されているはずだから，さらに $s_i'' \neq s_i' \in S_i$ が存在して，s_i' が消去される時点まで残っている任意の s_{-i} に対して

$$u_i(s_i'', s_{-i}) > u_i(s_i', s_{-i})$$

であるから，特に

$$u_i(s_i'', s_{-i}^*) > u_i(s_i', s_{-i}^*)$$

も成立するはずである。もし，$s_i'' = s_i^*$ ならば矛盾であるので，ここで証明が終わる。

そうでなかったら，s_i'' も消去されているはずだから，さらに $s_i''' \neq s_i'' \in S_i$ が存在して，s_i'' が消去される時点まで残っている任意の s_{-i} に対して

$$u_i(s_i''', s_{-i}) > u_i(s_i'', s_{-i})$$

であるから，特に

$$u_i(s_i''', s_{-i}^*) > u_i(s_i'', s_{-i}^*)$$

も成立する。もし，$s_i''' = s_i^*$ ならば，矛盾である。そうでなかったら……と，この議論を繰り返していくと，戦略の数が有限なので，必ずどこかで矛盾が生じる。

(2) 命題 3.5.1 より，もし s^* 以外にナッシュ均衡が存在したら，消去されずに残っているはずである。従って，s^* は唯一のナッシュ均衡である。　　□

3.6 ナッシュ均衡の存在問題と混合戦略

　厳密に支配される戦略を逐次消去し，残った戦略の組み合わせを「均衡」とするというとき，均衡の存在は保証されていた。なぜなら，どう消去していっても少なくとも一つの戦略がそれぞれのプレイヤーに残されるからである。しかし，ナッシュ均衡は実は簡単には存在が保証されない。次の例を考えてみよう。

　プレイヤーは子ども1と子ども2とする。二人はそれぞれコイン（1ペニー）を一つずつ持っている。コインには表面と裏面があり，どちらかの面を出すのが戦略である。ゲームのルールは，同時に二人がコインを出して，二つの面の組み合わせに応じてコインをやり取りするというものである。違う面であれば子ども1の勝ちで，子ども2は子ども1にそのコインをあげなくてはならない。同じ面が出たら，子ども2の勝ちで，今度は子ども1が子ども2にコインをあげることになる。利得をコインのやりとりの数とすると，このゲームの行列表現は以下のようになる。

表 3.4　ペニー合わせゲーム (Matching Pennies)

1 \ 2	表	裏
表	−1, 1	1, −1
裏	1, −1	−1, 1

　このゲームにはナッシュ均衡は存在しない。どんな戦略の組み合わせを取っても，少なくとも一人の子どもが違う戦略に変えることで負けから勝ちに変わって利得を高めることができるからである。

　普通このような状況では，自分の手を読まれないようにすることが肝心である。例えば，テニスのサーブのとき，相手のフォアを狙うか，バックを狙うかを読まれないようにするのがよいのと同じ考え方である。お互いに相手の手がわからなければ，どちらにも通用するように中間的に構えるしかない。すると，こちらの手も読まれないので，戦略的に安定になるのである。

　この考え方を数学的に表現すると，戦略を確率的に行うということになる。

3.6 ナッシュ均衡の存在問題と混合戦略

まず、これまで戦略と呼んでいたものは、ある行動や意思決定を確実に行う、という意味だとして、これらを**純戦略** (pure strategies) と呼びなおすことにする。次に、純戦略のいくつかを確率的に行うことによって相手に的をしぼらせないような戦略を**混合戦略** (mixed strategies) と呼ぶことにする。純戦略が有限個である場合[9]、混合戦略の定義は以下で与えられる。

定義 3.6.1. プレイヤー i の混合戦略とは、i の純戦略の集合 S_i 上の確率分布、すなわち S_i から実数の集合への関数 σ_i で、任意の $s_i \in S_i$ について $0 \leq \sigma_i(s_i) \leq 1$ かつ、

$$\sum_{s_i \in S_i} \sigma_i(s_i) = 1$$

を満たすものである。

ここで、$\sigma_i(s_i)$ は混合戦略 σ_i が純戦略 s_i に与える確率である。一般に、ある集合 X 上の確率分布全体の集合を $\Delta(X)$ と書くので、プレイヤー i の混合戦略全体の集合を $\Delta(S_i)$ と書くことにする。また、**厳密な混合戦略** (strict mixed strategies, completely mixed strategies) とは全ての純戦略に正の確率をつける混合戦略のこととする。

ゲームを「混合拡大」して、各プレイヤー i は混合戦略の集合 $\Delta(S_i)$ の中から戦略を選ぶとする。(純戦略は、確率1でその戦略をとるという混合戦略と見なすことができるので、混合戦略の集合に入る。)

各プレイヤーが混合戦略を行うとすると、実際に行われる純戦略の組み合わせ、ひいてはそこから得られる各プレイヤーの利得が確率的に発生することになる。したがって、各プレイヤーは利得行列の要素のいくつかに確率がついたもの(これは利得の「くじ」と考えられる)を評価する必要がある。現在の標準的ゲーム理論では、各プレイヤーは利得の期待値(**期待利得** (expected payoff) あるいはフォン・ノイマン＝モルゲンシュテルン型効用と呼ぶ)を最大にするように行動すると仮定する。全てのプレイヤーの純戦略が有限個である場合、混合戦略の組み合わせを $(\sigma_1, \ldots, \sigma_n)$ とするとき、プレイヤー i

---

[9] 純戦略が可算無限個まではこの表記でできる。非可算無限個ある場合は足し算では定義できないが、積分で定義すればよい。これは確率論の分野であるので数学の本で勉強されたい。

の期待利得は

$$Eu_i(\sigma_1,\ldots,\sigma_n) = \sum_{(s_1,\ldots,s_n)\in S} \sigma_1(s_1)\cdots\sigma_n(s_n)u_i(s_1,\ldots,s_n)$$

で定義される．ここで，確率のかけ算 $\sigma_1(s_1)\cdots\sigma_n(s_n)$ は，純戦略の組み合わせ $(s_1,\ldots,s_n)$ が起こる確率，$u_i(s_1,\ldots,s_n)$ はそのときのプレイヤー i の利得である．

ただし，正確には，利得関数を最大化するプレイヤーを仮定し，混合戦略まで選択肢の集合を拡大したからといって，そのプレイヤーたちが，利得の期待値を最大化するプレイヤーに論理的必然としてなるわけではない．利得の「くじ」についてのプレイヤーの選好 (preferences) がいくつかの公理を満たすことと，上記の期待利得関数を最大化することが同値になることが，フォン・ノイマン＝モルゲンシュテルン (von Neumann and Morgenstern, 1944) の本で証明されている．(解説としてはクレプス (Kreps, 1988) やその中の参考文献，ルービンシュタイン (Rubinstein, 2006) の本の Lecture 8 を参照されたい．)

また，これらの公理を仮定しても，期待利得関数 $Eu_i : \Delta(S_1)\times\cdots\times\Delta(S_n) \to \Re$ はもとの利得関数 $u_i : S_1\times\cdots\times S_n \to \Re$ のアフィン変換については一意に決まるが，任意の単調増加関数による変換については一意ではない．つまり，期待利得最大化による均衡は，もとの利得関数が単調増加関数によって変換されると変化してしまう可能性がある．これは純戦略の均衡だけを考えていたときには起きなかったことである．

これらの注意を念頭に起きながら，今後は，標準形ゲーム $G = (\{1,\ldots,n\}, S_1,\ldots,S_n, u_1,\ldots,u_n)$ の混合拡大ゲーム $G' = (\{1,\ldots,n\}, \Delta(S_1),\ldots,\Delta(S_n), Eu_1,\ldots,Eu_n)$ を考える．最適反応の集合も拡大して

$$BR_i(\sigma_{-i}) = \{\sigma_i \in \Delta(S_i) \mid Eu_i(\sigma_i,\sigma_{-i}) \geqq Eu_i(x,\sigma_{-i})\ \forall x \in \Delta(S_i)\}$$

とする．(ただし，練習問題 3.1 を参照のこと．)

混合戦略の範囲でのナッシュ均衡 $(\sigma_1^*, \sigma_2^*,\ldots,\sigma_n^*)$ は，各プレイヤー $i \in \{1,2,\ldots,n\}$ について，

$$\sigma_i^* \in BR_i(\sigma_1^*,\sigma_2^*,\ldots,\sigma_{i-1}^*,\sigma_{i+1}^*,\ldots,\sigma_n^*)$$

3.6 ナッシュ均衡の存在問題と混合戦略

が成立することである。

表 3.4 のペニー合わせゲームを混合拡大して，そのナッシュ均衡を考えてみよう．各プレイヤーについて純戦略を H(表), T(裏) とすると，それぞれの混合戦略全体の集合は

$$\Delta(S_1) = \Delta(S_2) = \{\sigma \mid 0 \leqq \sigma(x) \leqq 1,\ \forall x = H, T,\ \sigma(H) + \sigma(T) = 1\}$$

である．しかし，H(表) の確率 $\sigma(H)$ を決めれば，T(裏) の確率は $1 - \sigma(H)$ と決まるので，実際は 0 と 1 の間の実数を一つ決めれば，それを表を出す確率と解釈する混合戦略が一つ確定することになる．

プレイヤー 2 の任意の混合戦略をプレイヤー 2 が表を出す確率 q で表現して，プレイヤー 1 の混合戦略（表を出す確率）p の期待利得を計算すると

$$\begin{aligned} Eu_1(p,q) &= pqu_1(H,H) + p(1-q)u_1(H,T) + (1-p)qu_1(T,H) \\ &\quad + (1-p)(1-q)u_1(T,T) \\ &= -pq + p(1-q) + (1-p)q - (1-p)(1-q) \\ &= p(2-4q) + 2q - 1 \end{aligned}$$

となる．これは $q > \frac{1}{2}$ のとき p について厳密に減少関数なので，p を出来る限り小さくするのが利得を最大にすることである．従ってこのときの最適反応は $p = 0$ すなわち，裏を確実に出すという純戦略である．逆に $q < \frac{1}{2}$ のときは，期待利得は p について厳密に増加関数であるから，最適反応は $p = 1$ すなわち表を確実に出すという純戦略となる．$q = \frac{1}{2}$ のときは，どんな p についても期待利得は一定値であるから，この場合は全ての混合戦略が最適反応となる．

これを式で書くと，

$$BR_1(q) = \begin{cases} 0 & \text{if } q > \frac{1}{2} \\ \Delta(S_1) & \text{if } q = \frac{1}{2} \\ 1 & \text{if } q < \frac{1}{2} \end{cases}$$

となる．最適反応は q の一価関数ではなく，$q = \frac{1}{2}$ のところで集合値をとる対応（多価関数）になっている．

同様にして，プレイヤー1の任意の混合戦略 p について，プレイヤー2の混合戦略 q の期待利得を求めると

$$
\begin{aligned}
Eu_2(p,q) &= pqu_2(H,H) + p(1-q)u_2(H,T) + (1-p)qu_2(T,H) \\
&\quad + (1-p)(1-q)u_2(T,T) \\
&= pq - p(1-q) - (1-p)q + (1-p)(1-q) \\
&= q(4p-2) + 1 - 2p
\end{aligned}
$$

となる．従って，$p < \frac{1}{2}$ のときは q について厳密に減少関数となるので裏を出す純戦略が最適反応，$p > \frac{1}{2}$ のときは表を出す純戦略が最適反応，$p = \frac{1}{2}$ のときは任意の混合戦略が最適反応である．これも式で書くと，

$$
BR_2(p) = \begin{cases} 1 & \text{if } p > \frac{1}{2} \\ \Delta(S_2) & \text{if } p = \frac{1}{2} \\ 0 & \text{if } p < \frac{1}{2} \end{cases}
$$

となる．

　ナッシュ均衡では，お互いに最適反応でなくてはならない．しかし，$p < \frac{1}{2}$ であるような混合戦略をプレイヤー1が取ると，プレイヤー2の最適反応は $q = 0$ であり，これに対するプレイヤー1の最適反応は $p = 1$ である．したがって $p < \frac{1}{2}$ であるようなナッシュ均衡は存在しない．同様に，$p > \frac{1}{2}$ であるようなナッシュ均衡もないし，q が $\frac{1}{2}$ 以外の値のナッシュ均衡も存在しない．最後に，二人とも $p = \frac{1}{2}$，$q = \frac{1}{2}$ を取る場合を考えよう．このときは，お互いどんな混合戦略も最適反応なのであるから，特に $\frac{1}{2}$ の確率でもよい．従って，ペニー合わせゲームの混合拡大にはただ一つのナッシュ均衡が存在して，それは二人とも「表を $\frac{1}{2}$ の確率，裏を $\frac{1}{2}$ の確率で出す」という混合戦略をしている組み合わせである．

　ペニー合わせゲームの混合戦略の範囲での最適反応をグラフで表すと，図3.2のようになる．子ども1は相手と異なる面を出したいので，その最適反応は右下がりである．子ども2は相手と同じ面を出したいので，その最適反応は右上がりとなる．クールノーのモデルで見たのと同様に，ナッシュ均衡は最適反応対応のグラフの交点として表される．

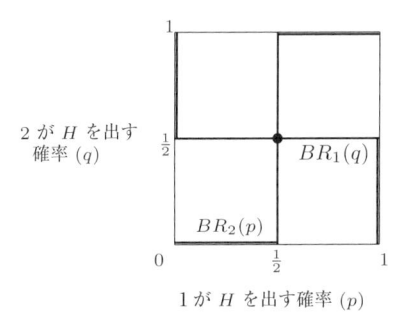

3.6 ナッシュ均衡の存在問題と混合戦略

図 3.2 ペニー合わせゲームの最適反応

ペニー合わせゲームのナッシュ均衡のように，厳密な混合戦略が含まれるナッシュ均衡については，以下の性質が重要である．

命題 3.6.1. 厳密な混合戦略が含まれるナッシュ均衡においては，他のプレイヤーの戦略の組み合わせをそのナッシュ均衡のものに固定したとき，厳密な混合戦略のサポート（正の確率を持つ純戦略の集合）に含まれる全ての純戦略が，同じ期待利得を与える．

証明：背理法を用いる．ナッシュ均衡を $(\sigma_1^*, \ldots, \sigma_n^*)$ とし，σ_i^* が厳密な混合戦略であるとする．σ_{-i}^* を固定して，もし $s_i \in supp(\sigma_i^*)$ が他の $s_i' \in supp(\sigma_i^*)$ より厳密に高い期待利得を与えるならば，s_i に付ける確率を $\sigma_i^*(s_i)$ より大きくする混合戦略に変更することで，より高い期待利得を得ることができるので σ_i^* は最適反応ではない． □

また，混合戦略まで許すと，純戦略の範囲では厳密に支配されていなかった戦略が，混合戦略に厳密に支配されるということもある．(3.8 節を参照．)

3 戦略以上のケースだと，混合戦略のナッシュ均衡を求める際に，最適反応のグラフの交点という考え方は難しいが，どの純戦略が混合戦略のナッシュ均衡のサポートに入っているかを予測して，命題 3.6.1 を利用して，サポート内の純戦略は全て同じ期待利得を与え，サポート外の純戦略の期待利得はサポート内の純戦略のそれ以下になっていることを示せばよい．

例えば，表 3.5 のようなゲームを考えてみよう．これはじゃんけんゲームで

あり，同じ戦略だと引き分け，戦略 R（グー）は戦略 S（チョキ）には勝つが戦略 P（パー）に負け，戦略 S は P に勝つが R に負け，戦略 P は R に勝つが S に負けるという三すくみの形になっている。

表 3.5 じゃんけんゲーム (Rock-Scissors-Paper)

P1 \ P2	R	S	P
R	0, 0	1, -1	-1, 1
S	-1, 1	0, 0	1, -1
P	1, -1	-1, 1	0, 0

まず，純戦略によるナッシュ均衡が存在しないことを調べる。これは明らかで，相手が純戦略をしてくるとき，こちらには勝つ純戦略が存在するが，それをするなら相手はもとの純戦略をするはずがないからである。次に，2つの純戦略だけに正の確率をつける混合戦略のナッシュ均衡があるかを考える。例えばプレイヤー 2 が R と S にだけ正の確率をつける混合戦略をしているナッシュ均衡があるとしたら，命題 3.6.1 より (a) プレイヤー 2 はその二つの純戦略から同じ期待利得を得ているし，ナッシュ均衡であるから (b) プレイヤー 2 は純戦略 P からは R と S より高くない期待利得を得ているはずである。このことを念頭においておく。

さらに，ナッシュ均衡ではプレイヤー 1 はこれに対し，最適反応をしているはずである。そこで，プレイヤー 2 が R をする確率を p，S をする確率を $1-p$ として，プレイヤー 1 の最適反応を求める。各純戦略 R, S, P の期待利得は

$$
\begin{aligned}
Eu_1(R,p) &= p \cdot 0 + (1-p)1 = 1-p \\
Eu_1(S,p) &= p(-1) + (1-p)0 = -p \\
Eu_1(P,p) &= p \cdot 1 + (1-p)(-1) = -1 + 2p
\end{aligned}
$$

である。明らかに，プレイヤー 2 が R か S しかしないのであれば，プレイヤー 1 にとって純戦略 S は R に厳密に支配される。三つの純戦略の期待利得は p の関数としては図 3.3 のようになり，$Eu_1(R,p) = Eu_1(P,p)$ となる $p = \frac{2}{3}$ 以外の p に対してはプレイヤー 1 の最適反応は純戦略である。プレイ

3.6 ナッシュ均衡の存在問題と混合戦略

ヤー 1 が純戦略をしているときはプレイヤー 2 が R と S から同じ利得を得ることはないので (a) に矛盾する．プレイヤー 1 が厳密な混合戦略の最適反応を持つのは，ちょうど $p = \frac{2}{3}$ のときである．このときプレイヤー 1 は R と P にだけ正の確率を付けるが，それならばプレイヤー 2 にとって純戦略 R は P に厳密に支配される．したがって (b) に矛盾する．つまり，プレイヤー 2 が R と S にだけ正の確率をつける混合戦略のナッシュ均衡は存在しないのである．同様の議論によって他の組み合わせでも，誰かが 2 つの純戦略にだけ正の確率をつけるようなナッシュ均衡は存在しないことがわかる．

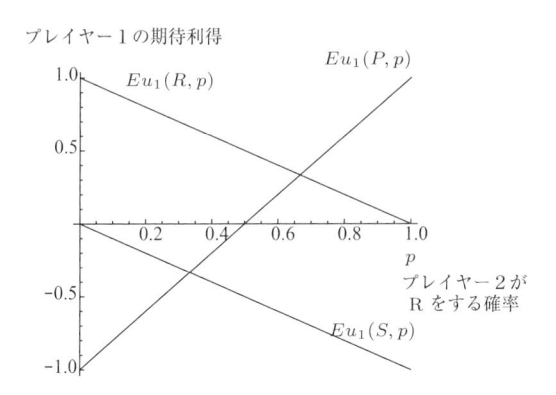

図 3.3 プレイヤー 1 の各純戦略の期待利得

3 つ全ての純戦略に正の確率をつけるようなナッシュ均衡はただ一つ存在する．これはお互いに全ての純戦略に等しい確率を付ける，すなわち $(\frac{1}{3}, \frac{1}{3}, \frac{1}{3})$ (第 1 座標が R の確率，第 2 座標が S の確率，第 3 座標が P の確率) という混合戦略をするときである．相手がこの戦略をしていれば，自分のどの純戦略も同じ期待利得 0 を与えるので，自分もこの戦略をすることが最適反応になっている．また，プレイヤー 2 がこの他の確率分布にすると，プレイヤー 1 の 3 つの純戦略が等しい期待利得を与えない．するとプレイヤー 1 の 2 つ以下の純戦略にだけ確率がついている戦略に対するプレイヤー 2 の最適反応は，上記と同様の議論により 3 つの純戦略に正の確率を付けるものではなくなるので，そのようなナッシュ均衡は存在しない．

以上をまとめると，じゃんけんゲームには，混合戦略の範囲でただ一つのナッシュ均衡が存在して，それは全ての純戦略に等しい確率をつけるという戦略を二人とも用いるという対称均衡 $((\frac{1}{3},\frac{1}{3},\frac{1}{3}),(\frac{1}{3},\frac{1}{3},\frac{1}{3}))$ である。

3.7 ナッシュ均衡の存在定理 **

ナッシュ(Nash, 1950a) は，任意の有限ゲーム（プレイヤーの数と，彼らの純戦略の数が有限のゲーム）において，混合戦略の範囲で必ずナッシュ均衡が存在することを証明し，ナッシュ均衡によって予測を行うことに意味があることを証明した。一般に，「均衡」とは安定的な状態ということであった。ナッシュ均衡の考え方だと，ある戦略の組み合わせがあり，その中の他者の部分を所与として自己の利得を最大にするように各プレイヤーが試行錯誤を繰り返すと，当初の戦略の組み合わせが出てくるということである。つまり，ナッシュ均衡における戦略の組み合わせは利得最大化行動の**不動点** (fixed point) である[10]。そして，数学における不動点の存在定理（不動点定理）を利用すればナッシュ均衡の存在が保証できるということになる。

定理 3.7.1. （ナッシュ均衡の存在定理）任意の $G = (\{1, 2, \ldots, n\}, S_1, S_2, \ldots, S_n, u_1, u_2, \ldots, u_n)$ を考える。n は有限，各 $i = 1, 2, \ldots, n$ について S_i は有限集合とする。このゲームを混合拡大したゲームにはナッシュ均衡が存在する。

証明：$\Sigma := \Delta(S_1) \times \cdots \times \Delta(S_n)$ を全員の混合戦略の組み合わせの集合とする。各 $i \in \{1, 2, \ldots, n\}$ と，各 $\sigma \in \Sigma$ について，$\sigma_{-i} := (\sigma_1, \ldots, \sigma_{i-1}, \sigma_{i+1}, \ldots, \sigma_n)$ は i 以外のプレイヤーの σ の部分と定義する。各 $\sigma \in \Sigma$ について

$$BR(\sigma) := BR_1(\sigma_{-1}) \times BR_2(\sigma_{-2}) \times \cdots \times BR_n(\sigma_{-n})$$

という対応を定義する。これは Σ から同じ Σ への対応である。$\sigma^* = (\sigma_1^*, \sigma_2^*, \ldots, \sigma_n^*)$

---

[10] 本節の議論は位相数学の基礎的な概念を多用するので，不慣れな読者は付録 A および位相数学の本でまず勉強してから読んでほしい。

3.7 ナッシュ均衡の存在定理 **

をナッシュ均衡とすると，定義より

$$(\sigma_1^*, \sigma_2^*, \ldots, \sigma_n^*) \in BR_1(\sigma_{-1}^*) \times BR_2(\sigma_{-2}^*) \times \cdots \times BR_n(\sigma_{-n}^*)$$

である．したがって混合戦略のナッシュ均衡 σ^* は対応 BR の不動点である．

そこで，以下の角谷の不動点定理を使ってナッシュ均衡の存在を証明することにする．

> **角谷の不動点定理**：$X \subset \Re^k$ を非空，コンパクト，凸集合とする．対応 $F : X \to\to X$ が 非空値，凸値，閉値，優半連続であるとき，$x^* \in F(x^*)$ となる $x^* \in X$ が存在する．

この定理を使うためには，混合戦略の組み合わせの集合 Σ がコンパクト集合で，かつ凸集合であることと，対応 BR が非空値，凸値，閉値，優半連続であることを示せばよい．Σ がコンパクト，凸集合であることの証明は練習問題 3.10 とする．

任意の $\sigma \in \Sigma$ について対応 BR の値が空集合でないこと，つまり任意の $i \in \{1, 2, \ldots, n\}$，任意の $\sigma \in \Sigma$ について $BR_i(\sigma_{-i})$ が非空であることを示そう．最適反応の定義より，$BR_i(\sigma_{-i})$ はコンパクト集合 $\Sigma_{-i} := \Delta(S_1) \times \cdots \times \Delta(S_{i-1}) \times \Delta(S_{i+1}) \times \cdots \times \Delta(S_n)$ 上で連続関数 Eu_i の最大値を与える要素の集合であるから，これは非空である．(付録 A 参照．)

次に任意の $i \in \{1, 2, \ldots, n\}$，任意の $\sigma \in \Sigma$ について $BR_i(\sigma_{-i})$ が凸集合であることを示す．$BR_i(\sigma_{-i})$ の中から任意の要素 σ_i, σ_i' をとり，任意の実数 $\alpha \in [0, 1]$ について，凸結合 $p_i := \alpha \sigma_i + (1 - \alpha) \sigma_i'$ を考える．これが $p_i \in BR_i(\sigma_{-i})$ であればよい．

一般性を失うことなく $i = 1$ としてよい．期待利得の定義より，

$$\begin{aligned}
Eu_1(p_1, \sigma_{-1}) &= \sum_{(s_1, \ldots, s_n) \in S} p_1(s_1) \sigma_2(s_2) \cdots \sigma_n(s_n) u(s_1, \ldots, s_n) \\
&= \sum_{(s_1, \ldots, s_n) \in S} (\alpha \sigma_1 + (1 - \alpha) \sigma_1')(s_1) \sigma_2(s_2) \cdots \sigma_n(s_n) u(s_1, \ldots, s_n) \\
&= \alpha \sum_{(s_1, \ldots, s_n) \in S} \sigma_1(s_1) \sigma_2(s_2) \cdots \sigma_n(s_n) u(s_1, \ldots, s_n) \\
&\quad + (1 - \alpha) \sum_{(s_1, \ldots, s_n) \in S} \sigma_1'(s_1) \sigma_2(s_2) \cdots \sigma_n(s_n) u(s_1, \ldots, s_n)
\end{aligned}$$

$$= \alpha Eu_1(\sigma_1, \sigma_{-1}) + (1-\alpha)Eu_1(\sigma_1', \sigma_{-1}) \tag{3.3}$$

である。$\sigma_1, \sigma_1' \in BR_1(\sigma_{-1})$ であるから，任意の $x \in \Delta(S_1)$ について

$$Eu_1(\sigma_1, \sigma_{-1}) \geqq Eu_1(x, \sigma_{-1})$$

かつ

$$Eu_1(\sigma_1', \sigma_{-1}) \geqq Eu_1(x, \sigma_{-1})$$

である。従って (3.3) より，任意の $x \in \Delta(S_1)$ について

$$Eu_1(p_1, \sigma_{-1}) = \alpha Eu_1(\sigma_1, \sigma_{-1}) + (1-\alpha)Eu_1(\sigma_1', \sigma_{-1}) \geqq Eu_1(x, \sigma_{-1})$$

が言え，p_1 も最大値を与えることがわかる。ゆえに $p_1 \in BR_1(\sigma_{-1})$ となり，$BR_i(\sigma_{-i})$ が凸集合であることが示された。凸集合の直積も凸集合であるので，任意の $\sigma \in \Sigma$ について $BR(\sigma)$ は凸集合である。

BR は閉値どころか，コンパクト値である。つまり，任意の $i \in \{1, 2, \ldots, n\}$，任意の $\sigma \in \Sigma$ について $BR_i(\sigma_{-i})$ は閉かつ有界な集合である。値域 Σ が有界なので閉だけ示せばよい。再び $i = 1$ として，$BR_1(\sigma_{-1})$ の中から任意の収束点列 $\{\sigma_1^{(1)}, \sigma_1^{(2)}, \ldots\}$ をとり，$\lim_{k \to \infty} \sigma_1^{(k)} = \sigma_1$ とする。各 $\sigma_1^{(k)}$ は $BR_1(\sigma_{-1})$ に属しているので，任意の $x \in \Delta(S_1)$ について，

$$Eu_1(\sigma_1^{(k)}, \sigma_{-1}) \geqq Eu_1(x, \sigma_{-1})$$

が成立している。期待利得関数の連続性より，収束先でも等号付き不等号は維持され，

$$Eu_1(\sigma_1, \sigma_{-1}) \geqq Eu_1(x, \sigma_{-1})$$

が成り立つ。ゆえに $BR_1(\sigma_{-1})$ は閉集合である。

最後に BR が優半連続 (upper hemi continuous) であることを示す。ここでは，値域がコンパクト集合で，BR がコンパクト値であるので，その場合に優半連続性と同値である「グラフが閉集合」であることを証明することにする。(付録 A 参照。) 対応 BR のグラフ (graph) とは，

$$gr(BR) = \{(\sigma, \sigma') \in \Sigma \times \Sigma \mid \sigma' \in BR(\sigma)\}$$

という集合である。この中から任意の収束点列 $\{(\sigma^{(1)}, \sigma^{'(1)}), (\sigma^{(2)}, \sigma^{'(2)}), \ldots\}$ をとり，$\lim_{k\to\infty}(\sigma^{(k)}, \sigma^{'(k)}) = (\sigma, \sigma')$ とする。Σ はコンパクト集合であるから，$(\sigma, \sigma') \in \Sigma \times \Sigma$ が言える。各 $k = 1, 2, \ldots$ と $i \in \{1, 2, \ldots, n\}$ について，

$$\sigma_i^{'(k)} \in BR_i(\sigma_{-i}^{(k)})$$

であるから，任意の $x \in \Delta(S_i)$ について，

$$Eu_i(\sigma_i^{'(k)}, \sigma_{-i}^{(k)}) \geqq Eu_i(x, \sigma_{-i}^{(k)})$$

が成立している。再び期待利得関数の連続性より，

$$Eu_i(\sigma_i', \sigma_{-i}) \geqq Eu_i(x, \sigma_{-1})$$

が成り立つので，任意の i について $\sigma_i' \in BR_i(\sigma_{-i})$ が成立，すなわち収束点において $\sigma' \in BR(\sigma)$ となる。ゆえに対応 BR のグラフは閉である。

以上によって，Σ からそれ自身への対応 BR は角谷の不動点定理の前件を全て満たすことがわかった。ゆえに不動点（ナッシュ均衡）が Σ の中に存在する。 □

3.8 合理化可能性 **

ナッシュ均衡の安定性の論理は，「自分以外の全てのプレイヤーが，あるナッシュ均衡の戦略の組み合わせに従うと予想したら，自分もそのナッシュ均衡で指定されている戦略を行う」ということであった。しかし，どうして一つのナッシュ均衡の戦略を他の全てのプレイヤーがするという予想を全員が持つに至るのかは必ずしも自明ではない。囚人のジレンマゲームでは，相手が合理的であることがわかっていれば自白を正しく予想し，(自白, 自白) をプレイすることができる。また，3.2 節のクールノーのモデルであれば，最適反応の最適反応……を計算してゆくとナッシュ均衡にたどり着けた。しかし，一般にはナッシュ均衡は，ゲームの構造が共有知識であり，さらに全てのプレイヤーの合理性（自己の利得を最大にするように戦略を選ぶこと）が共有知

識であっても,それだけではプレイできない可能性がある.例えば,表3.1の待ち合わせゲームを考えよう.もしaさんが,相手は戦略Aをしてくると予想したとすると,戦略Aをすることになる.しかし,bさんは相手が戦略Bをしてくると予想すれば,戦略Bをする.その結果,彼らは(A,B)という戦略の組をプレイすることになる.このように,お互いの最初の予想が異なっていれば,ナッシュ均衡にはたどり着かないことはあり得る.さらに,クールノーのモデルのように最適反応の連鎖を考えても,最初が(A,B)であった場合,その後は$(B,A),(A,B),(B,A)\cdots$となって,やはりナッシュ均衡にはたどり着けない[11].

ゲームの構造とお互いの合理性が共有知識であるということだけからだと何がプレイできるのか.ここでは簡単化のため2人ゲーム$G=(\{1,2\},S_1,S_2,u_1,u_2)$でこの問題を考える.以下のような推論過程が考えられる.

(0) お互い,相手は$\Delta(S_j)$(jは相手の名前)の中のどの戦略も取りうると予想する.今後のため,$\Sigma_j^0=\Delta(S_j)$と定義する.

(1) (0)から,相手jの,自分iの戦略についての予想は$p_i\in\Sigma_i^0$となっているはずである.これに対して相手の期待利得を最大にするものだけが,実際に相手が取る可能性のある戦略である.したがって,相手が取る可能性のある混合戦略の集合は,何らかの予想$p_i\in\Sigma_i^0$に対して相手の利得を最大にする,即ち$Eu_j(\cdot,p_i)$を最大にする混合戦略の集合,

$$\Sigma_j^1=\{p_j\in\Sigma_j^0\mid \exists p_i\in\Sigma_i^0;\ Eu_j(p_j,p_i)\geqq Eu_j(q,p_i)\ \forall q\in\Sigma_j^0\}$$

と書ける.

(2) (1)の推論を相手も自分に対してするであろうから,プレイヤーjが考えるプレイヤーiの戦略の予想は,その範囲が狭まって$p_i\in\Delta(\Sigma_i^1)$と

---

[11] ただし,仮想プレイ (fictitious play) という推論あるいは学習過程は,何種類かのゲームの集合(例えば2×2ゲームの集合など)において,相手の戦略の確率分布がナッシュ均衡に収束することが知られている.しかし,本節は推論をナッシュ均衡に収束させるのが目的ではないので,詳しくは述べない.興味のある読者は古典的文献としてはブラウン (Brown, 1951),ロビンソン (Robinson, 1951),最近の論文ではホフバウアー=サンドホルム (Hofbauer and Sandholm, 2002),ベルガー (Berger, 2005) などを参照.

3.8 合理化可能性 **

なっているはずである。(範囲が (1) で求めた Σ_i^1 そのものでなく，その上の確率分布全体の $\Delta(\Sigma_i^1)$ になっているのは，Σ_i^1 の中の要素のどれが起こるかまでは確信が持てず，確率を付けて予想することはあり得るからである。) これに対して相手の期待利得を最大にするものだけが，実際に相手が取る可能性のある戦略である。したがって，相手が取る可能性のある混合戦略の集合は

$$\Sigma_j^2 = \{p_j \in \Sigma_j^1 \mid \exists p_i \in \Delta(\Sigma_i^1); \quad Eu_j(p_j, p_i) \geqq Eu_j(q, p_i) \,\forall q \in \Sigma_j^1\}$$

となる。

この推論過程を無限に続けていったときの戦略の集合は，ゲームの構造とお互いの合理性が共有知識であることだけからプレイできる戦略の全てとなる。数学的には，以下のように定義される。(バーンハイム (Bernheim, 1984) とピアース (Pearce, 1984) による。解説としてはオズボーン (Osborne, 2004) の本の第 12 章やオズボーン＝ルービンシュタイン (Osborne and Rubinstein, 1994) の本の第 4 章がよい。)

定義 3.8.1. 各 $i = 1, 2$ について，$\Sigma_i^0 = \Delta(S_i)$ とおく。任意の $m \geqq 1$ と $i = 1, 2$ について

$$\Sigma_i^m := \{p_i \in \Sigma_i^0 \mid \exists p_j \in \Delta(\Sigma_j^{m-1}); \quad Eu_i(p_i, p_j) \geqq Eu_i(q, p_j) \,\forall q \in \Sigma_i^{m-1}\}$$

とすると，プレイヤー i の**合理化可能戦略** (rationalizable strategies) の集合は

$$R_i := \cap_{m=0}^{\infty} \Sigma_i^m$$

である。

合理化可能戦略の具体例を表 3.6 のゲームで考えてみよう。

まず P1 の U と D は Σ_1^1 に属する。それぞれ，p_2 として，P2 が純戦略 L あるいは R をするという予想があれば最適反応になっているからである。しかし，M は P2 がどんな混合戦略をすると予想しても最適反応になっていない。従って $M \notin \Sigma_1^1$ である。P2 についてはどちらの純戦略も Σ_2^1 に入っている。

表 3.6 例

P1 \ P2	L	R
U	3, 1	0, 0
M	1, 0	1, 2
D	0, 1	3, 0

次に，P2 の R は Σ_2^2 に入らないことがわかる。P1 が取る可能性のある混合戦略の集合が $\Delta\{U, D\}$ に狭まったので，この範囲のどんな予想についても R は最適反応ではなくなったからである。P1 については $\Delta(\Sigma_2^1) = \Delta(\{L, R\})$ であるから引き続き U と D は Σ_1^2 に属する。

最後に，P2 が L しかとる可能性がなくなったので，P1 については U だけが Σ_1^3 に入る。ここで推論過程は収束し，P1 の合理化可能戦略は U のみ，P2 の合理化可能戦略は L のみということがわかる。

上記の過程は，支配される戦略の逐次消去に似ていることがわかるだろう。しかし，このゲームには，定義 2.5.1 の意味では厳密に支配される戦略はどちらのプレイヤーにとっても存在しない。合理化のプロセスでは，混合戦略まで考えるので，支配関係を混合戦略の範囲まで拡張した以下の定義にする必要がある。(また，ここでは，ある戦略に支配されるという二項関係ではなく，何らかの戦略に支配されるという定義にしておく。)

定義 3.8.2. プレイヤー i の混合戦略 $\sigma_i \in \Delta(S_i)$ が**厳密に支配される** (strictly dominated) とは，そのプレイヤーの他の混合戦略 $\sigma_i' \in \Delta(S_i)$ が存在し，他のプレイヤーの任意の戦略の組み合わせ $s_{-i} \in S_{-i}$ について，

$$Eu_i(\sigma_i, s_{-i}) < Eu_i(\sigma_i', s_{-i})$$

が成立することである。

この定義の下では，M は例えば $\frac{1}{2}U + \frac{1}{2}D$ に厳密に支配される。また，以下で証明するように，2 人ゲームの場合，ある戦略が定義 3.8.2 の意味で厳密に支配されていれば，相手の戦略についてどんな予想をもってきても最適反応にはならない（この性質を never best response と言う）。従って，定

3.8 合理化可能性 **

義 3.8.2 の意味で厳密に支配される戦略を逐次消去して残った戦略が合理化可能戦略と一致することがわかる。

補助定理 3.8.1. 2 人有限戦略の標準形ゲーム $G = (\{1,2\}, S_1, S_2, u_1, u_2)$ において、プレイヤー $i \in \{1,2\}$ の戦略 $\sigma_i \in \Delta(S_i)$ が定義 3.8.2 の意味で厳密に支配されていることと、相手の戦略に対する任意の予想 $p_j \in \Delta(S_j)(j \neq i)$ について σ_i が最適反応にならないことは同値である。

証明：ここではピアース (Pearce, 1984) の証明を踏襲する。$\sigma_i \in \Delta(S_i)$ が厳密に支配されているとすると、ある $\sigma_i' \in \Delta(S_i)$ が存在して、任意の $s_j \in S_j$ について $Eu_i(\sigma_i, s_j) < Eu_i(\sigma_i', s_j)$ が成立する。従って、任意の $p_j \in \Delta(S_j)$ についても

$$\sum_{s_j \in S_j} p_j(s_j) Eu_i(\sigma_i, s_j) < \sum_{s_j \in S_j} p_j(s_j) Eu_i(\sigma_i', s_j) \iff Eu_i(\sigma_i, p_j) < Eu_i(\sigma_i', p_j)$$

となるので、最適反応ではない。

逆に、$\sigma_i \in \Delta(S_i)$ が、相手の戦略に対する任意の予想 $p_j \in \Delta(S_j)$ について最適反応にならないとする。すると任意の $p_j \in \Delta(S_j)$ について $Eu_i(B_i(p_j), p_j) > Eu_i(\sigma_i, p_j)$ となる $B_i(p_j) \in \Delta(S_i)$ が存在することに注意しておく。

ここで、新たにゼロサムゲーム $\overline{G} = (\{1,2\}, S_1, S_2, \overline{u}_1, \overline{u}_2)$ を $\overline{u}_i(s_i, s_j) = u_i(s_i, s_j) - Eu_i(\sigma_i, s_j)$, $\overline{u}_j(s_i, s_j) = -\overline{u}_i(s_i, s_j)$ で定義する。ナッシュ均衡の存在定理 3.7.1 より $\overline{G}$ には混合戦略の範囲でナッシュ均衡 (σ_i^*, σ_j^*) が存在する。ナッシュ均衡の定義より、任意の $\sigma_j \in \Delta(S_j)$ について、

$$\begin{aligned}
E\overline{u}_j(\sigma_i^*, \sigma_j) &\leqq E\overline{u}_j(\sigma_i^*, \sigma_j^*) \\
\iff E\overline{u}_i(\sigma_i^*, \sigma_j) &\geqq E\overline{u}_i(\sigma_i^*, \sigma_j^*) \\
&\geqq E\overline{u}_i(B_i(\sigma_j^*), \sigma_j^*) \quad (\text{ナッシュ均衡}) \\
&> E\overline{u}_i(\sigma_i, \sigma_j^*) = 0 \quad (B_i \text{と} \overline{u}_i \text{の定義より})
\end{aligned}$$

が成立する。このことは、σ_i^* が存在して、任意の $\sigma_j \in \Delta(S_j)$ について $E\overline{u}_j(\sigma_i^*, \sigma_j) > 0$, 即ち

$$Eu_i(\sigma_i^*, \sigma_j) > Eu_i(\sigma_i, \sigma_j)$$

ということであるから σ_i は厳密に支配されている。　　　　　　　□

　合理化可能性の推論のプロセスは，どんな予想の下でも最適反応にならないものを消去するので，補助定理 3.8.1 により，これが厳密に支配されている戦略を消去することと同値であることがわかった。従って以下の同値性が成立する。

命題 3.8.1. 2 人有限戦略の標準形ゲームにおいて，プレイヤー $i \in \{1, 2\}$ の戦略 $\sigma_i \in \Delta(S_i)$ が合理化可能戦略であることと定義 3.8.2 の意味で厳密に支配される戦略を逐次消去して残った戦略であることは同値である。

　では，ナッシュ均衡との関係はどうか。ナッシュ均衡とは，(i) すべてのプレイヤーが，他のプレイヤーの戦略の予想の下で自己の期待利得を最大にする戦略をとっており，(ii) しかもその予想がちょうど他のプレイヤーの戦略と一致している，という状態である。従って，各プレイヤーの予想は他のプレイヤーの取る可能性のある戦略になっており，何段階推論を重ねていってもそうなっている。つまり，ナッシュ均衡において正の確率を付与されているどの戦略も合理化可能である。

命題 3.8.2. 2 人標準形ゲームにおいて，$(\sigma_1^*, \sigma_2^*) \in \Delta(S_1) \times \Delta(S_2)$ がナッシュ均衡ならば，各プレイヤーの均衡戦略 σ_i^* のサポートに入るすべての純戦略は合理化可能戦略である。

　しかし，合理化可能戦略の組み合わせの集合はナッシュ均衡の集合よりずっと大きい。例えば，表 3.1 の待ち合わせゲームを考えれば，ナッシュ均衡の集合は 3 つの戦略の組み合わせしか含まないのに対し，合理化可能戦略は実は全ての混合戦略であるから，その組み合わせの集合とは混合戦略の組み合わせ全体ということになってしまうのである。

　合理化可能性を 3 人以上のゲームに拡張する方法は一通りではない。なぜなら，他者が 2 人以上いる場合，彼らの戦略の組み合わせを予想しなくてはならないが，そのときに彼らが独立に混合戦略をしていると仮定すべきか，彼らが何か共通の確率過程を利用して戦略を相関 (correlate) させることができると仮定するかで，予想の範囲が異なるからである。(相関戦略については 4.8 節でも解説する。)

3.8 合理化可能性 **

例えばプレイヤー 1 の立場から考えると，他のプレイヤー $j = 2, 3, \ldots, n$ のとる可能性のある戦略の組み合わせが，独立な混合戦略の組み合わせに限定されていれば，$\Delta(S_2) \times \Delta(S_3) \times \cdots \times \Delta(S_n)$ という集合であるのに対し，相関させられるならば，$S_2 \times S_3 \times \cdots \times S_n$ 上の確率分布，すなわち $\Delta(S_2 \times S_3 \times \cdots \times S_n)$ という集合になり，後者の方が大きい集合である。

オズボーン＝ルービンシュタイン (Osborne and Rubinstein, 1994) の例を使って，3 人ゲームのとき他者が独立に混合戦略をすることしか予想しないか，相関させることも予想の範囲にするかで合理化可能性が異なることを見よう。

$1 \backslash 2$	L	R
U	8	0
D	0	0

3: M_1

$1 \backslash 2$	L	R
U	4	0
D	0	4

3: M_2

$1 \backslash 2$	L	R
U	0	0
D	0	8

3: M_3

$1 \backslash 2$	L	R
U	3	3
D	3	3

3: M_4

図 3.4　3 人等利得ゲーム

図 3.4 のゲームは 3 人ゲームで，プレイヤー 1 は行 U か D を選び，プレイヤー 2 は列 L か R を選び，プレイヤー 3 は行列 M_1, M_2, M_3, M_4 のどれかを選ぶ。利得は全員常に同じで，表の数値であるとする。プレイヤー 1 と 2 はどちらの純戦略も何らかの予想に対して最適である。プレイヤー 3 の戦略 M_2 は，プレイヤー 1 と 2 が戦略を相関させて (U, L) を確率 $1/2$，(D, R) を確率 $1/2$ で行っていると予想すれば最適である。しかし，プレイヤー 1 と 2 が独立した混合戦略だけを行うと予想すると最適にならないことを見てみよう。プレイヤー 1 と 2 が独立した混合戦略だけを行う場合，p をプレイヤー 1 が戦略 U をとる確率，q をプレイヤー 2 が戦略 L をとる確率とすると，プレイヤー 3 の各戦略の期待利得は以下のようになる。

$$
\begin{aligned}
Eu_3(p, q, M_1) &= 8pq \\
Eu_3(p, q, M_2) &= 4pq + 4(1-p)(1-q) \\
Eu_3(p, q, M_3) &= 8(1-p)(1-q) \\
Eu_3(p, q, M_4) &= 3
\end{aligned}
$$

このとき，どんな (p, q) の組み合わせについても，M_2 の期待利得は他の 3

つの戦略の期待利得の最大値以上になることはない．(pq が大きければ M_1 が最適，$(1-p)(1-q)$ が大きければ M_3 が最適，真ん中あたりでは M_4 が最適である．)

オズボーン＝ルービンシュタイン (Osborne and Rubinstein, 1994) の第4章では，相関を許した予想を前提として，n 人有限戦略のゲームにおいて合理化可能戦略の集合を定義し，厳密に支配される戦略の逐次消去と一致することを証明している．

一般にナッシュ均衡の集合より合理化可能戦略の組み合わせの集合の方が大きいことから，ゲームの構造と合理性が共有知識であって，各プレイヤーは無限に推論を繰り返すことができたとしても，必ずしもナッシュ均衡をプレイできるとは言えない．では，どのような知識がプレイヤーたちにあれば任意のゲームにおいてナッシュ均衡，あるいはその他の均衡をプレイすることができるのか？　この疑問にはまだ限定的な答えしか出されていないが，興味のある読者は例えばオズボーン＝ルービンシュタイン (Osborne and Rubinstein, 1994) 第5章などを参照されたい．

練習問題

───────

3.1 本文では混合戦略の範囲での最適反応を以下のように定義した。

$$BR_i(\sigma_{-i}) = \{\sigma_i \in \Delta(S_i) \mid Eu_i(\sigma_i, \sigma_{-i}) \geqq Eu_i(x, \sigma_{-i}) \ \ \forall x \in \Delta(S_i)\}$$

ところで，混合戦略全てについて期待利得を比較するのでなく，純戦略についてだけ比較して以下のように定義することもできる。

$$\overline{BR}_i(\sigma_{-i}) = \{\sigma_i \in \Delta(S_i) \mid Eu_i(\sigma_i, \sigma_{-i}) \geqq Eu_i(x, \sigma_{-i}) \ \ \forall x \in S_i\}$$

このとき，任意の $\sigma_{-i} \in \Delta(S_1) \times \cdots \times \Delta(S_{i-1}) \times \Delta(S_{i+1}) \times \cdots \times \Delta(S_n)$ について，

$$BR_i(\sigma_{-i}) = \overline{BR}_i(\sigma_{-i})$$

であることを証明しなさい。（純戦略の集合は有限としてよい。）

3.2 以下のゲームの純戦略のナッシュ均衡をすべて求めなさい。

(a) 2つの企業，1と2だけがいる産業を考える。2社が同時に生産量を選ぶゲームを考える。企業1が生産量 q_1，企業2が生産量 q_2 を選んだとすると，市場価格は

$$P(q_1, q_2) = a - (q_1 + q_2)$$

となるとする。各企業の生産費用はその生産量に応じてかわり，企業1の費用は $TC_1(q_1) = cq_1$，企業2の費用は $TC_2(q_2) = cq_2$ であるとする。($0 < c < a$ を仮定する。) 各企業の利得は利潤であるとする。企業1は生産量の上限（キャパシティ）があり，戦略（生産量）の集合は $S_1 = [0, \frac{a-c}{4}]$ であるとする。企業2は生産量の上限はなく，戦略の集合は，$S_2 = [0, \infty)$ であるとする。

(b) 2つの企業，1と2だけがいる産業を考える。2社が同時に価格 p_1 と p_2 を選ぶゲームを考える。3.3.2節と同様に，2社は完全代替財を生産し

ているとして，消費者は 1 円でも安い方に全員が行くとする．具体的に，2 社の価格の組み合わせが (p_1, p_2) であるときの企業 i の需要関数を

$$D_i(p_1, p_2) = \begin{cases} 5 - p_i & \text{if } p_i < p_j \\ \frac{1}{2}(5 - p_i) & \text{if } p_i = p_j \\ 0 & \text{if } p_i > p_j \end{cases}$$

とする．ただ，3.3.2 節と異なり，ここでは 2 社は整数価格 $S_1 = S_2 = \{1, 2, 3, 4, 5\}$ の中から戦略を同時に選ぶものとする．また生産費用は両社とも同じで，q 単位生産するのに q 円かかるとする．（即ち限界費用が一定で 1 である $TC_i(q_i) = q_i$ という関数である．）各企業の利得は利潤 $u_i(p_i, p_j) = (p_i - 1)D_i(p_i, p_j)$ とする．

3.3 以下の 2 人ゲームのナッシュ均衡を混合戦略も含めてすべて求めなさい．

(a)

P1 \ P2	L	R
U	0, 1	3, 3
M	5, 2	0, 0
D	1, 8	1, 7

（ヒント：これはやさしいので，がんばること．P2 が L をとる確率を q などとして，P1 の 3 つの純戦略の期待利得をグラフにしてみる．）

(b)

P1 \ P2	L	R
U	0, 1	3, 3
M	5, 2	0, 0
D	2, 8	2, 7

（これは難しい．ヒントは D を使う混合戦略の均衡があるということ．）

(c)

P1 \ P2	L	R
U	0, 3	3, 2
M	5, 0	0, 4
D	1, 1	1, 1

(d) 1 国と 2 国の軍がある谷間へ向けて南と北から進軍している．それぞれの将軍 1 と 2 をプレイヤーとする．お互い反対方向から来るので，相手の行動は知らないとする．このまま進軍を続けるという戦略と退却という戦略をそれぞれ持っている．双方が進軍を選ぶと谷間で対決しなくてはならず，双方の死者が 1000 人ずつ出るので，利得は両プレイヤーとも -1000 とする．一方が進軍し，他方が退却すると，進軍した方が谷間を占領できるので利得は 100，退却した方が今後不利になるので -10 とする．双方退却してしまうと，それぞれ利得は 0 とする．

3.4 以下のような対称 2×2 ゲームを考える

P1 \ P2	1	2
1	a_1, a_1	0, 0
2	0, 0	a_2, a_2

(a) $a_1 < 0$ かつ $a_2 > 0$ であるとき，全ての（純戦略と混合戦略の）ナッシュ均衡を求めなさい。

(b) $a_1 > 0$ かつ $a_2 > 0$ であるとき，全ての（純戦略と混合戦略の）ナッシュ均衡を求めなさい。

(c) $a_1 < 0$ かつ $a_2 < 0$ であるとき，全ての（純戦略と混合戦略の）ナッシュ均衡を求めなさい。

(d) $a_1 > 0$ かつ $a_2 < 0$ であるとき，全ての（純戦略と混合戦略の）ナッシュ均衡を求めなさい。

3.5 6人の営業担当のサラリーマンがいる。名前は 1,2,3,4,5,6 とする。各サラリーマンはゴルフの通になる（純戦略 G）か，ワインの通になる（純戦略 W）かを考えている。というのも，いろいろな場面で他の営業担当に出会ったとき，話題にして盛り上げたいからである。ゲームは以下の順序で行われる。

まず，6人は同時に G か W を選択する。その後，自然が2人ずつ3組のペアを選ぶ。他の5人に出会う確率は等確率とする。出会った後，それぞれの戦略に応じて以下の行列で利得が決まりゲームが終わる。ゴルフの通同士，ワインの通同士が会うと盛り上がるが，興味が違う場合ゴルフなら話を合わせてもらえるので，ゴルフの方が少しうれしいとする。利得は対称で，左が i（行プレイヤー）の利得とする。

i \ j	G	W
G	2, 2	1, 0
W	0, 1	3, 3

このゲームの純戦略によるナッシュ均衡を調べるには，個人名でなく人数で場合分けするのが便利である。以下の形のナッシュ均衡があるか，あればその証明，なければ誰が戦略を変更したいかを示しなさい。

(a) 全員が同じ純戦略をとるナッシュ均衡。
(b) 一人だけがゴルフ，5人はワインというナッシュ均衡。

(c) 2人がゴルフ，4人はワインというナッシュ均衡。

(d) 3人がゴルフ，3人はワインというナッシュ均衡。

3.6 企業 X では，これまでは固定給を従業員に支払っていた。従業員は二人いて，A さんと B さんとする。二人とも努力をどれだけするかが戦略である。二人の戦略の集合を $S_A = S_B = \{1, 2, 3\}$ とし，戦略 k を行うことは努力レベルが k であると解釈する。各従業員は努力レベル k を行うと不効用も k であるとする。しかし，企業側では努力してもらうと業績が上がり，A さんが k，B さんが k' の戦略を選ぶとすると，企業の売り上げは $5(k+k')$ であるとする。各従業員をプレイヤーとして，お互いに相手の選択を知らずに自分の戦略を選ぶ同時ゲームを考える。A さんと B さんの利得は，ともに給料から不効用を引いたものとする。

(a) 固定給を 4 であるとする。これは二人の戦略にかかわらず支給されるとする。このときの 2 人の同時ゲームの行列表現を書き，ナッシュ均衡を求めなさい。また，ナッシュ均衡における企業の利潤（売り上げから二人への給与支払いを引いたもの）を求めなさい。

(b) 企業 X は給与体系を見直し，インセンティヴを導入することになった。二人の戦略を比較して，がんばっている方（戦略の数値の大きい方）には，これまでの 2 倍以上の 10 を払い，数値の小さい方は 1 に減俸とすることになったとする。二人とも同じ戦略だった場合はこれまでと同じ 4 を払う。
従業員二人にとっての新しい同時ゲームの行列表現を書き，ナッシュ均衡を求めなさい。また，ナッシュ均衡における企業の利潤を求めなさい。

(c) この分析から導かれる経済学的な意味を考えなさい。

3.7 畜産家 B と C を考える。牛は村の共有地で放牧して育てることにする。B が b 頭，C が c 頭の牛を共有地において放牧すると，牛 1 頭あたりの月間牛乳収穫量（キロリットル）は関数

$$f(b, c) = 300 - (b + c)$$

で表されるとする。これはどちらの牛でも同じとする。この関数の形は放牧される頭数が多いほど，1 頭あたりの食べられる草の量が減ってしまうので，牛乳が減ってしまうことを表している。さらに，自分の牛の数が変わらなくても，もう一方の畜産家の牛の数が増えると，やはり食べられる草の数が減っ

て，牛乳が減ることも表している。牧草以外の経費は z 頭飼育すると月間 $90z$ 万円とし，これはどちらの畜産家でも同じとする。

牛乳1キロリットルの市場価格は1万円とすると，Bが b 頭，Cが c 頭放牧しているときの，Bの利潤（利得）は

$$\Pi_B(b,c) = \{300 - (b+c)\}b - 90b$$

Cの利潤は

$$\Pi_C(b,c) = \{300 - (b+c)\}c - 90c$$

となる。（時間は全て1ヶ月で考える。）

(a) Cの放牧数 c 頭を所与として，Bの利潤を最大にする放牧数 b^* を c の関数として求めなさい。

(b) BとCが同時に放牧数 b, c を決めるとして，ナッシュ均衡の放牧数の組み合わせを求めなさい。

(c) この二つの畜産家から成る社会を考えると，効率的な放牧数は，BとCの利潤を足したものを最大にする放牧数である。$x = b + c$ として，効率的な総放牧数 x を求めなさい。（答えはB，C合わせて何頭という形になる。）

(d) (b)で求めたナッシュ均衡における，両畜産家の放牧数の合計と(c)で求めた効率的総放牧数とを比較しなさい。（この問題を共有地の悲劇 (Tragedy of Commons) という。）

3.8 厳密に支配されている戦略はどんなナッシュ均衡においても正の確率で使用されないことを証明しなさい。

3.9 弱く支配されている戦略を含むナッシュ均衡が存在するゲームの例を作りなさい。

3.10 定理 3.7.1 の証明中の Σ がコンパクトで凸集合であることを証明しなさい。

3.11 以下のゲームについて合理化可能戦略の組を全て求めなさい。

P1 \ P2	L	R
U	0, 1	3, 3
M	5, 2	0, 0
D	1, 8	1, 7

3.12 ある浜辺に海水浴客がたくさんいる。この浜辺は3つのゾーンに分けられており，以下の図の様に，左からゾーン1，ゾーン2，ゾーン3とする。

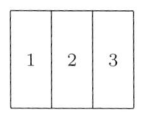

各ゾーンには300人ずつの客がおり，一人1本のアイスクリームを，自分の位置に一番近い店から買ってくれる。このとき以下の問い (a)-(d) に答えなさい。

(a) 二つの店 A,B が同時にこの浜辺に出店するゲームを考える。それぞれの店をプレイヤーとし，各プレイヤーはアイスクリームの売り上げ本数を利得とする。純戦略はどのゾーンに出店するかである。したがってその集合は $S_A = S_B = \{1,2,3\}$ となる。売り上げ本数は，お客が自分に一番近い店から買うということを考えて計算する。例えば，A,B ともにゾーン1に出店したとすると，どのゾーンのお客にとっても2店は自分から同じ距離なので，900人を等分に分けてそれぞれ450本ずつ売れる。A がゾーン1に，B がゾーン2に出店したとすると，ゾーン1の客は A に買いに行き，ゾーン2と3の客は B に買いに行く。したがって A の売り上げは300本，B の売り上げは600本となる。

このように計算して，プレイヤー A を行プレイヤー，プレイヤー B を列プレイヤーとした2人同時ゲームの双行列表現を正確に書きなさい。

(b) (a) で求めた双行列表現をもとに，純戦略によるナッシュ均衡を全て求めなさい。

(c) 三つの店 A,B,C が同時にこの浜辺に出店するゲームを考える。それぞれの店をプレイヤーとし，各プレイヤーはアイスクリームの売り上げ本数を利得とする。純戦略の集合は $S_A = S_B = S_C = \{1,2,3\}$ である。売り上げ本数は再び，お客が自分に一番近い店から買うということを考えて計算する。例えば，プレイヤー A と B がゾーン1に，プレイヤー C がゾーン3に出店すると，ゾーン1のお客は半分ずつ A と B に買いに行く。ゾーン2のお客は3店とも同じ距離にあるということで100人ずつ3店に買いに行く。ゾーン3のお客は C に買いに行く。従って，A の利得は $150 + 100 = 250$，B の利得も同じ，C の利得は $100 + 300 = 400$ となる。

このように計算して，プレイヤー A を行プレイヤー，プレイヤー B を列プレイヤー，プレイヤー C を行列を選ぶプレイヤーとした 3 人同時ゲームの行列表現を正確に書きなさい。

(d) (c) で求めた行列表現をもとに，純戦略によるナッシュ均衡を全て求めなさい。

第 4 章

後ろ向きの帰納法
(Backward Induction)

4.1 展開形ゲーム

　これまでは，ゲームの始まる時点で，今後の行動計画が明記され，選択肢として比較できるという状況を考えてきた。しかし，いつもそのように単純に戦略を表現できるとは限らない。例えば，3.1 節で考えた待ち合わせゲームをほんの少し変えて，a さんの授業が b さんの授業より先に終わるとしてみよう。a さんは，自分の授業が終わったら自分の教室 A または相手の教室 B のどちらにするかを先に選ぶことができる。b さんは，自分の授業が終わったら教室の入り口を見て，a さんがどちらの戦略を取ったかを知ることができる。その後で，b さんは行動する。

　このような順番のあるゲームでは，後から意思決定するプレイヤー（ここでは b さん）の戦略は条件付き行動になる。もし a さんが自分の教室の入り口に見当たらなかったら，戦略 A をとったということだから，その場合自分はどうするのかということと，もし a さんが入り口にいれば，a さんは戦略 B をとったということで，その場合自分はどうするのか，ということの二つを決めておかなくてはならないのである。これが，ゲーム理論における**戦略**とはゲームを行う前に決めるゲーム全体の行動計画であるという意味である。

　一般に，順番に意思決定を行う状況があるゲームは**展開形ゲーム** (extensive form games) と呼ばれ，標準形ゲームとは異なる表記・分析方法が適してい

表 4.1 順番のある待ち合わせゲームの誘導標準形 (induced normal form)

a さん \ b さん	(A,A)	(A,B)	(B,A)	(B,B)
A	2, 1	2, 1	0, 0	0, 0
B	0, 0	1, 2	0, 0	1, 2

る。このことを，まず上記の順番のある待ち合わせゲームを標準形に直して（これを**誘導標準形** (induced normal form) と呼ぶ）考え，その後で異なる表記と分析をすることで，どちらがより合理的な均衡をもたらすかで見てみよう。

まず二人の戦略の集合を明確にする。a さんは先手なので，A の教室にいるか，B の教室に行くかの二つの（純）戦略でいいだろう。しかし，b さんの戦略は，a さんが戦略 A を取ったときにどう行動するか（これまでと違って，教室 A または B に行くことを行動と呼ぶ）と a さんが戦略 B を取ったときにどう行動するかをセットにしたものとなる。これを (a さんが A を行った後の b さんの行動，a さんが B を行った後の b さんの行動) のように表記すると，b さんには $(A,A), (A,B), (B,A), (B,B)$ の 4 つの条件付き行動による戦略があるのである。これを使って，2 行 4 列の行列表現（表 4.1）を作ることができる。利得は，例えば a さんが A を選ぶならば，b さんは (A,A) でも (A,B) でも教室 A で会えることになるので，a さんの利得が 2，b さんの利得は 1 ということになる。同様に，a さんが A のとき，b さんの戦略は (B,A) でも (B,B) でも同じ利得の組み合わせをもたらし，二人とも 0 となる。a さんが B を選ぶと，利得が同じなのは b さんが (A,B) と (B,B) のとき，あるいは (A,A) と (B,A) のときとなる。このように，誘導標準形では同じ利得の部分があちこちにある。それは，先手が選ばなかった部分については後手の計画が結果に関係ないからである。したがって，一般にはナッシュ均衡は順番がないときより増えてしまう。そしてその中には順番のある意思決定を考慮すると不合理と思われるものが含まれてくることがある。

例えば，b さんは「a さんがどちらに行っても B」という戦略 (B,B) を取るとしよう。このとき，a さんの最適反応は戦略 B である。なぜなら，戦略 A を選んでも，b さんが B に行ってしまっては困るからである。そして，a

さんの戦略 B に対して，b さんの戦略 (B, B) も最適反応である。（唯一の最適反応ではないが。）しかし，よく考えるとこのような戦略の組は，ゲームの最中では合理的ではない。もし，a さんが戦略 A を選んだとしたら，b さんはあくまで当初の行動計画である B を行うだろうか？ b さんが合理的であれば，臨機応変に行動を A にするはずである。

このように，たとえ順番を考慮した条件付き行動の戦略を並べて標準形で分析できたとしても，そのナッシュ均衡には，順番があることによる，ゲー・ム・の最中の合理的意思決定が完全には反映されない。ナッシュ均衡が比較するのは最終的な利得の大小だけなので，当初の行動計画では到達しない部分については無視されるからである。

しかし，順番のある意思決定を明示的に扱うのであれば，万一いろいろな場面に到達したらどうなるかを，場合分けして考えるべきである。このため，展開形ゲームには場合分けを厳密に表すためのゲームの表記法としてゲームの樹 (game tree) による表現（樹形図）と，ゲームの最中の合理的意思決定を含めた均衡概念が作られたのである。例えば，順番のある待ち合わせゲームは図 4.1 のように表現するとわかりやすい。

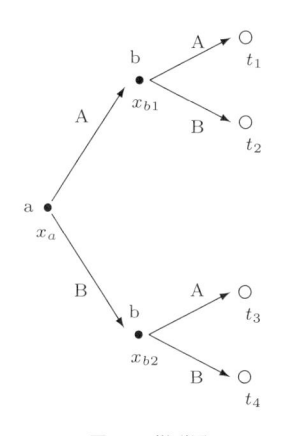

図 4.1 樹形図

樹形図は，点と線から成っている。点には二種類あり，プレイヤーの意思決定点 (decision nodes) あるいは手番 (moves) と呼ばれるもの（図 4.1 では

黒丸で表されている）と，ゲームがそこで終わることを表す**終点** (terminal nodes)（図 4.1 では白丸で表されている）と呼ばれるものがある．本書では，プレイヤー i に属する意思決定点の集合を X_i と書き，終点の集合は Z と書く．意思決定点の周辺にそれが属するプレイヤーの名前を表示し，一人のプレイヤーがいくつも意思決定点を持っている場合もあるので，点そのものにも名前をつけておくことが多い．図 4.1 では，$X_a = \{x_a\}$ が a さんに属する意思決定点の集合であり，$X_b = \{x_{b1}, x_{b2}\}$ が b さんに属する意思決定点の集合であることが表現されている．t_1 から t_4 までが終点である．各点を一定のルールで結ぶ線あるいは矢印はグラフ理論的には**枝** (branches) であるが，ゲーム理論では**行動** (actions) と呼ばれ，意思決定点からのみ出発し，他の意思決定点または終点へ行くものである．矢印の方向にも意味があり，その出発点の意思決定点を持つプレイヤーの行動，あるいは意思決定の内容を表している．もちろん文字通り「動く」ことがなくても，意思決定の内容であればよいから，「自分の教室にいる」というのも行動である．例えば，x_a から出ている二つの矢印は上から順に，その意思決定点を持っている a さんが教室 A を選んだか，B を選んだかを表している．

　ゲームの最中の意思決定点は，そこに至るまでの経緯（これを**経路** (path) あるいは**歴史** (history) と呼ぶ）を踏まえた意思決定を表す．例えば，x_{b1} における b さんの選択は a さんが行動 A をした後で，どうするかを示し，x_{b2} における b さんの選択は a さんが行動 B をした後での意思決定を表す．従って，x_{b1} で行動 A を選ぶことと，x_{b2} で同じ行動 A を選ぶことは，経緯が異なるので本質的には異なる．今は b さんは a さんの行動を観察できると仮定しているので，実際に b さんは x_{b1} と x_{b2} で異なる行動を選ぶことも可能である．

　各終点は，ゲームの一つの終わり方を表している．例えば，t_1 は a さんが行動 A を，b さんがその後行動 A を選んでゲームが終わるケースを示している．他の終点もそれぞれ，ゲーム内での各プレイヤーの意思決定の全てを並べた列を示している．それぞれの終わり方について，各プレイヤーは利得で評価を決める．そこで，各終点に，全プレイヤーの利得を並べたベクトルを対応させると，図 4.2 のようになり，ゲームの三要素が完全に図に含まれることになる．図 4.2 では a さんの利得を第 1 項，b さんの利得を第 2 項とし

た利得ベクトルが各終点に示されている[1]。

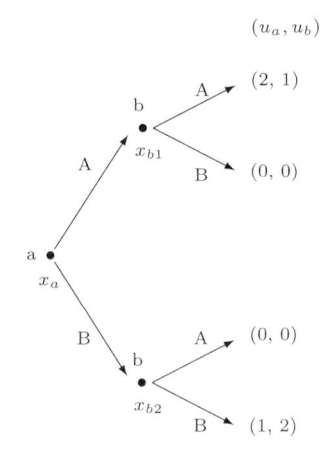

(u_a, u_b)

```
                    b •──A──▶ (2, 1)
                 A ╱  x_{b1}
                  ╱    ╲──B──▶ (0, 0)
        a •
         x_a    ╲
                 B ╲   ──A──▶ (0, 0)
                    b •
                    x_{b2}
                       ╲──B──▶ (1, 2)
```

図 4.2　順番のある待ち合わせゲームの樹形図

　樹形図による分析の重要な特色は，プレイヤーたちが，自分あるいは他のプレイヤーの行動について知ることになる（あるいは知らないことになる）という情報構造を図の中に明示できることにある。これは，各プレイヤーが持つ意思決定点の集合を，**情報集合** (information sets) というものの集まりに分割 (partition) することで表記することができる[2]。意思決定点の集合を，識別できるかどうかで分けるのである。異なる情報集合については，どちらの情報集合にいるかは識別できる，ということにし，ただし，同じ情報集合内に複数の意思決定点があれば，それらのどれにいるかは識別できないとする。このように各プレイヤーの意思決定点全体を余さず分割すれば，情報構造を完全に表現できるのである。これを，**情報分割** (information partition) と呼ぶ。

　例えば，順番のある待ち合わせゲームにおいて，後手であるbさんの情報構造について二通りの例を示してみよう。一つの可能性は，本節の最初に説

---

[1]　行動する順に合わせてプレイヤーの利得を並べることが多い。
[2]　一般に，ある（有限）集合 Y の分割とは，Y の部分集合の集まり $\{Y_1, \ldots, Y_K\}$ で，各 $k \neq k'$ について $Y_k \cap Y_{k'} = \emptyset$ かつ $\cup_{k=1}^{K} Y_k = Y$ となるものである。

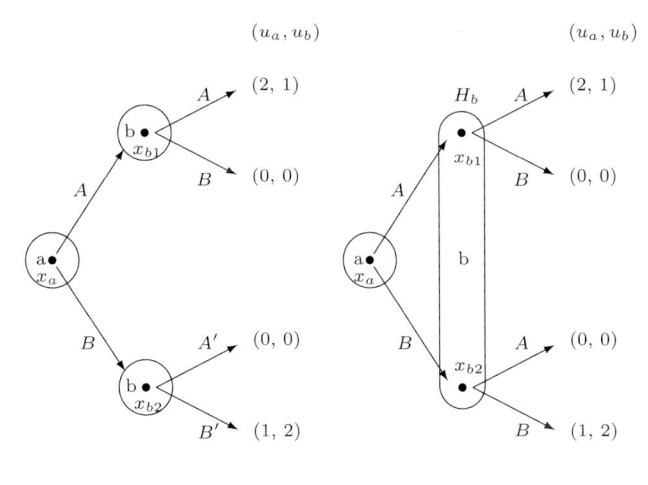

80　第 4 章　後ろ向きの帰納法 (Backward Induction)

図 4.3.i 完全情報　　　図 4.3.ii 不完全情報

図 4.3　情報の異なるゲーム

明されたケースで，ｂさんは先手であるａさんの行動を知ることができる，という情報構造である．これは，ｂさんにとって，その意思決定点 x_{b1} と x_{b2} が識別可能であると解釈され，それぞれが情報集合となり，ｂさんの情報分割は $\{\{x_{b1}\},\{x_{b2}\}\}$ となる．このとき，情報集合 $\{x_{b1}\}$ と情報集合 $\{x_{b2}\}$ で選べる行動は経緯が異なることを考慮して別々に選べる．これを表現した図 4.3.i では，ｂさんの 2 つの意思決定点がそれぞれ別々な情報集合であることを別々の円で表現し，それぞれの情報集合で選べる行動も，意味がわかれば異なる名前でかまわない．このゲームは，全ての経緯が全員にわかるので，完全情報である．

　もう一つの可能性は，ｂさんはａさんの行動を知ることができない，というものである．このときは，二つの意思決定点は識別可能でない，ということになり，これらをあわせたものが一つの情報集合となる．従ってこのときのｂさんの情報分割は全体集合一つから成り，$\{\{x_{b1}, x_{b2}\}\}$ となる．図 4.3.ii では，ｂさんの 2 つの意思決定点は一つの情報集合 H_b に属するように楕円

が描いてある[3]。楕円の真ん中にその情報集合が属するプレイヤーの名前である b が書いてある。

今後のために記号を作っておくと，プレイヤー i の意思決定点の集合 X_i の分割を $\mathcal{H}_i$ とし，有限の場合，$\mathcal{H}_i = \{H_{i1}, H_{i2}, \ldots, H_{iK}\}$ などと書く[4]。分割であるから，各 H_{ik} 同士には共通部分はなく，$\cup_{k=1}^{K} H_{ik} = X_i$ となっている。この $\mathcal{H}_i$ がプレイヤー i の情報分割であり，分割を構成する i の意思決定点の集合 $H_{ik}(k = 1, 2, \ldots, K)$ が i の情報集合である。すると，過去の経緯が全員に完全にわかるという完全情報という情報構造は，すべてのプレイヤーの全ての情報集合が 1 点からなる集合であるということと定義できる。

定義 4.1.1. 展開形ゲームが**完全情報** (perfect information) であるとは，全てのプレイヤー i について，i の任意の情報集合 $H_i \in \mathcal{H}_i$ が $|H_i| = 1$ を満たすことである。

同じ情報集合に属する意思決定点は，そのプレイヤーにとって識別不可能であることを意味させるために，出る枝（行動）の集合は同じでなければならない。このことを記号で表記すると，まず，プレイヤー i に属する意思決定点 $x \in X_i$ において選択可能な枝（行動）の集合を $A_i(x)$ と書く。そして，同じ情報集合に属する任意の意思決定点，$x, x' \in H_i \in \mathcal{H}_i$ について $A_i(x) = A_i(x')$ を仮定するということである。（従って選択可能な行動の集合は，実質上情報集合の関数として $A_i(H_i)$ のように書いてもかまわない。）

この他，ゲームが複雑になってくると，それを正確に表現するための樹形図の構造に一定の性質が必要となる。これらをまとめると以下のようになる。

- 樹形図にはゲームの始まりを表す意思決定点（始点，origin または root）がただ一つ存在し，それは一点からなる情報集合でなければならない。この条件は，ゲームの始まりは完全に認識されなければならないことを表している。

---

3) 書き手によっては，楕円でなく点線で意思決定点を結ぶように描くこともある。意思決定点が分離されているかいないかが明記できればどのような描き方でもよい。
4) 記号法は本や論文によって異なるので注意して欲しいが，本書では H は history の集合と同一視できるというような意味で作っている。

- 各意思決定点は一人のプレイヤーに属する。

- 始点から各意思決定点または終点に行き着くまでの枝（行動）と点の列を**経路** (path) あるいは**歴史** (history) と呼び，これはただ一つでなければならない。

  枝と点の列はそれまでの経緯を表すので，複数の経緯が同じものとされてはならないのである。

- 枝が回り回って，元の意思決定点に戻るようなサイクルを作ってはならない。

  むしろ，樹形図は branching process と呼ばれる，どんどん枝が広がっていくだけの構造でなければならない。これがゲームの展開を示しているのである。ゲームの経緯はどんどん展開していけるが，過去に戻ることはあり得ない[5]。

また，展開形ゲームの始点から一つの終点までの点と枝の列を一つの**プレイ** (play) と呼ぶ。終点にいちいち名前をつけなくても，プレイと同一視できる。（さらに，明らかな場合は意思決定点はいちいち表記せず，枝，すなわち行動の列だけでプレイを表現する。）展開形ゲームの長さとは，そのゲームにおける1つ1つのプレイに含まれる意思決定点の数の最大値とする。また，単に有限の展開形ゲームという時は，そのゲームに含まれる枝の数が有限であることであり，したがって長さとプレイヤーの数，各意思決定点における選択可能な行動の集合全てが有限であることが含意される。

経路と情報集合という概念を使って，完全記憶を明確に定義することができる[6]。始点から，あるプレイヤー i に属する意思決定点 x までの（ただ一つの）経路 h について，$\overline{X}_i(h)$ を，経路 h 上でプレイヤー i に属する情報集合と i が選択する枝（行動）の列で，これらが起こる順に並べたものとする。

---

[5] このような条件は意思決定点の「前後関係」を定義することで厳密に定式化できるが，本書ではそこまではしないことにする。厳密な定義に興味のある読者はクレプス (Kreps, 1990) の本や，クレプス＝ウィルソン (Kreps and Wilson, 1982a) などを参照されたい。

[6] ここではゼルテンの定義を記述する。

定義 4.1.2. 展開形ゲームが完全記憶 (perfect recall) を持つとは，任意のプレイヤー i と，i の任意の情報集合 $H_i \in \mathcal{H}_i$ について，H_i の中の任意の意思決定点 x, x' について，それらに行き着く経路を h, h' とすると $\overline{X}_i(h) = \overline{X}_i(h')$ が成立することである。

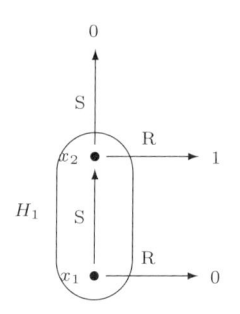

図 4.4 Absent-minded driver のゲーム

　図 4.3 の二つのゲームは，明らかにどちらも完全記憶を持つ。完全記憶を持たないゲームの一つの例としてはルービンシュタイン＝ピッチオーネ (Rubinstein and Piccione, 1997) の「忘れっぽい運転手」(Absent-minded driver) の例を挙げておく。これは一人ゲームであり，夜遅く都会から郊外の自宅まで高速道路を運転して帰ろうとしているプレイヤーの話である。彼は2つ目の出口を右折しなくてはならないのであるが，アメリカの郊外の高速道路はかなり暗いし，周囲の景色もあまり違わないので，出口のランプが近づいても，一つ目だったか二つ目なのかわからなくなるというゲームである。意思決定点は高速道路の二つの出口で，x_1 と x_2 とする。それぞれにおいて，直進 (S) と右折 (R) という行動から選べる。もしまちがって一つ目なのに右折してしまうと利得は 0，また二つ目の出口なのに右折せず直進したとすると自宅から遠ざかってしまうのでこれも利得 0 とする。二つ目の出口できっちり右折できれば利得 1 を得るとする。しかし，出口に差しかかっても何番目かわからないので，その二つの意思決定点は一つの情報集合に属するとする。このゲームを樹形図で表したのが図 4.4 である。ここでは x_1 は始点なのでそれに行き着く経路 h_1 は空集合であり，$\overline{X}(h_1)$ も空集合である。これに対し，x_2 に行き着く経路 h_2 にはこのプレイヤーの情報集合 H_1 と行動 S が含まれ，

$\overline{X}(h_2) = (H_1, S) \neq \overline{X}(h_1)$ となる．ゆえに，図 4.4 の展開形ゲームは完全記憶を持たないのである．

4.2 展開形ゲームの戦略

全てのゲームは展開形でも標準形でも表記できる．たとえば囚人のジレンマのような同時ゲームも，同時であるということは形式的に後手であるプレイヤーが先手のプレイヤーの行動を知らない，という形で展開形として図 4.3.ii に似たような形で表記できる．（各意思決定点が属するプレイヤーの名前，そこにおける行動の名前，利得ベクトルの数値を囚人のジレンマに合わせて書き換えればよい．）

逆に，4.1 節の冒頭で説明したように，順番のあるゲームを標準形で表記することもできる．順番があるゲームにおける戦略は条件付き行動計画であり，しかも情報に左右される．同じ情報集合内の意思決定点については，どこにいるかを識別できないので，同じ行動を選ぶのであるから，行動計画としては，情報集合を一つの単位として考えることになる．

定義 4.2.1. 展開形ゲームにおけるプレイヤー i の**純戦略** (pure strategies) とは，プレイヤー i に属する各情報集合 H_i について，その中の任意の意思決定点で選択可能な行動の集合から一つの行動 $a \in A_i(H_i)$ を決める関数である．

混合戦略は，純戦略の集合上の確率分布として，以前と同様に定義される．さらに展開形ゲームの特徴として，混合戦略の他にもう一つ，確率的な戦略の考え方がある．それは，プレイヤーが，情報集合ごとに意思決定を確率的に行う，とするものである．

定義 4.2.2. プレイヤー i の**行動戦略**（behavior strategy）とは，プレイヤー i に属する各情報集合 H_i について，その中の各意思決定点で選択可能な行動の集合 $A_i(H_i)$ 上の確率分布を（情報集合ごとに）独立に決める関数である．

一見すると行動戦略と混合戦略にはあまり違いがないように見えるが，実は非常に異なる概念である．混合戦略とは，ゲームが始まる前に全ての純戦

4.2 展開形ゲームの戦略

略を並べ，その上に確率を付けるものであるが，行動戦略とは，ゲームの最中に，その場その場で確率的に行動を選んでいくものである。

具体的に，順番のある待ち合わせゲームで完全情報であるケース（図 4.3.i）を例にとって，b さんの混合戦略と行動戦略を見てみよう。まず，b さんの純戦略の集合は，二つの情報集合それぞれについて行動を決めるものであり，これは4通りあるので，$S_b = \{(A, A'), (A, B'), (B, A'), (B, B')\}$ のように表現できる。（上の情報集合にいるときの行動を第1座標，下の情報集合にいるときの行動を第2座標とする。）従って混合戦略はこれら四つの純戦略に順に確率 (p, q, r, s)（ただし $0 \leq p, q, r, s \leq 1$, $p + q + r + s = 1$）を付けたものである。確率は足して1になるので，実質的には三つの数字を決めることになる。

これに対し，b さんの行動戦略とは，情報集合 $H_{b1} = \{x_{b1}\}$ において行動 A と B をどのような確率で行うかと，情報集合 $H_{b2} = \{x_{b2}\}$ において行動 A' と B' をどのような確率で行うかの二つを決めたものである。実質的には H_{b1} における A の確率と H_{b2} における A' の確率を決めればよいので，二つの数字を決めればよい。

このように，混合戦略と行動戦略では，確率を付与する対象がまったく異なる。しかも，行動戦略においては，各情報集合で独立に確率的に意思決定するということが含まれている。現実には，我々は行動戦略をしていることが多い。今後の長期行動計画をいくつか並べ，それらについてサイコロを振って一つを選び，その後はそれにずっと従うというより，それぞれの分岐点にさしかかったらその場でサイコロを振るというような行動をしているものである。

純戦略と混合戦略で均衡を求めるには十分であるが，行動戦略の方がずっと直観的であることも多い。また，長期的最大化問題の解法の一つである動的計画法は行動戦略の考え方を使用する。したがって今後は行動戦略で分析したい。幸いなことに，混合戦略で表現できるゲームの結果（帰結）(outcome)（展開形ゲームにおいては終点の集合上の確率分布）を行動戦略でも表現できることがわかっている。従って，理論上どちらを使ってもかまわないのである。

定義 4.2.3. あるプレイヤーの二つの（行動または混合）戦略が帰結上同値 (outcome equivalent) であるとは，他のプレイヤーの任意の純戦略の組み合わせについて，その二つの戦略がゲームの終点の集合上に同じ確率分布をもたらすことである．

命題 4.2.1. 完全記憶を持つ有限の展開形ゲームにおいては，任意のプレイヤーの任意の行動戦略について，帰結上同値な混合戦略が存在する．

証明：任意のプレイヤー i とその任意の行動戦略 b_i をとる．b_i は，各情報集合 $H_i \in \mathcal{H}_i$ についてそこでの行動 $a \in A_i(H_i)$ に確率 $b_i(H_i)(a)$ を与える関数である．これと帰結上同値な混合戦略を作る．各純戦略 s_i について，各情報集合 H_i 上で s_i がとる行動を $s_i(H_i)$ と表記し，b_i が各 $s_i(H_i)$ に与える確率を全てかけ合わせ，

$$\Pi_{H_i \in \mathcal{H}_i} b_i(H_i)(s_i(H_i))$$

を s_i に付ける確率とすればよい．これで帰結上同値であることを示す．完全記憶であるから，プレイヤー i に属する一つの情報集合内のどの意思決定点に行き着く経路 h についても同じ $\overline{X}_i(h)$ になっている．すると，あるプレイ（かつ，その終点）が起きる確率は，他のプレイヤーの純戦略を固定している下では，そのプレイ内のプレイヤー i の行動の列が起きる確率を全てかけたものかける 1 または 0 となり，これは上記のどちらの戦略でも等しい． □

　この証明のアイディアを図 4.5 の例で説明する．2 番目に行動するプレイヤー 2 はただ一つの情報集合を持っているので，混合戦略と行動戦略が一致するのは明らかであるから，最初と最後に行動するプレイヤー 1 についてだけ考える．プレイヤー 1 は自分が最初の情報集合 H_{11} で何を選択したかは忘れないが，プレイヤー 2 がその後で何をしたかはわからないまま，二つの情報集合 H_{12} と H_{13} でそれぞれ行動を選んでゲームが終わる．これは完全記憶のゲームである．プレイヤー 1 の行動戦略は 3 つの情報集合での行動 a, a', a'' についての確率 p_1, p_2, p_3 を決めればよい．それらが図の括弧の中に示されている．プレイヤー 2 の純戦略を所与とすると，プレイ (a, A, a') で決まる終点が起こる確率は $p_1 \times p_2$ かける 1 または 0（ここはプレイヤー 2 の戦略に依存

する，以下同様なので省略），プレイ (a, A, b') が起こる確率は $p_1 \times (1-p_2)$，などとなる．

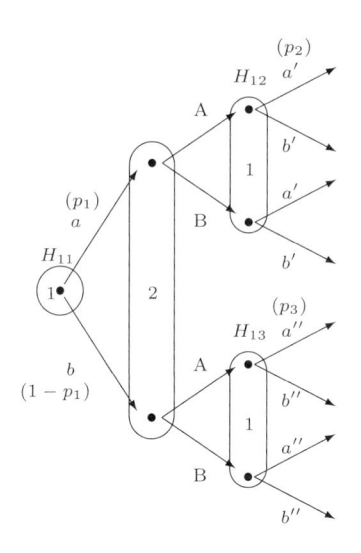

図4.5 完全記憶ゲームと行動戦略の確率

これに対応する混合戦略を作る．まずプレイヤー1の純戦略は3つの情報集合それぞれに二通りの行動があるので $2^3 = 8$ つあり，純戦略の集合は $S_1 = \{(a,a',a''), (a,a',b''), (a,b',a''), (a,b',b''), (b,a',a''), (b,a',b''), (b,b',a''), (b,b',b'')\}$ である．各純戦略の確率を，それが各情報集合で選ぶ選択肢の（上記の行動戦略による）確率のかけ算とする．例えば，純戦略 (a,a',a'') には確率 $p_1 \times p_2 \times p_3$，$(a,a',b'')$ には確率 $p_1 \times p_2 \times (1-p_3)$ をつける．このときプレイ (a,A,a') が起こる確率は，純戦略 (a,a',a'') または (a,a',b'') のどちらかが起こる確率となり，それは $p_1 \times p_2 \times p_3 + p_1 \times p_2 \times (1-p_3) = p_1 \times p_2$ である．（ここで，各情報集合で独立な確率分布であることを使っている．）同様にして全ての終点の確率が等しくなることが確かめられる．

しかし，完全記憶を持たないゲームの場合は，行動戦略による終点の集合の上の確率分布が，どんな混合戦略をもってしても達成できないことがある．図4.4のAbsent-minded driverゲームを再度考えてみよう．行動戦略で「ど

の出口でも S を確率 p でとる」というものを考えると，プレイ (R) で決まる終点が起こる確率は $1-p$，終点 (SR) が起こる確率は $p(1-p)$，終点 (SS) が起こる確率は p^2 という形になる。しかし，この確率分布は混合戦略では不可能である。情報集合が一つしかなく，純戦略は「常に R」と「常に S」であり，これらをどんな確率で取っても終点の確率分布を上記の形にできないのである。

さらに命題 4.2.1 の逆も言える。つまり，完全記憶を持つ展開形ゲームでは，任意のプレイヤーの任意の混合戦略について帰結上同値な行動戦略が存在する。本書では証明まで書かないが，再び図 4.5 のゲームの例で説明する。例えばプレイヤー 1 の純戦略 (a, a', b'') に確率 p，(b, a', a'') に確率 $1-p$ をつける混合戦略を考える。このとき，起こりうる帰結は (a, a') できまる終点のどれかと (b, a'') できまる終点のどれかであり，確率は前者（全体）が p，後者（全体）が $1-p$ となる。従って

$$b_1(H_{11})(a) = p, \quad b_1(H_{12})(a') = 1, \quad b_1(H_{13})(a'') = 1$$

という行動戦略が帰結上同値となる。

このような行動戦略と混合戦略の帰結上の同値性を一般的に証明したのが有名なクーン (Kuhn, 1953) の定理である。（証明は非常に煩雑なのでここでは省略する。岡田 (1996) の定理 3.5 を参照されたい。）

定理 4.2.1. (Kuhn の定理) 有限の展開形ゲームにおいて，任意の混合戦略には帰結上同値な行動戦略が存在し，任意の行動戦略にも帰結上同値な混合戦略が存在することの必要十分条件はそのゲームが完全記憶を持つことである。

クーンの定理は有限の展開形ゲームについてであるが，これを無限の展開形ゲーム（例えば無限回繰り返しゲームなど）にも拡張できることがオーマン (Aumann, 1963) によって示されている。つまり，完全記憶の下では実質上行動戦略と混合戦略は同じことになる。

4.3 後ろ向きの帰納法

展開形ゲームの表現と戦略の考え方を理解したところで，やっと均衡としてどのような戦略の組を考えるべきかが議論できるようになった．4.1 節の例で考察したように，ナッシュ均衡ではゲームの最中の合理的行動を反映することができない場合がある．では，どう考えたらいいのか．まず，単純な一人の意思決定で，しかし順番のある問題から考えてみよう．

ここに小さい実のなっている木が 1 本あるとする．あなたは，今この実を収穫してしまうと 3 の利得を得る．しかし，がまんして 1 ヶ月後まで待てば，実はぐっと大きくなり，そのとき収穫すれば 5 の利得を得ることができる．どの時点でも収穫しなければ 0 の利得であるとする．意思決定問題は，今，収穫する (Take) か否 (Not take) かと，もし収穫しなければ 1 ヶ月後にまた収穫するか否かを決めるという 2 段階の問題であり，利得を最大にしたい．この問題を樹形図を用いて表してみると図 4.6 のようになる．（一人ゲームなので各情報集合が属するプレイヤーの名前は省略してある．）

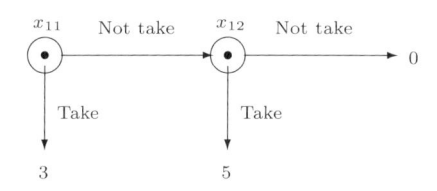

図 4.6 順番のある一人意思決定問題

この問題は図にするまでもなく，明らかな解答があると思われるだろう．それは，今は収穫せず，1 ヶ月後は収穫するという戦略 (Not Take, Take) であろう．（今後，明らかに順番のある情報集合の場合，（最初の情報集合での行動，2 番目の情報集合での行動，…）という戦略の表記を用いる．）しかし，この解き方をよく考えてみると，今収穫するかどうかは，先のことを考えないと決まらない．暗黙のうちに，我々はまず先のことを考えて，1 ヶ月後には Take を選び，5 を取れるのであるから，今 3 を取らない方がよい，と考え

たはずである。もし1ヶ月後に収穫しないのであれば，今収穫した方がいいが，それは1ヶ月後の合理的行動を考えるとありえないことである。このように，まず最後の意思決定を考え，次にそれを踏まえて直前の意思決定を考える，という「後ろ向きに解く」考え方が長期的な利得を最大にすることは数学的に証明されており，それが動的計画法（付録 B 参照）の基本となっている。

この考え方を複数人の意思決定問題であるゲームに応用することができる。ただし，ゲームの構造が全員にわかっているという完備情報で，かつ全てのプレイヤーが合理的であることも共有知識になっているときである。例えば，上記の一人収穫問題を変形して，今はプレイヤー1が収穫するかしないかを決め，もし収穫しなかったら，1ヶ月後は別なプレイヤー2がやってきて収穫するかしないかを決めるというゲームになったとしよう。収穫すれば，その時点での大きさの実がもらえる。またプレイヤー2が収穫しなければ，残った実はプレイヤー1に与えられるとする。すると，樹形図は図 4.7 のようになる。そこでは，プレイヤー1は意思決定点 x_1（かつ1点からなる情報集合 $\{x_1\}$）のみを持ち，プレイヤー2は意思決定点 x_2（かつ1点からなる情報集合 $\{x_2\}$）のみを持つ。利得ベクトルは第1座標がプレイヤー1の利得，第2座標がプレイヤー2の利得を表しているとする。そしてこの図は両プレイヤーともに知っており，相手が合理的であることも知っているとする。

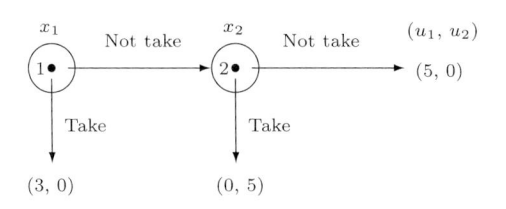

図 4.7　2人収穫ゲーム

このゲームでは，各プレイヤーが1つしか情報集合を持たないので，彼らの行動の集合がそのまま純戦略の集合になっている。さて，プレイヤー1の利得を最大にすることを考えるには，プレイヤー1はやはり後ろ向きに解かなくてはならない。プレイヤー2がどうするかを予想するのである。プレイ

ヤー2の利得関数がわかっており、プレイヤー2が利得を最大にするような行動をする合理的なプレイヤーであることがわかっているので、プレイヤー2は自分の番になったら収穫すると予想できる。これを踏まえると、プレイヤー1は今収穫することが合理的となる。

さらに、このゲームがもっと長くなって、例えば1ヶ月後にもしプレイヤー2が収穫しなかったら、2ヶ月後にはプレイヤー1が再び収穫するか否かを選べる、となったとしよう。すると、今度はプレイヤー2の意思決定も、その後のプレイヤー1の意思決定をまず解いてから決めるべきだということになる。

以上の論理を一般化すると以下のようになる。完備かつ完全情報で、有限の展開形ゲームであれば、ゲームの最後の意思決定者の情報集合において利得を最大にする行動を求めることができ、次にそれを踏まえてその直前の意思決定者の合理的行動を求めることができる。……という風に後ろ向きの帰納法 (backward induction) を行うことによって、ゲームのどの時点においても合理的な戦略の組み合わせを求めることができる。これを本書では、「後ろ向きの帰納法で求めた解」と呼ぶことにする。（無限の長さを持つ完全情報の展開形ゲームには簡単に拡張することができる。4.7 節を参照。）

さらに、このようにして求めた戦略の組み合わせはゲームの最初においても合理的である、即ち、ナッシュ均衡になっていることも示される。

定理 4.3.1. 完備かつ完全情報で、有限の展開形ゲーム Γ を考える。後ろ向きの帰納法で求めた解（戦略の組み合わせ）は Γ のナッシュ均衡である。

証明：ゲームの長さ n についての数学的帰納法を用いる。まずゲームの長さが1のときは、一人ゲームのナッシュ均衡とは最適な行動を選ぶことであるから定理が成立する。

ゲームの長さが n 以下の時に定理が成立すると仮定し、$n+1$ のときを考える。ゲームを始点における選択の部分と、その後に分ける。始点における選択肢の数が有限であるので、これらの名前を $a = 1, 2, \ldots, k$ とする。各 a の後には最大で長さ n のプレイをもつ展開形ゲームが続いていると考えてよい。これを $\Gamma^a (a = 1, 2, \ldots, k)$ とする。各 Γ^a における後ろ向きの帰納法による（Γ^a をゲームとしたときの）戦略の組み合わせを b^a と書く。始点はあ

るプレイヤー i に属するとする[7]。i 以外のプレイヤーが後ろ向きの帰納法による行動戦略から変更して（期待）利得を高めることができたとすると，数学的帰納法の仮定に矛盾するので，もし誰かが行動戦略をかえて利得を高められるとすればそれは i であることになる。

始点からの枝 a の後に続く展開形ゲーム Γ^a における後ろ向きの帰納法の解 b^a のうち i 以外のプレイヤーの部分を b^a_{-i} とすると，それらを $a = 1, 2, \ldots, k$ について並べたもの $(b^a_{-i}; a = 1, 2, \ldots, k)$ は，i 以外のプレイヤーの Γ における行動戦略を並べたものとなることに注意する。i の任意の行動戦略は，始点での各選択肢 a の選択確率 $p(a)$ と，その後の各 Γ^a での行動戦略の組み合わせ $(b_i |_a; a = 1, 2, \ldots k)$ として表記できる。すると，ゲーム Γ 全体からの i の期待利得は，

$$Eu_i(p, b_i |_a, b^a_{-i}; a = 1, 2, \ldots k) = \sum_{a=1}^{k} p(a) Eu_i(e_a, b_i |_a, b^a_{-i}; a = 1, 2, \ldots k)$$

のように書ける。（ここで e_a とは選択肢 a に確率 1 をおく確率分布である。）数学的帰納法の仮定により，各枝 a 以降の部分について見れば $Eu_i(e_a, b_i |_a, b^a_{-i}; a = 1, 2, \ldots k)$ は他のプレイヤーの行動戦略を所与として最大になっている。しかも，後ろ向きの帰納法の解では始点における i の選択はその後の部分についての利得を最大にする選択肢にのみ正の確率を付けることなので，これは上の期待利得を最大にしていることと同じであり，他の行動戦略に変えても利得は高くならない。 □

この定理の証明法は本質的に有限期間の動的計画法の考え方である。

定理 4.3.1 の逆は必ずしも言えない。つまり，ゲームのどこかの時点で後ろ向き帰納法では合理的でないような行動を含む戦略によるナッシュ均衡は存在する。その一例が 4.1 節の順番のある待ち合わせゲームにおける $(B, (B, B))$

---

[7] 一般の展開形ゲームにおいては，4.8 節で導入する自然 (Nature) という，不確実性をコントロールするプレイヤーも含める必要がある。もし，始点が自然に属するのであれば，各 Γ^a における後ろ向きの帰納法による戦略の組み合わせ b^a は，数学的帰納法の仮定により誰も行動戦略を変えることで（期待）利得を高められないので，Γ においても期待利得を高めることはできず，定理が成立する。

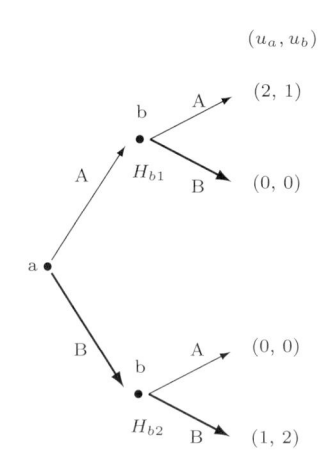

図 4.8　ナッシュ均衡であるが後ろ向きの帰納法による解でない戦略の組み合わせ

というナッシュ均衡である。(図 4.8 の太い矢印で表されている[8]。) これは，a さんが純戦略 B を選び，b さんは「どの情報集合でも行動 B」という純戦略を選んでいるが，a さんがもし純戦略 A を選んだとしたら，それを見た後の情報集合 H_{b1} で b さんが B という行動をすることは合理的ではない。

4.4　チェーンストア・パラドックス

後ろ向きの帰納法による解で，非常に有名かつ考えさせられる例としてゼルテン (Selten, 1975) によるチェーンストア・パラドックス (Chainstore Paradox) を紹介しよう。まず，一市場での簡単な参入ゲームを考え，それが多数の市場でプレイされるという風に拡張していく。

参入ゲームは以下のようになっている。プレイヤーは，ある独占市場に新規参入を考えている企業 E と，現在その市場を独占している企業 M である。

---

8)　図の簡素化のため，今後は 1 点からなる情報集合の場合，わざわざ意思決定点の外側に円を描かないことにする。

まず企業 E が参入する (Enter) かしない (Out) かを選択する。もし E が参入しないならゲームはそこで終わり、E は利得 0 を、M は独占による高い利得 100 を得る。もし E が参入するならば、次に M の手番になり、M は高価格 (H) または低価格 (L) を選んでゲームが終わる。M が高価格を選んだ場合、2 社で高い利潤を分け合うという形になるが、参入にかかるコストがあるので、E は M より低い利得 30 を得、M は利得 50 を得る。M が低価格を選んだ場合は、利潤がほとんどないにもかかわらず、E は参入コストがかかるので、利得は -10 となる。しかし M にも利潤はほとんどないので、利得は 10 とする。

このゲームを樹形図で表したのが図 4.9 である。利得は第 1 座標が最初に意思決定する企業 E の利得、第 2 座標が企業 M の利得である。それぞれ 1 回しか意思決定しないし、M が意思決定するのは E が参入したときだけであるから、各プレイヤーは一点からなる情報集合を 1 つだけ持ち、行動の選択はすなわち戦略の選択と同じことになる。

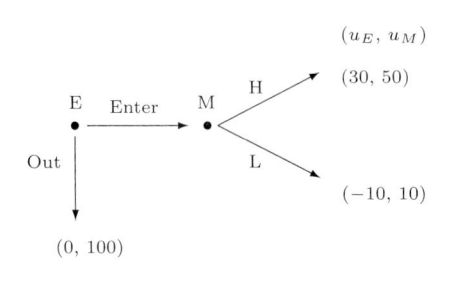

$$(u_E, u_M)$$
$$(30, 50)$$
$$(-10, 10)$$
$$(0, 100)$$

図 4.9 参入ゲーム

後ろ向きの帰納法の解は明らかで、まず参入された後の M は利得 50 と 10 を比較して、高価格を選ぶはずである。このことを踏まえると、E は参入した方がよい。従って、ただ一つの戦略の組み合わせ (Enter, H) がこのゲームの均衡と考えられる。(ちなみに、誘導標準形にしてナッシュ均衡を考えると、(Out, L) という戦略の組み合わせもナッシュ均衡になる。練習問題 4.1 を参照。しかしこれは、いざ参入されてみると企業 M が L を選ぶはずはないので、空脅しのナッシュ均衡と呼ばれ、後ろ向きの帰納法の解の方が合理的で

4.4 チェーンストア・パラドックス

ある。）

次に，企業 M は多数の町で地域独占をしているチェーンストアで，各町でそれぞれ地元の起業家が出店を考えていて，E の役割を持っているとしてみよう。町 1 では E1 という起業家が参入するかどうかを考えており，参入すれば企業 M が価格を選び，その町での結果が決まる。これを観察した後，町 2 では E2 という起業家が参入するかどうかを考え，もし E2 が参入すればまた同じ企業 M がその市場での価格を決める……と次々に k 個の市場で，完全情報の参入ゲームが行われるという大きなゲームを考える。プレイヤーは各町ごとの E1, E2,…, Ek と，全ての市場に存在するチェーンストア M の $k+1$ 社である。各プレイヤーの利得は，E1, E2,…, Ek は一つの市場にしか存在しないので，図 4.9 の E と同じ利得を得るとし，チェーンストア M の利得は k 個の市場で図 4.9 の利得を得るので，それらを全て足したものとなる。

この大きな展開形ゲームを後ろから解くため，とりあえず $k=2$ のときを樹形図にして考え，そこから類推してみることにしよう。2 市場での参入ゲームは図 4.10 のようになる。

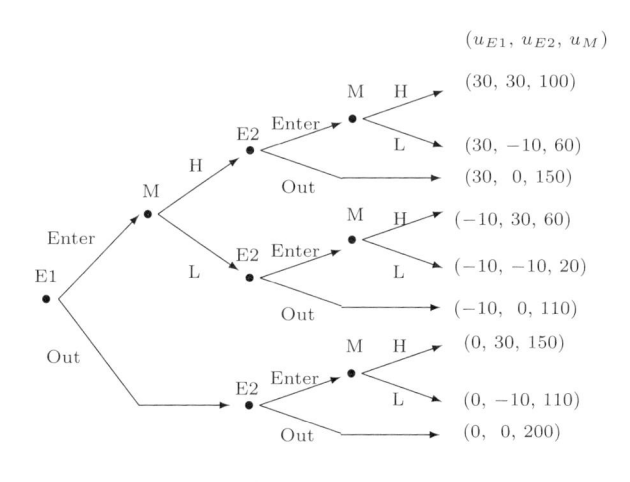

図 4.10　2 市場のチェーンストアゲーム

図 4.10 の最後の意思決定者は企業 M である。その 3 つの情報集合において，合理的行動はいずれも H である。これは偶然ではない。3 つの情報集合

はそれぞれ異なった過去の経緯を表してはいるが，第 1 市場における利得は既に決まっていて，変えることはできない．従って，3 つの情報集合のどこにいようとも，最後の時点で M ができることは第 2 市場に既に参入が起こっているという状況での利得最大化だけである．つまり実質上企業 M は図 4.9 のような 1 市場での利得を最大にしているのである．

このことを踏まえれば，企業 E2 はその 3 つの情報集合において，いずれも同じ将来の予想「企業 M は高価格 H を取る」を立て，参入することを選ぶのが合理的となる．さらにゲームを戻すと，第 1 市場における企業 M の意思決定の手番になる．ここでは，企業 M は現在の利得と，将来どの情報集合にこのゲームを導くかを考慮しなくてはならない．しかし，今のケースでは，E2 をどの情報集合に導こうとも，E2 の行動，またその後の自社の行動の予想は同じであり，(Enter, H) である．このことを踏まえると企業 M は再び 1 市場での利得最大化問題を解けばいいことになり，H を選ぶのが合理的となる．最後に，以上を予想できる企業 E1 は Enter を選ぶことが合理的である．

この考え方を一般化すると，最後の市場では実質的に一つの市場での利得最大化をするのが合理的であり，それを予想できるので最後から一つ前の市場においてもその市場での利得を最大にするように行動することが合理的となり……となる．ゆえに，有限であれば何市場あろうとも，どの市場においても新規企業は参入し，企業 M はそれを受け入れて高価格を行うことになる．

以上が合理的行動の分析の結果であるが，チェーンストア M が次々と参入を受け入れてしまうのは，直観的には不思議である．例えば，最初の市場で損を覚悟で低価格を選べば，その後の市場ではそれを教訓として参入が起こらない，というようなストーリーも考えられるはずである．その場合，十分多くの市場で参入阻止できれば，最初の市場での損はカバーできるので，チェーンストア M にとって決して不合理とは言えない．しかし，このような戦略は，この完備，完全情報の設定では合理的均衡としては出てこないというところがパラドックスなのである．このパラドックスを解消して，参入阻止が起こるような均衡が存在するためには，不完備情報にすることが考えられる．これは第 8 章で扱う．

4.5 シュタッケルベルクのモデルと均衡

クールノーは二つの企業が同時に生産量を選ぶというモデルを考えたが，シュタッケルベルク (von Stackelberg, 1934) は二企業の内，一社が先に行動する先導者 (leader) であり，もう一社が後から行動する追随者 (follower) であるケースを考えている。シュタッケルベルクが考えた均衡は後ろ向きの帰納法を利用したものである。これを，3.2 節のクールノーモデルに意思決定の順番を導入して説明しよう。

2 つの企業，1 と 2 があり，両者とも選べる行動は生産量であり，生産量は非負の実数とする。各企業の利得は売り上げ金額から生産費用を引いた金額，すなわち利潤であるとする。企業 $i(i = 1, 2)$ の生産費用は，ある定数 c_i に自社の生産量をかけたものとする。つまり，1 単位余計に生産するには c_i 円の追加的費用がかかるとし，これは何単位生産しても変わらないとする。企業 1 の生産量を q_1，企業 2 の生産量を q_2 としたとき，これらを売り切ることのできる価格は

$$A - q_1 - q_2$$

で表されるものとする。（ここで，A は c_1, c_2 のいずれよりも大きい定数とする。）以上をまとめると，企業 1 の利得関数は両企業の生産量の組み合わせ (q_1, q_2) に依存して，

$$u_1(q_1, q_2) = (A - q_1 - q_2)q_1 - c_1 q_1$$

となる。同様にして企業 2 の利得関数は

$$u_2(q_1, q_2) = (A - q_1 - q_2)q_2 - c_2 q_2$$

となる。

さて，ここでは企業 1 が先に生産量 $q_1 \in [0, \infty)$ を決め，それを見てから企業 2 が生産量 $q_2 \in [0, \infty)$ を決めるという完全情報の展開形ゲームを考える。（もちろん完備情報であるとする。）後ろ向き帰納法の解を出すために，まず追随者である企業 2 の意思決定から考える。3.2 節で求めたように，企業 1 の

戦略が q_1 であるときの企業2の最適反応は $BR_2(q_1) = \frac{1}{2}(A - q_1 - c_2)$ である[9]。

次に，先導者である企業1の最大化問題を考える。完備情報であるから，企業1は上記の企業2の最適反応を計算することができる。従って，自分が q_1 を選んだときの利得は

$$\begin{aligned} u_1(q_1, BR_2(q_1)) &= \{A - q_1 - BR_2(q_1)\}q_1 - c_1 q_1 \\ &= \{A - q_1 - \frac{1}{2}(A - q_1 - c_2)\}q_1 - c_1 q_1 \end{aligned}$$

であることがわかる。これは q_1 だけの関数であり，2次関数で上に凸である。したがって q_1 による導関数がゼロになるような q_1 が利得を最大にする戦略となる。これを求めると，$q_1^* = \frac{1}{2}(A - 2c_1 + c_2)$ となる。このとき企業2の均衡経路における生産量は $q_2^* = BR_2(q_1^*) = \frac{1}{4}(A + 2c_1 - 3c_2)$ である。（この二つの生産量の組み合わせは，ミクロ経済学ではシュタッケルベルク均衡と呼ばれているが，ゲーム理論的には均衡経路である。企業2の均衡戦略は上記の $BR_2(\cdot)$ という関数である。）

同時ゲームであったクールノー・ナッシュ均衡 ($\frac{1}{3}(A - 2c_1 + c_2), \frac{1}{3}(A + c_1 - 2c_2)$) と比較すると先導者はより多く生産することがわかる。なぜなら，先導者は追随者の反応を読み込んで行動できるので，強気に出られるからである。

4.6 最後通牒ゲーム

もう一つ，有名かつ考えさせられる展開形ゲームとして，最後通牒ゲーム (Ultimatum Game) を紹介しておく。ここに大きさを1に標準化した「パイ」があり，二人のプレイヤーがこれを分けるという問題に直面している。ゲームのルールは，まず，プレイヤー1がプレイヤー2にパイのうち $x_1 \in [0, 1]$ の割合を自分に欲しい，という形の提案をすることができるとする。これに対

---

9) 3.2節のクールノーのモデルにおける最適反応についての注意と同様，q_1 が大きいと $\frac{1}{2}(A - q_1 - c_2)$ は負になることがあるが，q_1 の合理的な選択の範囲を考え，負の場合については無視して議論を進める。

し，プレイヤー2は承諾 (Yes) か拒否 (No) かで答えなくてはならず，それでゲームは終わるとする．つまりプレイヤー-2は反論は許されず，プレイヤー1が「最後通牒」を与えているという極端な立場の違いのあるゲームである．ここで，プレイヤー2が承諾すればプレイヤー1の提案に従って $(x_1, 1-x_1)$ が二人の利得ベクトルとなる．(第1座標がプレイヤー1の利得，第2座標がプレイヤー2の利得である．) プレイヤー2が拒否すれば，二人とも0の利得を得るとする．

このゲームを後ろ向きに解くため，ゲームの最後に意思決定するプレイヤー2について，プレイヤー1の任意の提案 $x_1 \in [0,1]$ に対する最適行動を求める．提案が $x_1 < 1$ のときは $1 - x_1 > 0$ であるから承諾して $1 - x_1$ をもらう方が拒否して0をもらうより厳密に利得が高い．$x_1 = 1$ のときは承諾と拒否が同じ利得0を与えるので，どちらも最適行動である．従ってプレイヤー2の手番においては以下の二通りの最適な純戦略がある．

$$BR_2(x_1) = \text{Yes} \quad \forall x_1 \in [0,1]$$

$$BR'_2(x_1) = \begin{cases} \text{Yes} & \text{if } x_1 < 1 \\ \text{No} & \text{if } x_1 = 1 \end{cases}$$

このうち，プレイヤー2が BR_2 を取っている場合は，プレイヤー1の最初の手番における最適行動はただ一つに決まり，それは $x_1 = 1$ を要求することである．しかしプレイヤー2が BR'_2 を取っている場合はプレイヤー1は x_1 を1に近づけると利得が上がるが，1にした瞬間に利得が0になってしまうので，最適な行動が実数の範囲では存在しないことになる[10]．

従って，最後通牒ゲームにはただ一つの後ろ向きの帰納法による解が存在し，それはプレイヤー2が BR_2 という戦略をとり，プレイヤー1が $x_1 = 1$ という戦略をとるものである．この結果，二人の利得の組み合わせはプレイヤー1が全てを取る $(1,0)$ という極端なものになる．プレイヤー2は承諾しても拒否しても同じであるから合理的とはいえ，考えさせられる結果である．このような結果になったのは，プレイヤー1にだけ提案する権限があり，し

---

[10] 実数のように連続に変化させられる場合でなく，離散的な集合の中から提案を選ぶ場合は最適な行動が存在する．練習問題 5.1(b) に似たようなゲームがある．

かもプレイヤー 2 は拒否すると何も得られないという極端な状況になっているからである。

4.7 交互提案交渉ゲーム

協力ゲーム理論においても交渉問題が重要であるが,非協力ゲームにおいても交渉ゲームという枠組みがある。現在では交渉ゲームというと以下に紹介する Ståhl=Rubinstein の**交互提案交渉ゲーム** (alternating offer bargaining game) を指すと言っていい。(ルービンシュタイン (Rubinstein, 1982) および,オズボーン=ルービンシュタイン (Osborne and Rubinstein, 1990) の本を参照。) これは最後通牒ゲームの発展形のようなもので,二人のプレイヤーが交互に提案を行うという単純な構造であるが,潜在的には無限回提案を行えるという長いゲームである。

そこで,まず後ろ向きの帰納法を,任意の長さの n 人完全情報展開形ゲームに拡張しておく。完全情報にしておくのは,このゲームの分析にとっては十分であると共に,記述が簡単になるからである。一般の展開形ゲームにおける対応した概念は部分ゲーム完全均衡であり,これは次章で詳細に扱う。

完全情報の展開形ゲーム Γ の樹形図における任意のプレイヤー $j = 1, 2, \ldots, n$ の任意の意思決定点 x_j について,x_j を含み「それより後の」全てのプレイヤーの全ての意思決定点からなる部分木 (sub-tree)$\Gamma(x_j)$,というものをまず定義する。ここで,ある意思決定点 y がそれと異なる意思決定点 x の「後である」ということは,ゲームの始点から y への経路 (path) 上に x が存在することである。

この部分木 $\Gamma(x_j)$ 上に意思決定点をもつプレイヤーの集合 $K(\Gamma(x_j)) \subset \{1, 2, \ldots, n\}$ を考え,Γ における各プレイヤー $k \in K(\Gamma(x_j))$ の行動戦略 b_k を $\Gamma(x_j)$ 上に制限したものを $b_k \mid_{\Gamma(x_j)}$ と書く。つまり,$b_k \mid_{\Gamma(x_j)}$ は部分木 $\Gamma(x_j)$ に含まれる k の意思決定点の集合上に定義された関数で,そこでは元の行動戦略と同じ行動を選ぶもの,すなわち任意の $x_k \in \Gamma(x_j)$ について,$b_k \mid_{\Gamma(x_j)} (x_k) = b_k(x_k)$ となる関数である。

以上の準備の下,ゲーム全体 Γ における任意のプレイヤー $i = 1, 2, \ldots, n$

4.7 交互提案交渉ゲーム

とその任意の意思決定点 x_i について，$\Gamma(x_i)$ 上に制限された i の行動戦略 $b_i |_{\Gamma(x_i)}$ が，$K(\Gamma(x_i))$ に属する他の全てのプレイヤーの $\Gamma(x_i)$ 上に制限された行動戦略 $b_k |_{\Gamma(x_i)}$ を所与としたときに，i の利得を最大にしているとき，Γ の行動戦略の組み合わせ $(b_1,\ldots,b_N)$ は後ろ向きの帰納法の解であるとする．

有限の展開形ゲームであれば，この定義は最後に意思決定するプレイヤーについてはそこでの利得最大化行動を決め，最後から2番目に意思決定するプレイヤーについては，最後のプレイヤーの最適行動を所与として，自己の今後の利得を最大化する行動を決める……とすることと同値である．

では，交互提案交渉ゲームを記述する．プレイヤーは2人であり，プレイヤー1と2とする．ここに大きさを1に標準化した「パイ」があり，これを二人でどう分けるかという問題を交渉で解決しようとする．第1期目には，プレイヤー1が提案者となる．パイのうち $x_1 \in [0,1]$ の割合を自分に欲しい，という形の提案をする．残りがプレイヤー2の取り分である．この提案に対し，プレイヤー2は承諾 (Yes) か拒否 (No) かで答えなくてはならない．もしプレイヤー2が承諾すればゲームは終了し，プレイヤー1の提案に従って $(x_1, 1-x_1)$ が二人の利得ベクトルとなる．ここまでは最後通牒ゲームと同じである．

もしプレイヤー2が拒否すると，ゲームは第2期に進む．ここではプレイヤー2が提案者となる．パイのうち $x_2 \in [0,1]$ をプレイヤー1に，残りを自分に，という形の提案をする．この提案に対し，今度はプレイヤー1が承諾 (Yes) か拒否 (No) かで答えることになる．承諾すればそこでゲームが終了し，プレイヤー2の提案にそってパイは分けられるのであるが，(ここがポイントであるが) 時間が経っているため，利得は少々割り引かれると仮定する．割引因子 (discount factor) というパラメター $\delta \in (0,1)$ を導入し，パイそのものが $\delta \times 1$ の大きさに縮んでいるとして，分け方は $(x_2, 1-x_2)$ であるが，そこから得られる二人の利得は $(\delta x_2, \delta(1-x_2))$ であるとする．

第2期にプレイヤー1が拒否すると，ゲームは第3期に進み，再びプレイヤー1が提案者となって同じようにゲームが続くとする．一般化すると，奇数期にはプレイヤー1が，偶数期にはプレイヤー2が提案者であり，もう一人が承諾または拒否を選ぶことになる．第 t 期の提案者の提案はプレイヤー1が $x_t \in [0,1]$ の割合を得るという形で書き，承諾されれば，期間が経った

分だけ割り引いた $(\delta^{t-1}x_t, \delta^{t-1}(1-x_t))$ の利得ベクトルが得られるということになる。拒否が続けばこのゲームは永遠に続くことがあり得る。

ではこのゲームを後ろ向きに解いてみよう。ルービンシュタイン (Rubinstein, 1982) の原論文ではかなり丁寧に論理を重ねて実際に解いてみせるが，ここではシェイクト=サットン (Shaked and Sutton, 1984) の簡便な方法を紹介する。

命題 4.7.1. 任意の割引因子 $\delta \in (0,1)$ について，交互提案交渉ゲームにはただ一つの後ろ向きの帰納法による解があり，その均衡経路は第1期にプレイヤー1が $\frac{1}{1+\delta}$ を提案し，プレイヤー2が承諾するものである。したがってゲームは直ちに終了し，均衡利得ベクトルは $(\frac{1}{1+\delta}, \frac{\delta}{1+\delta})$ である。

証明：まず，このゲームに後ろ向きの帰納法による解（二人の戦略の組み合わせ）が存在すると仮定する。複数あるかもしれないので，そのうちプレイヤー1に最大の利得を与えるものを σ^H と書き，これによる利得ベクトルを (u_H, v_H)（ただし $v_H \leqq 1 - u_H$）と書く。さて，このゲームは奇数期の最初からその後を見ると，利得の割引を除き，ゲームの最初からまったく同じ形をしている。したがって「第3期期初からそれ以降」という部分木について σ^H という戦略の組み合わせは定義でき，その部分木において後ろ向きに考えて最適になっているはずである。

そこで，もし第3期に入ったとしたら，それ以降は二人は σ^H に従うとして，そのとき得られる利得でその後のゲームの樹形図を置き換えることにする。第3期以降の戦略の組み合わせ σ^H から得られる利得はゲーム全体において σ^H をとったときの利得と比べると2期遅れてもらうので δ^2 で割り引かれ，$(\delta^2 u_H, \delta^2 v_H)$ となる。この利得ベクトルを第3期以降の樹形図の部分に差し替えた縮小ゲームを描くと図 4.11 のようになる。

第1期のプレイヤー1の選べる行動は $x_1 = 0$ から $x_1 = 1$ まで無限個あるので，それを全ては描けない。そこで，弧を使って両端の行動 $x_1 = 0$ と $x_1 = 1$ の間の行動全体を表現してある。弧は無数の点から構成されていると想像し，その一つ一つが各 x_1 に対応するプレイヤー2の情報集合であり，そこから Yes と No の選択肢が出ているという風に理解して欲しい。これらも全ては描けないので，両極端の $x_1 = 0$ と $x_1 = 1$ の点においてのみ図示して

4.7 交互提案交渉ゲーム

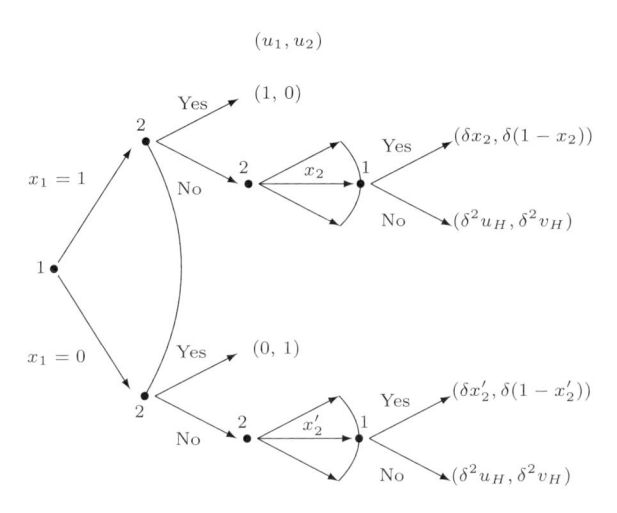

図4.11 縮小された交互提案ゲーム

ある．この後，第2期に入った場合のプレイヤー2の行動についても同様に無限個あることを弧で表して，代表的な行動 x_2, x_2' をそれぞれ明示してある．

この縮小ゲームを後ろ向きに解くと，最後の意思決定者はプレイヤー1であり，その最適戦略は最後通牒ゲームのそれに似て，二通りあるが，それに対するプレイヤー2の最適行動が存在するのは，プレイヤー1が $x_2 \geqq \delta u_H$ のとき承諾し，そうでなかったら拒否するという行動を取るときだけである．（もう一つは承諾の条件に等号が入っていないものである．）そこでプレイヤー1が最後の手番でこの行動を取るとき，プレイヤー2の第2期における最適行動を求める．まず $x_2 \geqq \delta u_H$ の範囲の提案を行えば承諾が得られ，そのときのプレイヤー2の利得は $\delta(1 - x_2)$ である．このうち最大の利得を得るには，x_2 を $x_2 \geqq \delta u_H$ の範囲でできる限り小さくすればいいので，ちょうど $x_2 = \delta u_H$ にすればよい．そのときのプレイヤー2の利得は $\delta(1 - \delta u_H)$ である．もし δu_H より少ない割合をプレイヤー1に提案すれば拒否され，このときプレイヤー2が得られる利得は仮定により $\delta^2 v_H$ となる．これらを比較すると，$\delta \in (0, 1)$ より $\delta(1 - \delta u_H) > \delta^2(1 - u_H) \geqq \delta^2 v_H$ であるから，プレイヤー2の最適行動は（第2期に入ったどの情報集合においても）$x_2 = \delta u_H$

である。

次に第 1 期に戻る。第 1 期の最後の意思決定者はプレイヤー 2 である。プレイヤー 1 が x_1 を提案したとき，承諾すれば $1 - x_1$ が利得となり，拒否すると第 2 期に入り，上記の最適行動を二人が行うはずである。そのときのプレイヤー 2 の利得は $\delta(1 - \delta u_H)$ であった。従ってプレイヤー 2 の第 1 期における最適な行動は $1 - x_1 \geqq \delta(1 - \delta u_H)$ ならば承諾，そうでなければ拒否ということになる。（ここでも，等号のない方の最適反応は，プレイヤー 1 の最適行動が存在しないので均衡にならない。）これを踏まえて第 1 期のプレイヤー 1 の最適な行動を求めると，承諾を得る提案の中でプレイヤー 1 の利得を最大にするには，x_1 を $1 - x_1 \geqq \delta(1 - \delta u_H)$ の範囲で最大にすればよいので，$x_1 = 1 - \delta(1 - \delta u_H)$ とすればよい。これより大きい提案をすると拒否され，第 2 期の二人の最適行動からプレイヤー 1 の利得は $\delta^2 u_H$ である。これらを比較すると $\delta \in (0, 1)$ より $1 - \delta(1 - \delta u_H) = 1 - \delta + \delta^2 u_H > \delta^2 u_H$ であるから $x_1 = 1 - \delta(1 - \delta u_H)$ を提案して承諾してもらうのが最適となる。

以上で，第 3 期以降はプレイヤー 1 に最も有利な戦略の組み合わせ σ^H をするという仮定のもとで縮小されたゲームの後ろ向きの帰納法による解がただ一つ求まり，プレイヤー 1 の利得は $1 - \delta(1 - \delta u_H)$ になることがわかった。これは 3 期目に突入したときもらえるとした u_H の増加関数になっている。ところで，u_H は後ろ向きの帰納法の解の中でプレイヤー 1 の利得を最大にするものであったから，$u_H = 1 - \delta(1 - \delta u_H)$ でなくてはならない。これを解いて，$u_H = \frac{1}{1+\delta}$ であることがわかる。

さて，後ろ向きの帰納法による解は複数あるかもしれないので，同様にしてプレイヤー 1 の利得が最も低くなるような解 σ^L を考えてやってみる。しかし，第 3 期目以降に σ^L をするという仮定の下での縮小ゲームは本質的に図 4.11 と変わらず，第 2 期にプレイヤー 1 が拒否したあとの利得が $\delta^2 u_L$ のようになるだけである。（ここで，$u_L = u_1(\sigma^L)$ である。）したがってまったく同じような議論のもとに，$u_L = 1 - \delta(1 - \delta u_L)$ が導出され，後ろ向きの帰納法による解はただ一つであることが証明された。 □

この結果からわかることは，$\frac{1}{1+\delta} > \frac{\delta}{1+\delta}$ であるから，最初に提案できるプレイヤー 1 がやはり有利であって，プレイヤー 2 より高い均衡利得を得ること

とになっている。また，第1期でゲームが終わるので二人の総利得は割引されず，後ろ向きの帰納法の解は効率的である。

このゲームとその解は学界に大きなインパクトを与えた。まず，現実にも企業と労働組合や，大家と店子，お店と客などが交互に提案しあって交渉することが考えられ，ゲームそのものが理解しやすい。しかも合理的な解がたった一つしかない上に効率的であるから，応用モデルの一部として交渉を考える時に組み込みやすい。その結果，多数の応用研究に使われることになった。（オズボーン＝ルービンシュタイン (Osborne and Rubinstein, 1990) の本には多くの応用モデルおよびゲームの一部を変えた派生モデルが収録されている。）

しかし，潜在的には無限回交渉できる場合にいきなり妥結してしまうというのは，チェーンストア・パラドックス同様のパラドックス（理論の予想が，似たような状況で現実によくあると思われる現象と異なること）とも考えられる。もしプレイヤー2がすぐには承諾せず時間が経てば，プレイヤー1は要求を下げざるを得ないはずである。そして，将来の要求の低下を予想すればプレイヤー2がすぐに承諾しない方がいいのではないか。ミクロ経済学ではこのような考え方はコースの予想 (Coase conjecture)[11] として知られている。現実にも企業と組合の賃金交渉が一発で妥結したなどということはあまり聞かないし，お店との値段交渉も最初はお互いに高すぎたり低すぎたりする要求を出しつつ，妥協点を探って行くという形であることが多い。しかし，上記のモデルでは将来の要求の低下を含めて考えてもいきなり妥協してしまうのである。

この問題は，チェーンストア・パラドックス同様，相手の利得関数や交渉が妥結しなかったときの利得などに不完備情報を導入することで，合理的な行動として交渉がすぐに妥結しない均衡が存在するようになり，解決する。つまり，設定を少し変えることで「より現実的」な合理行動を導出できるとも言える。詳しくはオズボーン＝ルービンシュタイン (Osborne and Rubinstein, 1990) の本を参照されたい。

---

[11] コース (Coase, 1972) およびグル＝ソンネンシャイン＝ウィルソン (Gul, Sonnenschein and Wilson, 1986) を参照。

4.8 自然の導入

　これまでは，ゲームの帰結はプレイヤーたちの意思決定だけで決まるとしてきた．しかし，世の中にはプレイヤーの意思決定だけではコントロールできないものがゲームの帰結に影響を及ぼすことは多々ある．外的要因の影響が確実にわかるのであれば，それはゲームのルールや利得に表現できるが，外的要因の影響があるが，その影響の仕方が確実でない場合は，**不確実性** (uncertainty) を明示的に導入する必要がある．例えば，トランプのゲームにおいては，ランダムに配られるカードが帰結に大きな影響を及ぼすし，企業同士の競争においては消費者の嗜好の変化や為替レートといった当事者の企業だけではコントロールできず，しかも不確実な要因が結果に大きく影響する．

　展開形ゲームにおいては，不確実性も明記できる．**自然** (Nature) という仮想プレイヤーを導入するのである．ゲームの当初あるいは途中において，不確実性によって状況が異なるところについて，自然というプレイヤーが各状況を確率的に選ぶ，と表記するのである．こうすれば，他の合理的プレイヤーの戦略についてはこれまでと同じやり方で均衡を求めることができる．（自然は本当の意味ではプレイヤーではないので，均衡戦略というような考え方はせず，いろいろな分岐点の実現確率を決めるだけである．）ただし，不確実性がある場合，終点が確率的に起こることになるので，混合戦略と同様に，各プレイヤーは自然の選択の確率と各プレイヤーの戦略から終点についての確率を計算し，その期待利得を最大化するという仮定を追加する必要がある．

　簡単な例として，朝，家を出るときに傘を持って行くかどうかを決める1人意思決定問題を考える．その後の天気は晴れか雨の二通りの可能性があり，晴れの確率が 0.3 で，雨の確率が 0.7 であるとする．傘でかばんが重たくなることを考え，傘を持って行ったが晴れたときの利得を −1，傘を持って行って実際に雨が降ったときの利得を 1 とする．しかし，傘を持たずに出て，雨が降ると利得は −3，傘を持たずに出て，晴れたら利得は 0 とする．このような問題の樹形図は図 4.12 のように描ける．自然 (N) はプレイヤー (P) がどんな行動をしようとも，晴雨の確率を変えるとは思えないので，二つの意思決定点では同じ確率で選ぶとする．自然の手番では図 4.12 のように起こりうる

4.8 自然の導入

状況とその確率を明記しておく．また自然の手番は全て1点からなる情報集合であるとする．（これは自然が選べる確率の自由度を保証するためである．）

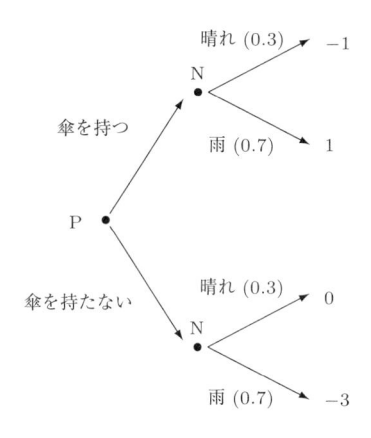

図 **4.12** 不確実性の導入

このときプレイヤー P の傘を持つという戦略の期待利得は，起きる可能性のある二つの終点の利得 -1 と 1 に，それぞれの起きる確率をかけて，期待値をとることで $(0.3)(-1) + (0.7)1 = 0.4$ と計算する．傘を持たないという戦略の期待利得も同様にして $(0.3)0 + (0.7)(-3) = -2.1$ となり，傘を持って行く戦略が合理的であるとわかる．

今後のために，もう一つだけおもしろい例を紹介しておく．表 3.1 で表される待ち合わせゲームを再度考えるが，二人はゲームをする前にコインを 1 枚投げるとする．コインの表裏の出方は不確実であるが，その出方によって行動を変えることができるようになり，新たな展開形ゲームとなる．例えば，表 (Heads) が出たら行動 A をとり，裏 (Tails) が出たら行動 B をとる，という条件付き行動は「コイン投げつき待ち合わせゲーム」の一つの戦略となる．このゲームそのものの均衡分析は次章にゆずるとして，ここでは，b さんがこの戦略に従っているということを所与として，a さんの意思決定問題を考える．a さんは，別に上記の戦略に従う必要はなく，表が出ても行動 B をすることは自由である．（これが非協力ゲームの本質である．）また，裏が出て

も行動 A をしてもかまわない．混合戦略を考えないとすると a さんの意思決定問題は図 4.13 のような樹形図になる．利得は b さんが「表なら A，裏なら B」という戦略に従っていることを前提としている．

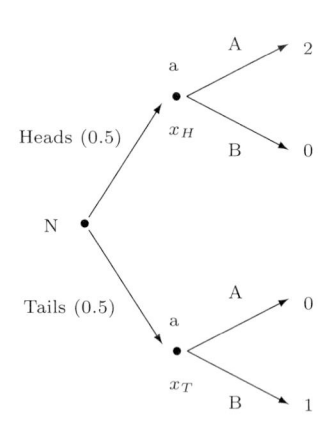

図 4.13 コイン投げと意思決定

a さんはコイン投げの結果を知ってから行動できるので，二つの意思決定点 x_H, x_T は異なる情報集合に属する．従って a さんの x_H における意思決定問題は二つの終点の利得 2 と 0 を比較するだけなので，行動 A が最適である．同様にして x_T における最適な行動は B である．つまり，b さんが「表のとき行動 A，裏のとき行動 B」という戦略をしているときの a さんの最適反応は同じ「表のとき行動 A，裏のとき行動 B」である．

同様の議論が b さんについてもできる．従って，二人とも同じコイン投げの結果を見て「表のとき行動 A，裏のとき行動 B」ということが自己拘束的にできることになる．すると，結果は $\frac{1}{2}$ の確率で (A,A)，$\frac{1}{2}$ の確率で (B,B) ということになる．このときの二人の期待利得はどちらも $\frac{1}{2} \times 2 + \frac{1}{2} \times 1 = \frac{3}{2}$ である．ところで，この利得ベクトル $(\frac{3}{2}, \frac{3}{2})$ は混合戦略の組み合わせの範囲では達成できないのである．もし，二人が独立に混合戦略 $(p, 1-p)$ と $(q, 1-q)$ （ここで，第 1 座標が戦略 A の確率とする）を行ったとすると，二人の利得

4.8 自然の導入

ベクトルは
$$(2pq+(1-p)(1-q),\ pq+2(1-p)(1-q))$$
という形でなくてはならない。しかし p と q を $[0,1]$ 区間上でどのように選んでも，$(\frac{3}{2},\frac{3}{2})$ は達成できない。実際，p と q を $[0,1]$ 区間上で任意に動かしたときの期待利得ベクトルの軌跡は直線と曲線に囲まれた図 4.14 のような領域である。（各直線は，p を一定にしたときに q を $[0,1]$ 区間上で変化させて描いたものである。）

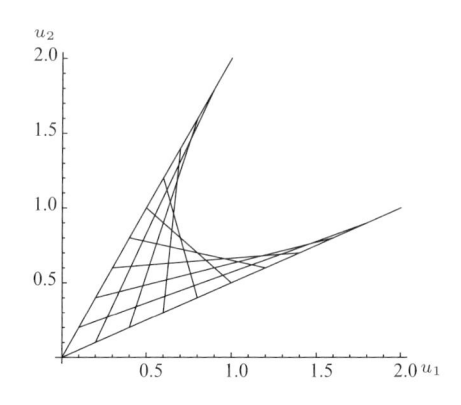

図 4.14 独立した混合戦略による実現可能な利得の組み合わせ

このことを別な角度から説明すると，独立に確率的行動をする混合戦略の組み合わせによってゲームの 4 つの純戦略の組み合わせ (A,A), (A,B), (B,A), (B,B)，あるいはそこから得られる利得ベクトルに与えることができる確率分布は，二人が共通の確率過程に従って行動すること（これを**相関戦略** (correlated strategies) と呼ぶ）によって与えることができる確率分布の中の特殊ケースに過ぎないのである。なぜなら，以下の表 4.2 が示しているように，相関戦略によれば，4 つの組み合わせのうち 3 つには自由に確率がつけられるのに対し，2 人が独立に確率的に選ぶとすると 4 つの組み合わせには一定のルールをもって確率をつけなくてはならないからである。

したがって，二人が共通に観察できる確率過程が存在することは，社会的にはより自由に条件付き行動の組み合わせを選び，より効率的な結果をもた

表 4.2 確率分布の比較

1 \ 2	A	B
A	pq	$p(1-q)$
B	$(1-p)q$	$(1-p)(1-q)$

独立した混合戦略による確率分布

1 \ 2	A	B
A	p	q
B	r	$1-p-q-r$

相関戦略による確率分布

らすことがある．相関戦略による均衡は，共通の確率過程とそれに合わせた行動計画をセットにしたもので，相関均衡 (Correlated Equilibrium) と呼ばれる（オーマン (Aumann, 1987) を参照）．ただし，この考え方だと，共通の確率過程を事前に二人で選べるということが含まれているので，これまでの独立な意思決定とは異なった発想が入っている．（繰り返しゲームなどで過去に共通に観察したものがあれば，それを使ってその後の行動を相関させるということは納得できる．）

4.9 合理性の共有知識と後ろ向きの帰納法 **

最後に，展開形ゲームを後ろ向きに解くということと，合理性が共有知識であるということが，必ずしも整合的でないという問題を述べておく．

4.2 節の 2 人収穫ゲームと似ているが，もう少し興味のあるゲームを紹介する．これはローゼンタール (Rosenthal, 1981) のムカデゲーム (centipede game) と呼ばれているものの簡略形である．2 人のプレイヤー 1 と 2 がいて，交互に In または Out を選ぶ．誰かが Out を選ぶとその時点でゲームは終了するが，In を選ぶとゲームが続き，もう一方のプレイヤーの手番になる．ゲームが続けば続くほど，二人の利得の合計は大きくなっていくのだが，各プレイヤーごとに考えるとそうでもないところがポイントである．

このゲームには後ろ向きの帰納法による解がただ一つ存在し，それは各意思決定点でどのプレイヤーも Out を選ぶというものである．さて，このときの意思決定には，当然ゲームが続いた部分についてのお互いの行動の予想が

4.9 合理性の共有知識と後ろ向きの帰納法 **

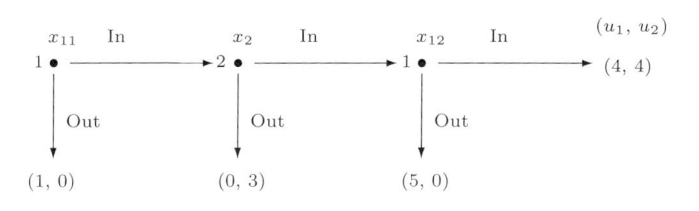

```
    x₁₁   In      x₂    In      x₁₂   In    (u₁, u₂)
  1 •─────────→ 2 •─────────→ 1 •─────────→ (4, 4)
    │            │            │
    │Out         │Out         │Out
    ↓            ↓            ↓
   (1, 0)       (0, 3)       (5, 0)
```

図 **4.15** 短いムカデゲーム

入っている．例えば，プレイヤー2の意思決定点 x_2 において，彼はプレイヤー1が x_{12} でどんな選択をするかを予想しないと最適戦略が計算できない．もしプレイヤー1が合理的であるとすると x_{12} において Out を選ぶはずだからプレイヤー2の最適戦略は Out である，となるが，そもそも x_2 にゲームが来ているということは，プレイヤー1が x_{11} で In を選んだということである．しかし，プレイヤー1が合理的であり，プレイヤー2の合理性を知っているとすると，x_{11} で In を選ぶはずはないのである！ つまり，このゲームにおいては誰かが In を選んでゲームが続いている手番において合理性が共有知識であることは矛盾である．従って，少なくともこのような構造をもったゲームについては，後ろ向きの帰納法に従うべきかも怪しくなってくる．

この問題を解決するために，他者の合理性についての予想の構造を定式化して，その下で解を考えるという方法がある．まず，相手が合理的に意思決定している場合に到達可能な情報集合においては，相手の合理性を信じてもいいであろう．次に，相手が合理的である場合たどり着かないはずの情報集合においては，第2のシナリオを用意しておく．例えば，図 4.15 で x_2 の1点からなる情報集合に来た場合，プレイヤー2は，プレイヤー1は平等主義者であり，次は In を選ぶと信じることも可能である．このシナリオを持つプレイヤー2が合理的であれば，In を選ぶことになり，後ろ向きの帰納法の解による戦略とは異なる帰結を得る．

もちろん，この他にも予想の作り方はある．例えば，x_2 に来たのは「単なるミスかもしれない」と思い，今後はプレイヤー1はやはり合理的に行動するだろうと予想することも可能である．この場合，プレイヤー2はやはり Out をすることになる．プレイヤー1の情報集合 $\{x_{12}\}$ においては，プレイヤー

1 が合理的でありさえすれば，プレイヤー 2 の合理性についての予測とは関係なく Out を選ぶことができる。この場合，後ろ向き帰納法の解と同じ行動の列が得られる。

　つまり，他者の合理性について，ゲーム内でどのように予想を変更していくかを含めた解を考えると，その変更の過程に依存した最適戦略の組み合わせになる。詳しくはアスヘイム (Asheim, 2006) の本やそこに紹介されている文献を参照するとよい。合理的である場合たどり着かないものを含めた任意の情報集合において，相手の合理性を信じるという場合は後ろ向きの帰納法の解が出てくるが，そうでない予想を許す場合には，必ずしも後ろ向きの帰納法の解とは同じ戦略の組み合わせにならないというのが結論である。

練 習 問 題

4.1 図 4.9 の参入ゲームを標準形にして，行列表現を書き，そのナッシュ均衡を全て求めなさい。

4.2 問題 3.3(d) の 2 人の将軍のゲームを再び考える。ここで，将軍 2 がスパイ衛星を使用して 1 国の進軍状況を調べることにした。将軍 1 はスパイ衛星を使用していないとする。このとき，将軍 2 は将軍 1 の戦略を知った上で自分の行動を決めることができるようになる。

(a) このゲームを樹形図で記述しなさい。

(b) 将軍 1 が 2 国のスパイ衛星を発見した。この時点で，将軍 1 は自分の行動が相手に知れることがわかった。従って将軍 1 も (a) のゲームをしていることを理解した。このとき (a) のゲームを事前には同時ゲームと解釈して行列表現を作り，その純戦略のナッシュ均衡を全て求めなさい。

(c) (a) のゲームの純戦略による後ろ向きの帰納法の解を求めなさい。問題 3.3(d) の同時ゲームの時と比べて，何か教訓はあるか？

4.3 インターネット販売を考える。一人の売り手と一人の買い手がいるとする。売り手はある品物を持っていて，それを売らなければ消費して 300 円分の満足を得るとする。買い手はこの品物を消費できれば 1000 円分の満足を得るとする。今 500 円で売り手がこの品物を売りに出しているとする。各プレイヤー (売り手と買い手) の利得は，消費から得られる満足に金銭の授受を差し引きしたものである。例えば，買い手が 500 円を送金し，売り手が品物を送品すれば，買い手が消費することになるので買い手の利得が $1000 - 500 = 500$，売り手はお金の利得で 500 となる。

(a) (前払いゲーム) まず買い手が 500 円を送金するかしないかを決め，送金しなければゲームは終わって売り手がこの品物を消費する。送金したら，売り手が送品するかしないかを決め，いずれにせよゲームが終わるとする。送品すれば買い手がこの品物を消費し，送品しなければ売り手

がこの品物を消費する。この展開形ゲームを樹形図に描き（各終点の利得ベクトルを明確に），後ろ向きの帰納法の解を求めなさい。

(b) （後払いゲーム）買い手の注文があった時点から始める。売り手が先に送品するかしないかを決め，送品がなければゲームは終わり，売り手がこの品物を消費し，買い手はお金を送らない。送品があれば，買い手が500円を送金するかどうかを決め，ゲームが終わる。送金しなければ買い手はただでこの品物を消費し，売り手は消費もないしお金ももらわないので利得は0であるとする。この展開形ゲームを樹形図に描き（各終点の利得ベクトルを明確に），後ろ向きの帰納法の解を求めなさい。

(c) 売り手は品物を2個持っているとする。そこで，前払いゲームを1回した後，もし（送金，送品）がおこったらそのときだけ，もう1度同じ売り手と買い手で前払いゲームをやることができるとする。このゲームの樹形図を描き，後ろ向きの帰納法の解を求めなさい。

(d) 前払いゲームで，もし買い手が送金したのに売り手が送品しなかったら，買い手は消費者センターに苦情を言って売り手から罰金を取ってもらえるようにできるとする。ただし，罰金のうち半分は買い手に戻され，残りの半分は手数料として消費者センターに取られるとする。

　i. 罰金を x 円として，この展開形ゲームの樹形図を描きなさい。

　ii. x が何円より大きければ，ただ一つの後ろ向きの帰納法の解として（送金，送品）を実現できるか？

4.4 高級自動車市場でA社とB社が価格競争をしている。A社の生産費用は1台につき100（万円）で，B社の生産費用は1台につき150（万円）であるとする。（これは何台生産しても同じとする。）今週は2台の市場需要があるとする。企業の純戦略は価格で，ともに $\{300, 250, 200\}$ の中から一つの価格を選ぶとする。両社が同じ価格を選ぶと，それぞれその価格で1台ずつ売ることができる。異なる価格を選ぶと，安い方の企業が2台をその価格で売ることができ，高い方の企業は何も売れない。企業の利得は利潤（総売り上げ−総費用）とする。たとえば，両社が同じ300という価格をつけたとすると，A社の利得は $300 \times 1 - 100 \times 1 = 200$（万円），B社の利得は $300 \times 1 - 150 \times 1 = 150$（万円）となる。生産は受注を受けてから行うので，売れた数だけの費用がかかるとしてよい。このとき，以下の設問に答えなさい。

(a) 2社が同時に（相手の戦略を知らずに）価格を選ぶというゲームを考える。その行列表現を書き，純戦略のナッシュ均衡を全て求めなさい。

(b) B 社が先に価格を選び，それを見てから A 社が価格を決めるという完全情報の展開形ゲームを考え，純戦略による後ろ向きの帰納法による解を全て求めなさい。(均衡経路でなく，戦略の組み合わせを明記すること。)

(c) A 社が先に価格を選び，それを見てから B 社が価格を決めるという完全情報の展開形ゲームを考え，純戦略による後ろ向きの帰納法による解を全て求めなさい。(上と同じ注意あり。)

第 5 章

部分ゲーム完全均衡
(Subgame Perfect Equilibrium)

5.1 部分ゲーム完全均衡

　本章では不完全情報の展開形ゲームに後ろ向きの帰納法を拡張し，任意の完備情報の展開形ゲームに適用できる均衡概念を考える。これがゼルテン (Selten, 1975) の貢献である。例えば，以下の図 5.1 のような樹形図で表される変形参入ゲームを考える。プレイヤーは 2 つの企業 E と M で，新規参入を考えている企業 E がまず参入する (Enter) か参入しない (Out) かを選ぶ。もし，参入しなければゲームは終わって，企業 E は利得 0 を，企業 M は利得 100 をもらう。もし参入すれば，2 社で同時に製品のデザインを設定する。デザインは A と B という 2 つしかないとして，お互いに相手の選択を知らないで決めなければならないとする。

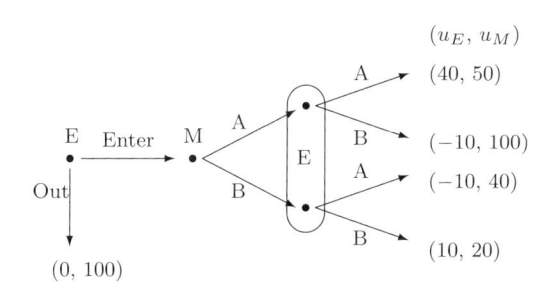

図 5.1　変形参入ゲーム

第 5 章 部分ゲーム完全均衡 (Subgame Perfect Equilibrium)

このゲームを後ろ向きに解くにはどうしたらいいか？形式的には最後の意思決定者は E であるが，E の最後の情報集合は二つの意思決定点を持っていて，どちらにいるかで最適な行動が異なる。これでは，後ろ向きの帰納法を直接には適用できない。しかし，よく考えると，E が参入した後の同時意思決定の部分は不完全情報の形で描かれているが，実質的には以下の表 5.1 の標準形ゲームをしている。(E を行プレイヤー，M を列プレイヤーとしている。)

表 5.1　変形参入ゲームの後半部分

E\ M	A	B
A	40, 50	−10, 40
B	−10, 100	10, 20

表 5.1 から，同時ゲームの部分における各プレイヤーの合理的行動の組み合わせは (A,A) しかないことがわかる。従って，まず参入後の部分に着目すれば，そこで E が得られる利得は 40 であろうことが予想される。これを踏まえて最初の参入の意思決定をすれば，参入すれば 40，しなければ 0 であるから，E の合理的行動は参入することであると結論できる。

この考え方は後ろ向きの帰納法の自然な拡張であり，かつ，同時ゲームの部分ではナッシュ均衡と同じ考え方になっている。ゼルテン (Selten, 1975) は，このように，まず展開形ゲームを部分ゲームというものに分け，その中ではナッシュ均衡になっているようにして，さらにそれらを踏まえて後ろ向きに解くという均衡概念，部分ゲーム完全均衡 (subgame perfect equilibrium) を提案した。

定義 5.1.1. 展開形ゲームの部分ゲーム (subgames) とは，ただ一つの意思決定点からなる情報集合から始まり，その後[1]の全ての意思決定点とそれらを結ぶ枝を含むもので，どのプレイヤーの情報集合も切らないものである。

明らかに，展開形ゲーム全体も上記の定義を満たす。そこで，ゲーム全体でない部分ゲームのことを**厳密な部分ゲーム** (proper subgames) と呼ぶ。

---

1) 意思決定点間の前後関係の定義は 4.7 節を参照。

5.1 部分ゲーム完全均衡

また，一つの部分ゲームはプレイヤーたちの情報集合の集まりで，上の条件を満たすとしてもよい．つまり，ゲーム全体の意思決定点の集合を X，それをどのプレイヤーに属するかで分割したものを $(X_0, X_1, \ldots, X_n)$ としたとき（ただし X_0 は自然に属する意思決定点の集合ということ），各プレイヤーの情報集合の集まりは，さらに X_i の分割 $\mathcal{H}_i$ であった．そして，一つの部分ゲームは，各プレイヤーについて $\tilde{\mathcal{H}}_i \subseteq \mathcal{H}_i$ となる（つまり誰の情報集合も切らない）情報集合の集まりの一部を集めたもの $(\tilde{H}_0, \tilde{H}_1, \ldots, \tilde{H}_n)$ で，上の3条件を満たすものと言える．

変形参入ゲームで見たように，部分ゲームだけに展開形ゲームの戦略を制限して，そこでの合理性を考える．プレイヤー i の展開形ゲームの（純）戦略 s_i とは，i に属する各情報集合 $H_i \in \mathcal{H}_i$ において一つの枝（行動）を決める関数であったので，以下のように戦略の制限が定義できる．

定義 5.1.2. 戦略 s_i をある部分ゲーム $\tilde{H} = (\tilde{H}_0, \tilde{H}_1, \ldots, \tilde{H}_n)$ に制限した**戦略** (restricted strategy) とは，$s_i |_{\tilde{H}}$ と書き，部分ゲーム $\tilde{H}$ のうちの i の情報集合の集まり $\tilde{H}_i$ について定義され，任意の $H_i \in \tilde{H}_i$ についてもとの戦略の選択と一致するもの，つまり $s_i(H_i) = s_i |_{\tilde{H}}(H_i)$ となる関数と定義する．

部分ゲームの利得はもとのゲームの利得と同じとすると，部分ゲームに制限した戦略だけを考えれば，そこでのナッシュ均衡というものに意味がある．

定義 5.1.3. 展開形ゲームの戦略の組み合わせ $s^* = (s_1^*, s_2^*, \ldots, s_n^*)$ が**部分ゲーム完全均衡** (subgame perfect equilibrium) であるとは，任意の部分ゲーム $\tilde{H}$ について，s^* をそこに制限した戦略の組み合わせ $(s_1^* |_{\tilde{H}}, s_2^* |_{\tilde{H}}, \ldots, s_n^* |_{\tilde{H}})$ が $\tilde{H}$ のナッシュ均衡であることである．

有限の長さの完全情報の展開形ゲームにおいては，定理 4.3.1 により後ろ向きの帰納法による解は各部分ゲームにおいてナッシュ均衡をもたらすので，全体として部分ゲーム完全均衡である．また，任意の長さの完全情報ゲームにおける後ろ向きの帰納法の解の定義（4.7節）を見ると，部分ゲーム完全均衡の定義を満たしていることもわかる．従って前章で扱った展開形ゲームの解は全て部分ゲーム完全均衡を求めたものとも言えるし，そのように書いた論文，本は多い．本書では，部分ゲーム完全均衡の意義を明確にするために

分けて書いている。部分ゲーム完全均衡は単に後ろ向きの帰納法なのではなく，ナッシュ均衡の考え方も導入しているのである。

5.2　暗黙の参入阻止ゲーム

　簡単だが現実と関係のある例として，ワトソン (Watson, 1990) のアルコア (Alcoa) のゲームを簡単にして紹介する。1930-40 年代のアメリカのアルミニウム産業では，アルコア (Alcoa) という企業が独占的地位を占めていた。ただし，アルコア自身は他社の参入を実際に阻害するような行動は全く行っておらず，「独占状態」そのものが独占禁止法に抵触するかどうかが長い裁判で争われた。1945 年，ハンド判事 (Judge Hand) による画期的な判決が出された。判事は，アルコアが次々と工場を拡張，増設してきた行為が，間接的に他社の参入を阻害する行為であることを見抜いたのである。このことを以下のゲームを想定して証明してみよう。（もちろん，当時は以下のようなゲームを分析できるような理論は一部の学者の頭の中にしか存在しなかったことを思うと，判事の論理的思考能力の高さに感嘆させられる。）

　プレイヤーは現在は市場を独占している企業 A と，その市場に参入しようかと考えている企業 B とする。企業 A が先に意思決定することができ，大きい工場を作る（行動 L）か，小さい工場を作る（行動 S）かをまず選ぶ。次に企業 B が参入しない（行動 N），大きい工場を作って参入する（行動 L），小さい工場を作って参入する（行動 S）の 3 つの行動の中から選ぶとする。もし参入が起きなければその市場は独占のままで，独占企業 A が独占利潤を得る。（この計算は後述する。）参入が起これば両企業が同時に生産量 q_A, q_B を選ぶクールノーゲームが行われる。ただし，建設した工場の大きさによって選べる生産量の範囲と生産費用が異なる。大きい工場を作るには 175,000 ドルかかるが，生産費用 0 でいくらでも生産できるとする。小さい工場を作るには 50,000 ドルしかかからないが，100 単位までは費用 0 で生産でき，それ以上の量は生産できないとする。（これらはもちろん単純化のための仮定である。）企業 B は参入しなければ利得は 0 とする。

　生産量 Q をこの市場で売り切る最大の価格は $P = 900 - Q$ とする。企業

5.2 暗黙の参入阻止ゲーム

は利潤（市場での売り上げから費用を引いた金額）を利得として最大にするように意思決定するとする．まず，独占である場合，どちらの大きさの工場を選び，何単位生産すればよいかを求める．大きい工場を建設した場合，費用は 0 でいくらでも生産できるので，建設後の利潤は生産量 Q の関数として

$$\Pi^M(Q) = (900 - Q)Q \tag{5.1}$$

となる．これは Q の 2 次関数で上に凸であるから，導関数が 0 になる Q で最大になる．

$$\frac{\partial \Pi^L}{\partial Q} = 900 - 2Q = 0$$

より，$Q^L = 450$ 単位が独占企業 A が大きい工場を建設したときの最適な生産量で，このときの価格は $900 - 450 = 450$，総利潤（利得）は，建設費用を引いて

$$\Pi^M(Q^L) - 175{,}000 = 450 \times 450 - 175{,}000 = 27{,}500$$

である．これに対し，小さい工場を建設すると最大で 100 単位までしか生産できない．(5.1) 式の構造から考えて，ぎりぎり 100 単位まで生産するのがもっとも建設後の利潤が高い．このときの価格は $900 - 100 = 800$ となり，総利潤は

$$\Pi^M(100) - 50{,}000 = 800 \times 100 - 50{,}000 = 30{,}000$$

であるから，独占の場合はむしろ小さい工場を作って 100 単位生産するのが最適であることがわかった．

次に，参入が起こって 2 企業のゲームになったとき，その部分ゲームにおけるナッシュ均衡を，3.2 節の分析を利用して考える．両企業が大きい工場を建設した場合，任意の生産量を選べるので，お互いの最適反応 $BR_i(q_j) = \frac{1}{2}(900 - q_j)$ を連立して，$q_A^L = q_B^L = 300$ がその部分ゲームのナッシュ均衡である．このときの各企業の利得は売り上げから建設費用を引いて

$$u_i(L, 300, L, 300) = (900 - 300 - 300) \times 300 - 175{,}000 = -85{,}000$$

の赤字である．企業 A が大工場，企業 B が小工場の場合，企業 A の最適反応は $BR_A(q_B) = 450 - q_B/2$ であるが，企業 B は最大で 100 単位までしか

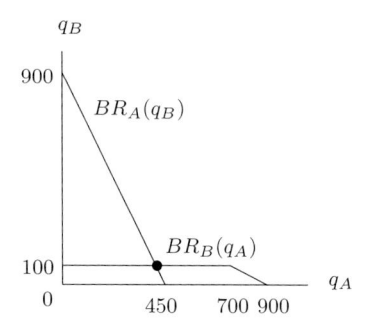

図 5.2 キャパシティのあるクールノーゲームの最適反応

生産できないので最適反応は

$$BR_B(q_A) = \begin{cases} 450 - q_A/2 & \text{if } 450 - q_A/2 \leq 100 \\ 100 & \text{if } 450 - q_A/2 > 100 \end{cases}$$

となる．つまり，$q_A \geq 700$ であれば $450 - q_A/2$，そうでなければ 100 を生産するのが最適である．これらの交点は $q_B = 100$ のところであり，そのとき，$q_A = 400$ となる．（図 5.2 参照．）従って，企業 A が大工場，企業 B が小工場を選択したときの部分ゲームのナッシュ均衡は $(q_A^L, q_B^S) = (400, 100)$ となり，そのときの各企業の利得は

$$u_A(L, q_A^L, S, q_B^S) = (900 - 500) \times 400 - 175,00 = -15,000$$
$$u_B(L, q_A^L, S, q_B^S) = (900 - 500) \times 100 - 50,000 = -10,000$$

である．企業 A が小工場，企業 B が大工場のときはこの逆になる．

最後に両企業が小さい工場を建設したときを考える．お互い 100 単位ぎりぎりに生産するのが最適となり，このときの各企業の利得は

$$u_i(S, 100, S, 100) = (900 - 200) \times 100 - 50,000 = 20,000$$

である．これらの部分ゲームの均衡利得を使って，縮小したゲームを描くと図 5.3 のようになる．（利得の単位は 1000 である．）

5.2 暗黙の参入阻止ゲーム

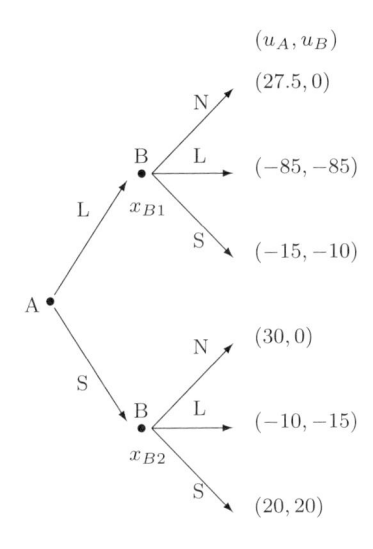

```
                              (u_A, u_B)
                          N
                        ↗     (27.5, 0)
                  B   L
              L  •─────→    (−85, −85)
                 x_{B1}
                        ↘ S
          ↗                  (−15, −10)
       A •
          ↘                  (30, 0)
                          N ↗
                  B   L
              S  •─────→    (−10, −15)
                 x_{B2}
                        ↘ S
                             (20, 20)
```

図 5.3 縮小した Alcoa ゲーム

　縮小したゲームには同時ゲームの部分はないので，後ろ向きの帰納法を使えばよい．企業 B の各情報集合での最適行動は企業 A が L を選んでいるときは N，S を選んでいるときは S である．これを読んで，企業 A はゲームの最初では L を選ぶことになるのである．このとき，均衡経路では参入が起こらないが，これは企業 A の行動 L による結果であって，企業 B は場合によっては参入していたことがわかる．

　このように，現実に観察されるのは均衡経路だけであるが，その背後に何が起こっているのかは展開形ゲームの全貌を理解しないとわからない．アルコアの状況でも，(i) 参入がまったく起こらないとわかっているときには，大工場を建設するのは最適行動ではない，(ii) しかし大工場が建設されていて参入が起こっていない，という 2 点から，背後には参入阻止のための大工場建設という戦略的行動があったことが認定されうる状況であったのである．

5.3 神経経済学のパラドックス

ここでは，考えさせられる例として神経経済学のパラドックスを説明する。この例はグレーヴァ(Fujiwara-Greve, 2010) による。近年盛んに研究されている神経経済学 (neuroeconomics) の一つの成果は，例えば囚人のジレンマのような「問題」を解決する神経科学的物質の発見にあるとされている。(例えばコスフェルド等（Kosfeld et al., 2005) 参照。）ここでは，簡単な展開形ゲームを用いて，そのような神経経済学の研究の結果が必ずしも囚人のジレンマの解決にならず，新たな囚人のジレンマを作りだすというパラドックスを示す。

ゲームは，ある物質 X が発見され，これを飲めば誰でも協力的な人物になるというところから始まる。2 人のプレイヤー 1，2 が囚人のジレンマをプレイする前に，この物質 X を飲むかどうかを決めるという簡単なゲームである。二人とも現在は合理的であり，囚人のジレンマにおける利得行列は第 2 章の例より一般化して，表 5.2 のようであるとする。行動 C は協力的な行動 (Cooperation)，D は利己的な行動 (Defection) と解釈される。物質 X を飲んだプレイヤーは行動 C しかできなくなる，あるいは行動 C が行動 D を厳密に支配するような利得関数を持つようになる，とする。物質 X を飲むという行動そのものには何の利得もないとする。

表 5.2 一般の囚人のジレンマ $(g > c > d > \ell)$

1 \ 2	C	D
C	c, c	ℓ, g
D	g, ℓ	d, d

物質を飲むかどうかの意思決定の段階では同時に決めるか，どちらかが先に決めて相手はそれを見てから決めるか，さらにその順番も何らかのゲームによって決めるか，などいろいろな状況が考えられる。しかし，そのどれでも結果は同じになる。

5.3 神経経済学のパラドックス

　まず，同時に物質 X を飲むかどうかを決め，その決定に従って行動した後[2]，表 5.2 の囚人のジレンマをするというゲームを考える。二人とも X を飲むと，囚人のジレンマでは (C,C) が行われ，利得はお互い c である。一人 X を飲み，もう一人が飲まないと，飲んだ人は C を行うが，飲まない人は D を行うので，飲んだプレイヤーの利得は ℓ，飲まなかったプレイヤーの利得は g である。二人とも飲まないと，表 5.2 を行うので，ただ一つのナッシュ均衡があってそれは (D,D) である。このときの二人の利得はそれぞれ d である。以上のことをまとめると，縮小したゲームは図 5.4 のようになる。

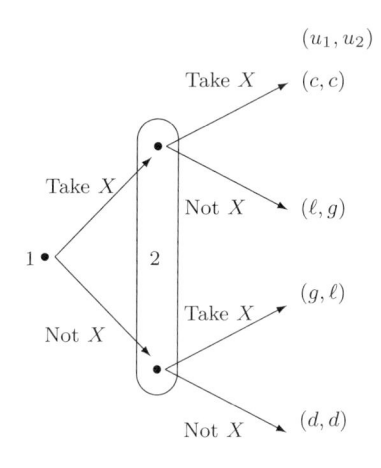

図 5.4　縮小した同時飲薬ゲーム

　なんとこれはまた囚人のジレンマの形をしている。お互いに X を飲まない行動が飲む行動を厳密に支配しているので，このゲームにはただ一つの部分ゲーム完全均衡が存在し，均衡経路上では二人とも X を飲まないのである。
　では，先にプレイヤー 1 が飲むかどうかを決め，それを見てからプレイヤー 2 が決めるという順番のあるゲームにしたらどうなるか。しかし，これは図 5.4

---

[2]　お互いの飲薬行動を事後的に観察するか否かについては，たとえ観察しないとしても飲んだプレイヤーは常に C を取るし，飲まないプレイヤーにとっては，囚人のジレンマにおいては D が支配戦略なので，どちらでもよい。

のプレイヤー2の情報集合を二つに分けるだけであり，Xを飲まない行動はどちらの情報集合においてもプレイヤー2にとって最適であることにかわりはない。これを予想できるプレイヤー1にとってもXを飲まない行動が最適である。従って順番を作ってもやはりただ一つの部分ゲーム完全均衡が存在し，均衡経路上では二人ともXを飲まない。

　最後に，何らかの交渉でXを飲む段階のゲームの順序（同時にするか，どちらかが先にするか）を決めるという問題を考える。一般には，ゲーム内での意思決定の順序を事前に決める段階を付けた新たなゲームの分析には意味がある。なぜなら，先手有利（first-mover advantage）や後手有利（second-mover advantage）があるとき，それとさらに利得の非対称性がからまると，どちらが先に意思決定することが効率的かは調べないとならないからである。（例えば，ハミルトン＝スルツキー（Hamilton and Slutsky, 1990），ヴァン・ダム＝ハーケンス（van Damme and Hurkens, 1999, 2004）などを参照。）しかし，本節のゲームでは，同時にXを飲むかどうかを決めても，順番に決めても，先手あるいは後手有利ということはないので，意思決定の順序を内生的に決めるように拡張しても部分ゲーム完全均衡に変化はないのである。

　つまり，囚人のジレンマを（事前には）合理的なプレイヤー間で解決するには，単なる「利得変換物質」のようなものを提供して，各プレイヤーの選択にまかせてもだめであり，社会的な問題はやはり社会的に解決するしかないのである。

5.4　有限回繰り返しゲーム

　展開形ゲームの中で，一つの重要なクラス（ゲームの集まり）を構成しているのが，同じゲームを同じプレイヤーたちが何回か繰り返すという**繰り返しゲーム**（repeated games）である。繰り返しゲームでは，繰り返されるゲーム（これを**段階ゲーム**（stage game）と呼び，通常は同時ゲームを仮定する）がどのようなものであっても成立する性質を調べることができ，一般理論を作ることができるからである。また，懸案の囚人のジレンマの一つの解決（合理的な均衡によって協力的行動をさせる）ができることも重要である。

5.4　有限回繰り返しゲーム

　まったく同じプレイヤーの集合で，まったく同じゲームを繰り返したところで，一体何が変わるのか？もちろん，毎回のプレイをまったくお互いに知らず，独立して意思決定してしまえば 1 回限りのゲームと何も変わらない。しかし，繰り返すということは，これまでの経緯を少なからず知ってから次回以降の行動計画を立てるというのが意味のある状況である。このように過去の経路に依存して将来の行動を変えることができるならば，繰り返すことによる展開形ゲームにすると，1 回だけのゲームでは均衡にならないような行動が，新たな均衡の行動として実現できる場合が出てくるのである。

　展開形ゲームでは情報構造が重要である。段階ゲームが 1 回行われる期間を 1 期間と考えると，各期が終わった時点で何が観察されるかで場合分けする必要がある。各期の段階ゲームにおける全員の戦略（これを繰り返しゲーム全体の戦略と区別するために以下では**行動** (action) と呼ぶ）が，期末には全員に観察されるとき，**完全モニタリング** (perfect monitoring) であると言う。そうでない場合を**不完全モニタリング** (imperfect monitoring) という。

　完全モニタリングで同時ゲームを繰り返すゲームであると，部分ゲーム完全均衡の分析は非常に簡単になる。なぜなら，全ての部分ゲームが，各期の最初からその後の意思決定点と枝全て，という構造になるからである。各プレイヤーの情報集合は，段階ゲーム内では同時ゲームであるから複数の意思決定点が含まれるが，各期ごとには別れている。特に各期の最初のプレイヤーの情報集合はすべて 1 点になる。例えば表 5.2 の一般の囚人のジレンマを完全モニタリングの仮定の下で 2 回繰り返す場合，図 5.5 のような樹形図になる。（利得ベクトルと 2 回目の行動の名前は省略してある。）

　本節では，ある同時ゲーム $G = (\{1, 2, \ldots, n\}, S_1, \ldots, S_n, u_1, \ldots, u_n)$ を同じプレイヤーの集合で T 回繰り返すという**有限回繰り返しゲーム** (finitely repeated games) を考える。まず正確にこのゲームを定義しよう。それには，プレイヤーの集合，純戦略の集合，利得関数を定義すればよい。

　プレイヤーの集合は繰り返しゲーム全体を通じて G と同じ，$\{1, 2, \ldots, n\}$ である。繰り返しゲーム全体における各プレイヤーの純戦略は，情報構造に依存する。ここでは，完全モニタリングと言っても，あるプレイヤーが G の混合戦略をしているときに，その背後の確率までは観察できないとし，実際に行われた G の行動だけが全員に観察されるという，弱い完全モニタリング

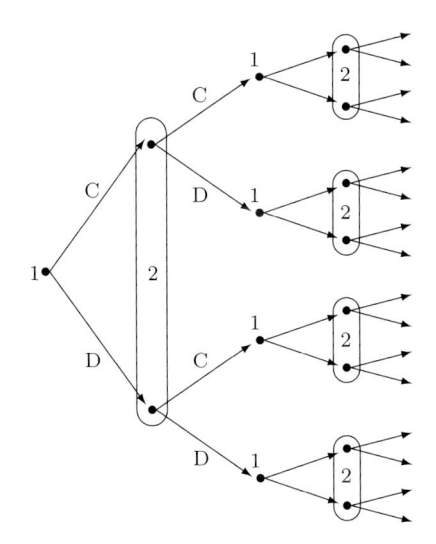

図5.5 完全モニタリングの2回繰り返し囚人のジレンマ

を仮定する。すると，純戦略は各期 $t = 1, 2, \ldots, T$ において，それまでに観察され得る G の行動の全員の組み合わせの列の関数となる。これを定式化しよう。

まず，各期 $t = 1, 2, \ldots, T$ までの行動の組み合わせの列を歴史 (history) と呼び，その集合は

$$H_t = (S_1 \times S_2 \times \cdots \times S_n)^{t-1}$$

となる。ただし第1期はゲームの最初であるから $H_1 = \{\emptyset\}$ とする。(この書き方は数学的には厳密ではないが，この後の戦略の定義のときにいちいち第1期だけ異なる書き方をしなくてすむために行われる。) また，完全モニタリングにおいて歴史の集合は全てのプレイヤーに共通である。

定義 5.4.1. 弱い完全モニタリングの下での G の T 回繰り返しゲームにおけるプレイヤー i の純戦略とは，各期の行動計画を，その期までの歴史の関数として表したものの列 $b_i = (b_{i1}, b_{i2}, \ldots, b_{iT})$ で，t 期の行動計画を表した成分 b_{it} は関数

$$b_{it} : H_t \to S_i$$

5.4 有限回繰り返しゲーム

となっているものである。

ちなみに，第1期の行動計画は定義域が一点から成る集合であるから，実質上，S_i の一要素を決めるということである。（この純戦略の定義は無限回繰り返しゲームでも同じで，最終期 T がないだけである。）

純戦略が定義できたので，混合戦略，行動戦略の定義は明らかであろう。繰り返しゲーム全体での利得は，毎期の G から得られた利得の総和で定義する。以上で定義された T 回繰り返しゲームを G^T と表記する。

具体的に，(弱い) 完全モニタリングの2回繰り返し囚人のジレンマの部分ゲーム完全均衡の性質を調べてみよう。各プレイヤーの純戦略は $b_i = (b_{i1}, b_{i2})$ で，1期目の行動 $b_{i1} \in \{C, D\}$ と，1期目の二人の行動の組み合わせに応じた2期目の行動計画 $b_{i2} : \{C, D\} \times \{C, D\} \to \{C, D\}$ を並べたものである。まず最終回である2期目の囚人のジレンマの部分ゲームを考える。これは過去の経緯によって4つある。過去の経緯によって1期目の二人の利得は異なるが，2期目の利得は G の行動の組み合わせによってどの部分ゲームであっても同じように決まる。このことを図解したのが図 5.6 である。（利得ベクトルの第1座標がプレイヤー1の利得である。）

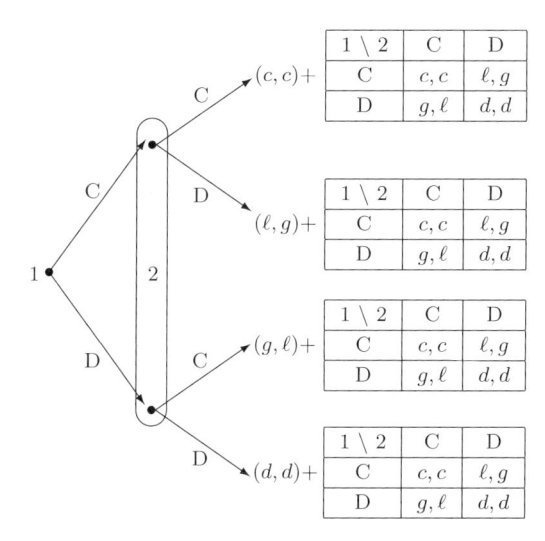

図 5.6 2回繰り返し囚人のジレンマの利得構造

第 5 章 部分ゲーム完全均衡 (Subgame Perfect Equilibrium)

　2期目の冒頭から始まる各部分ゲームにおいては，もはや1期目の利得は変えられないので，実質上1回限りの囚人のジレンマをすることで利得最大化となる。したがってどの部分ゲームにおいてもただ一つのナッシュ均衡が存在し，それは (D, D) である。

　これを踏まえて1期目の冒頭から始まる全体ゲームにおけるナッシュ均衡を求める。2期目はどの部分ゲームに行っても (D, D) が行われるのであるから，2期目の利得は同じである。したがって実質上今期の利得を最大にするのが最適であり，再び1回限りの囚人のジレンマと同じになるのである！

　上記の議論をまとめると，2回繰り返し囚人のジレンマにはただ一つの部分ゲーム完全均衡があって，それは「1期目はD，2期目は1期目の歴史が何であってもD」という戦略を二人とも行っているものである。均衡（戦略の組み合わせ）を厳密に書くと，任意の $i = 1, 2$ について $b_{i1} = D$, $b_{i2}(h) = D$ for all $h \in \{C, D\}^2$ という戦略の組み合わせ (b_1, b_2)，あるいはベクトル表記をすると，第1項を1期目の行動，第2項は2期目の条件付き行動のベクトルとして，その中では第1項から順に (C, C) の後，(C, D) の後，(D, C) の後，(D, D) の後，という約束にすると $(D, (D, D, D, D))$ という戦略を二人ともしているものである。つまり囚人のジレンマは解決されない。しかも同じような議論を使えば，有限回である限り，何回繰り返しても毎期 (D, D) が起こることもわかる。これを一般化したのが次の定理である。証明は上記の議論を一般化すればよい。

定理 5.4.1. 段階ゲーム G にただ一つのナッシュ均衡があるとき，任意の $T < \infty$ について，T 回繰り返しゲーム G^T にはただ一つの部分ゲーム完全均衡が存在し，それは任意の歴史の後に段階ゲームのナッシュ均衡をプレイするというものである。

　つまり段階ゲームに一つしかナッシュ均衡がなければ，有限回であれば何回繰り返したゲームにしても，1回限りのゲームのナッシュ均衡における行動と本質的に異なる行動は取られないのである。

　しかし，段階ゲームに複数のナッシュ均衡があれば，この限りではない。例

えば以下の表 5.3 で表されるミーティングゲームを考えてみる[3]。二人のプレイヤー 1 と 2 は一緒に仕事をしなくてはならないので，会議室 A または B で会おうと考えている。しかし，プレイヤー 2 にはもう一つ可能な行動があって，自宅 (H) からネットミーティングを使用するという行動である。プレイヤー 1 はそれができないとする。ただし，会議室 A にはネットミーティングの施設があるのだが，会議室 B にはないので，二人が一緒に働けるのは，同じ会議室に行ったとき (A, A), (B, B) または，プレイヤー 1 が会議室 A に行き，プレイヤー 2 が自宅からネットミーティングをする (A, H) のときだけである。

表 5.3　ミーティングゲーム

1 \ 2	A	B	H
A	5, 3	0, 0	1, 4
B	0, 0	3, 1	0, 0

このゲームには純戦略によるナッシュ均衡が二つあり，それらは (A, H) と (B, B) である。(A, A) は二人の利得を合わせた総利得が最も高いがナッシュ均衡ではない。したがってこのゲームを 1 回だけするのでは (A, A) という行動の組み合わせを実現することはできない。

では，このゲームを完全モニタリングで 2 回繰り返すゲームにしてみよう。プレイヤー 1 の戦略は 1 期目の行動 $b_{11} \in \{A, B\}$ と 2 期目の条件付き行動 $b_{12} : \{A, B\} \times \{A, B, H\} \to \{A, B\}$ から成り，プレイヤー 2 の戦略も $b_{21} \in \{A, B, H\}$ と $b_{22} : \{A, B\} \times \{A, B, H\} \to \{A, B, H\}$ から成っている。

まず，明らかな部分ゲーム完全均衡としては，すべての部分ゲームで段階ゲームの同じナッシュ均衡をするというものがある。例えば 2 期目はどの部分ゲーム（経緯に応じて 6 つある）においても，(A, H) をするとして，1 期目も (A, H) をする，という戦略の組み合わせ，$b_{11} = A$, $b_{12}(h) = A$ for all $h \in \{A, B\} \times \{A, B, H\}$, $b_{21} = H$, $b_{22}(h) = H$ for all $h \in \{A, B\} \times \{A, B, H\}$ は部分ゲーム完全均衡である。（2 期目の条件付き行動をベクトルで書き，1

---

[3] この例もワトソン (Watson, 2002) にあるものからヒントを受けている。

期目の歴史の組み合わせを例えば (A,A), (A,B), (A,H), (B,A), (B,B), (B,H) の順に 2 期目の行動を並べ,

$$((A,(A,A,A,A,A,A)),(H,(H,H,H,H,H,H)))$$

と書いても同じことである。)

あるいは，2 期目は 1 期目にかかわらず (B,B) をして 1 期目だけ (A,H) をするなど，2 期目と 1 期目を分離してそれぞれ段階ゲームのナッシュ均衡を（2 期目は一律に）するものもみな，部分ゲーム完全均衡である。

しかし，うまく戦略を作ると，1 期目に (A,A) をする部分ゲーム完全均衡が存在するのがこの繰り返しゲームのポイントである。2 期目は段階ゲームのナッシュ均衡をしなくてはならないが，経緯によって均衡を使い分けるのである。例えば，1 期目に (A,A) をすることでプレイヤー 2 がプレイヤー 1 に「協力」したならば，その報酬として 2 期目はプレイヤー 2 にとって利得の高い (A,H) 均衡を行うが，もし 1 期目にプレイヤー 2 が A をせず，利己的な行動 H をしたならば，2 期目はプレイヤー 1 は B をとるという戦略にしておいて，プレイヤー 2 もやむなくそのときは B にしなくてはならないようにすればいいのである。正確には，プレイヤー 1 の戦略は $b_{11} = A$, $b_{12}(A,A) = A$ かつ $b_{12}(A,H) = B$ を満たすようなものとする。（その他の部分ゲームについては二人の行動が G のナッシュ均衡になっていれば何でもよい。）

これに対するプレイヤー 2 の最適反応は，まず 2 期目は，(A,A) の後の部分ゲームにおいてはプレイヤー 1 が A をしてくるので H が最適であり，(A,H) の後は B が最適となる。1 期目は，プレイヤー 1 は A をするのに対し，もしプレイヤー 2 が H を選んだとすると今期の利得は 4 であるが，(A,H) 後の部分ゲームに行くため次期の利得が 1 になり，合計は 5 である。しかし，A を選んでおけば今期の利得は 3 であるが次期の利得は 4 であるので，合計するとこちらの方が高い。（プレイヤー 2 が 1 期目に B を選ぶとその期の利得は 0 であるから，最大でも合計で 4 しか得られない。）従ってプレイヤー 2 の最適反応は $b_{21} = A$, $b_{22}(A,A) = H$, $b_{22}(A,H) = B$ を満たすものである。これに対し，上記のプレイヤー 1 の戦略が最適反応になることも明らかである。

つまり，段階ゲームの 2 つのナッシュ均衡を「アメとムチ」のように組み合わせる戦略によって，1 回限りのゲームでは均衡としてプレイできない行

動の組 (A, A) を少なくとも 1 期目はプレイすることができるのである。これが繰り返しゲームの重要な意義である。ベノワ＝クリシュナ (Benoit and Krishna, 1985) はこの考え方を利用して，有限回繰り返しゲームであっても，各プレイヤーについて，利得の異なる複数のナッシュ均衡が段階ゲームに存在する場合，高い利得の均衡をそのプレイヤーに対するアメ，低い利得の均衡をムチとして使用することで，十分に長い期間の繰り返しゲームであれば，部分ゲーム完全均衡としていろいろな利得ベクトル（全プレイヤーの利得の組み合わせ）を達成できることを示した。その範囲はいくつかの条件の下で，無限回繰り返しゲームの**完全フォーク定理** (Folk Theorem)(5.7 節参照) で達成可能な利得ベクトルの集合と同じになる。

5.5 無限回繰り返しゲーム

本節から 5.7 節までは，同じ同時ゲームを無限回繰り返すという，**無限回繰り返しゲーム** (infinitely repeated games) を扱う。やや数学的には難しくなるが，任意の段階ゲームについての均衡利得の集合の特徴付け[4] (characterization) ができるので，大変有用なクラスのゲームである。

無限回になると，利得の列が無限に続くことになるので，繰り返しゲーム全体の利得を毎期の利得の単なる総和で定義しては戦略の利得の比較がうまくいかない。例えば，$3, 3, 3, \ldots$ という利得の列と $1, 1, 1, \ldots$ という利得の列では前者の方がよいとしたいが，利得をそのまま足してしまっては両方とも $+\infty$ になってしまうからである。そこで，本書では**割引和** (discounted sum) を繰り返しゲーム全体の利得とする[5]。これは，割引因子と呼ばれる実数 $\delta \in (0, 1)$ を導入して，第 2 期の利得は δ 倍，第 3 期の利得は δ^2 倍，というように第 1 期からみて遠い将来の利得を指数的に割り引いてから総和をとるものである。例えば，プレイヤー i が得る各期の利得の列が $u_i(1), u_i(2), \ldots$ であると

---

[4] あるものの特徴付けとは，その必要十分条件を見つけることである。
[5] この他にも無限の利得の列の比較の方法としては，平均利得の lim inf を使用する Overtaking criterion というものがある。ルービンシュタイン (Rubinstein, 1979) を参照。

すると，

$$\sum_{t=1}^{\infty} \delta^{t-1} u_i(t)$$

が繰り返しゲーム全体の利得となる[6]。こうすれば，$3, 3, 3, \ldots$ の割引総和は $\frac{3}{1-\delta}$，$1, 1, 1, \ldots$ の割引総和は $\frac{1}{1-\delta}$ となり，明らかに前者の方が大きくなる。

また，割引和の平均は $(1-\delta) \sum_{t=1}^{\infty} \delta^{t-1} u_i(t)$ で定義される。割引和そのものは δ が 1 に近いとかなり大きな数値であるが，このように定義された平均利得は，任意の δ の値について段階ゲームの利得の数値と比較可能である。(例えば $3, 3, 3, \ldots$ の利得の列の平均利得は 3 になる。) ただし，本書では各プレイヤーは**割引総利得を最大にするように無限回繰り返しゲームの戦略を選ぶ**とする[7]。

割引因子の解釈としては，将来の利得を現在に換算するときに，少なく感じるという心理的要因であるというものが一つある。また，もう少し重要なものとしては，ゲームが続く確率が δ であると解釈し，もしゲームが確率 $1-\delta$ で終わった場合のそれ以降の利得は 0 と仮定すると期待総利得が上記の形になる。この解釈を用いると，そもそも無限に生きるプレイヤーなど想定できないという批判に対しても，ゲームそのものは有限回で終わるが，その終わりが不確実であるというモデルとして正当化できる。

さらに，経済学的には (1+ 利子率) の逆数であると解釈することもできる。例えば，1 年後の 1 万円を現在のお金に換算する問題を考える。今 1 万円を持っていれば，利子率が $r \in (0, 1)$ であるような安全資産（銀行預金など）に投資して 1 年後には $(1+r) \times 1$ 万円にすることができるとする。これを逆にすれば，将来の 1 万円を現在に換算すると $\frac{1}{1+r}$ 万円である。ゆえに $\delta = \frac{1}{1+r}$ とすればよい，と解釈できるのである。

いずれの解釈においても，割引因子が大きい (1 に近い) ということは，将来の利得をあまり割り引かない，ということであるので，将来を重視するような利得関数を持つということになる。

---

[6] δ の $t-1$ 乗という形が「きれいでない」ということで，期間を $t = 0, 1, 2, \ldots$ にして割引和を $\sum_{t=0}^{\infty} \delta^t u_i(t)$ と定義する文献もある。分析の本質はどちらの定式化でも変わらない。

[7] 平均利得を最大にすると仮定しても分析の本質は変わらない。本書では動的計画法でスタンダードである総和の最大化にしてあるだけである。

5.5 無限回繰り返しゲーム

段階ゲーム G と全プレイヤー共通の割引因子 $\delta \in (0,1)$ を一つ決め，割引総和を利得とした（弱い）完全モニタリングの G の無限回繰り返しゲームを $G^\infty(\delta)$ と表記し，その均衡を考えよう。まず表 5.2 の一般の囚人のジレンマを無限回繰り返すことを考えてみる。有限回であれば，相変わらず利己的な (D, D) しかプレイできなかったが，無限回であると，常に将来があることを利用して新たな均衡が作れる。例えば，以下のようなグリム・トリガー戦略 (grim-trigger strategy) b^{GT} が可能になる。

各期 $t = 1, 2, \ldots$ とそれまでの歴史 $h \in [\{C, D\} \times \{C, D\}]^{t-1}$ について

$$b_t^{GT}(h) = \begin{cases} C & \text{if } h = (C, C)^{t-1} \\ D & \text{otherwise} \end{cases}$$

と定義する。（ただし，$t = 1$ のときは $h = \emptyset = (C, C)^0$ とする。従って最初の期は C を行う。）

言葉で書くと，グリム・トリガー戦略は，最初に協力的行動 C を行った後は，過去に誰も (C, C) から逸脱していなければ引き続き C を行い，もし誰かが 1 回でも (C, C) から逸脱した場合，その後は罰としてずっと D を行うというものである。逸脱が引き金（trigger）となって D に行動が変化する場合があるということと，一度 D になってしまうと二度と C に戻らないので厳しい（grim）というのが名前の由来である。

割引因子 δ が十分に大きいとき，二人ともがグリム・トリガー戦略 b^{GT} をしている組み合わせが $G^\infty(\delta)$ のナッシュ（あるいは部分ゲーム完全）均衡になる。これを証明するためには，無限期間の動的計画法が必要となる。詳しいことは動的計画法の文献[8]を参照して欲しいが，巻末の付録 B にも多少の解説がある。ここでは，必要な命題だけを述べておく。（証明は付録 B を参照されたい。）

命題 5.5.1. 他の全てのプレイヤーの戦略を固定して，一人のプレイヤーの，無限期間 $t = 1, 2, \ldots$ に渡る戦略を b とする。各 t 期の意思決定において，$t+1$ 期以降は戦略 b に従うとして，t 期の行動だけを b が決めたものと異なるも

---

[8] クレプス (Kreps, 1990) の数学付録や西村 (1990) は平易な解説をしてある。1957 年のベルマンの古典は最近再出版された (Bellman, 2010)。ロス (Ross, 1995) もよい本である。

のにしても、ゲーム全体での利得が高くならないとき、b はこのプレイヤーのゲーム全体からの利得を最大にしている最適戦略である。

上記のような（今後はそれに従うとしたとき、1 回だけ他の行動にしても総利得を高められない）性質をもった戦略を unimprovable strategy と呼ぶ。無限に続くゲームにおける戦略はまた無限個あり、どれが最適かを調べるのは途方にくれそうであるが、この命題のおかげで、(i) まず最適戦略の候補を作り、(ii) 任意の歴史の後、次期からはその戦略に従うとして、今期だけ他の行動をすることからの総利得とその戦略にずっと従ったときの総利得を比較し、後者の方が低くないことを証明すれば、実際にその戦略は最適であることになる。つまり無限の長さの戦略全体を動かして調べずに、1 期だけ行動をいろいろ動かして調べればいいのである。

また今後の記述の明確化のために、継続利得 (continuation payoff) という用語を定義しておく。

定義 5.5.1. 繰り返しゲームにおける任意の戦略の組み合わせ $(s_1, s_2, \ldots, s_n)$、任意のプレイヤー i、任意の期 t、t 期までの歴史によって決まる任意の部分ゲーム $\tilde{H}$ をとる。$\tilde{H}$ に制限した戦略の組み合わせ $(s_1\mid_{\tilde{H}}, s_2\mid_{\tilde{H}}, \ldots, s_n\mid_{\tilde{H}})$ からプレイヤー i が得られる t 期とそれ以降の期の総利得を、（部分ゲーム $\tilde{H}$ における t 期以降の）i の**継続利得** (continuation payoff) と呼ぶ。

この用語も動的計画法に由来する。ある戦略が unimprovable strategy であるかを調べる場合、各期初の歴史毎に、その期だけ他の行動をする（逸脱する）ことからの総利得と、もとの戦略の総利得を比較すると言うが、その期以前の利得は歴史によって既に決まっているのであるから、実質上は、逸脱した期の利得と逸脱によってたどり着く部分ゲームにおける継続利得の（割引）和を比較するということである。

命題 5.5.1 を使って、二人ともグリム・トリガー戦略 b^{GT} をずっと行ってきて（第 1 期も含む）、相手は今後も b^{GT} に従うときに、自分も b^{GT} をすることがゲーム全体の利得を最大にする、つまり最適反応であるかどうかを調べる。これは、ナッシュ均衡であるかを調べるということである。（部分ゲーム完全均衡にするにはお互いに b^{GT} に従ってきたという歴史のみならず、全ての歴史について、それ以降の部分ゲームについて調べる必要がある。）

これまでずっと (C,C) という歴史が続いてきた（あるいは第1期である）と仮定する．今後もずっと二人とも b^{GT} をするときの，プレイヤー i の割引総利得は

$$u_i(b^{GT}, b^{GT}) = c + \delta c + \delta^2 c + \cdots = \frac{c}{1-\delta}$$

である．もし，今期 C でない行動をしたとすると，正の確率で D をすることになる．D を行った場合，今期はそれによって g という最大利得を得るが，その後は b^{GT} に従うと，(D,D) を続けることになり，次期以降の継続利得は

$$\delta d + \delta^2 d + \cdots = \frac{\delta d}{1-\delta}$$

となるので，逸脱した場合の最大の総利得は $g + \frac{\delta d}{1-\delta}$ である．（確率的逸脱の結果として C をしたなら，あたかも b^{GT} に従ったのと同じことであるから，D をしたときだけを考えればよい．）

言い換えると，相手が b^{GT} を行っているとき，b^{GT} に従ったときの利得は今期が c で，継続利得は $\frac{\delta c}{1-\delta}$，今期逸脱したときの最大利得は g で，そのときの継続利得は $\frac{\delta d}{1-\delta}$ であるから，今期の逸脱による利得の増加は最大で $g-c$ であるのに対し，逸脱による継続利得の減少は $\frac{\delta c}{1-\delta} - \frac{\delta d}{1-\delta}$ である，というようにトレード・オフ (trade-off) がある．このとき，逸脱による1期間の利得の増加が，継続利得の減少よりも大きくなければ，命題 5.5.1 によりグリム・トリガー戦略 b^{GT} がそれに対して最適反応である．この条件は式にすると

$$g - c \leqq \frac{\delta c}{1-\delta} - \frac{\delta d}{1-\delta} \iff \delta \geqq \frac{g-c}{g-d}$$

となる．ここで，$g > c > d$ であったから $(g-c)/(g-d)$ は1より厳密に小さい数である．ゆえに，割引因子 δ がこの下限以上であれば，(b^{GT}, b^{GT}) は無限繰り返し囚人のジレンマのナッシュ均衡となる．このとき，均衡経路上では両プレイヤーとも協力的行動 (C,C) を毎期行っており，二人の平均利得ベクトルは効率的な (c,c) を達成している．つまり，囚人のジレンマの解消である．

グリム・トリガー戦略を使って達成可能な均衡利得の集合を調べたのがフリードマン (Friedman, 1971) のフォーク定理である．フォーク定理とは，昔からよく言われていた定理という意味であり，非常に長期のゲームの場合，1

回限りのゲームでは達成できないような効率的な利得ベクトルを含め，いろいろな利得ベクトルを均衡において達成することができるということはかなり常識であったことから来た名称である。

ここでは分析の簡単化のため，段階ゲームにおいて相関行動の組み合わせ (correlated action profiles, 4.8 節で説明した相関戦略) が可能であることを仮定する。つまり，その期の行動を選ぶ前に全員で何らかの確率過程を一緒に観察し，その実現値によって行動の組み合わせを変えることができるとする。数学的に言うと，段階ゲームにおける全員の行動の組み合わせの集合 $S = S_1 \times S_2 \times \cdots \times S_n$ 上の確率分布を行うのが相関行動の組み合わせである。すると，各期に実現可能な，全プレイヤーの利得の組み合わせ（利得ベクトル）は以下のように定義できる。

定義 5.5.2. 標準形ゲーム $G = (\{1, 2, \ldots, n\}, S_1, \ldots, S_n, u_1, \ldots, u_n)$ において，利得ベクトル $(v_1, v_2, \ldots, v_n) \in \Re^n$ が**実現可能** (feasible) であるとは，何らかの相関行動の組み合わせ $\alpha \in \Delta(S_1 \times \cdots \times S_n)$ が存在して，各 $i = 1, 2, \ldots, n$ について $v_i = Eu_i(\alpha)$ となることである。また実現可能利得ベクトルの集合を V と書く。

4.8 節で見たように，独立の混合戦略で達成できる利得ベクトルの集合より相関戦略による利得ベクトルの集合の方が大きいので，V が G において可能な利得ベクトルの集合として最も大きい。

ところで，相関ができない場合は，うまく行動の組み合わせの列を作り，任意の実現可能利得ベクトル $v \in V$ を近似することはできる。例えば，表 5.2 の一般の囚人のジレンマで $(\frac{c+d}{2}, \frac{c+d}{2})$ という利得ベクトルを段階ゲームで得るためには，(C, C) と (D, D) を $\frac{1}{2}$ ずつの確率で行うように二人の行動の組み合わせを相関させればよいが，奇数期には (C, C)，偶数期には (D, D) をするという列を行っても，割引因子が 1 に近ければ平均利得をほぼ $(\frac{c+d}{2}, \frac{c+d}{2})$ にすることができる。従って，相関が可能であるというのは分析の簡単化のためだけの仮定である。

ここでは弱い完全モニタリングを仮定しているので，各プレイヤーが独立に混合戦略をしていたとしてもその背後の確率までは観察できなくてよい。しかし，相関させている場合は，全員が同じ確率過程の結果を見た後にその

期のプレイをするので，他者が実際に選んだ行動が相関行動の組み合わせに従っていたかは期末に判断できる．

定理 5.5.1. (Friedman のナッシュ・フォーク定理) 段階ゲーム $G = (\{1, 2, \ldots, n\}, S_1, \ldots, S_n, u_1, \ldots, u_n)$ の任意のナッシュ均衡 σ^* について，任意の実現可能利得ベクトル $v = (v_1, \ldots, v_n) \in V$ で，各プレイヤー $i = 1, 2, \ldots, n$ について $v_i > Eu_i(\sigma^*)$ であるものを考える．このとき，ある $\underline{\delta} \in (0, 1)$ が存在して，任意の $\delta \geqq \underline{\delta}$ について，完全モニタリングの繰り返しゲーム $G^\infty(\delta)$ のナッシュ均衡が存在し，その平均利得ベクトルとして v を達成することができる．

この定理を証明する前に，定理の主張の意味を述べておく．この定理では，グリム・トリガー戦略の均衡を作るので，罰として段階ゲームのナッシュ均衡が行われる．任意のナッシュ均衡を一つ固定して罰としたとき，何が達成できるかを示したのが上記の定理であり，罰として設定したナッシュ均衡より全員にとって厳密に利得が高いような（相関）行動の組み合わせなら何でも毎期行わせることができるということである．ただし，均衡経路で行わせたい行動の組み合わせによって，必要な割引因子の大きさは異なる可能性がある．（主張の順序が，各 $v = (v_1, \ldots, v_n)$ について，$\underline{\delta}$ が存在する，となっていることに注意．）

証明：段階ゲームにおける相関行動 $\alpha \in \Delta(S_1 \times \cdots \times S_n)$ で，任意の $i = 1, 2, \ldots, n$ について $Eu_i(\alpha) = v_i$ となるものを取る．($v \in V$ よりこれは存在する．) これを利用して，ゲームの最初は α に従い[9]，その後は誰も α から逸脱していなければ引き続き α に従い，誰かが逸脱したことがあったら段階ゲームのナッシュ均衡の戦略 σ_i^* を行うというグリム・トリガー戦略 b_i^{GT} の組み合わせが，十分大きい δ について $G^\infty(\delta)$ のナッシュ均衡になることを示す．

まず，全員がこの戦略に従っているときのプレイヤー i の期待割引総利得は

$$Eu_i(\alpha) + \delta Eu_i(\alpha) + \cdots = \frac{v_i}{1-\delta}$$

---

9) α は相関行動なので，一人のプレイヤー i が「これこれをする」とはっきりは書けない．α が指定する行動の組み合わせのうち，i の部分を α が利用する確率過程の実現値に従って行うということである．

140   第5章　部分ゲーム完全均衡 (Subgame Perfect Equilibrium)

である。命題 5.5.1 により，どこかの期でプレイヤー i がその期だけ逸脱したときの総利得と比較すればよい。他は全員グリム・トリガー戦略に従っているとし，これを α_{-i} と書く。i だけが1期だけ逸脱してその後はグリム・トリガー戦略に従うとすると，今期は最大で $\max_{\sigma_i \in \Delta(S_i)} Eu_i(\sigma_i, \alpha_{-i})$ が得られるが，来期以降は全員がナッシュ均衡 σ^* をプレイするのでその後の各期の利得はずっと $Eu_i(\sigma^*)$ となる。従って1期だけの逸脱による期待総利得は最大で

$$\max_{\sigma_i \in \Delta(S_i)} Eu_i(\sigma_i, \alpha_{-i}) + \frac{\delta Eu_i(\sigma^*)}{1-\delta}$$

である。ここで，

$$\frac{v_i}{1-\delta} \geq \max_{\sigma_i \in \Delta(S_i)} Eu_i(\sigma_i, \alpha_{-i}) + \frac{\delta Eu_i(\sigma^*)}{1-\delta}$$

$$\iff v_i - (1-\delta) \max_{\sigma_i \in \Delta(S_i)} Eu_i(\sigma_i, \alpha_{-i}) - \delta Eu_i(\sigma^*) \geqq 0$$

$$\iff \delta \geqq \frac{\max_{\sigma_i \in \Delta(S_i)} Eu_i(\sigma_i, \alpha_{-i}) - v_i}{\max_{\sigma_i \in \Delta(S_i)} Eu_i(\sigma_i, \alpha_{-i}) - Eu_i(\sigma^*)}$$

であるから，この下限を $\underline{\delta}$ とすればよい。ちなみに $v_i > Eu_i(\sigma^*)$ よりこの下限は $(0,1)$ 区間に属する。　□

　上記の均衡は簡単に部分ゲーム完全均衡にすることができる。部分ゲーム完全均衡にするには，任意の部分ゲーム $\tilde{H}$ についてそこに制限した $(b_1^{GT}|_{\tilde{H}}, \ldots, b_n^{GT}|_{\tilde{H}})$ がナッシュ均衡であることを示す必要がある。部分ゲームは無限個あるが，2種類に分けることができる。一つのクラスは誰も目的の行動の組み合わせ α から過去に逸脱していない歴史の後の部分ゲームで，もう一つのクラスは誰かが逸脱したことのある歴史の後の部分ゲームである。前者のクラスの部分ゲームについては，上記の分析をそのまま適用できる。後者のクラスの部分ゲームについては，そこに制限した $(b_1^{GT}|_{\tilde{H}}, \ldots, b_n^{GT}|_{\tilde{H}})$ は段階ゲームのナッシュ均衡を繰り返しているだけであり，もちろんお互いに最適反応になっている。ゆえに，段階ゲームのナッシュ均衡を罰として使用するグリム・トリガー戦略の組み合わせは，δ が十分に大きいとき部分ゲーム完全均衡である。

　もう一つ注意すべきことは，割引因子の下限 $\underline{\delta}$ は，目的とした利得ベクトル v に依存して決まっているということである。任意の v について一様に決

められるわけではない。つまり，割引因子を先に固定してしまうと，達成できない利得ベクトルがある可能性はある。

グリム・トリガー戦略以外で有名な戦略は，アクセルロッド (Axelrod, 2006) の有名なコンピューター実験などで高い利得を得るオウム返し (Tit for Tat) である。ただし，これを全員が行うことは無限回繰り返し囚人のジレンマのナッシュ均衡ではあるが部分ゲーム完全均衡にはならないことがある。

定義 5.5.3. 繰り返し囚人のジレンマにおける**オウム返し (Tit for Tat) 戦略**とは，第1期に C を行い，$t \geq 2$ 期においては前期に相手が行った行動をとるという戦略である。

再び，表 5.2 の囚人のジレンマを無限回繰り返すことを考える。相手がオウム返し戦略を行っているとき，(経路外であるが) 前期に (C, D) (第1座標が当該プレイヤーの行動，第2座標が相手の行動) を行った部分ゲームを考える。このときオウム返し戦略に従うと今後は $(D, C), (C, D), \ldots$ と続くので，継続利得は

$$g + \delta \ell + \delta^2 g + \delta^3 \ell + \cdots = \frac{g + \delta \ell}{1 - \delta^2}$$

である。これに対し，今期だけ逸脱して C を行うと，今後ずっと (C, C) を維持することができるので，継続利得は $\frac{c}{1-\delta}$ である。

$$\frac{c}{1-\delta} - \frac{g + \delta \ell}{1 - \delta^2} = \frac{1}{1 - \delta^2}\{(1+\delta)c - g - \delta \ell\} \geq 0 \iff \delta \geq \frac{g - c}{c - \ell}$$

より，$\frac{g-c}{c-\ell} < 1$ の場合，$\frac{g-c}{c-\ell}$ より小さくない δ について逸脱の方が利得が高くなってしまう。($\delta \geq \{\frac{g-c}{c-\ell}, \frac{g-c}{g-d}\}$ という条件の下では2人がオウム返し戦略をするという組み合わせはナッシュ均衡である。)

ただ，オウム返し戦略の強みは，万一誰かがミスをして意図とは異なって行動 D をしてしまったときや，不完全モニタリングで意図とは異なる行動が相手に伝わってしまったときなどに，グリム・トリガー戦略とは異なり，その後 C をすれば相手も C に復帰してくれるので，「和解」が可能なことである。従ってゲームの少しのぶれに対しての利得減少が少なくてすむのである。

5.6 均衡における談合

第3章で見たように，クールノーのモデルやベルトランのモデルでは，ナッシュ均衡は効率的ではなかった。つまり2企業しかないのに，何らかの約束をしてお互いの利得を高めるような戦略の組み合わせをしようとしても，合理的なプレイヤーにはできないことであった。

しかし，2企業が無限回（あるいは不特定多数の回）繰り返して同じクールノーゲームやベルトランゲームをすることになれば，フォーク定理から，十分に将来が重要である（割引因子が大きい）ときは効率的な利得ベクトルを均衡で達成できるのである。つまり談合の成立である。

例えば，段階ゲームがクールノーのゲームで，費用構造が対称的 ($c_1 = c_2 = c$) であるときを考えてみよう。その他の条件は3.2節と同様であるとする。段階ゲームのナッシュ均衡は $(q_1^*, q_2^*) = (\frac{1}{3}(A-c), \frac{1}{3}(A-c))$，利得ベクトルは $(\frac{1}{9}(A-c)^2, \frac{1}{9}(A-c)^2)$ である。これに対し，2企業が生産調整をして $(q_1^o, q_2^o) = (\frac{1}{4}(A-c), \frac{1}{4}(A-c))$ とすれば，$\frac{1}{8}(A-c)^2$ をそれぞれ得ることができる。（これは独占利潤の半分ずつなので，合計してこれ以上の利得を得ることはできない。）

グリム・トリガー戦略として，第1期は q_i^o を生産し，2期以降は談合の生産量 (q_1^o, q_2^o) がそれまで続いていたら，相変わらず q_i^o を生産するが，もし誰かが (q_1^o, q_2^o) から逸脱したら，それ以降はクールノー・ナッシュ均衡の量 $\frac{1}{3}(A-c)$ を生産するというものを考える。相手がこの戦略に従っているとき，自分もずっと従っていれば総利得は

$$\frac{1}{8}(A-c)^2 + \delta \frac{1}{8}(A-c)^2 + \delta^2 \frac{1}{8}(A-c)^2 + \cdots = \frac{(A-c)^2}{8(1-\delta)}$$

である。もし，1期だけ逸脱するならば，相手の今期の生産量 $\frac{1}{4}(A-c)$ に対する最適反応の量 $BR_i(\frac{1}{4}(A-c)) = \frac{1}{2}\{A - \frac{1}{4}(A-c) - c\} = \frac{3}{8}(A-c)$ を生産して，利得 $u_i = \{A - c - (\frac{3}{8} + \frac{1}{4})(A-c)\}\frac{3}{8}(A-c) = \frac{9}{64}(A-c)^2$ を得ることができる。その後はグリム・トリガー戦略に従うということはクールノー・ナッシュ均衡をするということであるから毎期 $\frac{1}{9}(A-c)^2$ を得ること

5.6 均衡における談合

になる．従って1期だけの逸脱による最大の総利得は

$$\frac{9}{64}(A-c)^2 + \delta\frac{(A-c)^2}{9(1-\delta)}$$

である．これらを比較すると，

$$\frac{(A-c)^2}{8(1-\delta)} \geqq \frac{9}{64}(A-c)^2 + \delta\frac{(A-c)^2}{9(1-\delta)}$$
$$\iff \frac{1}{8} - \frac{9}{64}(1-\delta) - \delta\frac{1}{9} \geqq 0$$
$$\iff \delta \geqq \frac{9}{17}$$

となる．ゆえに，$\delta \geqq \frac{9}{17}$ であるような任意の割引因子の下での無限回繰り返しクールノー・ゲームにおいては，独占利潤を分け合うという談合が部分ゲーム完全均衡として成立するのである．

談合の実際の構造もアメとムチになっていて，談合破りをする企業を何らかの形で罰することを用いて談合を成立させているようである．このような均衡を成立させないようにするには，繰り返しゲームにならないようにするとか，新規参入企業を誘導して企業数を増やし，相談しにくく，かつ1企業あたりの談合による利潤を減らすなどが考えられる．談合しそうな企業間で連絡できないようにすれば約束ができないという考えもあったが，最近の研究（第8章参照）では，かなり少ない連絡手段であっても談合できることがわかっている．実際，アメリカの周波数オークションでは，入札に参加している他社の名前や連絡先などはまったくわからないようにしてあるのに，毎日の入札金額が公表されるため，それをシグナルとして利用して未知の相手と談合しようとした痕跡があるという．入札はゲームの最中の行動が明確に見られるし，政府系の入札では理論家の助言によってルールを実際に設計しているので，ゲーム理論の重要な応用分野である．興味のある読者はクレンペラー (Klemperer, 2004) やミルグロム (Milgrom, 2004) の本を参照されたい．

最近では，談合破りをやりやすくするような構造にする，リーニエンシー制度も作られている．これは，談合を当局に自白するかどうかというゲームにしてしまうというものである．もし自白すれば罪に問われないが，自社が自白しなくても他社が自白してしまうかもしれない．その場合は多額の罰金などが科せられる．また，たとえ他社が自白したとしても自社もほぼ同時に

自白すればそれほどの罪には問われないということにすると、談合破りをするかどうかが囚人のジレンマのゲームになるのである。実際リーニエンシー制度を導入してからは日本でも談合の自白が起こっている。

5.7 完全フォーク定理 *

フリードマンの定理ではかなりの実現可能な利得ベクトルがカバーされないような段階ゲームもある。例えば、段階ゲームのナッシュ均衡の利得ベクトルが実現可能な範囲の端にきているような場合である。そこで出来る限り厳しい「罰」を作って均衡利得ベクトルの集合が拡張されたのがフーデンバーグ＝マスキン (Fudenberg and Maskin, 1986) の「完全」フォーク定理である。完全というのは部分ゲーム完全均衡を均衡概念としていることに加え、後述するようにこれ以上均衡利得ベクトルの集合を大きくできないからである。

この定理の証明は、単にアメとムチだけでなく、ムチを使用すべきときに罰さないプレイヤーがいたら、さらにそのプレイヤーを罰するフェーズを設ける、という入れ子構造になっているのが特徴的である。罰さない者を罰するというのは重要な考え方であり、現実の問題ではこれができないために、社会にとってよりよい行動が実現できないことがある。

まず、均衡として可能な利得の範囲を求めるために、第 2 章で既に見た、ミニマックス値が再度重要になる。以下では分析の簡単化のため、段階ゲームにおいては相関させた行動の組み合わせが可能であると仮定し、それに合わせた定義を書いておく。（このように、ミニマックス値は、可能な行動の範囲によって異なる。練習問題 5.7 を参照。）

定義 5.7.1. 段階ゲーム $G = (\{1, 2, \ldots, n\}, S_1, \ldots, S_n, u_1, \ldots, u_n)$ における、プレイヤー i の（相関行動の組み合わせによる）ミニマックス値 (minmax value) を

$$\underline{v}_i = \min_{\sigma_{-i} \in \Delta(S_{-i})} \max_{\sigma_i \in \Delta(S_i)} Eu_i(\sigma_i, \sigma_{-i})$$

とする。

5.7 完全フォーク定理 *

また，プレイヤー i にミニマックス値を与えるような i 以外のプレイヤーの行動の組を一つとって，

$$m^i_{-i} \in \mathrm{argmin}_{\sigma_{-i} \in \Delta(S_{-i})} \max_{\sigma_i \in \Delta(S_i)} Eu_i(\sigma_i, \sigma_{-i})$$

と書くことにする。すると，プレイヤー i がどうがんばっても，他者が m^i_{-i} を行うときには最大でミニマックス値の利得しか得られないようになっている。ミニマックス値が i が逸脱した後の罰としてもっとも厳しいものの利得となる。

明らかに，ミニマックス値は段階ゲームのナッシュ均衡の利得より高くはならない。（純戦略によるナッシュ均衡の利得より高くならないことは練習問題 5.12 参照。これを一般化すれば混合戦略によるナッシュ均衡の利得より高くならないことも証明できる。）また，ミニマックス値は各プレイヤーが自分一人で毎期最低限達成できる利得であるから，各プレイヤーにそのミニマックス値より厳密に低い利得を平均して与えるようなどんな戦略の組み合わせも，繰り返しゲームのナッシュ均衡にすら，なることはない。従ってミニマックス値が平均均衡利得の下限である。

例えば，問題 3.3(c) のゲーム（表 5.4 に再掲）を考える。プレイヤー P2 のナッシュ均衡における期待利得は $\frac{12}{5}$ であるが，プレイヤー P1 は純戦略 D を取ることで P2 の利得を 1 にすることができる。これが P2 のミニマックス値になっている。

表 5.4 問題 3.3(c) のゲーム

P1 \ P2	L	R
U	0, 3	3, 2
M	5, 0	0, 4
D	1, 1	1, 1

定義 5.7.2. 実現可能利得ベクトル $v \in V$ が個人合理性 (individual rationality) を満たすとは，各プレイヤー i について $v_i > \underline{v}_i$ となっていることである。

例えば表 5.4 のゲームについては実現可能性と個人合理性を満たす利得ベクトルの集合は以下の図 5.7 のベクトル $\underline{v}$ の右上で五角形（集合 V）に囲まれた領域になる。

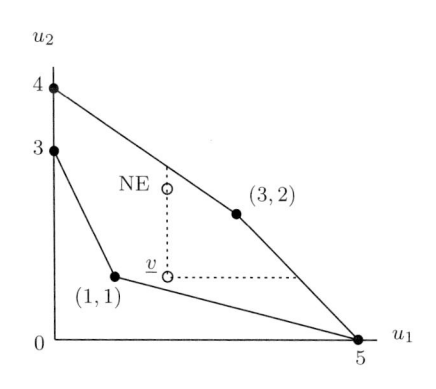

図 5.7 表 5.4 のゲームの利得ベクトルの集合

このゲームで，段階ゲームのナッシュ均衡でない行動の組み合わせを繰り返しゲームの均衡として行わせるには，もし誰かが目的の行動から逸脱したら，最大の罰としてはそのプレイヤーにミニマックス値を押し付けるということが考えられる。したがって，二人のミニマックス値を少しでも上回った利得なら達成できそうである。ただ，「相手をミニマックスする戦略」は自分にとっても低い利得を与えるかもしれず，罰としてではあるが，無限回使い続けるわけにはいかない。従って，逸脱による利得の増分を打ち消すだけの有限の期間，罰を与えるということにすればよい。

3 人以上の場合は，もう少し問題が複雑である。もし全員の利得が完全に一致していれば，逸脱者に対する罰を与えるときの部分ゲームにおいて均衡になるには，ミニマックス値より大きい利得にするしかない場合がある。フーデンバーグ＝マスキン (Fudenberg and Maskin, 1986) に具体例がある。従って，一つの方法はそのような場合を排除することであり，そのために，V の次元がプレイヤーの数と一致するという十分条件が考えられた。（ただし，この条件は弱められることがわかっている。詳しくは，定理の証明の後に説明する。）

5.7 完全フォーク定理 *

定理 5.7.1. (Fudenberg and Maskin の完全フォーク定理) 任意の n 人無限回繰り返しゲーム $G^\infty(\delta)$ で，完全モニタリングであるものを考える。実現可能利得ベクトルの集合 V は，$n \geqq 3$ のときは $dim(V) = n$ であることを仮定する。($n = 2$ のときはこの仮定は必要ない。) 個人合理性を満たす任意の実現可能利得ベクトル $v \in V$ について，ある $\underline{\delta} \in (0,1)$ が存在し，任意の $\delta \geqq \underline{\delta}$ について，$G^\infty(\delta)$ の部分ゲーム完全均衡が存在し，その平均利得ベクトルとして v を達成することができる。

証明：$n = 2$ のときと $n \geqq 3$ のときに分けて証明する。いずれも，まず個人合理性を満たす任意の実現可能利得ベクトル $v \in V$ を固定する。$v \in V$ より，$(Eu_1(\alpha), \ldots, Eu_n(\alpha)) = v$ となるような（相関行動の組み合わせ）$\alpha \in \Delta(S_1 \times \cdots \times S_n)$ が存在するので，これを経路上でプレイするような戦略の組み合わせを作る。

$n = 2$ のとき：まず記号を準備する。(m_1^2, m_2^1) という「お互いに相手をミニマックスする」行動の組み合わせを行っているとき（これが罰になる），プレイヤー i が得る利得を $w_i = Eu_i(m_1^2, m_2^1)$ と書く。また正の整数 $T < \infty$ として

$$(T+1)v_i > \max_{\sigma \in \Delta(S)} u_i(\sigma) + Tw_i, \ \forall \, i = 1, 2$$

となるものを取る。$v_i > \underline{v}_i \geqq w_i$ であるからこのような T は存在する[10]。

以下のような $G^\infty(\delta)$ のトリガー戦略 (trigger strategies) の組み合わせを考える。(罰が有限期間なのでグリム・トリガーではなく，単にトリガー戦略と呼ぶ。)

フェーズ 1（均衡経路）：第 1 期と，その後の期で誰も一人だけで α から逸脱していないとき[11]は α をする。もし，一人のプレイヤーが α から逸脱していたら，フェーズ 2 に行く。

フェーズ 2（罰）：(m_1^2, m_2^1) を T 期間続けて行い，誰も一人では逸脱しなかったらその後フェーズ 1 に戻る。もし一人のプレイヤーが逸脱したらフェーズ

---

10) $\max_{\sigma \in \Delta(S)} u_i(\sigma) < \infty$ は常に仮定してある。
11) ナッシュ均衡をベースとした均衡においては，一人だけの逸脱だけを調べて安定性が定義されているので，複数のプレイヤーが同時に逸脱した後の部分ゲームにおいては罰を考えなくてよい。

2 を最初からやり直す。

この戦略の組み合わせが任意の部分ゲームにおいてナッシュ均衡であることを示す。まず部分ゲームを 2 種類に分けて，フェーズ 1 にいる部分ゲームと，フェーズ 2 にいる部分ゲームに分ける。

フェーズ 1 にいる部分ゲーム（第 1 期を含む）でのプレイヤー i を考える。相手がトリガー戦略に従っているとき，自分も従うと今後の期待割引総利得は

$$\frac{v_i}{1-\delta}$$

である。命題 5.5.1 より，1 期だけ逸脱して他の行動を行い，その後トリガー戦略に従うときの総利得がこれより大きくならなければトリガー戦略は最適である。1 期だけ逸脱すると，得られる段階ゲームでの利得は最大で $\max_{\sigma \in \Delta(S)} u_i(\sigma)$ である。その後トリガー戦略に従うとすると T 期間 w_i を得てから再び v_i を得ることになるので，今期の利得と来期以降の継続利得の和は最大でも

$$\max_{\sigma \in \Delta(S)} u_i(\sigma) + (\delta + \cdots + \delta^T)w_i + \frac{\delta^{T+1}}{1-\delta}v_i$$

である。$v_i/(1-\delta)$ との差をとって整理すると

$$(1 + \delta + \cdots + \delta^T)v_i - \max_{\sigma \in \Delta(S)} u_i(\sigma) - (\delta + \cdots + \delta^T)w_i$$

であり，δ が 1 に近づくとこれは

$$(T+1)v_i - \max_{\sigma \in \Delta(S)} u_i(\sigma) - Tw_i$$

に近づく。したがって T の定義より δ が十分 1 に近いとき正になる。つまり，1 期だけの逸脱はトリガー戦略より高い総利得を与えない。

次にフェーズ 2 にいる部分ゲームにおけるプレイヤー i を考える。あと t 期間罰が続くとすると，トリガー戦略に従うことによる今後の利得は

$$(1 + \delta + \cdots + \delta^{t-1})w_i + \frac{\delta^t}{1-\delta}v_i$$

である。特にこれが最小になるのはフェーズ 2 の最初，即ち $t = T$ のときであるので，そのときに逸脱しないことを示せば十分である。今期，相手は自

5.7 完全フォーク定理 *

分をミニマックスしているので，1期だけ逸脱しても最大でミニマックス値の $\underline{v}_i$ しか得られず，さらに T 期間の罰が加わる。したがって1期だけの逸脱から得られる今期と継続利得の和は最大で

$$\underline{v}_i + (\delta + \cdots + \delta^T)w_i + \frac{\delta^{T+1}}{1-\delta}v_i$$

である。$t = T$ として利得の差をとって整理すると

$$w_i + \delta^T v_i - \underline{v}_i - \delta^T w_i = \delta^T(v_i - w_i) - (\underline{v}_i - w_i)$$

となり，δ が1に近づくと，これは $(v_i - w_i) - (\underline{v}_i - w_i) = v_i - \underline{v}_i > 0$ に近づく。ゆえに δ が十分1に近いとき正になる。

以上によって，2人ゲームのときの部分ゲーム完全均衡が示された。

$n \geqq 3$ のとき：均衡戦略の組み合わせを作る前に，再びいくつか準備をする。あるプレイヤー i が逸脱した後にそのプレイヤーにミニマックス値を与えるという罰を行う必要がある。m_i^i を i 以外のプレイヤーが i をミニマックスしているときにちょうど $Eu_i(m_i^i, m_{-i}^i) = \underline{v}_i$ となる i の行動とし，あわせて $m^i = (m_i^i, m_{-i}^i)$ がプレイヤー i をミニマックスするときに行われる行動の組み合わせとする。（これは2人のときと異なるので注意。）$w_j^i = Eu_j(m^i)$ をプレイヤー i をミニマックスしているときのプレイヤー j の段階ゲームにおける利得とする。

$\dim(V) = n$ の仮定より，$v' \in int(V)$ と $\epsilon > 0$ で，任意の i について

$$\underline{v}_i < v_i' < v_i$$

かつ

$$v'(i) = (v_1' + \epsilon, \ldots, v_{i-1}' + \epsilon, \ v_i', \ v_{i+1}' + \epsilon, \ldots, v_n' + \epsilon) \in V$$

となるものが存在する。$v'(i)$ は i 以外のプレイヤーに，i を罰したあとの報酬を与えるものである。この $v'(i)$ も V に属するようにできるので，(そのために $\dim(V) = n$ の仮定がある)，$(Eu_1(\alpha(i)), \ldots, Eu_n(\alpha(i))) = v'(i)$ となる相関行動の組み合わせ $\alpha(i) \in \Delta(S_1 \times \cdots \times S_n)$ が存在する。

また，$T < \infty$ として

$$\max_{\sigma \in \Delta(S)} u_i(\sigma) + T\underline{v}_i < \min_{\sigma \in \Delta(S)} u_i(\sigma) + Tv_i', \ \forall i = 1, 2, \ldots, n$$

150　第 5 章　部分ゲーム完全均衡 (Subgame Perfect Equilibrium)

となるものをとる。これは，どのプレイヤーが 1 期だけ逸脱しても，その後の罰（$\underline{v}_i$ の利得を得る）が T 期間続けば逸脱の利益を相殺できる程度の期間である。

　以上で準備が終わり，以下の 3 つのフェーズを持つ $G^\infty(\delta)$ のトリガー戦略の組み合わせが部分ゲーム完全均衡であることを示す。

フェーズ 1（均衡経路）：第 1 期と，その後の期で誰も一人だけで α から逸脱していないときは α をする。もし，一人のプレイヤー j だけが α から逸脱していたら，フェーズ $2(j)$ に行く。

フェーズ $2(j)$：m^j を T 期間プレイするが，その間プレイヤー i が一人で m^j から逸脱したら，フェーズ $2(i)$ をスタートさせる。誰も一人では m^j から逸脱せず T 期間が終わったら，フェーズ $3(j)$ に行く。

フェーズ $3(j)$：$\alpha(j)$ を永遠にプレイする。プレイヤー i が一人だけで逸脱したらフェーズ $2(i)$ をスタートさせる。

　以下では，任意のプレイヤー i を固定し，任意の部分ゲームにおいて，i が上記のトリガー戦略から 1 期だけ行動を変更しても総利得が高くならないことを証明する。分析の簡単な順に書くので，上記のフェーズの順にならないことに注意されたい。

フェーズ 1：誰も α から逸脱していなければ（第 1 期を含む），上記の戦略に従うと，今後の期待割引総利得は

$$\frac{v_i}{1-\delta}$$

である。1 期だけ他の行動に変えて，その後上記の戦略に従うとすると，今期の最大の利得は $\max_{\sigma \in \Delta(S)} u_i(\sigma)$，その後フェーズ $2(i)$，フェーズ $3(i)$ と移行していくので，継続利得との和は最大でも

$$\max_{\sigma \in \Delta(S)} u_i(\sigma) + \delta \frac{1-\delta^T}{1-\delta} \underline{v}_i + \frac{\delta^{T+1}}{1-\delta} v'_i \tag{5.2}$$

である。これらを比較するため，両者に $(1-\delta)$ をかけて引き算をしてみると

$$v_i - \{(1-\delta) \max_{\sigma \in \Delta(S)} u_i(\sigma) + \delta(1-\delta^T)\underline{v}_i + \delta^{T+1} v'_i\}$$

となり，δ が 1 に十分近いと，$v_i - v'_i$ に近づく。つまり逸脱後は最後の v'_i の項だけが重要で，しかしそれは v_i より厳密に小さいから，十分大きい δ について 1 期だけの逸脱はより高い総利得をもたらさないことがわかる。

5.7 完全フォーク定理 *

フェーズ 3(j) で，$j \neq i$ の場合：すでに j に対する罰が終わって，i は報酬をもらう部分である。ここで i が 1 期だけ逸脱すると，今期の利得と継続利得の和は再び (5.2) 式になる。フェーズ 1 と同様の議論により，十分大きい δ について

$$\frac{v'_i + \epsilon}{1-\delta} > \max_{\sigma \in \Delta(S)} u_i(\sigma) + \delta \frac{1-\delta^T}{1-\delta} \underline{v}_i + \frac{\delta^{T+1}}{1-\delta} v'_i$$

が成立するので，1 期だけの逸脱はより高い利得をもたらさない。

フェーズ 3(i)：自分が罰された後の報酬フェーズである。トリガー戦略に従うと今期と継続利得の和は $v'_i/(1-\delta)$ である。これに対し 1 期だけ他の行動に変えると (5.2) の利得である。(5.2) を分解すると

$$\max_{\sigma \in \Delta(S)} u_i(\sigma) + (\delta + \cdots + \delta^T) \underline{v}_i + \frac{\delta^{T+1}}{1-\delta} v'_i$$

であり，$\frac{v'_i}{1-\delta}$ との差をとると

$$[v'_i + (\delta + \cdots + \delta^T) v'_i] - [\max_{\sigma \in \Delta(S)} u_i(\sigma) + (\delta + \cdots + \delta^T) \underline{v}_i]$$

となる。T の定義により，十分大きい δ について 2 番目の大括弧の中は $\min_{\sigma \in \Delta(S)} u_i(\sigma) + T v'_i$ より厳密に小さく，これは一番目の大括弧の中身より大きくない。したがってこの差は正である。

フェーズ 2(j) で，$j \neq i$ の場合：あと t 期間 j を罰しなくてはならないとする。トリガー戦略に従って罰すると

$$(1 + \delta + \cdots + \delta^t) w_i^j + \frac{\delta^{t+1}}{1-\delta} (v'_i + \epsilon)$$

が今後の総利得である。ここで 1 期だけ他の行動にすると，最大で

$$\max_{\sigma \in \Delta(S)} u_i(\sigma) + (\delta + \cdots + \delta^T) \underline{v}_i + \frac{\delta^{T+1}}{1-\delta} v'_i$$

であった。十分に大きい δ を考えると，フェーズ 3(j) における報酬 $v'_i + \epsilon$ が逸脱後のフェーズ 3(i) の利得 v'_i より厳密に大きいことから，トリガー戦略に従う方が利得が高い。

フェーズ 2(i)：自分があと t 期間罰されなくてはならないとする。これに従うと

$$(1 + \delta + \cdots + \delta^t) \underline{v}_i + \frac{\delta^{t+1}}{1-\delta} v'_i$$

が今期と継続利得の和である．このフェーズでは他者が i をミニマックスしているので1期だけ他の行動に変えてもその期の利得は最大で $\underline{v}_i$ であり，しかももう1回フェーズ 2(i) を発動されてしまう．したがってそのような逸脱は総利得を高めない． □

フーデンバーグ＝マスキンは3人以上の繰り返しゲームの場合の十分条件として $dim(V) = n$ という全次元条件 (Full dimensionality) を仮定したが，これは必要条件ではない．アブルー他 (Abreu et al., 1994) では，この条件を弱めて，以下のような条件が成立すれば3人以上のときのフォーク定理には十分であることが示されている．

定義 5.7.3. ゲーム G が非同値効用条件 (Non-Equivalent Utilities, NEU 条件) を満たすとは，任意のプレイヤー i, j について，以下の条件を満たすような実数 c, d が存在しないことである：

$$u_i(s) = c + d u_j(s) \quad \forall s \in S_1 \times \cdots \times S_n$$

全次元条件や NEU 条件は，考察する段階ゲームに制限をおくものであるが，ウェン (Wen, 1994) は，**実質的ミニマックス値** (effective minmax payoff) を新たに定義して，それより高い利得を全員に与えるような利得ベクトルが，任意の n 人段階ゲームについて達成可能であるというフォーク定理を証明している．

5.8 同時意思決定でない繰り返しゲーム *

通常の繰り返しゲームでは，段階ゲームは標準形すなわち同時ゲームであると仮定されている．これを少し変えて，同時の意思決定ではないとしたら，フォーク定理は成立するのだろうかというのは素朴な疑問である．同時意思決定でないような繰り返しゲームの定式化はいろいろある．例えば，段階ゲームが展開形ゲームになっているもの，あるいは，奇数期に行動するプレイヤーと偶数期に行動するプレイヤーがいるものなどがある．もちろん，もっと複雑な意思決定のタイミングを持つゲームも考えることができる．

5.8 同時意思決定でない繰り返しゲーム *

ここでは，考えさせられる例として，ラグノフ＝松井 (Lagunoff and Matsui, 1997) による交互意思決定の繰り返しゲームを紹介する．このゲームの面白さは，行動できるタイミングをずらしただけで部分ゲーム完全均衡の集合が大幅に変化するところにある．表 5.5 のゲームを 2 人のプレイヤーが無限回繰り返し行うことを考える．このゲームは，二人の戦略が一致することがお互いにとって最適反応であり，しかも純戦略の対称ナッシュ均衡の間に全員一致した利得の大小関係があるという**協調ゲーム** (coordination game) の一種であり，さらに二人の戦略が一致していない場合は両者とも 0 を得るという特殊ケースである．このようなゲームは純粋協調ゲーム (pure coordination game)[12]と呼ばれる．

表 5.5　純粋協調ゲーム

1 \ 2	a	b
A	2, 2	0, 0
B	0, 0	1, 1

この例では二人とも (A, a) 均衡の方を (B, b) 均衡より好んでいる．しかし，(B, b) は段階ゲームのナッシュ均衡であるから，通常の繰り返しゲームでは部分ゲーム完全均衡として毎期プレイできる．例えば，プレイヤー 1 は任意の歴史の後で B をするという戦略，プレイヤー 2 は任意の歴史の後で b をするという戦略の組み合わせは任意の割引因子 δ について部分ゲーム完全均衡である．つまり通常の無限回繰り返しゲームであれば，非効率的な平均利得 $(1, 1)$ を与えるような均衡を排除できない．

次に，意思決定のタイミングがずれて，交互になることを考える．ゲームが始まる前に，プレイヤー 1 は「初期行動」を $S_1 = \{A, B\}$ の中から決めておき，これが第 1 期目の行動となる．第 1 期目には，プレイヤー 2 だけが意思決定を行い，第 1 期と第 2 期両方で行う行動を一つ選ぶ．第 2 期には，プレイヤー 1 だけが意思決定を行い，第 2 期と第 3 期両方で行う行動を一つ選

---

[12] このゲームは二人の利得が任意の行動の組み合わせについて同じであるので，**共通利害ゲーム** (common interest game) でもある．

154   第 5 章   部分ゲーム完全均衡 (Subgame Perfect Equilibrium)

ぶ……とゲームは続いていくとする。

　つまり，各プレイヤーの意思決定は2期間有効で，同じ行動を2回続けるようになっている。例えば，プレイヤー1が初期行動 A を選び，第1期にプレイヤー2が行動 b を選び，第2期にプレイヤー1が行動 B を選び，第3期にプレイヤー2が行動 b を選んだとすると，第1期の行動の組み合わせは (A,b), 第2期の行動の組み合わせは (B,b), 第3期の行動の組み合わせも (B,b) となる。（図 5.8 参照。）

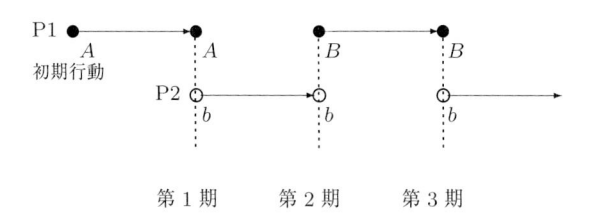

図 5.8   交互意思決定の繰り返しゲーム

　このように，奇数期にはプレイヤー2が意思決定を行い，偶数期にはプレイヤー1が意思決定を行い，ゲームが永遠に続いていくとする。各プレイヤーは共通の割引因子 $\delta \in (0,1)$ で割り引いた各期の利得の総和をゲーム全体の利得とする。

　ここで，プレイヤー1は任意の歴史の後で B をするという戦略（初期行動も B とする），プレイヤー2も任意の歴史の後で b をするという戦略を再度考えよう。今度は，この戦略の組み合わせは部分ゲーム完全均衡にならないのである。つまり，ある部分ゲームが存在して，どちらかのプレイヤーが上記の戦略から逸脱する方が総利得を高くできることがある。

　例えば，プレイヤー1が A を前期に選んだという部分ゲームを考える。今期はプレイヤー2の意思決定の番であるとする。このとき，プレイヤー2が上記の「何があっても b」という戦略に従い，来期以降は両プレイヤーとも「何があっても B （または b）」戦略に従うとすると，行動の列は $(A,b), (B,b), \ldots$ となる。このとき，プレイヤー2の今期の利得は 0 で，継続利得は $\delta/(1-\delta)$ であるから，合計も $\delta/(1-\delta)$ である。

5.8 同時意思決定でない繰り返しゲーム *

これに対し，プレイヤー2が今期だけ a に逸脱して，来期以降は二人とも上記の「何があっても B（または b）」戦略に従うとすると行動の列は $(A, a), (B, a), (B, b), \ldots$ であり，プレイヤー2の今期の利得は2となり，来期は0であるがその後は1をずっと得ることができる。これらの割引和は $2 + \delta \cdot 0 + \delta^2/(1-\delta)$ である。常に b をする戦略の利得と比較すると，

$$2 + \frac{\delta^2}{1-\delta} - \frac{\delta}{1-\delta} = 2 - \delta > 0$$

より，逸脱の利得の方が大きい。（同様に，プレイヤー2が a をした後の部分ゲームにおいてはプレイヤー1が上記の戦略から逸脱した方が利得が高くなる。）

ゆえに，通常の繰り返しゲームでは部分ゲーム完全均衡であった戦略の組み合わせが，このゲームでは部分ゲーム完全均衡ではない。この理由は，今期の相手の行動が既に決まっていて，しかも協調ゲームであるから，より二人にとって利得の高い方の行動の組み合わせに協調する方がいいという構造になっているからである。この論理を一般化して，ラグノフ＝松井 (Lagunoff and Matsui, 1997) は任意の純粋協調ゲームについて，交互選択の繰り返しゲームでは2人にとって最も高い利得ベクトルだけが部分ゲーム完全均衡で達成されるという「反フォーク定理」(anti-folk theorem) を証明している。

ユーン (Yoon, 2001) は，さらに一般の非同時意思決定繰り返しゲーム (asynchronously repeated games) の分析を行い，ラグノフ＝松井の純粋協調ゲームが（2人ゲームではあるが）NEU 条件（第5.7節参照）を満たさないことから，その特殊性を示唆した。NEU 条件が満たされる場合は，ラグノフ＝松井のモデルを含みさらに大きなクラスの，行動を選ぶタイミングがプレイヤー間で常には同時ではない繰り返しゲームにおいても，フォーク定理が成立することを示している。

しかし，高橋＝ウェン (Takahashi and Wen, 2003) は，ユーンのフォーク定理は行動のずれの構造に依存しており，一般にはミニマックス値が均衡平均利得の最小値となるとは限らないという，フォーク定理の反例を作っている。彼らの3人ゲームの例では，あるプレイヤーがそれ以前に選択した行動を取り続けなくてはならない期において，他のプレイヤーはこのプレイヤーの利得を段階ゲームのマックスミニ値まで下げることができる。一般の標準形

ゲームにおいて，マックスミニ値はミニマックス値より大きくないので，均衡平均利得は段階ゲームのミニマックス値を下回ることも可能となるのである。

この他，段階ゲームが展開形であるような繰り返しゲームを考えたフォーク定理もある。(ルービンシュタイン＝ウォリンスキー (Rubinstein and Wolinsky, 1995)，ソラン (Sorin, 1995) を参照。) ただし，段階ゲームの展開形を誘導標準形に変換して，通常のフォーク定理をあてはめたときに得られる平均均衡利得の集合と，展開形のまま部分ゲーム完全均衡を作ったときの平均利得の集合は，一般には必ずしも一致しない。例えば，ルービンシュタイン＝ウォリンスキー (Rubinstein and Wolinsky, 1995) の例で，図 5.9 の展開形ゲームを段階ゲームとして繰り返すゲームを考えてみる。

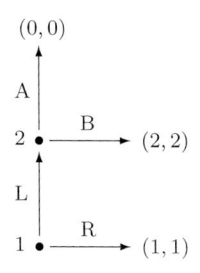

図 5.9　段階ゲーム

各期において，まずプレイヤー 1 が L か R かを選び，もし L が選ばれたら，プレイヤー 2 の手番となり，A か B を選ぶ。この展開形ゲームを無限回繰り返すゲームを考えるとき，ミニマックス値はどうなるであろうか？

一つの方法は図 5.9 を誘導標準形 (表 5.6) にして，ミニマックス値を計算することである。この場合，混合戦略の範囲で考えても，プレイヤー 1，2 ともにミニマックス値は 1 である。

表 5.6　誘導標準形

1 \ 2	A	B
R	1, 1	1, 1
L	0, 0	2, 2

従って，フォーク定理によれば，ベクトル $(1,1)$ と $(2,2)$ を結ぶ線分上の任意の利得ベクトルは，δ が十分大きいとき，部分ゲーム完全均衡の平均利得として達成できるはずである．しかし，図 5.9 を無限回繰り返す展開形ゲームのただ一つの部分ゲーム完全均衡は，任意の $\delta < 1$ について，毎期 (L, B) をとるものだけである．これを示そう．全ての部分ゲーム完全均衡の中で，各プレイヤーの平均利得の下限を m とする．第 1 期にプレイヤー 1 が L を選ぶと，プレイヤー 2 は B を選ぶことで，継続利得として最悪でも $2 + \frac{\delta}{1-\delta} m$ を得ることができる．また，これはプレイヤー 1 にとっても継続利得の下限となる．したがって $m \geqq (1-\delta)\{2 + \frac{\delta}{1-\delta} m\}$ となり，実現可能性から $m = 2$ である．

ただし，この段階ゲームは共通利害ゲーム (common interest game) になっているので，2 人ゲームではあるが全次元条件は満たしていない．逆に，全次元条件を仮定すれば，展開形ゲームを段階ゲームとしても，うまくトリガー戦略を作ることが可能になり，フォーク定理が成立することもルービンシュタイン＝ウォリンスキーが示している．

5.9 重複世代による繰り返しゲーム *

今まではゲームに最初から最後まで参加するプレイヤーを考えていた．ここでは，各プレイヤーは有限期間しかプレイしないが，ゲームそのものは無限に続くような状況，特に**重複世代** (overlapping generations) のモデルを考えてみる[13]．

各プレイヤーは 2 期間だけ生きるとし，第 1 期目であるプレイヤーを young，第 2 期目であるプレイヤーを old と呼ぶ．毎期 young と old 一人ずつの 2 人のプレイヤーが表 5.7 のような囚人のジレンマを行う．old が死ぬと，現在の young はゲームに残って old となり，新しい young がゲームに入ってくるという形で世代が重複しつつ交代していくとする．

---

13) 本節の例はスミス (Smith, 1992) による．神取 (Kandori, 1992b) もこれと独立に同じような分析を行った．

第 5 章　部分ゲーム完全均衡 (Subgame Perfect Equilibrium)

表 5.7　囚人のジレンマの例

Young \ Old	C	D
C	2, 2	−1, 3
D	3, −1	0, 0

　各プレイヤーは 2 期間の利得の和を最大にするように行動するとする。また，全てのプレイヤーは全てのプレイヤーの過去の行動を観察できるとする。ここで，以下のグリム・トリガー戦略を全てのプレイヤーが行うことは部分ゲーム完全均衡になる。

　young のときは，これまで全ての young が C，全ての old が D をしてきた時は C をし，そうでなかったら D をする。old になったら任意の歴史の後に D をする。

　まず，old になったら最後の期であるからどんな経緯であろうとも D をするのが最適である。young のときに，上記の戦略から逸脱して，これまでずっと young が C，old が D であったにもかかわらず D をしてみるとする。すると今期は −1 の代わりに 0 を得ることができるが，次期は young に罰されて 0 である。これに対し，上記の戦略に従っていれば，今期は −1 であるが次期は 3 を得ることができ，合計で 2 > 0 より逸脱しない。young のときにその他の部分ゲームにいれば，段階ゲームのナッシュ均衡をプレイするのであるからもちろん最適である。

　従って，この均衡によって，たった 2 期しかプレイしないプレイヤーの社会であっても C がプレイできることになる。毎回 (D, D) がおこる均衡では，各プレイヤーの 2 期間の平均利得は 0 であるが，この均衡だと 2 期間合計で 2，平均で 1 の利得が得られるのである。

　ただしこのグリム・トリガー戦略による協力均衡は，非常に強いモニタリングの構造に依存していることを，バスカー (Bhaskar, 1998) が指摘している。もし young は現在の相手である old の過去だけしか観察できないとすると，たとえその old が前期に C をしていなかったとしても，D をしない方がよい。なぜなら，自分が D をしたのが old を罰するために D をしたのか，自分が逸脱したのかを次期の young が知ることができないからである。例え

5.9 重複世代による繰り返しゲーム *

ば，前期の young (現在の old) が C であったら C をし，そうでなかったら D をするという戦略を次期の young がとっているとすると，たとえ現在の相手の old が前期逸脱していたとしても，今 D をしてしまうと今期 (D,D)，来期も (D,D) がおこるので総利得は 0 である。old を罰さず C をすると，今期は -1 であるが次期は 3 をもらえるので，こちらの方が利得が高くなるのである。そこでバスカーは現在の相手の過去しか観察できない状況で，混合戦略で協力ができる均衡[14]を作ったが，これも利得関数について多少不完備情報を入れると崩壊するので，重複世代モデルで安定的に協力均衡を導出するのは情報に非常に依存していることがわかる。

---

14) ただし，不完全モニタリングであるから均衡概念は部分ゲーム完全均衡ではなく逐次均衡（第 8 章参照）である。

練習問題

5.1 兄と弟が，3個のキャンディを前にしている。この3つを二人でどのように分けるかが問題である。キャンディを切ることはできないとする。二人の目的はできる限り自分がもらうキャンディの個数を多くすることである。

(a) 二人が同時に $\{0,1,2,3\}$ の中から欲しい数字（キャンディの個数）を言うというゲームを考える。もし二人の数字を足して3以下であったら，それぞれ自分の言った数字の個数だけのキャンディをもらえるとする。もし二人の数字を足して3より大きかったら，二人とも0個のキャンディをもらうとする。この同時ゲームの行列表現を書き，純戦略のナッシュ均衡を全て求めなさい。

(b) 兄が先に $\{0,1,2,3\}$ の中から欲しい個数を言い，弟はその数字を聞いてから $\{0,1,2,3\}$ の中から欲しい個数を言うという展開形ゲームを考える。利得は，(a) と同様に，二人の数字を足して3以下であったら，それぞれ自分の言った数字の個数だけのキャンディをもらえ，二人の数字を足して3より大きかったら，二人とも0個のキャンディをもらうとする。この展開形ゲームの樹形図を描き，純戦略による部分ゲーム完全均衡を全て求めなさい。

5.2 ある商店街にカフェが2軒あった。名前を A と B とする。ところが，この町には，そんなおしゃれな店に行く人は少なくて，2店が存在すると儲からない。そこで2店とも，撤退すべきかどうかを考え始めた。もちろんライバルがいなくなれば，独占になるのでなんとかやっていけるが，相手が撤退しないのであれば，あきらめた方がよい。そして，お互いの意思決定は相手には知ることができない同時ゲームだとする。2店の戦略の集合は同じで，$S_A = S_B = \{$ Stay, Exit $\}$ とする。Exit を選べば，相手の戦略がなんであろうと利得 0 を得る。Stay を選んだ場合，相手も Stay の場合，-10 の利得を，相手が Exit の場合は 5 を得るとする。

(a) このゲームのナッシュ均衡を混合戦略も含めてすべて求めなさい。

カフェAの経営者は，このままではらちがあかないと思った．そこで，撤退の意思決定の前に，店を改装してみようかと考えた．改装にはコスト -20 がかかるが，きれいになれば客足も少しは増える．ここでは，改装した後，Stayを選べば，上記の利得に5がプラスされるとする．(つまり，AがStay，BもStayのときのAの利得が $-10+5 = -5$ に，AがStay，BがExitのときのAの利得が $5+5 = 10$ になる．) ただ，改装してExitしてしまえば，コストの分が損失となり，相手がStayであろうとExitであろうと当初の利得0からさらに下がって -20 になるとする．

これを展開形ゲームで考える．まずプレイヤーAが改装するかしないかを決める．Aが改装したかどうかはBに見えるとする．その後で，Aが改装していなければ，(a)の同時ゲームに行き，ゲームが終わる．改装すれば，上記の新しい利得の下で（Bの利得は(a)と同じ）同時ゲームをして，ゲームが終わる．

(b) この展開形ゲームの樹形図を描きなさい．
(c) この展開形ゲームの，純戦略による部分ゲーム完全均衡をすべて求め，その経済学的意義を考えなさい．

5.3 以下の3人展開形ゲームの純戦略による部分ゲーム完全均衡をすべて求めなさい．利得ベクトルは上からプレイヤー1，2，3の利得である．

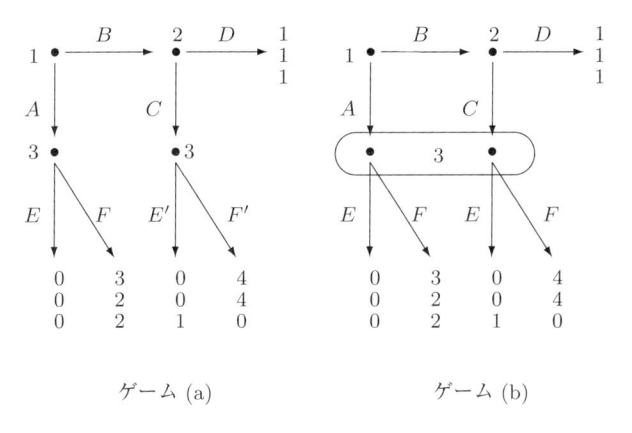

ゲーム (a)　　　　　　ゲーム (b)

5.4 以下の3人展開形ゲームの部分ゲーム完全均衡を全て求めなさい．

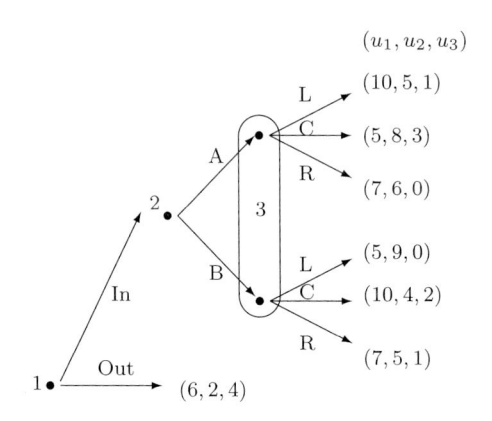

162　第 5 章　部分ゲーム完全均衡 (Subgame Perfect Equilibrium)

```
                              (u_1, u_2, u_3)
                         L
                        ╱ → (10, 5, 1)
                   ●──C → (5, 8, 3)
                 A╱ ╲R
                 ╱    → (7, 6, 0)
           2●  ⟨3⟩
               ╲
                B╲        → (5, 9, 0)
                 ●──C → (10, 4, 2)
                L╱ ╲R
                     → (7, 5, 1)
      In↗
    1●── Out →(6, 2, 4)
```

(図中の数値は (u_1, u_2, u_3)、枝ラベル L, C, R 等)

5.5 以下のような行列表現で表される同時ゲームを 2 回繰り返すゲームを考える。利得は 2 回分の和とする。このとき，一回目に (B,B) がプレイされるような部分ゲーム完全均衡を作りなさい。また，どうしてその戦略の組み合わせが部分ゲーム完全均衡なのかも説明しなさい。（注意：戦略の形を正確に。）

P1 \ P2	A	B	C
A	2, 2	6, 0	1, 1
B	0, 0	5, 5	0, 6
C	1, 0	2, 1	4, 4

5.6 以下の同時ゲーム G について，設問に答えなさい。

P1 \ P2	a	b
A	3, 2	0, 0
B	0, 0	1, 4

(a) このゲーム G のナッシュ均衡を全て（混合戦略も含めて）求めなさい。

(b) 相関戦略が使えるとして，このゲーム G の実現可能な利得の組み合わせの集合を図示しなさい。（横軸に P1 の利得をとり，縦軸に P2 の利得をとりなさい。）その図の中に，(a) で求めたナッシュ均衡の利得の組み合わせを明記しなさい。

このゲーム G を無限回繰り返し，利得を δ で割り引くゲーム $G^\infty(\delta)$ を考える。簡単化のため，混合戦略（行動）も見える完全モニタリングであるとする。

(c) 以下のような $G^\infty(\delta)$ の戦略の組み合わせを考える。

奇数回目（初回を含む）：任意の歴史の後で，P1 は A を，P2 は a を行う。

偶数回目：任意の歴史の後で，P1 は B を，P2 は b を行う。

上記の戦略から得られるそれぞれのプレイヤーの割引総利得，平均利得（割引総利得に $(1-\delta)$ をかけたもの），および割引因子 δ が 1 に収束したときの平均利得を求めなさい。（ヒント：割引総利得は，2 回ずつで区切ってみる。）また，δ が 1 に収束したときの平均利得の組み合わせを (b) の図にわかるように描き入れなさい。

(d) 任意の歴史の後の部分ゲームを考える。相手が上記の戦略に従っているとき，どちらのプレイヤーも 1 回だけ逸脱しても，より大きな割引総利得が得られないことを示しなさい。

5.7 2 人ゲーム G を以下のような行列表現で表される同時ゲームとする。

P1\ P2	L	R
U	0, 3	1, 0
M	1, 0	0, 2
D	2, 5	4, 4

(a) G のナッシュ均衡を混合戦略も含めてすべて求めなさい。

(b) G におけるミニマックス値をそれぞれのプレイヤーについて求める。

　i. まず，純戦略の範囲で

$$v_1 := \min_{y \in \{L,R\}} \max_{x \in \{U,M,D\}} u_1(x,y)$$
$$v_2 := \min_{x \in \{U,M,D\}} \max_{y \in \{L,R\}} u_2(x,y)$$

を求めなさい。

　ii. 次に，混合戦略まで許して

$$\underline{v}_1 := \min_{y \in \Delta\{L,R\}} \max_{x \in \Delta\{U,M,D\}} Eu_1(x,y)$$
$$\underline{v}_2 := \min_{x \in \Delta\{U,M,D\}} \max_{y \in \Delta\{L,R\}} Eu_2(x,y)$$

を求め，i の結果と比較しなさい。また，$\underline{v}_2$ を与えるプレイヤー 1 の（混合）戦略を明記しなさい。

(c) 横軸を P1 の利得，縦軸を P2 の利得として，実現可能利得ベクトルの集合を図示しなさい．

5.8 以下のゲームを段階ゲームとし，δ を割引因子とした，無限回繰り返しゲームを考える．各プレイヤー1，2は割引総利得を最大にするものとする．

P1\ P2	A	B
A	3, 3	0, 4
B	4, 0	1, 1

以下のような Grim Trigger 戦略を考える．

第1期または，これまで誰も (A,A) から逸脱していなかったら，A をする．誰か逸脱していたら，B をする．

対称ゲームなので，プレイヤー1についてのみ考える．プレイヤー2が Grim Trigger 戦略に従っていて，これまで誰も (A,A) から逸脱していない歴史の後の部分ゲームを考える．このとき，1回だけ逸脱して，その後 Grim Trigger 戦略に従うという one-step deviation を考えるが，純戦略 B に逸脱しても，Grim Trigger 戦略より高い利得を得られないならば，混合戦略 $pA+(1-p)B$ に逸脱しても，Grim Trigger 戦略より高い利得を得られないことを示そう．

まず，「純戦略 B に1回だけ逸脱して，その後 Grim Trigger に戻ると，Grim Trigger 戦略にずっと従っているときより高い利得を得られない」ということを式で表すと $\frac{3}{1-\delta} \geqq (\ \ \text{ア} \ \ ) + \delta\frac{1}{1-\delta}$ となる．これを（1）式とする．

次に，「混合戦略 $pA+(1-p)B$ に1回だけ逸脱しても，Grim Trigger 戦略にずっと従っているときより高い利得を得られない」ということを式で表す．ここで，今期は p の確率で (A,A) となり，その後は何食わぬ顔でずっと (A,A) をするが，$1-p$ の確率で (B,A) となり，その後は (B,B) になることに注意する．したがって，混合戦略に逸脱しても利得が高くならないという条件は $\frac{3}{1-\delta} \geqq p\{(\ \ \text{イ} \ \ ) + \delta\frac{3}{1-\delta}\} + (1-p)\{(\ \ \text{ウ} \ \ ) + \delta\frac{1}{1-\delta}\}$．これを（2）式とする．

(a) ア，イ，ウに適切な数値を入れなさい．

(b) 任意の $0 \leqq p < 1$ について（1）式が成立するならば（2）式が成立することを証明しなさい．

(c) Grim Trigger 戦略を二人ともが行うことが部分ゲーム完全均衡となるための最小の δ を求めなさい．

5.9 プレイヤー P とプレイヤー A の間の展開形ゲームを考える．まず P が契約 (w,b) を提示する．w は基本給で，契約が成立すれば，何がおこっても P から A に支払われる金額である．b はボーナスで，売り上げがよかった時だけ A に支払うものとする．P は任意の非負の実数の組の中から (w,b) を一つ選んで提示することができる．

次に，P の提示した契約 (w,b) を見た後で，A はこれを受け入れる (Yes) か，受け入れない (No) かを決定する．受け入れなかった場合，ゲームは終了し，二人とも 0 の利得を得る．受け入れた場合，二人は契約を締結し，A は仕事に入る．その仕事では，A は努力する (Effort) か，さぼる (Shirk) かを選べる．さぼると売り上げは必ず悪くなるので，ボーナスはもらえないとする．努力をした場合，二通りの可能性があって，$\frac{1}{2}$ の確率で売り上げがよく，$\frac{1}{2}$ の確率で，売り上げは悪い．前者の場合のみ，ボーナスがもらえる．しかし，努力すると，A にとっては不効用となるので，不効用の利得を -1 とする．

売り上げがいいとき，P は 10 の収入を得る．悪いとき P は 2 の収入を得る．この中から基本給および必要に応じてボーナスを払う．P の利得は（契約締結の場合）収入から A への支払いを引いたもの（の期待値）である．A の利得は，努力をした場合，P からもらえる金額の期待値から不効用の 1 を引いたものであり，さぼった場合は，基本給のみである（不効用はない）．A は，どんな契約が提示されたか，自分が Yes, No のどちらを言ったかはもちろん観察できる．

(a) 上記のゲームを樹形図で表しなさい．

(b) A が契約を受け入れ，かつ努力するような純戦略の部分ゲーム完全均衡の経路を求める．

　i. A が仕事に入った段階の意志決定を考える．(w,b) の関数として，A の最適行動を求めなさい．

　ii. A が努力することが最適な条件のもとで，さらに (w,b) がどのような式を満たしていれば，A が契約を受け入れるか？

　iii. A がさぼることが最適な条件のもとで，さらに (w,b) がどのような式を満たしていれば，A が契約を受け入れるか？

　iv. これらをふまえて，A が努力し，かつ P の利得を最大にするような (w,b) を求めなさい．（A が無差別の場合，どちらの行動を取ることも最適であると考える．）

5.10 経営者と労働者の問題を考える。まず，労働者が仕事で努力するかどうかを選ぶ。事業の利益は労働者の努力に依存して決まり，労働者が努力すると 10, 努力しないと 1（単位 10 万円）であるとする。努力すると労働者は 3 の不効用を感じる。

次に，事業の利益が決まった時点で，経営者はそのうち x の割合 (x は 0 以上 1 以下の実数) を要求し，労働者はこれに対して Yes または No で答えるという交渉を行う。利得の組み合わせは以下のように決まる。

労働者が努力し，経営者が x の割合を要求した場合。労働者が Yes と言えば，二人の利得の組合わせは $(10x, 10(1-x)-3)$（第一項が経営者の利得，第 2 項が労働者の利得，以下同じ。）労働者が No と言った場合，調停が入り，利益の 90% は経営者に行くが，調停費用として二人とも 1 を払う。したがって二人の利得の組み合わせは $(9-1, 1-3-1)$。

労働者が努力しなくて，経営者が y の割合を要求した場合。労働者が Yes と言えば，二人の利得の組合わせは $(y, 1-y)$。労働者が No と言った場合，調停により二人の利得の組み合わせは $(0.9-1, 0.1-1)$。

ゲームは完全情報とする。この展開形ゲームの純戦略による部分ゲーム完全均衡を求めなさい。ちなみに，これはホールドアップ問題 (Hold-up problem) と言われるものの例である。

5.11 2 頭の動物が 1 つの獲物を前にしている。（あるいは 2 企業が衰退産業に存在している。）獲物を得ると（独占を得ると）$v>1$ の利得がもらえるとする。ゲームは $t=1,2,\ldots$ 期に渡って，ずっと続くかもしれないがこの v の値は一定だとする。ゲームが続く限り，各 t 期において両プレイヤーは同時に，闘う (fight) かあきらめる (stop) かを選ぶ。もし両者が闘うを選ぶとそれぞれコスト -1 をその期に支払うが決着が付かず，ゲームは次の期に続く。もし片方のプレイヤーが闘うを選び，相手があきらめるを選んだらゲームは終わり，闘うを選んだプレイヤーがコストなしに v を得，あきらめた方は 0 を得る。

この（潜在的には永遠に続く）ゲームの利得は各プレイヤーとも共通の割引因子 $\delta \in (0,1)$ で割り引いた総利得とする。例えば，プレイヤー 1 が第 T 期目にあきらめる（それまでは闘う）という戦略をとり，プレイヤー 2 が第 $T' > T$ 期目にあきらめる（それまでは闘う）という戦略をとると，プレイヤー 1 の割引総利得は

$$(-1)(1+\delta+\delta^2+\cdots+\delta^{T-1}) = \frac{-(1-\delta^T)}{1-\delta}$$

であり，プレイヤー2の割引総利得は

$$(-1)(1+\delta+\delta^2+\cdots+\delta^{T-1})+\delta^T v$$

である。このゲームのただ一つの部分ゲーム完全均衡を求め，それが部分ゲーム完全均衡であることを証明しなさい。(ヒント：各期においてプレイヤーは「闘う」と「あきらめる」を混合する。) このゲームは（離散時間の）消耗戦 (War of Attrition) と呼ばれる。

5.12 一般の2人標準形ゲーム $G = (\{1,2\}, S_1, S_2, u_1, u_2)$ について以下の主張を証明しなさい。

『各プレイヤー $i = 1, 2$ について，純戦略の範囲でのミニマックス値は，任意の純戦略のナッシュ均衡におけるこのプレイヤーの利得以下である。』

(式で書くと，任意の $i = 1, 2$ と任意の純戦略ナッシュ均衡 (s_1^*, s_2^*) について，以下が成立することである。ここで $j \neq i$ とする。

$$\min_{s_j \in S_j} \max_{s_i \in S_i} u_i(s_i, s_j) \leqq u_i(s_i^*, s_j^*). \ )$$

第 6 章

ベイジアン・ナッシュ均衡
(Bayesian Nash Equilibrium)

6.1 不完備情報の定式化の問題

　ここから，不完備情報ゲームに入る。不完備情報とは，ゲームの構造のどこかがプレイヤーたちの共有知識でないことである。ゲームが共有知識になっていないとすると，他のプレイヤーの利得関数や戦略の集合や，そもそもゲームの参加者が誰であるかも予想しなければならないかもしれない。これらゲームの構造そのものの予想は 1 次予想 (first-order belief) と呼ばれる。また，それだけでなく，他のプレイヤーの意思決定を予想しなければ，自己の意思決定ができないから，他のプレイヤーが予想しているゲームはどんなものであるかも予想しなくてはならない。相手の予想についての予想であるから，これは 2 次予想 (second-order belief) となる。しかし，相手もまた自分やその他のプレイヤーの 2 次予想を考えて意思決定するのであるから，相手の 2 次予想に対する予想，すなわち 3 次予想も必要となる……このように，不完備情報では無限の深さの予想が必要となってしまうのである。
　さらに問題なのは，これらの予想がそもそもどこから来るかということである。各プレイヤーはまったく主観的に予想を形成するのか，それとも，何らかの共通部分があるのか，あるとしたらどこから来るのか。このように，まったく一般の不完備情報ゲームを定式化し，均衡を考えることは非常に難しい。
　本章では，ハルサニ (Harsanyi, 1967-68) によるベイジアンゲーム (Bayesian games) の分析を紹介する。ハルサニは，全てのプレイヤーの予想形成には共

通の基盤があり，ゲーム（あるいは共有知識になっていない部分，例えば誰かの利得関数）の候補の集合と，各候補が真実である確率が共有知識として存在すると仮定した。各プレイヤーの意思決定は，この**共有事前確率** (common prior) をもとに，もしあれば自分が得た情報を追加して，ベイズルールによって更新した確率による期待利得を最大化するように行われるとする。

ここまで設定すれば，あたかも**自然** (Nature) がゲーム構造を共有事前確率に従って確率的に選び，各プレイヤーは自然の選択を完全には知らないという不完全情報の展開形と同一視できる[1]。つまり，**不完備情報ゲームを，完備情報の不完全情報ゲーム**にしてしまうのである。この方法は，まだ多くの部分に共有知識を仮定しているので，もちろん全ての不完備情報ゲームを記述することはできないが，これまでの完備情報のゲームの分析方法をそのまま使えるので非常に便利である。不完備情報の標準形ゲームの少し異なる定式化としては，カールソン＝ヴァン・ダム (Carlsson and van Damme, 1993) によるグローバルゲームがあり，その分析は第9章で紹介する。

本章では，誰かの利得関数が共有知識でないケースを扱う。実際，誰かの戦略の集合が共有知識でないということも，そのプレイヤーの利得関数の定義域が共有知識でないということに還元されるし，ゲームのルールが共有知識でないということも，利得関数の不完備情報で表現できる。さらに，誰かの情報構造について知らないということはそのプレイヤーの戦略の集合を知らないということにできるので，これもまた利得関数の不完備情報とも言える。つまり，ほとんどのケースは利得関数の不完備情報として定式化できるのである。

6.2 ベイジアンゲーム

経済学の重要な問題の一つである**逆淘汰** (adverse selection)[2]の例を用いて，

---

[1] 無限の深さの予想を考えたモデルと，ハルサニの「タイプ」を使ったモデルが同一視できるかどうかはもちろん数学的に示されるべきであり，マルタンス＝ザミール (Mertens and Zamir, 1985) を参照されたい。

[2] この用語については，「逆選抜」「逆選択」という訳語もある。

6.2 ベイジアンゲーム

ベイジアンゲームを実際に作りながらその定義を説明しよう[3]。ここに，中古車を所有しているプレイヤーSと，中古車を買いたいと思っているプレイヤーBがいるとする。中古車の売買のときによく問題になるのは，車の質が所有者の利得に大きな影響を及ぼすが，一見しては質までわからないということである。そこで，車の質は現在の所有者のプレイヤーSしか知らないとする。この場合，買い手であるプレイヤーBは，自分がその車から得られる利得を意思決定の時点では知らないという不完備情報になっている。

簡単化のために，中古車は優良車 (Good) であるか事故車 (Lemon) であるかの二通りしかないとし，プレイヤーの選べる行動は，プレイヤーSは売りに出す (Trade) か出さない (Not) の二つ，プレイヤーBは買う (Trade) か買わない (Not) かの二つしかないとし，二人は同時にこれらの行動を選ぶとする。売り手は価格を選ぶこともできるであろうが，ここでは価格はある正の数 P で固定しておく。（アメリカでは Consumer Reports 誌などの情報で，ある社のある型の何年生産の中古車の価格の相場というものは非常によく知られているので，この仮定は必ずしも非現実的とは言えない。）

優良中古車であれば，Bはそれを使用することで60の便益を得るとし，事故車であったら何かと不具合があるので30の便益であるとする。これらは金額で評価されているとする。便益の金額からSへの支払い金額 P を引いたものが最終的にはプレイヤーBの利得となる。取引が行われなければ，便益も支払いもないので，Bの利得は0である。プレイヤーSの方は，優良車であればそれを使用することで55の利得を得るし，事故車からは0の利得を得るとする。もし価格 P で売ってしまえば，P を利得とする。これらを表としてまとめたのが表6.1である。これは同時ゲームの行列表現ではないことに注意されたい。

車の質に応じた二人の利得関数は二人の共有知識であるとする。残る問題は，プレイヤーSは自分の利得関数がどちらであるかを知っているが，プレイヤーBは知らないということと，しかし二人ともがプレイヤーBの利得関数の予想を共有するということを定式化することである。そこで，市場に出

---

[3] 本節はワトソン (Watson, 2002) の例を参考にした。逆淘汰の古典的文献はアカロフ (Akerlof, 1970) である。

表 6.1 質に応じた利得関数

優良中古車 (G) の場合

S \ B	Trade	Not
Trade	$P, 60-P$	55, 0
Not	55, 0	55, 0

事故車 (L) の場合

S \ B	Trade	Not
Trade'	$P, 30-P$	0, 0
Not'	0, 0	0, 0

回っている中古車の統計から，一般の中古車が質の悪い事故車である確率は0.3 であるというデータを追加する．この情報は二人のプレイヤーにとって共有知識であるとし，この確率を**共有事前確率** (common prior) と呼ぶ．そして，プレイヤー S だけは追加的に「この中古車」についての情報を持っているので，質を知る，と考える．つまり二人のプレイヤーの知識の差は，この追加的情報（あるいは私的情報）があるかどうかだけであるとする．

プレイヤー S は追加的情報によって事前確率をベイズルール (Bayes rule)[4] によって更新した事後確率 (posterior) で自分の利得関数を予想することができる．（だからベイジアンゲームという名前なのである．）プレイヤー B は追加的情報がないので，事前確率をそのまま自分の利得関数の予想に使用するということになる．しかも，二人はプレイヤー S が追加的情報を持つということと，プレイヤー B は持たないということも共有知識として知っているとする．（ここまで仮定しないとベイジアンゲームが完備情報にならない．）

ここでは，プレイヤー S が受け取る追加的情報はどちらの質かを確実に知らせるものになるので，どちらかの質であること（すなわち自分のどちらかの利得関数）にプレイヤー S は事後確率 1 を付けることになる．プレイヤー B の利得関数については，二人とも 0.7 の確率で優良中古車の利得関数，0.3 の確率で事故車の利得関数，であることを予想するのである．

以上のことを記号を使って一般化する．標準形ゲーム $G = (1, 2, \ldots, n, S_1, S_2,$

---

[4] 条件付き確率とも言う．例えば，事前確率関数を $Pr(\cdot)$ とするとき，$Pr(B) > 0$ である事象 B が起こったという条件の下での事象 A の事後確率は

$$Pr(A \mid B) = \frac{Pr(A \cap B)}{Pr(B)}$$

であるとするルールである．

..., $S_n, u_1, u_2, \ldots, u_n$) が利得関数について不完備情報であるとし，これをベイジアンゲームに変換する．各プレイヤーはなんらかの属性 (attribute) ベクトルによって特定化されるとする．中古車の例で言えば，車の質（あるいはそれから来る便益の数値）と，それを知っているかどうかという私的情報が各プレイヤーの一つの属性ベクトルを構成する．この属性ベクトルの値をひとまとめにして，プレイヤーのタイプ (type) と呼ぶことにする．タイプの中には情報構造も入っているので，各プレイヤーは自己のタイプのみを知るということになる．各プレイヤー $i = 1, 2, \ldots, n$ が持ちうるタイプの集合を T_i と書き，当面は有限集合とする．タイプの組み合わせ全体の集合は $T := \Pi_{j=1}^n T_j$ と書くことにする．G のベイジアンゲームにおけるプレイヤー i の利得関数は，戦略の組み合わせのみならず，全員のタイプの組み合わせにも依存し，$u_i : S \times T \to \Re$ という関数となる．（ここで $S = \Pi_{i=1}^n S_i$ である．）

真実のタイプの組み合わせ $t = (t_1, \ldots, t_n) \in T$ はゲームの最初に自然によって選ばれるとする．この自然の選択は共有事前確率 $p : T \to [0, 1]$ によって決められるとする．簡単化のため，全てのタイプの組み合わせ $t \in T$ は正の共有事前確率を持つとする．各プレイヤー i は自然の真実の選択が $t^* = (t_1^*, \ldots, t_n^*)$ であるとき，自分のタイプ t_i^* だけを知り，その情報をもとに他のプレイヤーの任意のタイプの組み合わせ t_{-i} について事後確率 $p(t_{-i} \mid t_i^*)$ をベイズルールで計算することができる．

中古車の例では，プレイヤー S のタイプの集合は，車の質と，それをいずれ知るという私的情報の構造から，G のときの利得関数と L のときの利得関数を分ける二つのタイプになるので $T_S = \{G, L\}$ のように表記できる．プレイヤー B の利得関数は本来なら車の質によって異なるのであるが，質がわからないということからただ一つのタイプしか持たないということにしなくてはならない．例えば B のタイプの集合を $T_B = \{GL\}$ と書くと，自然は $t^* = (G, GL)$ を確率 0.7 で，$t^* = (L, GL)$ を確率 0.3 で選ぶのが共有事前確率である．（第1項を S のタイプとしてある．）

事後的には，プレイヤー S は $t^* = (G, GL)$ または $t^* = (L, GL)$ のどちらが起こったかを知らされるので，表 6.1 のどちらかの利得関数に確率 1 を付ける．これに対し，プレイヤー B は自分のタイプを知ったところでどちらの利得関数かはわからず，事前確率をそれぞれの利得関数につけることになる．

174   第 6 章　ベイジアン・ナッシュ均衡 (Bayesian Nash Equilibrium)

自然がタイプの組み合わせを選び，情報がどう伝わるかを表現した樹形図は図 6.1 のようになる。（利得ベクトルは省略してある。）S の情報集合は二つに別れており，B の情報集合は H_{BGL} 一つだけである。

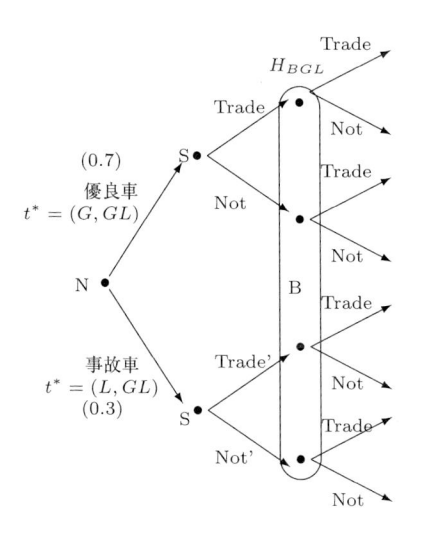

図 **6.1**　レモンの問題 (Lemon's Problem) のベイジアンゲームの構造

ベイジアンゲームにおける戦略とは，各プレイヤーのタイプの集合 T_i から S_i への関数（すなわち行動戦略）である。ただし，もとのゲームが不完備情報であるから，自然の最初の選択を知らないプレイヤーが必ず存在しているので，展開形ゲームとはいえ，厳密な部分ゲームは存在しない。これは図 6.1 からもわかるであろう。したがって実質上意味のある均衡概念はナッシュ均衡ということになる。特にベイジアンゲームにおけるナッシュ均衡はベイジアン・ナッシュ均衡 (Bayesian Nash equilibrium) と呼ばれる。

定義 **6.2.1.** 有限のタイプ集合 $T_1, \ldots, T_n$ と共有事前確率 p を持つ，標準形ゲーム $G = (\{1, 2, \ldots, n\}, S_1, S_2, \ldots, S_n, u_1, u_2, \ldots, u_n)$ のベイジアンゲームにおいて，各プレイヤー i の行動戦略 $\pi_i : T_i \to S_i$ の組み合わせ $(\pi_1, \ldots, \pi_n)$ がベイジアン・ナッシュ均衡 (Bayesian Nash equilibrium) であるとは，各プレイヤー i について，π_i は T_i から S_i への関数の中で，事前の期待利得を最

大にしていること，即ち，任意の $g_i : T_i \to S_i$ について

$$\sum_{t_i \in T_i} \sum_{t_{-i} \in T_{-i}} p(t_i, t_{-i}) u_i(\pi_i(t_i), \pi_{-i}(t_{-i}), t_i, t_{-i})$$
$$\geq \sum_{t_i \in T_i} \sum_{t_{-i} \in T_{-i}} p(t_i, t_{-i}) u_i(g_i(t_i), \pi_{-i}(t_{-i}), t_i, t_{-i}) \quad (6.1)$$

が成立することである。(ただし $t_{-i} \in T_{-i}$ は i 以外のタイプの組み合わせである。)

ここで注意しなくてはならないのは，均衡を求めるときの利得は，自然がタイプを選ぶ前の始点で計算された期待利得でなければならないということである。ナッシュ均衡とは，ゲームが始まる前に戦略の組み合わせを比較するものであるからである。情報を「知るはず」のプレイヤーもいるが，それは，ベイジアンゲームにおいては「自然がタイプを選んだ後に知る」プレイヤーなので，均衡を求める際には事前の期待利得で計算しなくてはならないことは，情報を知らされないプレイヤー同様なのである。

しかし，全てのタイプの組み合わせが正の事前共有確率を持つとしたので，上記の事前の最大化は，タイプが判明した後のタイプ別事後的最大化と一致する。

補助定理 6.2.1. 任意の $t \in \Pi_{j=1}^n T_j$ について $p(t) > 0$ であるとき，$(\pi_1, \ldots, \pi_n)$ が任意の i と任意の $g_i : T_i \to S_i$ について (6.1) を満たすことの必要十分条件は，任意の i，任意の i のタイプ $t_i \in T_i$，任意の $s_i' \in S_i$ について

$$\sum_{t_{-i} \in T_{-i}} p(t_{-i} \mid t_i) u_i(\pi_i(t_i), \pi_{-i}(t_{-i}), t_i, t_{-i})$$
$$\geq \sum_{t_{-i} \in T_{-i}} p(t_{-i} \mid t_i) u_i(s_i', \pi_{-i}(t_{-i}), t_i, t_{-i})$$

が成立することである。(ここで，$p(t_{-i} \mid t_i)$ は自己のタイプ t_i が判明した後，事前確率 p からベイズルールで計算した他のプレイヤーのタイプ上の事後確率である。)

証明：任意の $t \in \Pi_{j=1}^n T_j$ について $p(t) > 0$ であることと，ベイズルールより $p(t_{-i} \mid t_i) = \frac{p(t_i, t_{-i})}{p(t_i)}$ であるから，(ここで，$p(t_i)$ は $p(t)$ の T_i 上の周辺確

率 (marginal probability) である）

$$\sum_{t_{-i}\in T_{-i}} p(t_{-i} \mid t_i) u_i(\pi_i(t_i), \pi_{-i}(t_{-i}), t_i, t_{-i})$$
$$\geq \sum_{t_{-i}\in T_{-i}} p(t_{-i} \mid t_i) u_i(s'_i, \pi_{-i}(t_{-i}), t_i, t_{-i}) \quad \forall t_i \in T_i$$
$$\iff \sum_{t_{-i}\in T_{-i}} \frac{p(t_i, t_{-i})}{p(t_i)} u_i(\pi_i(t_i), \pi_{-i}(t_{-i}), t_i, t_{-i})$$
$$\geq \sum_{t_{-i}\in T_{-i}} \frac{p(t_i, t_{-i})}{p(t_i)} u_i(s'_i, \pi_{-i}(t_{-i}), t_i, t_{-i}) \quad \forall t_i \in T_i$$
$$\iff \sum_{t_{-i}\in T_{-i}} p(t_i, t_{-i}) u_i(\pi_i(t_i), \pi_{-i}(t_{-i}), t_i, t_{-i})$$
$$\geq \sum_{t_{-i}\in T_{-i}} p(t_i, t_{-i}) u_i(s'_i, \pi_{-i}(t_{-i}), t_i, t_{-i}) \quad \forall t_i \in T_i \quad (6.2)$$

である．従ってこれらの不等式を $t_i \in T_i$ について足し合わせると (6.1) を満たす．

逆に，任意の i, 任意の $g_i : T_i \to S_i$ について (6.1) が成立すると仮定する．各 $t_i \in T_i$ と $s'_i \in S_i$ について g_i として $g_i(t_i) = s'_i \neq \pi_i(t_i)$ かつその他の $t'_i \in T_i$ について $g_i(t'_i) = \pi_i(t'_i)$ であるものが存在するので，これについても (6.1) が成立するということは (6.2) が成立するということである． □

つまり，各タイプについて異なる行動を独立に選べるのであるから，あたかも別なプレイヤーの意思決定とみなすことができるのである．これらの二通りで，中古車取引（レモンの問題）のベイジアンゲームを解いてみる．

6.2.1 事前の最大化

まず，事前確率で全てのプレイヤーの期待利得を計算した行列表現を求めよう．以下では，Sの行動戦略は，優良車であるときの行動，事故車であるときの行動の順に二つの行動を並べて表現し，行動の頭文字をとって純戦略の集合は $S_S = \{TT', TN', NT', NN'\}$ とする．同様に，Bの純戦略は T と N と書く．Bが N を選べば，Sが何をしても取引は成立しないので，Sの事前の期待利得は $(0.7) \times 55 + (0.3) \times 0 = 38.5$ である．ベイジアンゲーム全体の

戦略の期待利得であるから，自然が車の質を選ぶ前の始点での期待利得を計算するのである。B は自分が N を選ぶ限り，期待利得は 0 である。また，S が NN' を選んだ場合も B の戦略にかかわらず，S の期待利得は 38.5, B の期待利得は 0 である。

次に B が T を選ぶときを考える。このとき，S が TT' を選べば，取引は両方の車で成立し，S の期待利得は $Eu_S(TT', T) = (0.7)P + (0.3)P = P$ である。このとき B の期待利得は $Eu_B(TT', T) = (0.7) \times (60 - P) + (0.3) \times (30 - P) = 51 - P$ である。S が TN' を選べば，優良車のときだけ取引が成立し，S の期待利得は $Eu_S(TN', T) = (0.7)P + (0.3) \times 0 = 0.7P$ で，B の期待利得は $Eu_B(TN', T) = (0.7)(60 - P) + (0.3) \times 0 = (0.7)(60 - P)$ である。最後に，S が NT' を選べば，事故車のときだけ取引が成立し，S の期待利得は $Eu_S(NT', T) = (0.7) \times 55 + (0.3)P$，B の期待利得は $Eu_B(NT', T) = (0.7) \times 0 + (0.3)(30 - P)$ である。これらをまとめた行列表現が表 6.2 である。（左が S の利得，右が B の利得である。）

表 **6.2** レモンの問題の（事前の）行列表現

S\B	T		N
TT'	P	, $51 - P$	38.5, 0
TN'	$0.7P$	, $(0.7)(60 - P)$	38.5, 0
NT'	$38.5 + 0.3P$	, $(0.3)(30 - P)$	38.5, 0
NN'	38.5	, 0	38.5, 0

プレイヤー B が戦略 T を選ぶような純戦略のベイジアン・ナッシュ均衡があるか調べてみよう[5]。まず，$P > 0$ より $P > 0.7P$，$38.5 + 0.3P > 38.5$ であるから，プレイヤー B の戦略 T に対するプレイヤー S の純戦略による最適反応は TT' または NT' である。このうち，TT' が最適反応になるのは

$$P \geqq 38.5 + 0.3P \iff P \geqq 55$$

のときである。しかし，$P \geqq 55$ という高い価格のとき，プレイヤー B の TT' に対する最適反応は N である。したがってこのときは取引が成立するような

---

5) (NN', N) は任意の P についてベイジアン・ナッシュ均衡である。

ベイジアン・ナッシュ均衡は存在しない．完備情報の場合は優良車は P が 55 以上でも（60 を超えなければ）取引できたはずであるが，情報が不足するために，ここではもはやできないのである．

$P < 55$ であれば，プレイヤー B の戦略 T に対するプレイヤー S の最適反応は NT' である．ここで $P \leq 30$ がさらに成立すれば，プレイヤー B の最適反応も T となるので，(NT', T) というベイジアン・ナッシュ均衡が存在する．もし，$30 < P < 55$ であればこの均衡も存在しない．

ゆえに，不完備情報の下では，非常に低い価格 $P \leq 30$ のときだけ取引が成立する均衡が存在し，その均衡では事故車しか販売されていないのである．この現象を逆淘汰と呼ぶのは，通常の市場では良い製品だけが生き残っていくと考えられるのに，情報が不足している場合は逆に悪い製品だけが出回るということで，淘汰されるものの逆転が起こっているという意味である．

6.2.2 タイプ別プレイヤーの最大化

次に，同じ問題を，車の質によって異なるプレイヤー S であるという解釈で解いてみる．優良車を所有しているタイプのプレイヤー S を S_1，事故車を所有しているタイプのプレイヤー S を S_2 という異なるプレイヤーとみなす．これは，あたかも図 6.1 のプレイヤー S の二つの情報集合が異なるプレイヤーに属するように考えればよい．

価格が $P \geq 55$ で，プレイヤー B が戦略 T をとるときは，プレイヤー S_1 は自分が戦略 T をとったときの利得 P と N をとったときの利得 55 を比較するので売り出すのが最適である．同様にして，プレイヤー S_2 は自己の戦略 T' の利得 P と N' の利得 0 を比較するので売り出すのが最適である．（タイプ別に利得を比較していることに注意．）これを TT' と書く事にする．情報を知らないプレイヤー B は事前確率を使用した期待利得最大化をすることは前と同じなので，戦略 T の期待利得は $Eu_B(TT', T) = (0.7)(60 - P) + (0.3)(30 - P)$ となり，これは価格が $P \geq 55$ のときは負であるから，N が最適反応である．従って B が逸脱するので，(TT', T) はベイジアン・ナッシュ均衡ではない．

価格が $30 < P < 55$ で B が戦略 T をとるときは，S_1 は利得 P と 55 を比較するので，今度は最適反応は N で，S_2 の最適反応は T' となる．このときの B の期待利得は $Eu_B(NT', T) = (0.7)0 + (0.3)(30 - P) < 0$ より，(NT', T)

はベイジアン・ナッシュ均衡ではない.

価格が $P \leqq 30$ で B が戦略 T をとるときも，S_1 の最適反応は N で，S_2 の最適反応は T' となる．このときは $Eu_B(NT', T) = (0.7)0 + (0.3)(30 - P) \geqq 0$ となるので，(NT', T) がベイジアン・ナッシュ均衡となる．

このゲームでは各タイプのプレイヤーの戦略の数が少なく，タイプ別に分けても分けなくても，最大化問題は難しくはなかった．しかしタイプの数が増えたり，戦略（行動）の数が増えると，タイプ別最大化の方が楽なことが多い．次の例で見てみよう．

6.3 不完備情報のクールノーモデル

3.2 節で扱ったクールノーのモデルで，2 企業が同時に生産量を選ぶゲームを考える．このとき，企業 1 の限界費用 c_1 が共有知識でないというケースを考えてみよう．企業 2 は企業 1 の限界費用としては c_h または c_ℓ（ここで，$c_h > c_\ell$）であることはわかっているが，企業 1 だけがそのどちらかを知っているとする．企業 2 の予想としては，c_h である確率を p，c_ℓ である確率を $1-p$ とする．そして，企業 1 はこれらのことを全て知っているとする．

このモデルをベイジアンゲームにする．まず自然は企業 1 のタイプの集合 $\{c_h, c_\ell\}$ から c_h を確率 p，c_ℓ を確率 $1-p$ で選ぶ．そしてプレイヤー 1 はこの情報を知るが，プレイヤー 2 は知らない．その後，両企業は同時に生産量 (q_1, q_2) を選んでゲームが終わる．ゲームの概略は図 6.2 のような樹形図として描ける．（各タイプのプレイヤー 1 の無限個の行動がプレイヤー 2 の情報集合内にあると想像して欲しい．）

情報を知っているプレイヤー 1 の戦略は二つの情報集合それぞれにおいて生産量を選ぶもので，情報を知らないプレイヤー 2 の戦略はただ一つの情報集合において生産量 q_2 を選ぶだけである．ここでは，企業 1 が 2 次元ベクトルである（c_h のときの生産量，c_ℓ のときの生産量）を動かして事前確率を使った期待利得を最大化すると考えるより，2 タイプの企業 1 がそれぞれの生産量という 1 変数を動かしてタイプ別の利得を最大化するとした方が計算が容易であるので，タイプ別最大化を採用する．

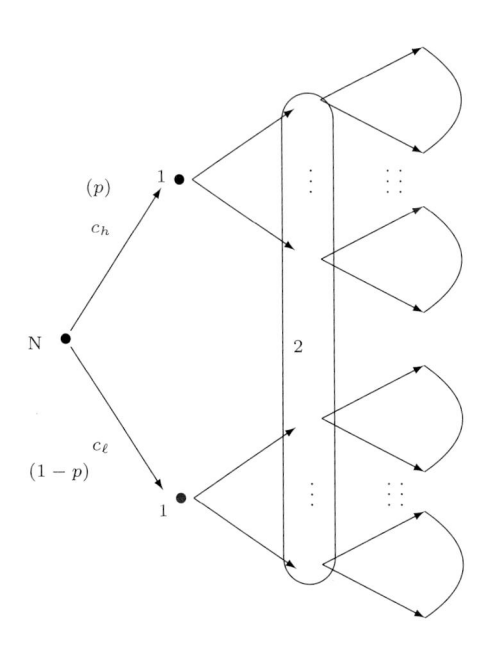

180　第6章　ベイジアン・ナッシュ均衡 (Bayesian Nash Equilibrium)

図 **6.2**　2タイプのクールノー・ゲーム

3.2 節と同様に，企業 i の利得関数は利潤とする．企業1がタイプ c_h のときに選ぶ生産量を q_{1h}，タイプ c_ℓ であるときに選ぶ生産量を $q_{1\ell}$，企業2の生産量を q_2 とすると，限界費用が c_h の企業 1_h の利得関数は

$$u_{1h}(q_{1h}, q_2) = (A - q_{1h} - q_2)q_{1h} - c_h q_{1h} \tag{6.3}$$

限界費用が c_ℓ の企業 1_ℓ の利得関数は

$$u_{1\ell}(q_{1\ell}, q_2) = (A - q_{1\ell} - q_2)q_{1\ell} - c_\ell q_{1\ell} \tag{6.4}$$

である．タイプ別のプレイヤー1がこれらをそれぞれ最大化するように生産量を選ぶとする．これに対して，情報を知らない企業2の利得関数は期待利得で計算して，

$$\begin{aligned}Eu_2(q_{1h}, q_{1\ell}, q_2) &= p\{(A-q_{1h}-q_2)q_2 - c_2q_2\} + (1-p)\{(A-q_{1\ell}-q_2)q_2 - c_2q_2\} \\ &= (A - q_2 - c_2)q_2 + p(-q_{1h}q_2) + (1-p)(-q_{1\ell}q_2)\end{aligned}$$

であり，これを最大化するように q_2 を選ぶ．

プレイヤー 1_h, 1_ℓ, 2 がお互いに最適反応をしているような戦略の組み合わせがベイジアン・ナッシュ均衡である．まず，プレイヤー1のタイプ $j = h, \ell$ の最適反応は (6.3) および (6.4) を最大化して，

$$q^*_{1j} = \frac{1}{2}(A - q_2 - c_j)$$

である．プレイヤー2の最適反応は

$$q^*_2 = \frac{1}{2}\{A - c_2 - pq_{1h} - (1-p)q_{1\ell}\}$$

である．これら3つの式を連立して解くと

$$\begin{aligned}
q^*_{1h} &= \frac{1}{6}\{2A + 2c_2 - (3+p)c_h - (1-p)c_\ell\} \\
q^*_{1\ell} &= \frac{1}{6}\{2A + 2c_2 - pc_h - (4-p)c_\ell\} \\
q^*_2 &= \frac{1}{3}\{A - 2c_2 + pc_h + (1-p)c_\ell\}
\end{aligned}$$

がベイジアン・ナッシュ均衡であることがわかる．

このモデルには経済学的意義もある．例えば企業1の真実のコストが c_h であるとし，それを企業2も知っているならば，クールノー・ナッシュ均衡における企業2の生産量は $\frac{1}{3}(A - 2c_2 + c_h)$ であるから，$pc_h + (1-p)c_\ell < c_h$ より，情報が少ないベイジアン・ナッシュ均衡においては企業2はより少ない量を生産していることになる．これは，相手が低いコスト（すなわち，より競争力の高い企業）である可能性があるので，c_h であるとわかっているときより企業2が弱気になっているということである．逆に言うと，本来 c_h である企業1は企業2の情報不足のおかげで得をするということである．もちろん，反対に企業1の真のコストが c_ℓ であった場合は，企業2が c_h の可能性を考えているという状況は企業1がみくびられているということであり，その場合は企業1は損をしていることになる．

6.4 オークション

ベイジアンゲームの重要な応用分野はオークション（入札）である．美術品

などのオークションにおいては，所有者によってその商品から得られる便益が異なると考えられるので，買い手たちは自己の評価額はわかっても他者の評価額がわからないということは自然な状況である．これは私的価値 (private value) のオークションと呼ばれる．これに対し，油田の採掘権などの場合は，誰が最終的に所有しても得られる便益は同じである．これは共通価値 (common value) のオークションと呼ばれる．しかし，共通価値の場合であっても，不完備情報になる可能性がある．それは，中古車の例と同様に，事前には便益がわからない（例えば埋蔵されている石油の量がわからない）というケースである．この場合，自分を含め，誰の評価額もわからないということになる．このように，オークションにおいて不完備情報であるケースは多い．オークションにもいろいろな入札方法があるが，例えば封印入札であれば同時ゲームであるから，ベイジアンゲームとして解くことになる．

これまでの例では，完備情報のときと不完備情報のときでは根本的に均衡や均衡利得など，ゲームの結果が異なるのが普通であった．ところが，オークションにおいては必ずしもそうではない．むしろ，オークションの特徴は，少々入札方法が変わったり，情報構造が変わっても，結果が本質的に（例えば売り手の利得からみて）変わらないということである．

例えば，練習問題 2.4 で扱った封印第 2 価格オークションを考えてみよう．練習問題 2.4 では完備情報を暗黙の内に仮定し，自己の評価額 v_i を付け値とする戦略がその他の任意の戦略（付け値）を弱く支配することを証明した．その証明を少し手直しして，他者の評価額がわからないという不完備情報のゲームにも応用できる．（タイプごとにちがうプレイヤーにすればよい．）従って，不完備情報であっても，自己の評価額を付け値とする戦略が他の戦略を弱く支配し，それを全員が行うという戦略の組み合わせがベイジアン・ナッシュ均衡となるのである．

この他，オークションのいろいろな形式とその均衡についてはクレンペラー (Klemperer, 2004) やミルグロム (Milgrom, 2004) の本を参照されたい．ここでは，最も重要な収入等価定理 (Revenue Equivalence Theorem) だけを紹介する．

オークションには，非常に多様な形態があり，入札の方法だけでも，封印入札の他に，イングリッシュ・オークション (English auction)(価格をだんだ

んにつり上げていくもの），ダッチ・オークション (Dutch auction)（誰も買わないような高い価格から始めて，誰かが買うまで価格を下げていくもの）などがある．イングリッシュ・オークションは各プレイヤー（入札者）が何回も付け値を変更できるので展開形ゲームであるが，ダッチ・オークションは，時間は経過するが，結局行動するのは「どの価格レベルで買うと意思表示するか」という一つのタイミングだけなので，本質的には同時ゲームである．また勝者がいくら支払うかのルールも，自分が入札した最高金額を支払うもの（第一価格），全員の付け値の中で二番目の金額を支払うもの（第 2 価格），全体の何番目かの金額を払うものなど，いろいろある．さらに，勝者だけでなく，入札者全員が参加費用として一定の金額を支払うという，全員支払いオークション (all-pay auction) もある．勝てるかもわからないのに全員が参加費を払う入札制度は一見するとおかしなものに思えるかも知れないが，製品開発競争やロビイング競争などはそのような入札制度と見なすことができる．

このように多様な入札制度があるにもかかわらず，かなりの制度は結果として同じ売り上げ金額になるというのが収入等価定理である．ここでは，クレンペラーのサーベイ論文 (Klemperer, 1999) による，一つの財を売る場合の定理を述べておく．（複数の財を売るオークションの分析は一般にはもっと複雑になる．）

定理 6.4.1.（収入等価定理）n 人の入札者がおり，各入札者 i の評価額 v は区間 $[\underline{v}, \overline{v}]$ 上の（共通の）連続な確率分布関数により独立に選ばれるものとする．各入札者の利得は便益（財を得ない場合は 0，得た場合は評価額）から支払い金額をひいたもので，この期待値を最大化するように行動するとする．このとき，以下の二つの性質を満たす任意の入札制度におけるベイジアン・ナッシュ均衡は売り手に同じ期待収入を与える．（あるいは，各入札者はどの制度でも同じ期待利得を得る．）(i) 財は最も評価額の高い入札者に与えられ，(ii) 最も低い評価額の入札者の期待利得は 0 となる．

各入札者のタイプは評価額であり，その関数として付け値を決めるのが戦略である．ここでは，クレンペラーに従って，簡単な証明のアイディアを与えておく．

任意の入札制度を固定し，任意の入札者 i をとる．対称均衡を考え，全ての入札者が同じ（増加）関数 $s:[\underline{v},\bar{v}]\to\Re$ を用いて入札するとする．このプレイヤーはタイプ $v\in[\underline{v},\bar{v}]$ のとき，$s(v)$ に従うことで確率 $P_i(v)$ でこの財を得るとし，期待支払い金額を $E_i(v)$ と書くとすると

$$U_i(v) = P_i(v)v - E_i(v)$$

が期待利得となる[6]．

タイプ v のプレイヤー i が $s(v)$ から逸脱して少し異なるタイプ $v+dv$ の戦略を用いたとすると，勝利確率は $P_i(v+dv)$ になり，支払い金額も $E_i(v+dv)$ になる．従ってこのときの期待利得は

$$P_i(v+dv)v - E_i(v+dv)$$

となるが，これを本当にタイプが $v+dv$ であったときの期待利得

$$U_i(v+dv) = P_i(v+dv)(v+dv) - E_i(v+dv)$$

を使って変形すると

$$P_i(v+dv)v - E_i(v+dv) = U_i(v+dv) - (dv)P_i(v+dv)$$

となる．ゆえに，タイプ v のときに $v+dv$ の戦略に逸脱がおこらないための条件は任意の dv について

$$U_i(v) \geqq U_i(v+dv) + (-dv)P_i(v+dv)$$

が成立することである．

逆に，タイプ $v+dv$ の場合にタイプ v の戦略に変更しないための条件は

$$U_i(v+dv) \geqq U_i(v) + (dv)P_i(v)$$

である．これらの不等式を合わせると，

$$P_i(v+dv) \geqq \frac{U_i(v+dv) - U_i(v)}{dv} \geqq P_i(v)$$

---

[6] E_i が $P_i(v)$ にどう依存するかは特定化していない．財を得るか得ないかにかかわらず支払いがあることも許すからである．

となり，$dv \to 0$ とすると
$$\frac{dU_i}{dv} = P_i(v)$$
が成立する。これを積分すると任意の $v \in [\underline{v}, \bar{v}]$ について
$$U_i(v) = U_i(\underline{v}) + \int_{\underline{v}}^{v} P_i(x)dx$$
が得られる。つまり，どんな入札制度でも，$U_i(\underline{v})$ と $P_i(v)$ が同じであれば，ベイジアン・ナッシュ均衡における各入札者の期待利得は同じになるのである。ここから売り手の期待収入も同じになることがわかる。定理の (ii) の条件はどの入札制度でも，またどの i でも $U_i(\underline{v}) = 0$ であることを保証しており，定理の (i) では最も評価額が高い入札者が財を得られるとなっているので，F をタイプの分布関数とすると，v が最も高い評価額である確率が $P_i(v) = (F(v))^{n-1}$ であるから，これも制度にかかわらず同じになる。

6.5 ハルサニの純化定理 *

ハルサニのもう一つの重要な貢献は，完備情報の標準形ゲームの混合戦略のナッシュ均衡に意義を与えたことである。混合戦略均衡の解釈はあまり直観的ではなく，現実のプレイヤー（例えば企業）が確率的に行動するとは考え難いという人はいるであろう。また，混合戦略均衡においてはプレイヤーは複数の純戦略から同じ期待利得を得ているので，必ずしも均衡戦略の通りの確率でプレイするかは明らかではない。

ハルサニ (Harsanyi, 1973) は直面しているゲームに少しの不完備情報が入ったベイジアンゲームの純戦略によるベイジアン・ナッシュ均衡を，不完備情報がなくなるにつれて元のゲームの混合戦略によるナッシュ均衡に収束させることができることを証明した。これにより，混合戦略均衡は「ほぼ純戦略均衡」であるということになる。

まず，不完備情報を定式化するために利得関数を（微小に）ぶれさせたゲームを定義する。

定義 6.5.1. 任意の $\epsilon > 0$ について，n 人標準形ゲーム $G = (\{1, 2, \ldots, n\}, S_1, S_2,$

$\ldots, S_n, u_1, u_2, \ldots, u_n$) の，ぶれさせたゲーム (perturbed game)$G(\epsilon)$ とは，各プレイヤー $i = 1, 2, \ldots, n$ の利得関数が

$$v_i(s) = u_i(s) + \epsilon \theta_i(s)$$

という形になったもので，$\theta_i(s)$ はプレイヤー i と戦略の組み合わせ s に依存する $[-1, 1]$ 上の（プレイヤー間で独立な）確率変数である。

この利得のぶれは他のプレイヤーからみた不確実性，すなわち他のプレイヤーがプレイヤー i の利得関数について持っている確率的予想と解釈される。ぶれ幅を $[-1, 1]$ にしているのは基準化であり，ϵ が 0 に収束すれば，本来の G の利得を予想する，すなわち完備情報になる。

このぶれさせたゲームを使って，まず自然が各プレイヤーの $\{\theta_i(s)\}_{s \in S}$ を選び，プレイヤー i は自分の $\{\theta_i(s)\}_{s \in S}$ の実現値を知るが，他のプレイヤーの $\{\theta_j(s)\}_{s \in S}$ の実現値を知らないというベイジアンゲームを考える。このベイジアンゲームの純戦略によるナッシュ均衡 $b^*(\epsilon)$ を求め，ϵ が 0 に近づいたとき，即ち不確実性が消えて行って完備情報ゲームになっていくときに $b^*(\epsilon)$ の収束先がどうなるかを考える。

例えば，表 3.4 のペニー合わせゲームの利得関数がお互いに完全には共有知識でないとして，これをぶれさせた表 6.3 のようなゲーム $G(\epsilon)$ を考えてみよう[7]。ここで，x_i は $[-\epsilon, \epsilon]$ 区間上の一様分布に従うとする。（つまり $\theta_1(s)$ は $s = (H, T)$ のときだけ $[-1, 1]$ 上の一様分布，他では一点 $\{0\}$ からなる分布であり，$\theta_2(s)$ は $s = (H, H)$ のときだけ $[-1, 1]$ 上の一様分布であるようなケースである。）

表 6.3 ぶれさせたペニー合わせゲーム

1 \ 2	H	T
H	$-1, 1 + x_2$	$1 + x_1, -1$
T	$1, -1$	$-1, 1$

---

7) ここで H は Heads（表）を表し，T は Tails（裏）を表す。

6.5 ハルサニの純化定理*

ぶれのないペニー合わせゲーム（$x_1 = x_2 = 0$ のとき）にはただ一つのナッシュ均衡があり，それは各純戦略を 1/2 ずつの確率で行うという混合戦略を二人とも行うもの $((\frac{1}{2}, \frac{1}{2}), (\frac{1}{2}, \frac{1}{2}))$ であった。

ぶれさせたゲームでは，各プレイヤーは自分の x_i の値だけを知り，相手の値については $[-\epsilon, \epsilon]$ 区間上の一様分布であることだけを知っている。これをベイジアンゲームと考えると，プレイヤー i について x_i の値の集合がタイプの集合となり，各 x_i について H または T の行動を選ぶ関数が純戦略である。ここで，各プレイヤー $i = 1, 2$ について対称的な

$$b_i(x_i) = \begin{cases} H & \text{if } x_i \geqq 0 \\ T & \text{if } x_i < 0 \end{cases}$$

というベイジアンゲームの純戦略を考える。相手が行動戦略 b_j に従っているとすると H をしてくる確率は $x_j \geqq 0$ である確率，すなわち 1/2 である。これに対し，プレイヤー i がタイプ x_i のときに H をしたときの期待利得は

$$Eu_i(H, b_j; x_i) = \frac{1}{2}(-1) + \frac{1}{2}(1 + x_i) = \frac{1}{2}x_i,$$

T をしたときの期待利得は

$$Eu_i(T, b_j; x_i) = \frac{1}{2} \cdot 1 + \frac{1}{2}(-1) = 0$$

であるので，$x_i \geqq 0$ であるとき，H が最適である。つまり，b_i をすることが（一つの）最適反応であり，(b_1, b_2) は純戦略のベイジアン・ナッシュ均衡である。しかも，行動の上の事前確率分布は $((\frac{1}{2}, \frac{1}{2}), (\frac{1}{2}, \frac{1}{2}))$ であり，もとのゲームのナッシュ均衡の確率になる。

つまり，うまくぶれさせたゲームを作れば，その純戦略のベイジアン・ナッシュ均衡が，（一般にはぶれが 0 に収束するときに[8]）もとのゲームの混合戦略のナッシュ均衡と同じ行動確率をもたらすようにできるのである。この論理を一般化したのが以下の定理である。証明は数学的に高度であるので省略する。

---

[8] ぶれさせたゲームでの純戦略の均衡は，一般にはぶれに依存した行動確率をもたらす。ぶれが 0 に収束するとうまくもとのゲームの混合戦略のナッシュ均衡の確率になればよい。

定理 6.5.1. (ハルサニの純化定理，Purification Theorem) ほぼ全て[9]の n 人標準形ゲーム G について，ぶれさせたゲーム $G(\epsilon)$ の列が存在して，$G(\epsilon)$ の純戦略のベイジアン・ナッシュ均衡 $b^*(\epsilon)$ による G の行動の分布を，ϵ が 0 に収束するとき，G の任意の混合戦略のナッシュ均衡の行動の分布に収束させることができる[10]。

最後に，ここでは，ぶれさせたゲームの列をうまく作ったので，そのナッシュ均衡の列がもとのゲームの混合戦略均衡に収束するようになっていることに注意しておく。梶井＝モリス (Kajii and Morris, 1997) では，より一般の問題として，任意の「十分近い」ゲームのナッシュ均衡が，もとのゲームのナッシュ均衡と「十分近い」戦略分布をもたらすかということを調べ，否定的な解答を得ている。この意味で「頑健な」均衡としては，第 9 章で扱う p-ドミナント均衡という概念が考えられる。

---

9) 一つの n 人ゲームを $n \times |S|$ 次元の利得ベクトルで特定化すると考えると，$n \times |S|$ 次元ユークリッド空間において測度が 0 となるようなゲームの集合を除いたもの，という意味である。generic なゲームとも呼ぶ。全てのゲームではないので，一部のゲームについては反例がある。詳しくはハルサニ (Harsanyi, 1973) およびフーデンバーグ＝ティロル (Fudenberg and Tirole, 1990) 第 6 章などを参照。

10) 正確には確率変数の分布関数にいろいろな仮定（2回微分可能，絶対連続など）をおく必要がある。

練 習 問 題

6.1 プレイヤー 1 と 2 が，ある企業の株に投資すべきかどうかを考えている。この企業の業績は自然 (Nature) によって決められるとする。まず，Nature が good または bad を選ぶ。Nature が good を選ぶ事前確率は 0.3 であるとする。次に，プレイヤーたちが同時に買うか買わないかを決める。good と bad では利得行列が異なり，以下のようになっているとする。

P1 \ P2	Buy	Not
Buy	10, 10	5, 0
Not	0, 5	0, 0

P1 \ P2	Buy	Not
Buy	1, 1	-5, 0
Not	0, -5	0, 0

good のときの利得行列　　　bad のときの利得行列

(a) 完備情報のケースを考える。二人とも Nature の選択を知ってから，二人同時に Buy か Not を選ぶとする。good のとき，bad のときそれぞれの同時ゲームについて，(混合戦略も含めた) ナッシュ均衡を全て求めなさい。

(b) 不完備情報のケースを考える。プレイヤー 1 だけが Nature の選択を知ってから，二人同時に Buy か Not を選ぶとする。このベイジアンゲームの (事前の) 行列表現を書きなさい。

(c) (b) のベイジアンゲームにおける，純戦略のベイジアン・ナッシュ均衡をすべて求めなさい。

6.2 2 人の参加者がいる美術品のオークションを考える。プレイヤー 1 がこの美術品に対して持っている評価額は 1.5（単位 1 0 0 0 万円）であることがわかっているが，プレイヤー 2 の評価額が完全にはわからない状況を考える。プレイヤー 2 の評価額は 1 または 2 であることはわかっていて，1 である確率は 0.5 であるとする。

競売は第一価格封印オークションという形で行われるとする。これは，二人が同時に購入希望価格を書いて封筒に入れて提出し，高い価格を付けた方がこの美術品をその価格で買う権利を得るというものである。

簡単化のため，プレイヤー 1 は 1.1 と 1.5 という二つの価格から選ぶとする。プレイヤー 2 は 0.9 と 1.6 という二つの価格から選ぶとする。各プレイヤーの利得は，競売に勝った場合，評価額から支払う価格を引いたもの，負けた場合は 0 とする。例えば，プレイヤー 1 が 1.1 と書き，プレイヤー 2 が 0.9 と書いたとき，プレイヤー 1 が勝って，その利得は $1.5 - 1.1 = 0.4$，プレイヤー 2 の利得は評価額にかかわらず 0 である。この不完備情報ゲームをベイジアンゲームとして分析する。

(a) プレイヤー 2 の戦略は，本当の評価額に応じて価格を決めるというものである。プレイヤー 2 の純戦略すべてを書きなさい。

(b) ベイジアンゲームとしての（事前の）行列表現を書きなさい。

(c) ベイジアン・ナッシュ均衡を求めなさい。

6.3 果物屋 S とお客 C の不完備情報ゲームを考える。最高級メロンが 1 つあるのだが，お客はその品質を知らない。

(a) まず，お客の一人ゲームを考える。Nature がこのメロンの品質 Ripe と Unripe のどちらかを選ぶがお客はそれを知らずに，買う (Buy) または買わない (Not) を選ぶとする。Ripe のメロンを買うと利得は 1，Unripe のメロンを買うと利得は -2，買わないときはメロンの品質に関わらず利得は 0 であるとする。メロンが Ripe である事前確率は 0.5 であるとすると，お客の最適戦略は何か？

果物屋 S は，Nature の選択の結果を知った後で（すなわちこのメロンの品質を知ってから），売る (Sell) か売らない (Not Sell) かを決める。お客は果物屋が戦略を選ぶのと同時に買うか買わないかを決めるという，ベイジアンゲームを考える。お客の利得は (a) のときと同じとする。果物屋の利得は，Ripe のメロンが売れたら 2，Ripe のメロンが手元に残ったら 1，Unripe のメロンが売れたら 2，手元に残ったら 0 とする。メロンが Ripe である事前確率は 0.5 であるとする。

(b) このベイジアンゲームの（事前の）行列表現を書きなさい。

(c) 純戦略のベイジアン・ナッシュ均衡を全て求めなさい。

6.4 2 つの会社 X と Y が同じ財を生産しているとする。X 社の供給量を x，Y 社の供給量を y とすると，市場価格は $1800 - x - y$ で決まるとする。両企業は任意の非負の実数の供給量を戦略として選べるとする。X 社は売り上げ（価

格×供給量）を利得とし，最大化しようとしている．これは2社の共有知識であるとする．しかし，X社はY社の目的関数が売り上げであるか利潤であるかをはっきり知らないとする．Y社の生産費用はy単位供給するとき$300y$である．（従って，X社の供給量をx, Y社の供給量をyとするとY社の利潤は$(1800-x-y-300)y$となる．）Y社が売り上げ最大化をしている事前確率を$\frac{2}{3}$, 利潤最大化をしている確率を$\frac{1}{3}$であるとし，これは両企業の共有知識であるとする．2社は同時に供給量を選ぶ．この不完備情報ゲームをベイジアンゲームとして考え，純戦略のベイジアン・ナッシュ均衡を求めなさい．

6.5 今日はゲーム理論のテストの前日である．学生はまったく準備していなかった．時間がないので山をかけるしかない．講義の前半にやまをかけるか，後半にかけるかを選ぶことにした．学生の純戦略をこれに合わせて，「前」と「後」とする．ゲーム理論の先生は，学生がちゃんとできてくれればうれしいタイプ（F）とそうでないタイプ（G）の二通りの可能性があるが，学生にわかっているのは，Fタイプである確率が0.4であるということだけである．（学生がそう思っていることは，先生も知っているとする．）先生の純戦略は「前半重視の問題を出す」と「後半重視の問題を出す」の二つだとする．先生のタイプに応じたゲームの利得は以下である．

Fタイプのケース

先生 \ 学生	前	後
前	3, 3	0, −1
後	0, −1	3, 3

Gタイプのケース

先生 \ 学生	前	後
前	0, 3	0, −1
後	2, −1	2, 3

(a) この不完備情報ゲームをベイジアンゲームと考え，先生の純戦略を全て書きなさい．

(b) 純戦略のベイジアン・ナッシュ均衡を全て求めなさい．

第7章

完全ベイジアン均衡
(Perfect Bayesian Equilibrium)

7.1 不完備情報の展開形ゲーム

　この章では完全情報の展開形ゲームにおいて利得関数が全てのプレイヤーの共有知識ではないケースを扱う。均衡概念としては本章で扱う完全ベイジアン均衡 (perfect Bayesian equilibrium) の他に逐次均衡 (sequential equilibrium) も使えるのであるが，技術的にやさしい完全ベイジアン均衡を先に説明することにする。(学説史的には逐次均衡が先に作られている。)

　基本的な考え方は不完備情報の標準形ゲームにおけるベイジアンゲームと同じである。樹形図の利得ベクトル以外の部分は共有知識であるが，最後の利得ベクトルが共有知識でないとする。しかし，利得ベクトルの候補の集合が共有知識であり，しかもそれらの上に共有事前確率があるとして，自然が最初に利得ベクトルの組み合わせの一つを選び，知るべきプレイヤーだけが知り，その後展開形ゲームが行われるという形のベイジアン展開形ゲームに拡張して考える。では，標準形ゲームをベイジアンゲームに拡張したときとどこが異なるかというと，ここではベイジアンプレイヤーのモデルにしたから展開形ゲームになったのではなく，元のゲームとして完全情報の展開形ゲームが行われているので，厳密な部分ゲームが存在することがある。また不完備情報から来る，複数の意思決定点を含む情報集合の部分もある。これらを一概にナッシュ均衡で考えていいのかということである。

　展開形ゲームの特徴を生かした均衡概念としては，既に後ろ向きの帰納法

と部分ゲーム完全均衡がある．これらに共通した考え方は，順番があることを踏まえて，出来る限り，ゲームの最中の情報集合でも，そこから先だけに制限した部分で最適な行動を選ばせるということである．この考え方を不完備情報の展開形ゲームをベイジアン展開形にした不完全情報の展開形ゲームに適用するのが完全ベイジアン均衡である．

まず具体的な例で，不完全情報の展開形ゲームにおいて「ゲームの最中の最適化」を考えるにはどうするべきかを見てみる．4章で扱った参入ゲーム (図 4.9) の一般的な形として，クレプス＝ウィルソン (Kreps and Wilson, 1982b) による図 7.1 の参入ゲームで考えてみよう．ここでは利得が a, b というパラメターで一般化されている．またクレプス＝ウィルソンに従って，独占企業の低価格戦略を Fight，高価格戦略を Accommodate とする．(利得ベクトルは，第1座標が先手プレイヤー E の利得である．)

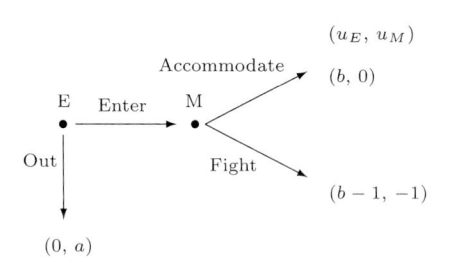

図 7.1 一般の参入ゲーム ($a > 1$, $1 > b > 0$)

4章で分析したように，図 7.1 の参入ゲームの後ろ向きの帰納法の解，あるいは部分ゲーム完全均衡はただ一つあって，それは (Enter, Accommodate) である．ここで，プレイヤー E (潜在的参入企業) は独占企業 M の利得を完全には知らないという不完備情報を考える．例えば，企業 M の利得関数としては，図 7.1 のケースまたは，参入されたらむしろ Fight をする方が利得が高いというケースの二通りが考えられるとする．前者のタイプの企業 M を Rational タイプ，後者のタイプの企業を Tough タイプと呼び，これらのタイプの共有事前確率をそれぞれ $1 - \delta$ と δ とする．この不完備情報ゲームを自然が企業 M のタイプをそれぞれの確率で選び，それを知らずに E がプレイ

7.1 不完備情報の展開形ゲーム

し，その後，自分のタイプを知っている M がプレイするというベイジアン展開形に変換すると以下の図 7.2 のようになる．（図 7.1 と同様に第 1 座標が先手プレイヤー E の利得である．Tough タイプのときの M の利得は，参入された後は Rational タイプのときの利得を逆にしたものとしてある．）

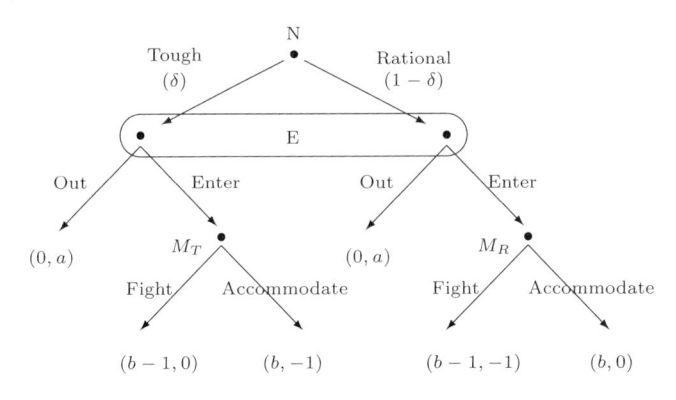

図 7.2　2 タイプの参入ゲーム

M は事後的に二つの意思決定点に確率 1 を付けられるので，そのタイプ別行動戦略で後ろ向きの帰納法の解あるいは部分ゲームにおいて最適であるのは

$$\pi_M = \begin{cases} \text{Fight} & \text{if Tough} \\ \text{Accommodate} & \text{if Rational} \end{cases}$$

である．

情報のないプレイヤー E は共有事前確率 δ を使ってどちらの意思決定点にいるのかを計算し，さらに後ろ向きの帰納法を使って，M のタイプ別戦略として π_M を予想できる．

従って，プレイヤー E の二つの純戦略の期待利得は

$$Eu_E(\text{Out}, \pi_M; \delta) = 0$$
$$Eu_E(\text{Enter}, \pi_M; \delta) = \delta(b-1) + (1-\delta)b = b - \delta$$

となり，M が Tough タイプである確率 δ が b 以上であれば参入しないという戦略が最適となる．経済学的意味としては，もし参入を考えている企業 E

に「MはToughであるという十分な恐れ」である b 以上の値の確率 δ を信じさせることができれば，Mは参入阻止できるということである。

この均衡の考え方のポイントは二つある。まず，情報集合内の意思決定点の確率分布（これを信念 (belief) と呼ぶ）は共有事前確率と情報構造，および全員の戦略を使ってベイズルールで計算すること。（だからMの各情報集合は確率1になるのである。）これは**整合性** (consistency) と呼ばれる。次に，各プレイヤーは各情報集合において，整合的に導出された信念と相手の今後の（部分ゲームに制限された）戦略を所与として自分の利得を最大にするように行動を選ぶこと。これは**逐次合理性** (sequential rationality) と呼ばれる。この二つの条件を満たす均衡がゲームの最中の合理性も含んだ概念と言える。実際，部分ゲーム完全均衡も，1点からなる情報集合から始まる部分ゲームについて逐次合理性を要求しているのと同じことである。完全ベイジアン均衡では，それを任意の情報集合について拡張して要求しているのである。

図7.2のゲームでは明らかでないが，整合的な信念の形成には，それまでの経緯の中に誰かの戦略の部分もあれば，それも考慮に入れる。このことが明らかになるようなゲームの例を見てみよう。6章で扱った中古車売買のゲームを少し変形する。中古車を持っている売り手Sは売り出すのは決まっており，売り出す前にその車を塗装して新車同様にする (Invest) かしない (Not) かを選び，買い手Bは売り手の行動を見てから買う (Trade) か買わない (Not) かを選ぶという展開形ゲームを考える。買い手は車の質によって異なる利得を得るが，外見は利得に影響しないとする。つまり売り手の行動は単なる「シグナル」である。しかし，塗装にお金をかけるのであれば売り手の利得はそれによって下がる。6章のときと同様，車の質は優良車か事故車かの2通りあり，それは売り手だけが知っているとする。

これは**シグナリングゲーム** (signaling games)，あるいは sender-receiver ゲーム，と呼ばれるクラスのゲームの一つである。シグナリングゲームとは先手 (sender) と後手 (receiver) による展開形ゲームで，先手のタイプだけが後手の利得に影響し，先手の行動は後手の利得に影響しないが，先手がタイプ毎に行動を変える場合，それがシグナルとして働き，後手はタイプ（あるいはその一部）を知ることが可能になるようなゲームである。

この不完備情報の展開形ゲームを，ハルサニの考え方を応用して，完備情

7.1 不完備情報の展開形ゲーム

報だが不完全情報の展開形ゲームにする。まず自然が事前共有確率 0.7 で優良車, 0.3 で事故車を選び, 売り手にだけ知らせる。売り手は車の質によって 2 つの異なる情報集合があり, それぞれにおいて塗装するか否かを選べる。買い手は売り手の行動は観察できるが, 自然の選択は観察できない。従って買い手は売り手の行動によって 2 つの情報集合があり, それぞれにおいて買うか買わないかを選ぶのが戦略である。図 6.1 のときと異なって, 買い手も二つの情報集合があることに注意されたい。この展開形ゲームは趙=クレプス (Cho and Kreps, 1987) 風に描くと図 7.3 のようになる。(とりあえず利得ベクトルは省略しておき, 順次解説しながら追加する。)

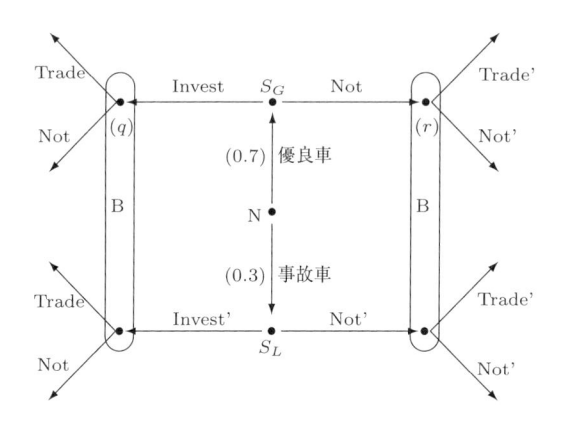

図 7.3 中古車のシグナリングゲームの樹形図（利得省略）

図 7.3 の樹形図は, 中央の N（自然）の手番から始まると見る。自然の選択の後, それを知るプレイヤー S は上下で分かれた情報集合を持つ。これに対し, 買い手は上下（車の質）はわからないが, 売り手が塗装して車が新車のようにぴかぴかになっているか, そうでないかは観察できるので, 左右は識別できるように描いてある。

買い手 B の最適行動戦略を考えるには, 利得ベクトルおよび, 各情報集合内でどちらの意思決定点にいるかの確率（信念）が必要である。図 7.3 では, 各情報集合における優良車の確率を q, r としてある。(展開形ゲームにおけ

る慣習として，枝の名前などと区別するために確率を括弧で囲む。）これらの確率は，共有事前確率だけでは計算できず，B は S の行動戦略の予想をもっていなければならない。例えば，S が優良車なら塗装して，事故車だったら塗装しない，というタイプ毎に行動を変えるような行動戦略（これを**分離戦略** (separating strategy) と呼ぶ）を取ると予想されるとする。このとき，B の整合的な信念は，事前確率を S の行動戦略に基づいてベイズルールで更新して以下のように計算できる。(G は優良車である事象，L は事故車である事象，I は塗装したという事象とする。)

$$
\begin{aligned}
q = Pr(G \mid I) &= \frac{Pr(G \cap I)}{Pr(I)} \\
&= \frac{Pr(G \cap I)}{Pr(G \cap I) + Pr(L \cap I)} = \frac{(0.7) \times 1}{(0.7) \times 1 + (0.3) \times 0} = 1
\end{aligned}
$$

同様に，Not を塗装しなかったという事象とすると，

$$
r = \frac{Pr(G \cap \text{Not})}{Pr(G \cap \text{Not}) + Pr(L \cap \text{Not})} = \frac{(0.7) \times 0}{(0.7) \times 0 + (0.3) \times 1} = 0
$$

となる。このように，S の戦略の予想と事前確率の両方を使って信念は計算される。（もちろん，均衡においては S の戦略の予想は正しくなくてはならない。）

買い手 B の最適行動戦略を求めるため，$P = 59$ として利得ベクトルを追加して展開形を完成させたのが図 7.4 である。

売り手 S が塗装しないとき（右の情報集合），二人の利得は表 6.1 と同じであるとする。新車同様にするための塗装にかかる費用は車の質によって異なるとし，優良車の場合の費用は 2 であるのに対し，事故車は費用 60 がかかるとする。従って，塗装したときの売り手の利得はすべてこれらの費用をひいたものになっている。買い手の利得は車のタイプにのみ依存しているので，右の情報集合の後と左の情報集合の後では変わらない。

ここで，売り手が上記の (Invest, Not') という行動戦略をとり，塗装によって買い手に車の質を知らせるような均衡があるかを考える。既に見たように，このとき買い手の信念は $q = 1$，$r = 0$ である。この信念と利得ベクトルから，買い手の最適行動戦略は（塗装されているのを見たとき，そうでないとき）の順に書くと，(Trade, Not') である。

7.1 不完備情報の展開形ゲーム

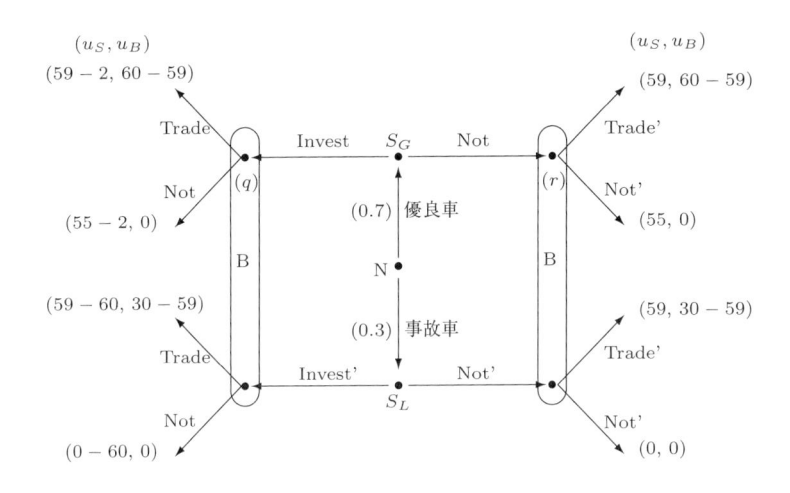

図 7.4 中古車のシグナリングゲーム ($P = 59$)

これを踏まえて，売り手の各情報集合における最適行動を求める。優良車を持つ売り手 S_G は，塗装 (Invest) すれば売れて，利得 $59 - 2 = 57$ を得るが，塗装しない (Not) を選ぶと売れなくて利得 55 を得る。従ってこのタイプの売り手の最適行動は塗装することである。事故車を持つ売り手 S_L は塗装 (Invest') をすると売れるが（買い手は左の情報集合では常に買うからである），利得は $59 - 60 = -1$ である。これに対し，塗装しない (Not') を選べば売れないが利得は 0 である。ゆえにこのタイプの売り手の最適行動は Not' であり，(Invest, Not') という行動戦略が最適であることがわかる。

まとめると，図 7.4 のゲームには逐次合理性と整合性を満たす均衡があって，行動戦略の組み合わせは ((Invest, Not'), (Trade, Not'))，これらと整合的な信念は $q = 1$, $r = 0$ である。(他にも均衡があるかどうかは後の節で分析する。) ちなみに，6 章で分析したときは，$P = 59$ のような高い価格の場合，取引がおこるようなベイジアン・ナッシュ均衡は存在しなかった。しかし，売り手が車の質を実質上伝えるようなシグナルを送ることが均衡でできるときは，優良車も取引され，逆淘汰の問題が解消されるのである。

7.2 シグナリングゲーム

ここでは不完備情報の一般のシグナリングゲームについて信念の整合性と戦略の逐次合理性を厳密に定義し，完全ベイジアン均衡の定義を行う．より一般のゲームについても定義できるが，ほとんどのゲームにおいて逐次均衡と同じ帰結になる（フーデンバーグ＝ティロル (Fudenberg and Tirole, 1991) を参照）ので，本書では一般の不完全情報の展開形ゲームは逐次均衡で分析することにする．

一般のシグナリングゲーム (signaling games) は2プレイヤーのゲームで，3段階からなる．プレイヤーは先手 (sender) と後手 (receiver) で，先手の利得関数が共有知識になっていないので，タイプの集合を T_1 とする．ゲームは最初に自然が共有事前確率分布 $p : T_1 \to [0,1]$（ただし $\sum_{t_1 \in T_1} p(t_1) = 1$）によって先手のタイプ $t_1 \in T_1$ を選び，先手だけがこれを知る．次に先手は行動の集合 S_1 から行動を選び，後手は先手のタイプは観察できないが，行動 $s_1 \in S_1$ は観察できるとする．最後に後手が行動を S_2 の中から選んでゲームが終わる．先手の行動戦略は関数 $\pi_1 : T_1 \to \Delta(S_1)$ であり，後手の行動戦略は関数 $\pi_2 : S_1 \to \Delta(S_2)$ である．タイプ t_1 のときの，行動戦略 π_1 による先手の行動 $s_1 \in S_1$ の確率は $\pi_1(s_1 \mid t_1)$ と書く．同様にして，s_1 を観察した後の，行動戦略 π_2 による後手の行動 $s_2 \in S_2$ の確率は $\pi_2(s_2 \mid s_1)$ と書く．二人の利得関数は先手のタイプおよび二人の行動の組み合わせに依存し，関数 $u_i : S_1 \times S_2 \times T_1 \to \Re$ で表されるとする．（以下では，T_1, S_1, S_2 は有限であるとする．）

この展開形ゲームにおいて重要な情報集合は後手の情報集合であって，先手の行動の一つ一つに対応した情報集合があり，情報集合内の意思決定点はその背景にある先手のタイプの集合に対応している．後手は，各情報集合（実質的に各 $s_1 \in S_1$）について，その中のどの意思決定点（実質的には先手のタイプ $t_1 \in T_1$）にいるかについて信念 (belief) $\mu : T_1 \times S_1 \to [0,1]$ を形成する必要がある．この関数は各情報集合内の意思決定点上の確率分布であり，各 $s_1 \in S_1$ について $\sum_{t_1 \in T_1} \mu(t_1 \mid s_1) = 1$ を満たすものでなくてはならない．例えば図 7.4 のゲームでは，q と r が $\mu(G \mid \text{Invest})$ と $\mu(G \mid \text{Not})$ にそれぞれ

7.2 シグナリングゲーム

対応している。

定義 7.2.1. シグナリングゲームの完全ベイジアン均衡 (perfect Bayesian equilibrium) とは，行動戦略の組み合わせ (π_1^*, π_2^*) と信念 μ のペアで，以下の条件を満たすものである。

整合性：後手の信念は先手の均衡戦略 π_1^* と共有事前確率 p から可能な限りベイズルールによって形成される。即ち，後手の各情報集合 $s_1 \in S_1$ において，先手の各タイプ $t_1 \in T_1$ の事後確率は

$$\mu(t_1 \mid \pi_1^*, s_1) = \begin{cases} \frac{p(t_1)\pi_1^*(s_1|t_1)}{\sum_{t_1' \in T_1} p(t_1')\pi_1^*(s_1 \mid t_1')} & \text{if } \sum_{t_1' \in T_1} p(t_1')\pi_1^*(s_1 \mid t_1') > 0 \\ \text{Arbitrary} & \text{if } \sum_{t_1' \in T_1} p(t_1')\pi_1^*(s_1 \mid t_1') = 0 \end{cases}$$

であるとする。（つまり，何らかのタイプの先手が行動 s_1 を正の確率で選ぶなら，ベイズルールで s_1 を観察したときの先手のタイプの事後確率を計算できるので，それを行う。もし，どのタイプも正の確率で s_1 を行わないのであれば，信念は何でもよい。）

逐次合理性：先手は後手の均衡戦略 π_2^* を踏まえて期待利得を最大化し，後手は先手の均衡戦略 π_1^* と信念 μ に基づいて期待利得を最大化する。すなわち，先手の任意のタイプ $t_1 \in T_1$ と任意の行動戦略 $g_1 : T_1 \to \Delta(S_1)$ について[1]，

$$\sum_{s_1 \in supp(\pi_1^*(t_1))} \pi_1^*(s_1 \mid t_1) \sum_{s_2 \in supp(\pi_2^*(s_1))} \pi_2^*(s_2 \mid s_1) u_1(s_1, s_2, t_1)$$
$$\geq \sum_{s_1 \in supp(g_1(t_1))} g_1(s_1 \mid t_1) \sum_{s_2 \in supp(\pi_2^*(s_1))} \pi_2^*(s_2 \mid s_1) u_1(s_1, s_2, t_1)$$

かつ，後手の各情報集合 $s_1 \in S_1$ と任意の行動戦略 $g_2 : S_1 \to \Delta(S_2)$ について，

$$\sum_{s_2 \in supp(\pi_2^*(s_1))} \sum_{t_1 \in T_1} \mu(t_1 \mid \pi_1^*, s_1) \pi_2^*(s_2 \mid s_1) u_2(s_1, s_2, t_1)$$
$$\geq \sum_{s_2 \in supp(g_2(s_1))} \sum_{t_1 \in T_1} \mu(t_1 \mid \pi_1^*, s_1) g_2(s_2 \mid s_1) u_2(s_1, s_2, t_1)$$

---

[1] あるいは，事前の最大化で定義しても同じことであるのは，ベイジアンゲームのときと同様である。

が成立することである。

注意深い読者は，整合性が事前確率が0のタイプや経路外 (off path) の行動についての信念の確率には何も要求しない点が気になるであろう。しかし，確率0の事象について何も言えないのはベイズルールの限界である。しかも，経路外が重要になってくることはあり，それが次節で扱う一括均衡である。

7.3 一括均衡と分離均衡

シグナリングゲームにおいて，先手 (sender) が「どのタイプであっても同じ行動をとる」という戦略を取るか，そうでないかは非常に重要である。どのタイプでも同じ行動だとすると，その行動を見ても何の情報にもならず，事後確率は事前確率とまったく変わらないということになるからである。もしタイプのうちいくつかについては異なる行動をしてくれるなら，それによって事後確率を更新することができる。

そこで，先手の戦略は，タイプに依存しない行動をとる戦略を一括戦略 (pooling strategies) と呼び，そうでない戦略は分離戦略 (separating strategies) と呼んで区別して，均衡もそれに対応して一括均衡 (pooling equilibria) と分離均衡 (separating equilibria) を分けて分析することになる。中古車のゲームのような，先手が2タイプしか持たないシグナリングゲームにおいては，純戦略では両タイプで同じ行動をとるか，異なる行動をとるか，しかないので，一括戦略と分離戦略しかない。3タイプ以上ある場合には，純戦略であっても，全てのタイプで同じ行動をとる戦略だけが一括戦略となり，その他を分離戦略と呼んだり，タイプの数以上の行動があれば，全てのタイプで異なる行動をとるものだけを分離戦略と呼んで，一部のタイプでは同じ行動，残りでは異なる行動，という戦略を半分離戦略 (semi-separating strategies) と呼んだりもする[2]。

---

2) 異なるタイプでは，サポート（正の確率がつく行動の集合）は同じだが確率が異なる混合戦略を行うというような戦略もあり，これはハイブリッド戦略 (hybrid strategies) と呼ばれる。

7.3 一括均衡と分離均衡

図 7.4 の中古車のシグナリングゲームにおいては，純戦略による分離均衡が存在することがわかったので，純戦略による一括均衡も存在するか調べてみよう。一括戦略とは両タイプで同じ行動をとるということであるから，(Invest, Invest') あるいは (Not, Not') である。まず (Invest, Invest') が均衡にならないことはすぐわかる。事故車を持つ S_L は，高い費用をかけてまで塗装したとしても負の利得しか得られず，何もしなければ最低でも 0 の利得が得られるからである。従って，あるとすれば両タイプとも塗装をしないという (Not, Not') の一括戦略による均衡である。

もし (Not, Not') を S が取っているとすると，塗装されていなかった（経路上の行動を観察した）場合は，B は優良車である確率 r を事前確率 0.7 とするのが整合性の要求である。このときの B の最適な行動は $(0.7)(60-59) + (0.3)(30-59) < 0$ であるから，買わないこと (Not') である。次に，S の行動戦略 (Not, Not') が利得を最大にしているかを調べなくてはならないが，それには，経路外の行動を観察したときに B がどうするかまで決めなくてはならない。(もちろんそれを決めて初めて B の行動戦略となる。)経路外の行動 Invest (Invest') を観察した場合，信念の整合性は何も要求しないので，B の最適行動を分ける二つのクラスの信念について分けて考える。

図 7.5 の左の情報集合である Invest(Invest') 観察後の B の信念 q は，買ったときの期待利得 $q(60-59)+(1-q)(30-59)$ が買わないときの利得 0 を超えるかどうかで B の最適な行動を変える。この境界値は $q = \frac{29}{30}$ である。もし $q \geqq \frac{29}{30}$ であれば，塗装を見た後の B の最適な行動は買う (Trade) であり，$q \leqq \frac{29}{30}$ であれば最適な行動は買わない (Not) である。これらの範囲の q についてそれぞれ S の最適行動戦略が (Not, Not') であるかを調べる。

まず，B が $q \geqq \frac{29}{30}$ を満たす信念 q を持っていたとしてみよう。このとき B の最適行動戦略は (Trade, Not') である。すると，塗装しなければ B は買ってくれないが，塗装すれば B は買ってくれることになる。このとき，優良車を持っている S_G タイプの売り手 S は，Not から Invest に逸脱して 55 でなく $59-2$ を得る方が利得が高い。ゆえに B がこのような信念とそれに合わせた最適行動戦略を行うときは S の行動戦略 (Not, Not') は最適でないので均衡にならない。

B が $q \leqq \frac{29}{30}$ を満たす信念 q を持っていたとすると，B の最適行動戦略は

(Not, Not') である．このときは，塗装しようがしまいが売れないのであるから，どちらのタイプのSにとっても塗装しないのが最適である．ゆえに，行動戦略の組み合わせ $(\pi_S, \pi_B) = ((Not, Not'), (Not, Not'))$ と信念 $(q, 0.7)$（ここで q は $\frac{29}{30}$ 以下の任意の非負の実数）という（無限個の）ペアは完全ベイジアン均衡である．（この一括均衡は図 7.5 の二重矢印で示してある．）

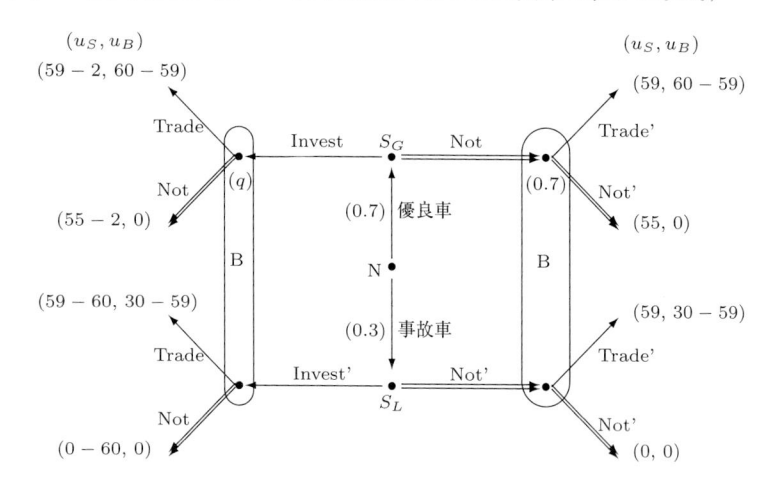

図 7.5　一括均衡 ($q \leqq \frac{29}{30}$)

まとめると，中古車のシグナリングゲームは一つの分離均衡 ((Invest, Not'), (Trade, Not'), $q=1, r=0$) と，無限個の一括均衡 ((Not, Not'), (Not, Not'), $q, r=0.7$)（ここで q は $\frac{29}{30}$ 以下の任意の正の実数）を持つということである．（もう一つの分離戦略 (Not, Invest') は，事故車のタイプが最適行動をしていない．）

この例からわかることは，行動の集合が離散的である場合，一括均衡があるとすればその背景にある経路外の信念はある範囲にあればよい，ということで，厳密に言えば均衡は（異なる信念の数だけ）無限個ある．この意味でも完全ベイジアン均衡はややゆるい概念である．ただ，シグナリングゲームにおいては，8 章で扱う逐次均衡によっても，経路外の情報集合における信念にはあまり制約は課されないので，どのような信念が「より合理的」かが別途研究されている．（次節でその一つを紹介する．）

7.3 一括均衡と分離均衡

また，一つのゲームに完全ベイジアン均衡が複数存在するだけでなく，タイプを知らせてくれる分離均衡と，タイプをまったく知らせてくれない一括均衡という本質的に異なる均衡の両方が存在するケースがあることもこの例が示している．これも，一つの理由は経路外の信念に自由度があるからである．しかしもう一つの理由は，中古車のゲームの利得構造によるものである．特に，タイプによってシグナル（塗装すること）のコストが異なるという仮定が分離均衡の存在に寄与している．もしどのタイプでもシグナルのコストが同じで，先手と後手の利害がかなり異なっている場合，分離均衡は存在しないことがクロウフォード＝ソーベル (Crawford and Sobel, 1982) によって一般のシグナリングゲームについて証明されている．この結果は数学的に高度であるので本書では証明しないが，そのアイディアを彼らの例を簡単にした以下のゲームで説明する．

先手 (sender) のタイプは 0 または 1 で，後手 (receiver) の利得はこのタイプと同じ数値を選ぶときに最大になるとする．先手の利得は後手が自分のタイプ $+b$ という数値を選ぶと最大になるとする．この b が二人の利害対立の程度を表しており，$b=0$ ならば二人の利害は全く一致している．先手はメッセージ 1 または 0 を送ることができ，後手は先手のタイプは観察できないが，そのメッセージを観察して，$\{0,1,2\}$ の 3 つの数値から選べるとする．先手がタイプ t で，メッセージ m を選び，後手が行動 a を選んだときの先手の利得を $u_S(m,a,t) = -\{a-(t+b)\}^2$，後手の利得を $u_R(m,a,t) = -(a-t)^2$ として計算したものが図 7.6 である．（よく見ると，どちらの利得関数も m に依存していないことに注意．）

このゲームでは先手の行動はまったくの無駄話 (cheap talk) であり，誰の利得にも直接は影響を及ぼさない．しかし，$b=0$ で二人の利害が一致しているなら，先手は真実のタイプを後手に教えることが均衡でできるので，メッセージに意味がある[3]．つまり，先手がタイプ 1 のときに 1，タイプ 0 のときに $0'$ というメッセージを送るという分離戦略（これを $(1,0')$ と書くことにす

---

[3] 無駄話 (cheap talk) がどの程度ゲームの結果に意味があるかということは，それ自体非常に興味のある研究分野となっている．興味のある読者は，例えばファーレル＝ラビン (Farrell and Rabin, 1996) の展望論文と，そこにある参考文献を見るとよい．

206　第 7 章　完全ベイジアン均衡 (Perfect Bayesian Equilibrium)

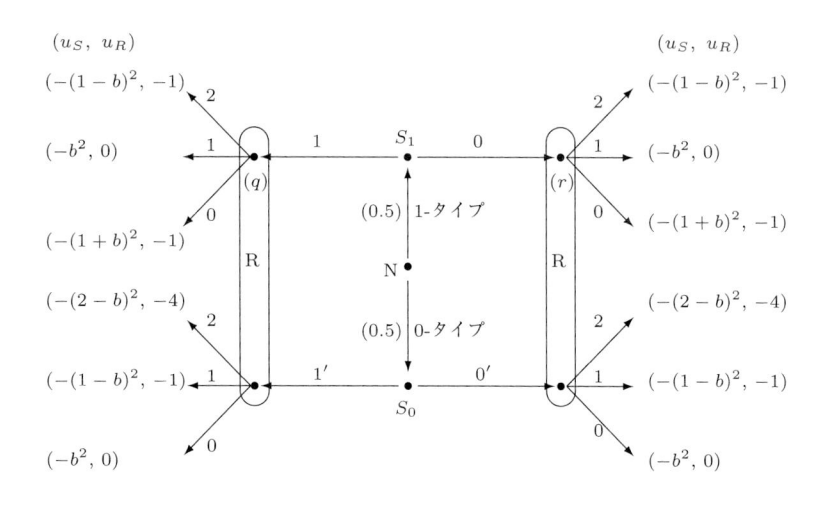

図7.6　チープトークゲーム

る）をとり，後手はそれに応じてメッセージが 1 のときには数値 1 を，メッセージが 0 のときには数値 0 をとるという完全ベイジアン均衡が存在する。（もちろん信念は明らかで $q=1, r=0$ である。）

しかし，$b=1$ であると，もはや分離均衡は存在しない。例えばタイプに合わせたメッセージを送る $(1, 0')$ という分離戦略を考えると，後手は確かにタイプを識別するが，それによってメッセージが 1 のときは数値 1 を，メッセージが $0'$ のときには 0 を選ぶ。これは先手にとってはうれしくなく，0 タイプの先手は 1 というメッセージにかえれば -1^2 から 0 に利得が上がるので，逸脱することになる。同様に，先手がタイプと逆に $(0, 1')$ という分離戦略をとるとしても，後手はそれを踏まえて 0 を見たときに 1 を選び，1 を見たときに 0 を選ぶ。このときもタイプ 0 の先手は逸脱する。クロウフォード＝ソーベル (Crawford and Sobel, 1982) はハイブリッド戦略のような先手がメッセージを確率的に送る戦略まで考え，$[0,1]$ 区間のような連続体のタイプの集合であっても，ある程度二人の利害が異なると，タイプを分離する完全ベイジアン均衡が存在しないことを示した。この結果は，戦略的情報伝達の一種の不可能性と言えよう。

7.4 均衡の精緻化

完全ベイジアン均衡では経路外の情報集合における信念に制約がなかったために非常に多数の均衡を許していた。そこで，経路外とはいえ，信念の構造に合理的な制限を加えて均衡の集合を狭めるという，均衡の精緻化 (refinement) が考えられている。その代表的な例としてここでは趙＝クレプス (Cho and Kreps, 1987) の**直観的基準** (Intuitive Criterion) を紹介する。この他に重要なものとしてはバンクス＝ソーベル (Banks and Sobel, 1987) の**神聖均衡** (divine equilibrium) がある[4]。

趙＝クレプス (Cho and Kreps, 1987) の有名なビール・キッシュゲームは図 7.7 で表される，2 タイプ，2 行動ずつのシグナリングゲームである。

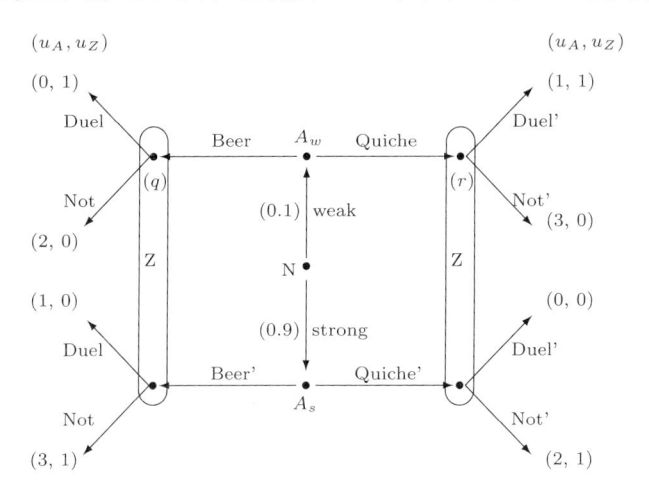

図 7.7 ビール・キッシュゲーム

筆者の好みのストーリー[5]としては，これは西部開拓時代に繰り広げられる

---

4) これらは利得関数は所与として「より合理的な信念」を要求するものである。この他に，経路外の行動を見たら，先手の合理性（すなわち先手の利得関数の構造）を疑うという方法も考えられる。（シュルタイス他 (Schulteis et al, 2007) を参照。）

5) ビール・キッシュゲームの細かい解釈は筆者の個人的なものであり，趙やクレプスから

ゲームである。昨夜遅く A という男がある町に着いて，駅前の宿屋に泊まった。この A は Z という男の兄を過去に殺しており，噂を聞きつけて Z が朝早くやってきたところである。宿屋の 1 階の食堂に降りてきた A は，窓の外に Z がこっそり立っていることに気づくが，何食わぬ顔でテーブルに座る。Z としては A に対して決闘を申し込んで兄の仇を討ちたいが，A がどのくらい強いのかわからない。A の強さがタイプであって，weak である場合は Z としては決闘を申し込む (Duel) 方が，このまま立ち去る (Not) より利得が高いが，strong である場合は立ち去った方が利得が高い。A のタイプは A のみが知るので，これを自然が最初に選ぶという設定にする。巷の噂では A は強いらしいので（そしてこの噂は共有知識であるので），共有事前確率は weak が 0.1, strong が 0.9 である。

ここで，A ができることは朝食にビールまたはキッシュのどちらかを注文するということである。strong タイプは朝からビールを飲むことを好み，weak タイプはおしゃれなフランス料理であるキッシュを好む。しかし，A はどちらのタイプであってもできれば決闘は避けたいと思っている。Z が Not（立ち去る）を選ぶと A は利得 2 を得るが，Duel（決闘）を選ぶと利得は 0 である。さらにタイプに合った朝食を選ぶとその便益 1 が追加的に利得に加わる。これらが図 7.7 の利得ベクトルに表現されている。Z は A が朝食に何を注文したかを見てから，決闘を申し込むかどうかを決めてゲームが終わる。

このシグナリングゲームの純戦略による完全ベイジアン均衡をすべて求めてみよう。A の純戦略による行動戦略の集合は $S_A = \{(B, B'), (B, Q'), (Q, B'), (Q, Q')\}$ と書ける。（第 1 項が weak のときの行動とする。行動はすべて頭文字にしてある。以下同様。）Z の純戦略による行動戦略の集合は $S_Z = \{(D, D'), (D, N'), (N, D'), (N, N')\}$ である。（第 1 項がビールを見たときの行動とする。）ビールを見たとき，A が weak である事後確率（信念）を q とし，キッシュを見たときの信念を r とする。

まず分離戦略として，各タイプが自分の好みの朝食を注文する (Q, B') という戦略を考えてみる。このとき Z の信念はベイズルールより $q = 0, r = 1$ となる。従って，Z の最適な行動戦略は (N, D'), つまりビールを注文するの

聞いたわけではない。

7.4 均衡の精緻化

を見たら strong であることを確率 1 で予想できるので立ち去り，キッシュを注文するのを見たら weak であることが予想できるので決闘を申し込むことである。しかしこの Z の最適行動戦略を踏まえると，weak タイプの A は，キッシュを注文すると決闘しなくてはならず，利得は 1 であるが，ビールを注文すれば決闘を避けることができて 2 の利得を得るので，(Q, B') 戦略から逸脱する。つまり，Z の行動戦略に対して (Q, B') は A の最適反応ではない。ゆえに A が (Q, B') をする完全ベイジアン均衡は存在しない。

では，好みと反対の朝食を注文する (B, Q') 戦略を A がする均衡はあるだろうか。このときの Z の信念は $q = 1, r = 0$ となり，Z の最適な行動戦略は前と逆の (D, N') である。これでは，weak タイプは好きでないものを注文した上に決闘を申し込まれて利得が 0 になる。キッシュに変えれば決闘を避けられる上に好みなので利得 3 を得ることができ，A が (B, Q') をする均衡もないことがわかる。つまり A が分離戦略を取れば，行動の内容にかかわらず Z は A のタイプを識別するために，weak タイプは決闘を避けられない。そしてそれは A にとって最適ではない。したがって，このゲームに分離均衡は存在しないのである。

次に一括戦略を見てみる。どちらのタイプもビールを注文するという (B, B') 戦略を取っているとすると，Z の信念はビールを見たときは $q = 0.1$ という事前確率のままである。従って，Duel を選んだときの期待利得 $(0.1)1 + (0.9)0 = 0.1$ は Not を選んだときの期待利得 $(0.1)0 + (0.9)1 = 0.9$ より小さいので，ビールを見たら Not を選ぶのが最適である。キッシュは経路外なので，r の値によって Z の最適行動は変わる。信念が r のとき，Duel' を選ぶと $r \times 1 + (1-r)0$，Not' を選ぶと $r \times 0 + (1-r)1$ の期待利得をそれぞれ得るので，境界値は $r = 1 - r$ すなわち $r = 1/2$ のところである。$r \geq 1/2$ のときは Duel' が最適で，$r \leq 1/2$ のときは Not' が最適である。ここで，$r \geq 1/2$ で Duel' が選ばれるケースを考えると，このときは weak タイプも strong タイプも (B, B') 戦略から逸脱しない。なぜならキッシュを選ぶと決闘を申し込まれるので，weak タイプの場合はビールのときの利得 2 から 1 へ下がり，strong タイプの場合はビールのときの利得 3 から利得 0 へと下がってしまうからである。つまり $((B, B'), (N, D'), q = 0.1, r)$（ここで r は $1 \geq r \geq 1/2$ の任意の実数）という形の一括均衡が存在する。（図 7.8 参照。二重矢印が均衡戦略である。）

210   第 7 章　完全ベイジアン均衡 (Perfect Bayesian Equilibrium)

$r < 1/2$ の場合は Z がキッシュを見た後の最適行動は Not' になるが，この場合は何を注文しても決闘を避けられるので，weak タイプの A がビールを選ぶのは最適ではなく，均衡にはならない．

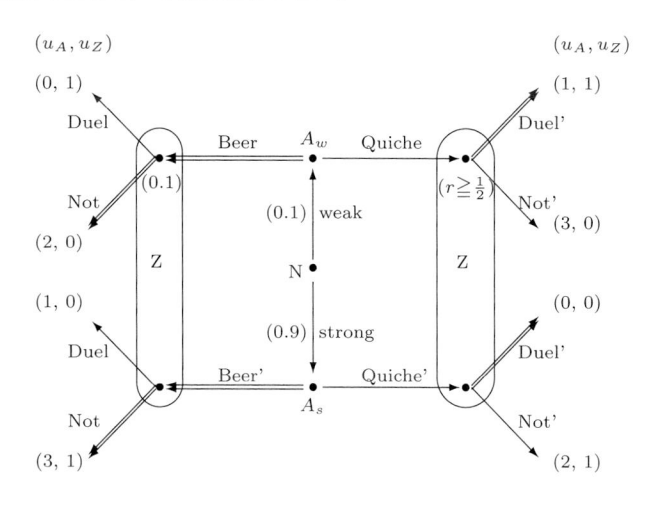

```
        (u_A, u_Z)                                    (u_A, u_Z)
         (0, 1)                                         (1, 1)
          Duel ↖                                        ↗ Duel'
              Beer    A_w    Quiche
               ●━━━━━━━●━━━━━━━●
          Not ↙  (0.1)          (r ≧ 1/2)  ↘ Not'
         (2, 0)                                         (3, 0)
                      (0.1) │ weak
                      Z     N     Z
                      (0.9) │ strong
         (1, 0)                                         (0, 0)
          Duel ↖                                        ↗ Duel'
              Beer'   A_s    Quiche'
               ●━━━━━━━●━━━━━━━●
          Not ↙                              ↘ Not'
         (3, 1)                                         (2, 1)
```

図7.8　両タイプがビールを注文する一括均衡

逆にどちらのタイプもキッシュを注文するという (Q, Q') 戦略を取るとしてみる．すると $r = 0.1$ になり，q についての場合分けとなる．(B, B') のときと同様に，$q \geqq 1/2$ のときはビールを見たときに Z が Duel を選ぶのが最適であり，$q \leqq 1/2$ のときは Not を選ぶのが最適である．このときも $q \geqq 1/2$ のケースで一括均衡になり，$((Q, Q'), (D, N'), q, r = 0.1)$（ただし $1 \geqq q \geqq 1/2$）というものである．$q < 1/2$ となる一括均衡は存在しない．

以上をまとめると，ビール・キッシュゲームには純戦略だけを考えると，2種類の（それぞれ無限個の）一括均衡が存在し，分離均衡は存在しない．しかし，趙＝クレプスはさらに $((Q, Q'), (D, N'), q \geqq 1/2, r = 0.1)$ の方の一括均衡は，A の利得関数と合理性を知っている Z の信念としてはおかしいとする．なぜなら，weak タイプはビールを注文しても最大で 2 の利得しか得られないので，一括戦略 (Q, Q') によって決闘が避けられているとき，ビールに行動を変えるはずがないと考えられるからである．もし逸脱するとしたら，それは strong タイプであって，こちらは (Q, Q') によって得られる最大利得 2

よりも高い3を得る可能性があるビールに行動を変えることはあり得る。しかも，こう考えてくると，Zの信念としては，経路外のビールに逸脱するとしたらstrongに決まっているので，$q=0$となり，Zの最適な行動はビールを見たらNotをするということになる。それならば，実際strongタイプは予想通り3を得られるのでビールに逸脱するはずである。この論理から言うと，両タイプがキッシュを注文する一括均衡は不合理である。

両タイプがビールを注文する方の一括均衡は上記の「直観的な基準」に照らしても均衡である。ここでは，もしキッシュに逸脱するとしたらweakタイプということになるが，それによって修正された信念は$r=1$となり，それでも$((B,B'),(N,D'),q=0.1,r=1)$は完全ベイジアン均衡である。従って，こちらの一括均衡だけが「より合理的」である。

この考え方はコールバーグ＝マルタンス (Kohlberg and Mertens, 1986) の**戦略的安定性** (strategic stability) とも深く関わっている。コールバーグ＝マルタンスの戦略的安定性概念はナッシュ均衡にいくつかの合理的条件を課して精緻化するというもので，その条件の一つは，弱く支配されている戦略をゲームから取り除いた後も引き続き均衡になっているべき，ということである。(この考え方はゲーム理論の初期からルース＝ライファ(Luce and Raiffa, 1957) も提唱したものである。) ビール・キッシュゲームをタイプ別の3人ゲームと考えると，weakタイプにとってのビールとstrongタイプにとってのキッシュは厳密に支配されている行動である。(相手がDuelであろうとNotであろうと，好きな朝食を注文する方が利得が高くなっている。) 従ってこれらの行動を取り除いたゲームにおいても均衡であり続けるものを選ぶべきだということになる。

練習問題

7.1 学生とリクルーター間のシグナリングゲームで，以下の展開形で表されるものを考える。学生が High タイプ (S_H) のときには Education を選び，Low タイプ (S_L) のときは Not' を選ぶという分離均衡を以下の手順で求めなさい。利得は，第1座標が学生の利得，第2座標がリクルーターの利得である。

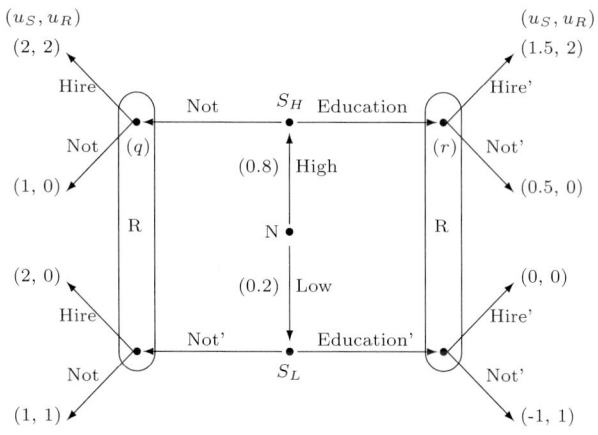

```
           ($u_S$, $u_R$)                                    ($u_S$, $u_R$)
            (2, 2)                                            (1.5, 2)
              Hire                    $S_H$  Education         Hire'
                   Not                                    Not'
           (1, 0)   ($q$)                         ($r$)      (0.5, 0)
                            (0.8) High
                  R                                     R
                                  N
                            (0.2) Low
           (2, 0)                                            (0, 0)
              Hire      Not'        Education'               Hire'
                   Not                $S_L$                Not'
            (1, 1)                                            (-1, 1)
```

(a) 学生が High タイプのときには Education を選び，Low タイプのときは Not' を選ぶという戦略をとるとき，リクルーター (R) が各シグナルを見たときに学生が High タイプであると思う確率（信念）q と r を求めなさい。

(b) (a) で求めた信念に対するリクルーターの最適反応となる戦略をシグナルの関数として求めなさい。理由も明記すること。

(c) (b) で求めたリクルーターの戦略に対して，学生の戦略「High タイプのときには Education を選び，Low タイプのときは Not' を選ぶ」が最適反応になっていることを説明しなさい。

7.2 練習問題 6.3 のメロンのゲームを再び考える。果物屋 S とお客 C の不完備情報ゲームで，最高級メロンが1つあるのだが，お客はその品質を知らない。

Nature がこのメロンの品質 Ripe と Unripe のどちらかを事前確率 0.5 ずつで選ぶ。果物屋 S は，Nature の選択の結果を知った後で（すなわちこのメロンの品質を知ってから），売る (Sell) か売らない (Not Sell) かを決めるのであった。

ここでは，果物屋 S は，似たような他のメロンを使って味見を提供することができるとする。その意思決定の後で，お客が買うか買わないかを選ぶとする。だが，果物屋にとっては味見を提供すると一つ売り物が減るというコストがある。味見を提供する行動を Tasting，味見をさせない行動を No Tasting と書くとする。ただし，味見をしたメロンを買う訳ではないので，お客は自分が買おうとしているメロンの品質そのものを味見で知るわけではない。

お客の利得は練習問題 6.3 と同じとする。品質にかかわらず，果物屋の利得は味見を提供しないときは練習問題 6.3 と同じとする。Tasting のときは，Ripe のときは費用が 1 かかり，Unripe のときは，（特に他にいいメロンを探して来てみせるとして）費用が 2 かかるとし，その分利得が減るとする。この不完備情報ゲームの樹形図は以下のようになる。(利得の第 1 座標が S の利得，第 2 座標が C の利得である。)

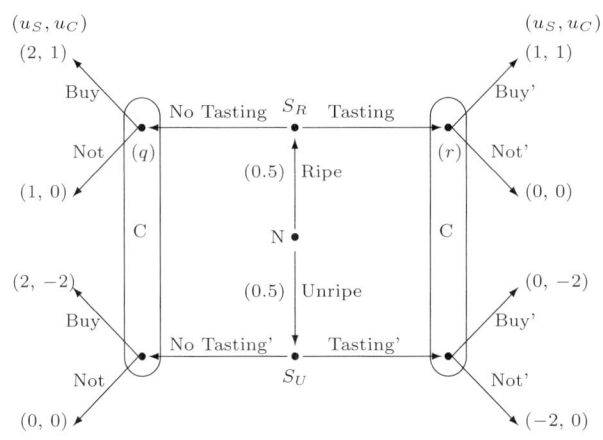

(a) Ripe のときは味見が提供され，Unripe のときは提供されないような完全ベイジアン均衡は存在するか？するならばその均衡を（少なくとも一つ）書き，どうしてそれが均衡か証明しなさい。存在しなければ，どうして存在しないか証明しなさい。

(b) 品質に関わらず味見が提供されないような完全ベイジアン均衡は存在するか？するならばその均衡を（少なくとも一つ）書き，どうしてそれが

214   第7章 完全ベイジアン均衡 (Perfect Bayesian Equilibrium)

均衡か証明しなさい．存在しなければ，どうして存在しないか証明しなさい．

(c) 上記の分析と練習問題 6.3 の結果から，経済学的な意味を考えなさい．

7.3 乙姫（プレイヤー O）と浦島太郎（プレイヤー U）のゲームを考える．浦島が竜宮城を出るとき，乙姫は怒っている (Upset) か，怒っていない (Love) かのどちらかであるが，浦島はこれを知らないので Nature が彼女のタイプを選ぶとする．怒っている確率を 0.6 とする．乙姫は自分のタイプを知ってから，玉手箱を贈る（Give）か何もあげない (Not Give) かを選ぶ．怒っている乙姫からもらう玉手箱には悪い魔法がかけられているので，これを開けると浦島は利得 -5 を得るが，開けなければ彼の利得は 0 である．怒っていない乙姫からもらう玉手箱にはいい魔法がかけられており，これを開けると浦島は利得 10 を得るが，開けないと彼の利得は 0 である．どちらのタイプの乙姫も自分の贈り物を彼に開けてもらうと利得 5 を得，開けてもらえないと利得 -1 を得る．乙姫が玉手箱を贈らないと決めたらそこでゲームは終わり，乙姫のタイプにかかわらず二人とも 0 の利得をもらう．これを樹形図にしたものが以下である．（第 1 座標が乙姫の利得，第 2 座標が浦島の利得である．）

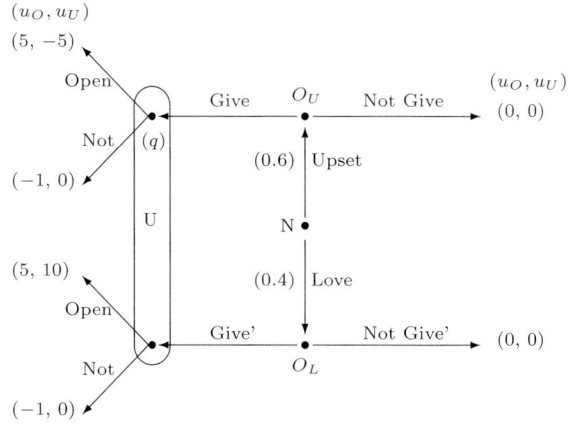

(a) もし，両方のタイプの乙姫が玉手箱を贈るとすると，浦島は開けるべきか？ 理由も説明しなさい．

(b) (a) を踏まえて，両方の乙姫が玉手箱を贈るような完全ベイジアン均衡があるか，あればその戦略の組と浦島の信念 q を書き，どうしてそれが完全ベイジアン均衡であるかを説明しなさい．なければ，どうしてないのかを説明しなさい．

練習問題

7.4 ある企業 (F) が，ある従業員 (W) の昇進の査定の時期が近づいているのに，その人の本来の能力がよくわからない。企業の利得は従業員の能力 (Good または Bad) のみに依存して決まる。Good タイプの従業員を昇進させる（Promotion）と，企業の利得は 4, Bad タイプを昇進させると -5 であるとする。昇進させなければ (Stay)，どちらのタイプであっても企業の利得は 0 であるとする。Good タイプと Bad タイプの事前確率は 0.5 ずつであるとする。

(a) 事前の情報だけで企業が昇進の意思決定をするとき，期待利得を最大にするためには企業はこの従業員を昇進させるか？ 理由を明確にして答えなさい。

従業員 W はある資格の試験を受けようかと考え始めた。この資格は，業務そのものの能力を示すものではなく，企業の利得は従業員の本来の能力 (Good または Bad) のみに依存して決まることは変わらない。しかし，資格試験を受ける (Take) には仕事以外の勉強をしなくてはならず，勉強のコストは能力と関係がある。Good タイプにとって資格試験を受けることのコストを $c > 0$, Bad タイプにとってのコストを $C > 0$ とする。昇進の利得はどちらのタイプも 5, 昇進がなければ 0 であるとする。W は昇進に関する利得と勉強のコストを合わせた総利得を最大にしようとする。以上のことはすべてのプレイヤーに知られているとする。樹形図は以下のようになる。以下，均衡とは完全ベイジアン均衡のことである。

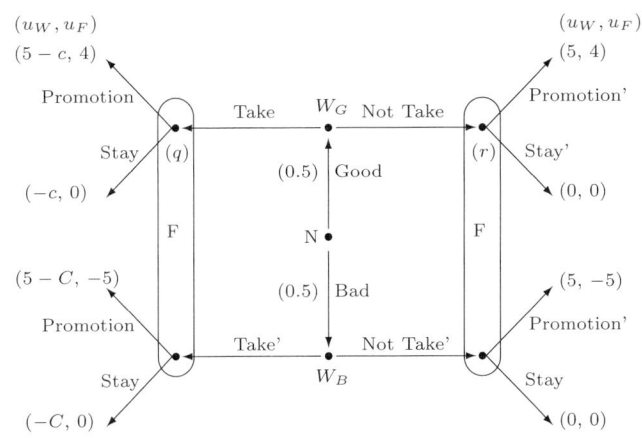

(b) Good タイプの従業員だけが資格試験を受けるという純戦略の分離均衡を考える。この均衡が成立するための，資格試験を受けるコスト c と C の範囲をそれぞれ求めなさい。

(c) どちらのタイプの従業員も資格試験を受けないという一括均衡を考える。もし，資格試験を受けたら，企業の信念 (q) は $q > \frac{5}{9}$ になるというケースを考える。このとき，どちらのタイプも試験を受けないということが W の最適反応になるためのコスト c と C の範囲をそれぞれ求めなさい。

(d) 上記の分析を踏まえて，資格試験が難しすぎたり，易しすぎたりすると，スクリーニングとしての機能はどうなるか議論しなさい。

7.5 以下のような2人不完備情報ゲームを考える。プレイヤーは P1 と P2 とする。二人は以下の形の同時ゲームをすることは知っているが，二人とも x の値を知らない。

P1 \ P2	A	B
A	x, x	$x, 0$
B	$0, x$	$2, 2$

(a) x は -1 または 5 であって，その事前確率はそれぞれ 0.5 であるとして，ベイジアンゲームの（双）行列表現を書きなさい。二人とも利得関数を知らないのがポイント。

(b) (a) で構築したベイジアンゲームのベイジアンナッシュ均衡を混合戦略の範囲まで含めてすべて求めなさい。ただ均衡を書くだけでなく，どうして他の戦略の組み合わせは均衡でないかも書くこと。

P1 は何かの理由で x の値を知ることができるとする。しかし P2 は引き続き x は -1 または 5 であって，その事前確率はそれぞれ 0.5 であると予想しているとする。このことは P1 も知っているとする。

(c) 自然が最初に x の値（-1 または 5）をそれぞれ 0.5 の確率で選び，その後それを P1 だけが知り，行動 A または B を選び，P2 は P1 の行動だけを見て，自分の行動 A または B を選ぶという展開形ゲームを描きなさい。利得を明確にすること。

(d) (c) で構築した展開形ゲームの完全ベイジアン均衡として (P1 の純戦略による) 一括均衡が存在するか？ あればそれを書いて，どうして均衡かを説明しなさい。なければ，どうして存在しないかを説明しなさい。

第 8 章

均衡の精緻化
(Refinements of Equilibria)**

8.1 さらなる安定性

　ナッシュ均衡という解概念を得た非協力ゲーム理論は，任意の有限ゲームおよび多くの無限ゲームにおいて，少なくとも一つの均衡すなわち理論の予測を与えることに成功した。しかし，これは理論の完成からはほど遠い。なぜなら，実はナッシュ均衡がただ一つであるというゲームはそれほど多くなく，むしろ多数のナッシュ均衡や部分ゲーム完全均衡が存在することが普通であるからである。そうなってくると，理論の予測の範囲が広すぎるので，標準形ならナッシュ均衡を，展開形なら部分ゲーム完全均衡を基礎として，さらなる安定性によって均衡の集合を絞り込む概念を考えるべきである。

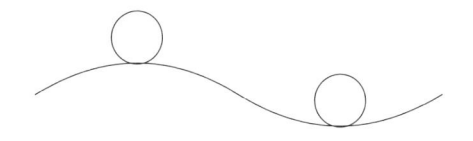

図 8.1　山の頂上と谷底の静止状態

　物理学における安定性の考え方の一つに，状況が多少変化して，物体が少々

第 8 章 均衡の精緻化 (Refinements of Equilibria)**

移動しても，その変化がおさまったらまた物体がもとに戻ってくるというものがある。例えば，図 8.1 を見てみよう。山の頂上と谷底にそれぞれ静止した球がある。これらは現在両方とも静止しているので安定である。しかし，地震が起こるとどうなるか？ 山の頂上にある球は転がり落ちて，地震が収まったとしても戻ってはこない。谷にある球は多少転がるであろうが，地震が終わればまた谷底に戻ってくるであろう。ゆえに，山の頂上の静止状態より，谷底の静止状態のほうが，「状況のぶれ」に対してより安定的であると考える。

このような安定性をゲームにおいても考えることができる。例えば，プレイヤーが本来選ぼうとした戦略（行動）でないものを，微小な確率ではあるが，まちがえて行ってしまうことを考える。その理由は計算ミスかもしれないし，手が滑るのかもしれないし，いろいろ考えられる。すると相手の選択（行動）のぶれの可能性を含めて自己の利得を最大化する必要がある。ただ，そのようなぶれの確率は長期的にはほとんど 0 であろうから，ぶれの確率を 0 に収束させたとき，安心して各プレイヤーが選ぶ戦略が安定的であると考えられる。本章では，この考え方をもとにナッシュ（部分ゲーム完全）均衡のうち，戦略のぶれに対して安定なものを選ぶという**均衡の精緻化** (refinements) を説明する。この基本的な考え方はゼルテン (Selten, 1975) によって作られた。

8.2 摂動完全均衡

表 8.1 のゲームを考える。ナッシュ均衡は二つあり，(A, A) と (B, B) である。

表 8.1　複数のナッシュ均衡があるゲーム

1 \ 2	A	B
A	1, 1	0, 0
B	0, 0	0, 0

しかし，(B, B) 均衡は相手のちょっとしたミスや戦略のぶれ (perturbation) に対して頑健 (robust) ではない。もし非常に小さい確率であったとしても相

8.2 摂動完全均衡

手が戦略 A を取るとすると，その混合戦略に対して純戦略 B は最適反応ではなくなってしまうからである．そこで，標準形ゲームにおいて，お互いのちょっとした戦略のぶれを定義し，それについても安定な均衡概念が提案された．

定義 8.2.1. 混合戦略の組み合わせ $(\sigma_1^*, \ldots, \sigma_n^*) \in \Delta(S_1) \times \cdots \times \Delta(S_n)$ が**摂動完全均衡** (trembling-hand perfect equilibrium) であるとは，各プレイヤー $i = 1, 2, \ldots, n$ について，厳密な混合戦略の列 $\{\sigma_i^k\}_{k=1}^{\infty}$ が存在して，

(a) $\lim_{k \to \infty} \sigma_i^k = \sigma_i^*$；かつ

(b) 各 $k = 1, 2, \ldots$ について，σ_i^* は $\sigma_{-i}^k = (\sigma_1^k, \ldots, \sigma_{i-1}^k, \sigma_{i+1}^k, \ldots, \sigma_n^k)$ に対して最適反応であること

が成立することである．

「摂動」完全均衡は部分ゲーム完全均衡と区別するための名称で，書く人によってはゼルテンのオリジナルな名称に従って完全均衡 (perfect equilibrium) としている人もいる．この安定性概念では，均衡は少なくとも一つの（だんだん消滅する）ぶれの列に対して安定であることを要求している．（消滅するような任意のぶれの列に対してまで安定性を要求することは非常に厳しい条件であり，そのような均衡が存在しないこともあるからである．コールバーグ＝マルタンス (Kohlberg and Mertens, 1986) を参照．）表 8.1 の二つのナッシュ均衡のうち，(A, A) だけが摂動完全均衡である．

命題 8.2.1. 摂動完全均衡はナッシュ均衡である．

証明：σ^* を摂動完全均衡とする．すると σ^* に収束する厳密な混合戦略の組み合わせの列 $\{\sigma^k\}$ が存在して，任意の $i = 1, 2, \ldots, n$ と任意の $k = 1, 2, \ldots$ について

$$Eu_i(\sigma_i^*, \sigma_{-i}^k) \geqq Eu_i(\sigma_i, \sigma_{-i}^k) \quad \forall \sigma_i \in \Delta(S_i)$$

が成立している．期待利得関数 Eu_i の連続性より，収束先でも

$$Eu_i(\sigma_i^*, \sigma_{-i}^*) \geqq Eu_i(\sigma_i, \sigma_{-i}^*) \quad \forall \sigma_i \in \Delta(S_i).$$

となり，これはナッシュ均衡の定義に他ならない。 □

摂動完全均衡は単にナッシュ均衡の部分集合を与えるのみならず，いくつかの望ましい性質を満たしている。まず，有限人，有限純戦略のゲームには必ず存在する。

定理 8.2.1. 有限の標準形ゲームには摂動完全均衡が存在する。

この存在定理を簡単に証明するために，もう一つ同値な定義を導入する。

定義 8.2.2. 任意の $\epsilon > 0$ について，混合戦略の組み合わせ $\sigma^\epsilon = (\sigma_1^\epsilon, \ldots, \sigma_n^\epsilon) \in \Delta(S_1) \times \cdots \times \Delta(S_n)$ が $\epsilon-$ 完全均衡 (ϵ-perfect equilibrium) であるとは，各プレイヤー $i = 1, 2, \ldots, n$ について σ_i^ϵ は厳密な混合戦略であり，かつ任意の $s_i \in S_i$ について

$$s_i \notin BR_i(\sigma_{-i}^\epsilon) \Rightarrow \sigma_i^\epsilon(s_i) < \epsilon$$

が成立することである。

定義 8.2.3. 混合戦略の組み合わせ $(\sigma_1^*, \ldots, \sigma_n^*) \in \Delta(S_1) \times \cdots \times \Delta(S_n)$ が摂動完全均衡であるとは，ある正数列 $\{\epsilon(k)\}_{k=1}^\infty$ (任意の k について $\epsilon(k) > 0$) で，$\lim_{k \to \infty} \epsilon(k) = 0$ となるものと，それに対応する，ある $\epsilon(k)-$ 完全均衡の列 $\{\sigma^{\epsilon(k)}\}$ が存在し，σ^* がその収束先 ($\lim_{k \to \infty} \sigma^{\epsilon(k)} = \sigma^*$) になっていることである。

二つの定義の同値性の証明は練習問題 8.1 とする。定義 8.2.3 の考え方は，全てのプレイヤーの全ての純戦略にわずかであるが正の確率をつけさせたときの，「ぶれたゲーム」における「ほぼナッシュ」均衡を考え，ぶれを 0 に収束させたときの均衡の収束先を摂動完全均衡とするものである。ゲームそのものをぶれさせるので，定義 8.2.1 とは異なる発想であるが，数学的には同値の均衡を導く。

定理 8.2.1 の証明：まず任意の自然数 $k = 1, 2, \ldots$ と，任意のプレイヤー i について，そのプレイヤーの全ての純戦略に最低限つけなくてはならない確率を与える関数 $\eta_i^k : S_i \to (0, 1)$ として $\sum_{s_i \in S_i} \eta_i^k(s_i) < 1$，かつ各 $s_i \in S_i$ について $k \to \infty$ につれて $\eta_i^k(s_i) \to 0$ となるものを考える。これを使ったぶれた

8.2 摂動完全均衡

ゲーム (perturbed game)$(G; \eta_1^k, \eta_2^k, \ldots, \eta_n^k)$ を，各プレイヤーは G の全ての純戦略 s_i を少なくとも $\eta_i^k(s_i)$ の確率でとるような厳密な混合戦略の（部分）集合を戦略の集合としたゲームと定義する。（利得関数は G と同じとする。）

このとき，各 k について，ぶれたゲームはナッシュ均衡 $\sigma^*(k)$ を持ち，それはコンパクト集合 Σ 内の列を作るので，収束部分列が存在する。ゆえに、その部分列を $k' = 1, 2, \ldots$ とおき、各 k' について $\sigma^*(k')$ が $\epsilon(k')$-完全均衡であるような，正数列 $\{\epsilon(k')\}_{k'=1}^{\infty}$ で $\lim_{k' \to \infty} \epsilon(k') = 0$ となるものを作ればよい。

一般性を失わず，各プレイヤー i、任意の $s_i \in S_i$、各 $k' = 1, 2, \ldots$ について、上記で作ったぶれの列は単調に減って行く（$\eta_i^{k'}(s_i) \geq \eta_i^{k'+1}(s_i)$）とする。最も大きいぶれである $k' = 1$ のときを考え、各プレイヤー i について

$$\sum_{s_i \in S_i} \eta_i^1(s_i) + \Delta_i < 1$$

となる $\Delta_i > 0$ を一つとる。各プレイヤー i と各 $k' = 1, 2, \ldots$ について、Δ_i を $|S_i| + k'$ 等分して各純戦略 s_i のぶれに上乗せすることを考える。

$$\epsilon(k') := \max_{i=1,\ldots,n} \Big[\max_{s_i \in S_i} \eta_i^{k'}(s_i) + \frac{\Delta_i}{|S_i| + k'}\Big]$$

とおくと、任意のプレイヤー i について、$\sigma^*(k')_i$ において、i の純戦略のうち $\sigma^*(k')_{-i}$ に対して最適反応でないものにつくウェートは、そもそも $\max_{i=1,\ldots,n} \max_{s_i \in S_i} \eta_i^{k'}(s_i)$ 以下であるので、

$$s_i \notin BR_i(\sigma^*(k')_{-i}) \Rightarrow \sigma^*(k')_i(s_i) < \epsilon(k')$$

であり、かつ $\lim_{k' \to \infty} \epsilon(k') = 0$ も成立する。 □

7.4 節で触れたように，コールバーグ＝マルタンスの戦略的安定性の一つの要求として，弱く支配される戦略を排除したいということがあった。摂動完全均衡は多少それに成功している。

命題 8.2.2. 2 人有限標準形ゲームにおいて，ナッシュ均衡 σ^* が摂動完全均衡であることの必要十分条件は，各プレイヤー $i = 1, 2$ について，σ_i^* が混合戦略の範囲で弱く支配される戦略でないことである。

第 8 章 均衡の精緻化 (Refinements of Equilibria)**

この証明は，岡田 (1996) やオズボーン＝ルービンシュタイン (Osborne and Rubinstein, 1994) ではベクトルを使って幾何学的に行われているが，ここではヴァン・ダム (van Damme, 1987) と似た，ゼロサムゲームの構築による方法を記述する。

証明：必要性：σ^* を摂動完全均衡とする。もしあるプレイヤー i の σ_i^* が弱く支配されているとすると，他者のどんな厳密な混合戦略 σ_{-i}^* についても σ_i^* が最適反応であるはずがないので，摂動完全均衡の定義に矛盾する。（ここまでは 2 人ゲームであることを使用していないことに注意。）

十分性：σ^* に収束する厳密な混合戦略の組み合わせを作るために，プレイヤー $i \in \{1, 2\}$ を任意に固定する。もとの利得関数を u_1, u_2 としたとき，補助定理 3.8.1 と同様に，2 人ゼロサムゲームを

$$\forall (s_i, s_j) \in S_i \times S_j, \qquad \overline{u}_i(s_i, s_j) = u_i(s_i, s_j) - Eu_i(\sigma_i^*, s_j)$$

$$\forall (s_i, s_j) \in S_i \times S_j, \qquad \overline{u}_j(s_i, s_j) = -\overline{u}_i(s_i, s_j).$$

で定義する。

$\overline{G}$ の任意のナッシュ均衡 $(\overline{\sigma}_i, \overline{\sigma}_j) \in \Delta(S_i) \times \Delta(S_j)$ をとる。（ナッシュ均衡の存在定理 3.7.1 より，これは存在する。）ナッシュ均衡であることと，$\overline{u}_i$ の定義から

$$E\overline{u}_i(\overline{\sigma}_i, \overline{\sigma}_j) \geqq E\overline{u}_i(\sigma_i^*, \overline{\sigma}_j) = 0.$$

そこで，二つのケースに分ける。

Case 1: $E\overline{u}_i(\overline{\sigma}_i, \overline{\sigma}_j) > 0$

$(\overline{\sigma}_i, \overline{\sigma}_j)$ が $\overline{G}$ のナッシュ均衡であることから

$$E\overline{u}_j(\overline{\sigma}_i, \overline{\sigma}_j) \geqq E\overline{u}_j(\overline{\sigma}_i, \sigma_j) \ \ \forall \sigma_j \in \Delta(S_j)$$

であり，これは $\overline{u}_j = -\overline{u}_i$ とケース 1 の仮定より，i について

$$0 < E\overline{u}_i(\overline{\sigma}_i, \overline{\sigma}_j) \leqq E\overline{u}_i(\overline{\sigma}_i, \sigma_j) \ \ \forall \sigma_j \in \Delta(S_j)$$

と書き換えられる。$E\overline{u}_i(\overline{\sigma}_i, \sigma_j) > 0$ を u_i に戻すと

$$Eu_i(\overline{\sigma}_i, \sigma_j) > Eu_i(\sigma_i^*, \sigma_j) \ \ \forall \sigma_j \in \Delta(S_j)$$

8.2 摂動完全均衡

となるから，σ_i^* は $\overline{\sigma}_i$ に厳密に支配されてしまって矛盾である．したがってこのケースは不可能である．

Case 2: $E\overline{u}_i(\overline{\sigma}_i, \overline{\sigma}_j) = 0$

このとき，$(\overline{\sigma}_i, \overline{\sigma}_j)$ が $\overline{G}$ のナッシュ均衡であることから

$$0 = E\overline{u}_i(\overline{\sigma}_i, \overline{\sigma}_j) \geqq E\overline{u}_i(\sigma_i, \overline{\sigma}_j) \ \ \forall \sigma_i \in \Delta(S_i)$$

であるから，$0 \geqq E\overline{u}_i(\sigma_i, \overline{\sigma}_j)$ を u_i に戻すと

$$Eu_i(\sigma_i^*, \overline{\sigma}_j) \geqq Eu_i(\sigma_i, \overline{\sigma}_j) \ \ \forall \sigma_i \in \Delta(S_i)$$

となり，σ_i^* は $\overline{\sigma}_j$ に対する最適反応である．

背理法の仮定として，$\overline{\sigma}_j$ が厳密な混合戦略でないとしてみる．ケース2の仮定より $0 = E\overline{u}_i(\overline{\sigma}_i, \overline{\sigma}_j) = -E\overline{u}_j(\overline{\sigma}_i, \overline{\sigma}_j)$ であるから，$E\overline{u}_j(\overline{\sigma}_i, \overline{\sigma}_j) = 0$ である．$(\overline{\sigma}_i, \overline{\sigma}_j)$ は $\overline{G}$ のナッシュ均衡であるから，命題 3.6.1 より

$$\forall s_j \in supp(\overline{\sigma}_j), \ \ E\overline{u}_j(\overline{\sigma}_i, s_j) = 0 \tag{8.1}$$

かつ

$$\forall s_j' \notin supp(\overline{\sigma}_j), \ \ E\overline{u}_j(\overline{\sigma}_i, s_j') < 0 \tag{8.2}$$

が成立する．(8.1) と $\overline{G}$ の定義より，

$$\forall s_j \in supp(\overline{\sigma}_j), \ \ E\overline{u}_i(\overline{\sigma}_i, s_j) = 0$$

も成立し，これは即ち

$$\forall s_j \in supp(\overline{\sigma}_j), \ \ Eu_i(\overline{\sigma}_i, s_j) = Eu_i(\sigma_i^*, s_j)$$

かつ，これらの s_j の任意の混合戦略についても $\overline{\sigma}_i$ と σ_i^* は同じ期待利得となる．

(8.2) からは

$$\forall s_j' \notin supp(\overline{\sigma}_j), \ \ E\overline{u}_j(\overline{\sigma}_i, s_j') < 0 = E\overline{u}_j(\overline{\sigma}_i, \overline{\sigma}_j)$$

より，

$$\forall s_j' \notin supp(\overline{\sigma}_j), \ \ E\overline{u}_i(\overline{\sigma}_i, s_j') > E\overline{u}_i(\overline{\sigma}_i, \overline{\sigma}_j) = 0$$

が成立するので，

$$\forall s'_j \notin supp(\overline{\sigma}_j), \quad Eu_i(\overline{\sigma}_i, s'_j) > Eu_i(\sigma^*_i, s'_j)$$

となり，背理法の仮定より s'_j は存在する．しかし以上のことは σ^*_i が $\overline{\sigma}_i$ に弱く支配されていることになるので矛盾である．

ゆえに $\overline{\sigma}_j$ は厳密な混合戦略であり，$\sigma^*_i \in BR_i(\overline{\sigma}_j)$ となる．

これを使って，厳密な混合戦略 $\sigma^k_j := (1 - \frac{1}{k+1})\sigma^*_j + \frac{1}{k+1}\overline{\sigma}_j$ の列を作れば，σ^*_i は任意の k について最適反応であり，かつ σ^k_j は σ^*_j に収束する． □

証明にもあるように，必要性は任意の有限標準形ゲームで成立する．即ち，任意の摂動完全均衡において，どのプレイヤーも弱く支配される戦略を使用しない．十分性は3人以上のゲームについては成立しない．反例は練習問題8.5にある．また，2人ゲームであっても，弱く支配される戦略の逐次消去によって消去される戦略は摂動完全均衡に含まれることがある．

表 8.2 弱く支配される戦略があるゲーム

P1 \ P2	X	Y
A	0, 1	0, 1
B	-1, 2	1, 0
C	-1, 2	2, 3

表8.2の2人ゲームにおいて B，X，A の順に（弱く）支配される戦略を消去していくと，残る「均衡」は (C, Y) である．しかし，(A, X) も摂動完全均衡である．（練習問題8.2とする．）

8.3 プロパー均衡

摂動完全均衡においては，均衡を支持する戦略のぶれの列は，どのようなものでも1つあればよかった．しかし，合理的なプレイヤーがミスをするという解釈であるとすると，戦略によってそこにミスしやすいものとそうでな

8.3 プロパー均衡

いものがあるかもしれない。マイヤソン (Myerson, 1978) は，ぶれ方に制約をおき，利得の高い方の戦略により高い確率でぶれるような列に対しての安定性を要求した。表 8.3 でこの考え方を説明する。

表 8.3 ミスしやすさの異なるゲーム

P1 \ P2	X	Y
A	2, 2	2, 2
B	4, 1	1, 0
C	0, 0	0, 1

このゲームでは (A, Y) は摂動完全均衡であるが，それを成立させるには（つまり Y を最適反応にさせるには），C の方が B より大きい確率で取られるようなプレイヤー 1 の戦略のぶれの列を作る必要がある。しかし，C は B に厳密に支配されているので，ほぼ合理的なプレイヤー 1 を前提とするならば，ミスをするとしても B の方がより高い確率で起こると想定すべきである。この考え方を一般化したのがプロパー均衡である。

定義 8.3.1. 任意の $\epsilon > 0$ について，厳密な混合戦略の組み合わせ $\sigma^\epsilon = (\sigma_1^\epsilon, \ldots, \sigma_n^\epsilon) \in \Delta(S_1) \times \cdots \times \Delta(S_n)$ が ϵ-プロパー均衡 (ϵ-proper equilibrium) であるとは，各プレイヤー $i = 1, 2, \ldots, n$ とその任意の純戦略 $s_i, s_i' \in S_i$ について

$$Eu_i(s_i, \sigma_{-i}^\epsilon) < Eu_i(s_i', \sigma_{-i}^\epsilon) \Rightarrow \sigma_i^\epsilon(s_i) \leqq \epsilon \sigma_i^\epsilon(s_i') \tag{8.3}$$

が成立することである。

定義 8.3.2. 混合戦略の組み合わせ $\sigma^* = (\sigma_1^*, \ldots, \sigma_n^*) \in \Delta(S_1) \times \cdots \times \Delta(S_n)$ がプロパー均衡 (proper equilibrium) であるとは，ある正数列 $\{\epsilon(k)\}_{k=1}^\infty$ （任意の k について $\epsilon(k) > 0$）で，$\lim_{k \to \infty} \epsilon(k) = 0$ となるものと，それに対応する，ある $\epsilon(k)$-プロパー均衡の列 $\{\sigma^{\epsilon(k)}\}$ が存在し，σ^* がその収束先 ($\lim_{k \to \infty} \sigma^{\epsilon(k)} = \sigma^*$) になっていることである。

この定義法は，摂動完全均衡の定義 8.2.3 と同じ方法である。存在すべきぶれの列に制限が加わっているので，プロパー均衡の集合は摂動完全均衡の

部分集合（これは既にナッシュ均衡の真部分集合）である。実際，プロパー均衡が摂動完全均衡の真部分集合であることの例は練習問題 8.6 にある。

命題 8.3.1. プロパー均衡は摂動完全均衡である。

証明：ϵ-プロパー均衡ならば ϵ-完全均衡であることを示せばよい。任意の $s_i \notin argmax\ Eu_i(\cdot, \sigma^\epsilon_{-i})$ について，ある s'_i が存在して (8.3) の前件が成立するので，$\sigma^\epsilon_i(s_i) \leqq \epsilon\sigma^\epsilon_i(s'_i) < \epsilon$ となるから，これは示された。 □

おもしろいことに，この安定性概念は，合理性とは無縁の進化ゲームにおいて重要になってくることが後にわかる。(10.1 節参照。) プロパー均衡の存在証明も摂動完全均衡の存在証明と似たような方法でできるので，任意の有限標準形ゲームにおいて存在が保証される。(マイヤソン (Myerson, 1978) を参照。)

この他，カライ＝サメット (Kalai and Samet, 1984) は耐性均衡 (persistent equilibrium) として，摂動完全均衡やプロパー均衡と似た発想ながら，ナッシュ均衡から出発するのでなく，多少のぶれによっても戻ってくるという局所安定性そのものから出発する安定性の概念を提唱した。ただし，耐性均衡はナッシュ均衡にならない場合がある。

8.4 逐次均衡

本節から，展開形ゲームの均衡の，戦略のぶれに対する安定性に入る。正確には，ゼルテン (Selten, 1975) の論文はまず展開形ゲームの摂動完全均衡のようなものを考え，それを標準形に落とすと 8.1 節の摂動完全均衡の定義になるという論旨であった。その後，ゼルテンの展開形ゲームの均衡概念をより厳密にした，クレプス＝ウィルソン (Kreps and Wilson, 1982a) の逐次均衡 (sequential equilibrium) が定式化された。後に述べるように，摂動完全均衡と逐次均衡は非常に近い概念である。

まず，有名な例として図 8.2 の 3 人ゲームを考える。(樹形図が馬の形に似ているのでゼルテンの「馬」のゲームとよくジョークで言われる。) 利得は上

からプレイヤー 1, 2, 3, のものである。このゲームには厳密な部分ゲームは存在しないので，ナッシュ均衡と部分ゲーム完全均衡は同じものである。（練習問題 5.3(b) 参照。）

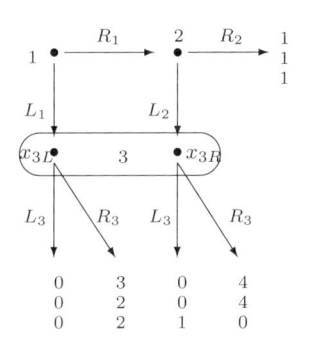

図 8.2 ゼルテンの馬のゲーム

純戦略によるナッシュ均衡は二つあり，(L_1, R_2, R_3) と (R_1, R_2, L_3) である。このうち (L_1, R_2, R_3) を考える。もしプレイヤー 1 が間違えて R_1 を取ってしまったら，プレイヤー 2 は R_2 をするのは合理的ではない。なぜなら，プレイヤー 3 はプレイヤー 1 のミスとは関係ないので R_3 を引き続きとるとすると，プレイヤー 2 は L_2 にした方が利得が高くなるからである。つまり，展開形において戦略（行動）のぶれの可能性を考えたら，本来の戦略の組み合わせにおいては経路外 (off path) であるような情報集合においても合理性を要求しておくべきである。

さらに，複数の意思決定点が入っている情報集合においては，各意思決定点にいる確率（信念 (belief)）によって最適な行動が異なる可能性がある。つまり，正確には展開形ゲームの均衡は戦略の組み合わせだけでなく，（ゲーム全体に渡る）どんな信念の体系 (system of beliefs) に基づいてそれらが最適とされているのか，ということも明記する必要があるのである。これらの考え方を踏まえて，クレプス＝ウィルソン (Kreps and Wilson, 1982a) は以下の様な逐次均衡を提案した。（7 章の完全ベイジアン均衡は逐次均衡の後に作られた均衡概念である。）

定義 8.4.1. 展開形ゲームにおける信念の体系 (system of beliefs) とは，全て

のプレイヤーの意思決定点について，確率を与える関数 $\mu : \cup_{i=1}^n X_i \to [0,1]$ で，各プレイヤー $i = 1, 2, \ldots, n$ とその各情報集合 $H_i \in \mathcal{H}_i$ について

$$\sum_{x \in H_i} \mu(x) = 1$$

となるものである。

定義 8.4.2. 行動戦略の組み合わせ $\pi = (\pi_1, \pi_2, \ldots, \pi_n)$ と信念の体系 μ のペア (π, μ) が**逐次均衡** (sequential equilibrium) であるとは，以下の二つの条件が成立することである。

逐次合理性 (sequential rationality)：任意のプレイヤー i とその任意の情報集合 $H_i \in \mathcal{H}_i$ について $\pi_i(H_i)$ は H_i 内の意思決定点の確率を μ で計算し，今後の各プレイヤーの戦略の組み合わせを π から誘導されたものとしたときに i にとって最適な行動となっている。

整合性 (consistency)：行動戦略の組合わせと信念の体系のペアの列 $\{(\pi^k, \mu^k)\}_{k=1}^\infty$ が存在し，各 k について π^k は厳密に混合された行動戦略の組み合わせ，μ^k は π^k からベイズルールで計算された信念の体系であり，

$$\lim_{k \to \infty} (\pi^k, \mu^k) = (\pi, \mu)$$

となっている。

完全ベイジアン均衡とは異なり，逐次均衡の整合性条件では，厳密に混合された行動戦略の列（ぶれた戦略の列と解釈できる）を要求するので，すべての情報集合に正の確率でたどり着き，かならずベイズルールが適用できる。そのおかげで，均衡においては経路外の行動であってもある程度合理的な制限が課されることになり，例えば図 8.2 の馬のゲームの (L_1, R_2, R_3) を排除することができる。なぜなら，(L_1, R_3) に収束するようなどんな厳密に混合された（行動）戦略の列についても，十分大きい k より先では，プレイヤー 3 がほぼ R_3 をとるが，プレイヤー 2 の情報集合はまだ正の確率で到達されるので，R_2 は最適反応ではないからである。

これに対し，(R_1, R_2, L_3) は逐次均衡である。例えば，十分に小さい $\epsilon > 0$ をとり，$\pi^k = ((\epsilon^k, 1-\epsilon^k), (3\epsilon^k, 1-3\epsilon^k), (1-\epsilon^k, \epsilon^k))$ （第 1 項が L_i の確率と

8.4 逐次均衡

する）という行動戦略の列とそれに対応した信念の体系 μ^k を考えればよい。すると，任意の $k = 1, 2, \ldots$ についてプレイヤー 3 の左の意思決定点 x_{3L} にいる確率は

$$\mu^k(x_{3L}) = \frac{\epsilon^k}{\epsilon^k + (1-\epsilon^k)3\epsilon^k} = \frac{1}{4 - 3\epsilon^k}$$

で，これは k が無限大になると $1/4$ に収束する。この信念の下で，(R_1, R_2, L_3) は逐次合理性を満たす。まず，x_{3L} にいる確率が $1/4$ であれば，プレイヤー 3 の最適な戦略は L_3 である。今後のプレイヤー 3 の戦略 L_3 の下では，プレイヤー 2 の最適な戦略は R_2 である。そして，今後の他のプレイヤーたちの戦略 (R_2, L_3) の下では，プレイヤー 1 の最適な戦略は R_1 であるからである。摂動完全均衡と同様，均衡を支持する少なくとも一つのぶれの列が作れればいいのである。

さらに，馬のゲームの例では明らかではないが，整合性は全てのプレイヤーが共通の μ を使うので，経路外についても同じ信念を持つということを含意している。例えばフーデンバーグ＝ティロル (Fudenberg and Tirole, 1990) の本に出ている例（彼らの例 8.5）で見てみよう。

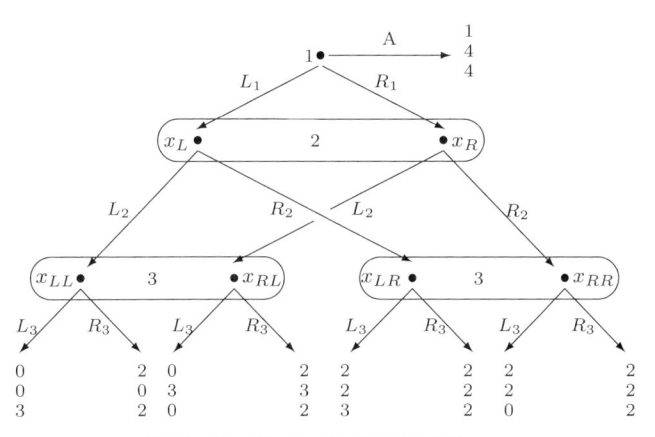

図 **8.3** フーデンバーグ＝ティロルの例 8.5

このゲーム（図 8.3）ではプレイヤー 2 と 3 はプレイヤー 1 が L_1 を選んだか，R_1 を選んだかがわからないようになっている。プレイヤー 3 はプレイヤー 2 の行動は観察できる。（利得は上からプレイヤー 1，2，3 の順であ

る。）これを3人標準形ゲームとして見ると，純戦略のナッシュ均衡はいくつもある。このうちの一つ，$(A, L_2, (L_3, L_3))$（ただしプレイヤー3の行動戦略は（左の情報集合での行動，右の情報集合での行動）として書いてある）を考える。

プレイヤー2は，万一自分の手番がきたとき，プレイヤー1が L_1 をした確率と，プレイヤー3の行動戦略 (L_3, L_3) を踏まえて戦略 L_2 と R_2 の期待利得を比較するのが逐次合理性である。例えば，プレイヤー1が L_1 に逸脱した確率を p，R_1 に逸脱した確率を $1-p$ とすると，L_2 からの期待利得は $p \times 0 + (1-p)3$ であり，R_2 からの期待利得は2であるから，プレイヤー1が L_1 をした確率が $\frac{1}{3}$ 以下，あるいは信念が $\mu(x_L) \leqq \frac{1}{3}$ のとき，L_2 は逐次合理性を満たす。

プレイヤー3に万一手番が回ったら，それもプレイヤー1がAから逸脱したときである。プレイヤー3はプレイヤー2の行動は観察できるので，どちらの情報集合にいるかはわかる。左の情報集合にいるとき，プレイヤー1が L_1 をした確率を p とすると，L_3 からの期待利得は $p \times 3 + (1-p) \times 0$ で，R_3 からの期待利得は2である。従って L_3 が逐次合理性を満たすのは $p \geqq \frac{2}{3}$ あるいは，信念が $\mu(x_{LL}) \geqq \frac{2}{3}$ のときである。（右の情報集合でもまったく同じ議論ができる。）しかしこのことは $\mu(x_L) \geqq \frac{2}{3}$ と同じことであるから，$(A, L_2, (L_3, L_3))$ を逐次合理的にする信念が，プレイヤー2とプレイヤー3で異なっていなければならないので，結局 $(A, L_2, (L_3, L_3))$ は逐次均衡にならない。

このように，経路外であっても全員が同じぶれの列からベイズルールで計算される信念を持つという，クレプス＝ウィルソンの整合性が強すぎる要求であるかは議論があるところだが，均衡というものはある程度長期に渡って行われてきたものであるという解釈の下では，プレイヤーたちが同じ信念を持つに至ったと考えることもできるだろう。

逐次均衡の存在証明の前に，逐次均衡と摂動完全均衡の関係を明らかにしておく。それが存在証明を非常に簡単にするからである。これらは，両方とも戦略のぶれに対する頑健性を考えるものである。ただ，展開形における戦略のぶれは，標準形におけるものほど単純ではない。特に複数の情報集合を持つプレイヤーの戦略のぶれは，各情報集合で独立にぶれるのか，それとも同じプレイヤーなのであるからどの情報集合でも同じようにぶれなくてはな

らないのかという微妙な問題を含んでいる。

ここでは，展開形ゲーム内の各情報集合を異なる「エージェント」(agent) による意思決定と見なし，彼らをプレイヤーとしたエージェント標準形ゲーム (agent normal form game) を考える。（この考え方はクーン (Kuhn, 1953) やゼルテン (Selten, 1975) にもある。）各エージェントはただ1回しか意思決定せず，その利得関数はその情報集合が属する本来のプレイヤーのものと同じとする。従って異なるエージェントの行動が独立にぶれるのが自然な定式化ということになる。また，エージェント標準形における戦略の組み合わせは，プレイヤーごとにまとめてやれば，完全記憶の下ではもとの展開形ゲームの戦略の組み合わせに対応する。このエージェント標準形のもとでは摂動完全均衡は逐次均衡の部分集合となる[1]。

命題 8.4.1. 任意の有限展開形ゲーム Γ で完全記憶を持つものについて，そのエージェント標準形ゲームの摂動完全均衡は Γ の逐次均衡になる。

証明：エージェント標準形ゲームの摂動完全均衡を σ とする。すると，厳密に混合した戦略の組み合わせの列 $\{\sigma^k\}_{k=1}^{\infty}$ が存在し，$\lim_{k \to \infty} \sigma^k = \sigma$ である。この σ^k からベイズルールによって Γ 上に信念の体系 μ^k を定義することができる。この μ^k はコンパクト集合上の列であるから，収束部分列 $\{\mu^m\}_{m=1}^{\infty}$ が存在する。この収束先を μ とすると，(σ, μ) は整合性を満たす。

σ はエージェント標準形において，互いに最適になっているので，どのエージェントも行動を変えても利得が高くならない。従って，動的計画法の One-step deviation principle（命題 5.5.1 及び付録 B を参照）により，σ をもとのプレイヤーごとにまとめた展開形ゲームの戦略は逐次合理性を満たす。 □

定理 8.2.1 より，任意の有限標準形ゲームには摂動完全均衡が存在するので，命題 8.4.1 と合わせると，逐次均衡の存在が言えたことになる。

ただし，命題 8.4.1 の逆は言えない。つまり，逐次均衡であっても標準形に直したときに摂動完全均衡に対応していないものがある。次の例を見てみ

---

[1] さらに，プロパー均衡はエージェント標準形まで考えなくても，誘導標準形で逐次合理性を保証する。練習問題 8.4(b) を参照。

よう。

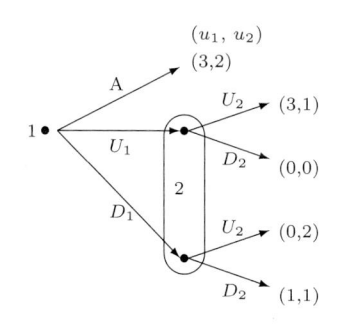

図 8.4 逐次均衡と摂動完全均衡の不一致の例

　図 8.4 の展開形ゲームでは U_2 は D_2 を厳密に支配しているので，任意の逐次均衡において U_2 に確率 1 がつき A と U_1 の確率は何でもよい。しかしこのゲームを標準形にするとただ一つの摂動完全均衡 (A, U_2) が存在する。

　しかし，この例は例外的であり，経路 A と経路 (U_1, U_2) がプレイヤー 1 に同じ利得を与えなければ，逐次均衡と摂動完全均衡が一致する。実際，利得ベクトルの空間上で考えると，いくつかの終点で利得が等しくなるようなゲームの集合は測度 0 でしかないので，残りの generic なゲームでは両均衡は一致することがクレプス＝ウイルソン (Kreps and Wilson, 1982a) で示されている。

　逐次均衡と完全ベイジアン均衡の関係についてはフーデンバーグ＝ティロル (Fudenberg and Tirole, 1991) が，不完備情報の展開形ゲームの一部において両者が一致することを示している。（証明は省略する。）

命題 8.4.2. 完全記憶，不完備情報の展開形ゲームで，タイプの事前確率はプレイヤー間で独立に分布しているものを考える。各プレイヤーのタイプが 2 つ以下であるか，2 段階の展開形ゲームであれば，完全ベイジアン均衡と逐次均衡は一致する。

　したがって，2 タイプのシグナリングゲームでは両者は同じ戦略の組み合わせを予測することになる。この他，逐次均衡の性質としては，完全ベイジア

ン均衡ほどではないにしろ，やはり経路外の信念に自由度があるので，非常に多数の信念に対応した多数の均衡が存在することが多い。しかし，genericなゲームについては終点の上の分布としては有限になる。また練習問題 8.5 が示すように，ゲームの本質は変えないが余計な行動を追加すると逐次均衡が異なってしまったりする。

しかし，逐次均衡によって，不完全情報の展開形ゲームの均衡概念としては，ゲームの最中の合理性をかなり完成度の高い形で定式化したと言える。その後はシグナリングゲーム以外のほとんどの不完全情報ゲームは逐次均衡によって解かれることになった。

8.5　チェーンストア・パラドックスの解決

4.4 節で紹介したチェーンストア・パラドックスを再び考えよう。有限の数の市場であれば，いくつあっても，ただ一つの部分ゲーム完全均衡が存在し，最後の市場で参入を受け入れるので参入され，その 1 つ前の市場でも同じことが起こり，……となって，全ての市場でチェーンストアは参入されてしまうのであった。しかし，現実には「将来のため」に赤字覚悟で最初のいくつかの市場で参入者を低価格でたたき，それに恐れをなして参入が起こらなくなる（あるいは退出が起こる）ような現象は見受けられる。これを，不完備情報を導入することで合理的な均衡として説明することに成功したのが，クレプス＝ウイルソン (Kreps and Wilson, 1982b) の貢献である。ストーリーは不完備情報であるが，ベイジアンゲームと同様にゲームの最初に自然がチェーンストアのタイプを選ぶという不完全情報のゲームに変換して，逐次均衡で分析する。

N 市場にわたって支店を出している独占企業 M と各市場に 1 社ずつある潜在的な参入企業との $N+1$ 人ゲームを考える。逐次合理性を考えると，あと何市場にわたるゲームになっているかが重要なので，最後の市場で参入するかしないかを決める潜在的な参入企業を第 1 企業，最後から 2 番目の市場で意思決定する企業を第 2 企業……とし，あと n 市場ゲームが残っているときの潜在的な参入企業を第 n 企業とする。これらの潜在的参入企業は独占企業

Mの利得関数を完全には知らず，$1-\delta$ の確率で図 7.1 の一般の参入ゲーム（図 8.5 に再掲）の利得関数を持っていると予想し（このタイプを Rational タイプと呼ぶ），δ の確率で Fight が支配戦略となっているような利得ベクトル（例えば図 7.2 の Tough タイプのもの）を持っていると予想する。このことはプレイヤー全体の共有知識であるとする。

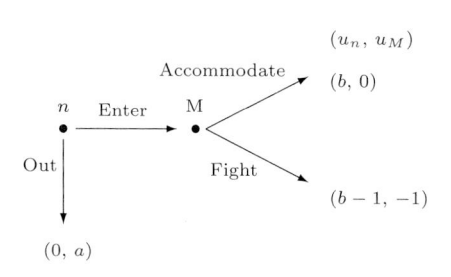

図 8.5 Rational タイプの M と第 n 企業の参入ゲーム（再掲）$(a>1,\ 1>b>0)$

　ゲームはまず自然が M のタイプを選び，M のみがそれを知る。次に，第 N 企業と M が図 8.5 の参入ゲームを行い，両企業はその利得を得る。次に第 N 市場の結果を観察した後，第 $N-1$ 企業と M が参入ゲームを行い，両企業はその利得を得る ... と続いていく。過去のすべての市場の結果はそれ以降の市場のすべての潜在的参入者に観察されると仮定する。(ただし混合戦略はその実現した行動だけが観察されるとする。) M の利得は Rational タイプであれば図 8.5 の利得を N 市場にわたって合計したものとする。我々の興味はもとの参入ゲームと同じ利得関数を持っている Rational タイプなので，Tough タイプの利得関数は重要でなく，Tough タイプはどの市場でも必ず Fight をするということだけが重要である。

　この有限市場参入ゲームの逐次均衡を求める。Tough タイプについては行動戦略は決まっているので，Rational タイプの行動戦略は，各（1点からなる）情報集合においてその後の潜在的参入企業らの戦略の組み合わせについて最適でなければならない。

　ゲームが進むにつれ，潜在的な参入企業は共有事前確率 δ を，観察された行動の列に基づいてベイズルールを用いて更新していく。これが整合性であ

る。潜在的な参入企業 n にとって，これまでの行動の列（歴史）を h_n としたときの，M が Tough タイプである事後的確率を $p_n(h_n)$ と書く。各企業 $n = N, N-1, \ldots, 1$ は信念 $p_n(h_n)$ に対して最適な戦略を選ぶ。

ここでは，p_n が十分大きいときに，完備情報ならば全ての市場で Accommodate を選ぶはずの Rational タイプの独占企業が，ゲームの最初のいくつかの市場においては，万一参入されたら Fight を選ぶという逐次均衡が存在することを証明する。そうすることで，潜在的参入企業が M のタイプを割り出すことができないようにするためである。そしてこのことを予想できるので，最初のいくつかの市場ではどちらのタイプの M でも Fight してくることが予想され，参入が起きなくなる。

命題 8.5.1. (Kreps and Wilson, 1982b) 以下の行動戦略の組み合わせと信念の体系は不完備情報の有限回参入ゲームの逐次均衡である。
Rational タイプの M の行動戦略：$n = 1$ つまり最後の市場で，参入されたら Accommodate を選ぶ。$n > 1$ の場合，信念の体系によって二つに分ける。

$$\pi_M(h_n) = \begin{cases} \text{Fight} & \text{if } p_n(h_n) \geqq b^{n-1} \\ \text{Fight with prob. } \frac{(1-b^{n-1})p_n}{(1-p_n)b^{n-1}} & \text{if } p_n(h_n) < b^{n-1} \end{cases}$$

潜在的参入企業 n の戦略：

$$\pi_n(h_n) = \begin{cases} \text{Out} & \text{if } p_n(h_n) > b^n \\ \text{Out with prob. } \frac{1}{a} & \text{if } p_n(h_n) = b^n \\ \text{Enter} & \text{if } p_n(h_n) < b^n \end{cases}$$

信念の体系：ゲームの最初は $p_N(\emptyset) = \delta$ である。各 $n < N$ について，
(i) これまでの市場での行動の列 h_n に Accommodate が含まれていたら，$p_n(h_n) = 0$ とする。
(ii) これまでの全ての参入が Fight されたときは，その中で参入が起こった最近の市場の番号を k とすると（これはもちろん $k > n$ である），$p_n(h_n) = \max\{b^{k-1}, \delta\}$ とする。
(iii) 今まで参入がまったく起こっていなかったときは，$p_n(h_n) = \delta$ とする。

証明：これらの組み合わせが逐次均衡であることを，整合性，潜在的参入企

業の戦略の逐次合理性，Rational タイプの M の行動戦略の逐次合理性，に分けて証明する．

上記の均衡戦略に収束する列は簡単に作れるので，収束先における整合性を示す．(ここで，n は残された市場数なので，n の次は $n-1$ になることに注意．また各時点において，それまでの歴史 h_n の中身より M のタイプの確率だけが重要なので h_n は省略して p_n 等と書くことにする．) まず，任意の $n > 1$ において p_n と p_{n-1} の関係を明らかにする．整合性を満たすには以下のことが成立しなければならない．

$p_n \geqq b^{n-1}$ (ここで，$b \in (0,1)$ より $b^{n-1} > b^n$ であることに注意，以下同様) である場合，参入がおきないので新しい情報はない．したがって $p_{n-1} = p_n$．また，$p_n = 0$ のときも既にタイプが判明しているので，その後については $p_{n-1} = 0$ となる．

$0 < p_n < b^{n-1}$ である場合，Rational タイプの M はこの市場で混合戦略を行う．もし Accommodate が観察されたら $p_{n-1} = 0$ になる．Fight が観察されたらベイズルールより

$$\begin{aligned} p_{n-1} &= \frac{Pr(\text{Fight} \cap \text{Tough})}{Pr(\text{Fight} \cap \text{Tough}) + Pr(\text{Fight} \cap \text{Rational})} \\ &= \frac{p_n \cdot 1}{p_n \cdot 1 + (1-p_n)[\frac{(1-b^{n-1})p_n}{(1-p_n)b^{n-1}}]} = b^{n-1} \end{aligned}$$

となる．

次に，ゲーム全体で考えて，上記の信念の体系が整合的であることを確認する．ゲームの最初は $p_N = \delta$ であったので，上の分析から信念の体系の性質 (i) と (iii) が整合的であることは明らかである．(ii) については，$\delta > b^N$ かどうかで分けて考える．

$\delta < b^N (< b^{N-1})$ であれば，最初の第 N 市場において参入がおき，Rational タイプの M は混合戦略を行う．もし Accommodate が観察されたらそれ以降は (i) のケースになるので整合的である．Fight が観察されたら，上記の分析より $p_{N-1} = b^{N-1}$ となるのが整合的であるが，これは $\max\{b^{N-1}, \delta\}$ でもある．次の第 $N-1$ 市場では，$p_{N-1} = b^{N-1}$ より第 $N-1$ 企業は混合戦略を行い，$p_{N-1} = b^{N-1} < b^{N-2}$ より Rational タイプの M も混合戦略を行う．したがって，Out または (Enter, Accommodate) の場合 (i) または (ii) になっ

8.5 チェーンストア・パラドックスの解決

て整合的である。Fight が観察されたら $p_{N-2} = b^{N-2}$ となるのが整合的で、これは $\max\{b^{N-2}, \delta\}$ でもある……と続いていく。ゆえにこのケースは整合的である。

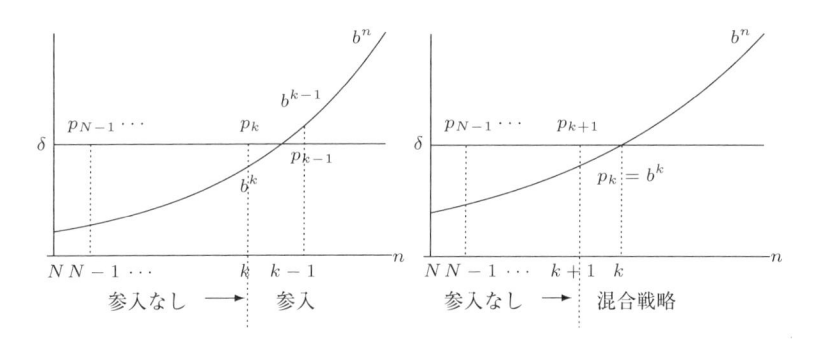

図 8.6 p_n と b^n の関係（$\delta > b^N$）

$\delta > b^N$ の場合は、最初の第 N 市場では参入がおきないので $p_{N-1} = \delta$ となり、整合的である。次の $N-1$ 市場においては $p_{N-1} = \delta < b^{N-1}$ または $\delta \geqq b^{N-1}$ の2通りに分けて、上記と同様の分析ができる。これを繰り返していくと、$p_n > b^n$ であるかぎり参入が起こらないので、M のタイプが判明しない。しかし十分に N が大きければ、図 8.6 のようにどこかで不等号が逆転する。$p_k > b^k$ かつ $p_{k-1} < b^{k-1}$ がある市場 k でおこると、それまではまったく参入がなかったのに、$k-1$ 市場からは確実に参入が起こることになる。（図 8.6 の左のグラフを参照。）ちょうど $p_k = b^k$ がある k でおこる場合はその市場では混合戦略が行われるので、参入されても Fight が混合戦略の実現値であればまだタイプは判明しない。しかしこれを繰り返していくうち、いつか Accommodate が観察され、その市場以降では判明する。（図 8.6 の右のグラフを参照。ただし、k 市場以降の p_n は混合戦略で実現した行動に依存するので明記できないことに注意。）

次に、各 n 企業が最適な戦略を行っていることを示す。

$p_n \geqq b^{n-1}(> b^n)$ のとき：M はどちらのタイプであっても Fight を選ぶと予想されるので、最適な戦略は Out である。

$b^n < p_n < b^{n-1}$ のとき：Accommodate は正の確率で起こるが、$1-b$ より

小さい。(この証明は練習問題 8.9 とする。Fight の確率で言うと b が境目になるのは既に 7.1 節で見た通りである。) したがって Out が最適である。

$p_n = b^n$ のとき：Accommodate は期待確率 $1-b$ で起こり，Out と Enter は同じ期待利得なので任意の混合戦略が最適戦略となる。($1/a$ で混合するのは M の戦略を逐次合理的にするためである。)

$p_n < b^n$ のとき：Accommodate の確率は $1-b$ より大きいので Enter が最適である。

最後に Rational タイプの M の行動戦略が逐次合理性を満たすことを示す。最後の市場 $n=1$ の行動の合理性は明らかであるので，$n>1$ について考える。今後の $n, n-1, \ldots, 1$ 市場において全てのプレイヤーが命題の主張にある戦略に従っているとすると，M の今後の総利得は現在の p_n に依存して以下のようになる。

$$v(p_n) = \begin{cases} a(n-k(p_n)+1)+1 & \text{if } b^n < p_n = b^{k(p_n)-1} \\ a(n-k(p_n)+1) & \text{if } b^n < p_n < b^{k(p_n)-1} \\ 1 & \text{if } p_n = b^n \\ 0 & \text{if } p_n < b^n \end{cases}$$

ただし，$k(p_n)$ は $p_n > 0$ のとき $k(p_n) = \inf\{m \mid b^m < p_n\}$, $p_n = 0$ のとき $k(0) = \infty$ であるとする。この $k(p_n)$ が参入が起きない最後の市場の番号である。

この $v(p_n)$ の導出方法は以下のようである。最後のケースから順に考える。明らかに $p_n < b^n$ ならば，潜在的参入企業の戦略より，今後ずっと参入されて Accommodate することになり総利得は 0 である。次に，$p_n = b^n$ のときの総利得を求める。ここでは，n 企業，M ともに混合戦略をとる。つまり，$1/a$ の確率で a を得，$1-\frac{1}{a}$ の確率で M の手番になり $\gamma = \frac{(1-b^{n-1})p_n}{(1-p_n)b^{n-1}}$ の確率で Fight, 残りの確率で Accommodate をする (このときはそれ以降 0 を得る)。まとめると，総利得は

$$\frac{1}{a} \cdot a + (1-\frac{1}{a})\{\gamma v_F + (1-\gamma)0\}$$

という形になる。ここで，v_F は M の混合戦略で Fight が実現したときの時

8.5 チェーンストア・パラドックスの解決

点以降の継続利得である。ところで，v_F はまた

$$v_F = -1 + \frac{1}{a} \cdot a + (1 - \frac{1}{a})\{\gamma v_F + (1-\gamma)0\}$$

という形をしている。なぜなら，この市場は Fight をするので -1 を得るが，ベイズルールより $p_{n-1} = b^{n-1}$ であったから，次の市場で再び同じ状況に直面するからである。これを解くと $v_F = 0$ である。したがって，総利得は 1 となる。

$b_n < p_n$ の場合，$n, n-1, \ldots, k(p_n)$ 市場までは参入が起きないので，$a(n - k(p_n) + 1)$ を得るが，$k(p_n) + 1$ 市場では正の確率で参入が起きることになる。$p_n < b^{k(p_n)-1}$ であれば，$k(p_n) + 1$ 市場から確実に参入がおきるのでその後の利得は 0 である。(図 8.6 を参照。) $p_n = b^{k(p_n)-1}$ であれば，ちょうど $k(p_n) + 1$ 市場において潜在的参入企業は混合戦略をとり，上記の議論よりわかるように，さらに 1 が継続利得になる。

この $v(p_n)$ の計算により M の各情報集合からそれ以降の戦略が逐次合理的であることを最後に示す。第 n 市場で参入が起こった後の M の情報集合を考える。Accommodate すればタイプが判明し，この市場および将来の市場すべてで 0 を得ることになる。これに対し，Fight するとこの市場では -1 を得るが，現在の p_n によって今後の継続利得は異なる。

まず $p_n = 0$ のときはすでにタイプが判明しているので $v(p_{n-1}) = 0$ より今後は 0 となる。したがって Accommodate することが厳密に最適である。$0 < p_n < b^{n-1}$ のときは，次の市場の潜在的参入者の信念は (ii) より $p_{n-1} = b^{n-1}$ となり，上記の分析より $v(p_{n-1}) = 1$ を次の市場以降では得る。これらを合計すると $-1 + 1 = 0$ であるので，Accommodate と Fight は同じ期待総利得をもたらすのである。したがって混合戦略は最適である。$p_n \geqq b^{n-1} (> b^n)$ のときは，$v(p_n)$ の計算より今後の総利得は 1 より厳密に大きいので，Fight をしたときの総利得は $-1 + 1 = 0$ より厳密に大きく，Fight を確実にするのが最適である。 □

この結果により，少しの不完備情報を導入すれば，チェーンストア・パラドックスは解消する（将来のために最初のころの市場では Fight が行われ，それを予想して参入がおきないという均衡がある）ことがわかった。

同じような議論で，有限回の繰り返し囚人のジレンマでも，少しの確率で相手は**オウム返し** (Tit for Tat) 戦略（5.5節参照）である可能性があるとき，相手の反応を協力的にするために，合理的な（本来の囚人のジレンマの利得関数を持っている）プレイヤーが協力することも証明できる。（クレプス他 (Kreps et al., 1982) を参照。）

このアイディアはもっと一般化することができ，フーデンバーグ＝マスキン (Fudenberg and Maskin, 1986) では，任意の実現可能かつ個人合理的な利得ベクトルが，適切に少しの不完備情報を入れた，十分に長い有限回繰り返しゲームの逐次均衡として（ほぼ）達成できるというフォーク定理が証明されている。

8.6 不完全モニタリングの無限回繰り返しゲーム

繰り返しゲームは各期内に同時決定を含むので既に不完全情報ゲームであるが，一般にはさらに情報が不完全であることは多い。例えば，市場において各企業は自己の生産量と市場価格は知っているが，市場価格に間接的に影響を及ぼしている他企業の生産量，すなわち他者の行動までは知らないということがあり得る。グリーン＝ポーター (Green and Porter, 1984) は，このような不完全モニタリングの繰り返しゲームでも，観察されるシグナルを利用したトリガー戦略によって，ある程度協力的な均衡が達成されることを示した。この発想を一般の不完全モニタリング繰り返しゲームについて厳密に証明したのは，アブルー他 (Abreu, Pearce, and Stachetti, 1986, 1990) である。不完全モニタリングのゲームの均衡を考えるには部分ゲーム完全均衡では十分でなく，逐次均衡の概念が必要となってくる。

ここでは3.3.2節で分析した，2つの企業1, 2が価格を同時に選ぶベルトランのモデルを無限回繰り返すゲームの例で，不完全モニタリングにおける協力均衡のアイディアを説明する。（この例はティロル (Tirole, 1990) の6.7.1節を参考にした。）

段階ゲームでは，2企業はその期の自社製品の価格 p_i ($i = 1, 2$) を同時に選ぶ。生産費用の構造はどちらの企業も同じで，毎期において q 単位生産す

8.6 不完全モニタリングの無限回繰り返しゲーム

るためには cq の費用がかかるとする．2社の製品は完全代替財であるとし，お客は安い方の企業からだけ買う．両企業が同じ価格のときは市場需要を半分ずつ分け合うとする．具体的には，各企業 $i = 1, 2$ について（$j \neq i$ をライバル社として）

$$D_i(p_i, p_j) = \begin{cases} A - p_i & \text{if } p_i < p_j \\ \frac{1}{2}(A - p_i) & \text{if } p_i = p_j \\ 0 & \text{if } p_i > p_j \end{cases}$$

で，$A > c$ という需要関数を考えることにする．（また $c \geqq 0$ とする．）

このとき，1回限りの同時価格選択ゲームを行うと，3.3.2節で分析したように，両企業とも c を価格とする組み合わせだけがナッシュ均衡であり，そのときの両者の利得（利潤）は0である．また，完全モニタリングでこの段階ゲームを無限回繰り返し，割引総和を繰り返しゲームの利得と仮定すれば，フォーク定理により，割引因子 δ が十分大きければ，多数の協力的な（すなわち高い価格の）均衡があり，例えば，独占価格を両者が毎期選び，独占利潤の半分を毎期得るという効率的な協力均衡が存在する．

本節では，各企業は相手の価格を観察できないという不完全モニタリングでの繰り返しゲームを考える．しかし，相手の価格を観察できなくても，自己の価格と需要量を完全に観察できれば，そこから相手の価格が自分の価格より低かったかどうかが類推できてしまうので，さらに，市場の需要関数にも不確実性があり，各期において，小さいが正の確率 ρ でその期にはまったく需要がないこともあるとする．残りの確率 $1 - \rho$ では上記の需要関数であるとする．こうすると，自社製品の需要量が0だったとしても，ライバル社の価格が自社の価格より安かったからなのか，たまたまその期は市場需要が0だったからなのかがわからないことになる．この需要関数の不確実性の構造は毎期変わらず，各期で独立に起こるとする．（このような確率構造を identically and independently distributed の頭文字を取って i.i.d. 構造と呼ぶ．）このような状況で，2企業がある程度の高さの同じ価格を選び，談合（協力）できるかを考える．

完全フォーク定理で作った均衡と似た形で，最初は高価格 $\bar{p} > c$ を付け，需要があればそのまま同じ高価格を維持するが，需要0を観察したら T 期間

は段階ゲームのナッシュ均衡（すなわち $p_i = c$）を行い，その後再び高価格 $\bar{p} > c$ に戻るというグリムでないトリガー戦略が逐次均衡になるかを調べよう。ここで，注意すべきは，もし誰かの需要量が0になったら，それは両者ともわかるということである。なぜかというと，不確実性により市場需要そのものが0になったのであれば，それは両者が観察する。もう一つの場合は，約束した価格より低い価格をどちらかの企業が選んだときであり，この場合，裏切られた企業はもちろん自社の需要が0であることを観察するし，裏切った企業も相手の需要が0であることは知っている。従って，「どちらかの企業の需要量が0になった」ということは二人とも知るのである。このことを使って，以下の2フェーズを持つ戦略 b_T を考える。

談合フェーズ：第1期または処罰フェーズの終了直後から誰も0の需要量を観察していなかったら，$\bar{p}(>c)$ を選ぶ。誰かが0の需要量を観察したら処罰フェーズへ移行する。

処罰フェーズ：T 期間，需要量にかかわらず c を価格とする。それが終わったら談合フェーズに戻る。

この戦略を両企業がしていることが逐次均衡となれば，永続的ではないが，かなりの期間談合を継続することができるし，談合が失敗してもまた復活させることもできるので，長期的にはかなり高い平均利得を得ることができる。ただし，たとえ $\bar{p}$ が独占価格であったとしても，正の確率で処罰フェーズが起きてしまうので，完全モニタリングの永続的談合による効率的均衡利得は達成できないことも明らかである。

逐次均衡を証明するに当たって，(b_T, b_T) に伴う信念の体系（お互い談合しているが確率的に需要量が0になることがあると予想するもの）はかなり明らかであるので省略し，(b_T, b_T) の逐次合理性のみを証明する。

命題 8.6.1. ある (δ, ρ, T) の組み合わせの範囲が存在して，任意の $c < \bar{p} < A$ について (b_T, b_T) は逐次合理性を満たす。

証明：まず，処罰フェーズにいるときは，1期間だけ行動を変えても総利得は高くならないことは簡単に示すことができる。処罰フェーズでは相手は限界費用 c を価格としてくるので，それより低い価格を付けると，需要関数が D_i であるときはこちらは負の利潤になってしまう。c より高い価格を付ける

と，需要関数がどちらの場合でも利潤は 0 である．ゆえに，b_T に従っているときの総利得を超えることはできない．

次に，談合フェーズにいるとして，1 期間だけ行動を変えても総利得が高くならないことを示す．両企業が $\bar{p}$ を価格としているときの一企業の利得を考える．通常の需要関数であったときは $\bar{p}$ という価格の下で $A - \bar{p}$ の需要があるので，その半量を各企業が生産するとすると，そのときの利潤は

$$(\bar{p} - c)\frac{A - \bar{p}}{2}$$

である．もし，一企業だけがわずかに価格を下げて $\bar{p} - \epsilon$ にすると市場の需要を全て得るので，利潤が

$$(\bar{p} - \epsilon - c)\{A - (\bar{p} - \epsilon)\}$$

となることは既に 3.3.2 節で見た通りである．そこで，$\overline{\Pi} = (\bar{p} - c)(A - \bar{p})$ と書くと，談合したときの 1 期間の利潤は $\overline{\Pi}/2$，談合を裏切ったときの 1 期間の最大の利潤は $\overline{\Pi}$ を少し下回るものである．

談合フェーズ内のある期とそれ以降の利得を V，処罰フェーズの最初の期とそれ以降の利得を W とおくと，これらには以下の再帰式が成立する．

$$\begin{align} V &= (1-\rho)[\frac{\overline{\Pi}}{2} + \delta V] + \rho(0 + \delta W) \\ W &= (1 + \delta + \cdots + \delta^{T-1})0 + \delta^T V \end{align}$$

これらを説明する．V の式の右辺の第 1 項は，確率 $1 - \rho$ でおこる通常の需要のときである．このときは今期は $\frac{\overline{\Pi}}{2}$ の利潤を得，その後も談合が続くので次期以降の割引総利得は δV となる．第 2 項は確率 ρ で需要が 0 になってしまうときで，談合破りをしていないのにもかかわらず今期の利潤は 0 で継続利得は処罰フェーズのものになる．W の式の右辺は T 期間利潤 0 が続いた後，談合フェーズに戻ることを表している．

この 2 式から V を求めると

$$V = \frac{(1-\rho)\overline{\Pi}/2}{1 - (1-\rho)\delta - \delta^{T+1}\rho} \tag{8.4}$$

となる．

一期間だけ価格を下げると，最大で得られる長期割引利得は

$$(1-\rho)[\overline{\Pi}+\delta W]+\rho(0+\delta W)$$

を超えない。第1項は，通常の需要のときで，最大で $\overline{\Pi}$ を少し下回るのが今期の逸脱による利潤であるが，このときは相手は需要 0 を観察するので次期以降は処罰フェーズに入り，継続利得は δW となる。第2項は需要が 0 のときで，逸脱しても今期の利潤は 0 であり，また来期以降は処罰フェーズに入る。従って，逐次合理性は

$$V \geqq (1-\rho)[\overline{\Pi}+\delta W]+\rho(0+\delta W)$$

が成立すればよい。(8.4) 式と $W = \delta^T V$ よりこの条件は

$$f(\delta) = \delta^{T+1}(2\rho-1) + 2\delta(1-\rho) - 1 \geqq 0$$

ということになる。δ が十分 1 に近いときを考えるとして，$f(1) = 0$ であるから $\delta = 1$ において f の微係数が負であれば，1 の近傍の δ について $f(\delta) > 0$ となり，逸脱の利得が b_T の利得を上回らないことが保証される。f を δ で微分して $\delta = 1$ で評価すると $f'(1) = T(2\rho-1) + 1$ であるから，$T > 0$ より $\rho < 1/2$ でなければこれは負になる可能性がない。ゆえに $T(2\rho-1) + 1 < 0$ を満たすような T と $\rho < 1/2$ であれば，1 に近い δ の範囲が存在して，そのような (δ, ρ, T) の組み合わせにおいて逐次合理性が成立する。 □

　これで，トリガー戦略が逐次均衡である場合が作れた。しかし，均衡利得の大きさ V は処罰フェーズの長さ T に依存するので，長ければいいというわけではなく，不完全モニタリングの場合，処罰フェーズの長さをどう決めるかは重要である。処罰フェーズの長さ T を決める要因は二つある。一つは完全モニタリングの時と同様に，1期間裏切ったら得られる利得を打ち消す程度の長さでなければならないということである。もう一つは，完全モニタリングの時と異なり，どうしても正の確率で処罰フェーズが始まってしまうので，あまり T を長くすると，トリガー戦略そのものの利得が低くなってしまい，(一般の段階ゲームでは) 均衡でなくなってしまうことである。従って，

うまく T を作るためにはそもそもの談合のときの利得を高くしすぎないようにしなくてはならないという非効率性も存在する．（ベルトランのモデルでは，$\overline{\Pi}$ が均衡利得と逸脱利得の両者で相殺されるので，この点ははっきりしなかった．）この効率性のロスを少しでも減らすように，戦略の形をうまく設計するという研究が進んでいる．

グリーン＝ポーターモデルの市場価格のように，プレイヤー全員が観察できる公的シグナルだけを用いた戦略は**公的戦略** (public strategies) と呼ばれる．上記のベルトランのモデルでも，「誰かの需要量が 0 である」ということはそれが起これば両者が知ることができる．このような公的シグナルを用いた戦略が便利なのは，処罰フェーズにいくかどうかが共有知識にできるからである．

しかし，公的シグナルにのみ依存して行動を変えるという戦略では柔軟性が不足して，十分な罰を与える事ができない，従って，効率的な行動を均衡で行わせることができない可能性もある．例えば，公的シグナルの精度が低く，どんな行動をしてもかなりの確率で同じシグナルになってしまうような場合である．神取＝小原 (Kandori and Obara, 2006) は，そのような場合でも，少し情報を追加して，自己の過去の行動も観察できるはずなので，公的シグナルと自己の過去の行動に依存させた戦略（**私的戦略**, private strategies）を使うと均衡で達成できる利得を高められる可能性があることを示した．

一般には，そもそも全てのプレイヤーが共通に観察できる公的シグナルがあるかどうかさえわからない．プレイヤー毎に異なる私的シグナル (private signal) しかなかったり，あるいは，公的シグナルと完全な私的シグナルの中間の，ほぼ公的シグナル (almost public signal) など，いろいろな情報構造が可能である．不完全モニタリングの情報構造をいろいろに変化させて，より少ない情報でより効率的な均衡を導出する研究は活発に行われている．例えば神取 (Kandori, 2002) の展望論文を参照されたい．また，この分野は日本人ゲーム理論家が多大な貢献をしている分野である．

8.7 ランダム・マッチングゲーム

同じ相手とは二度とゲームをしないが，プレイヤーたちは長期にわたり同じ段階ゲームをランダムに出会った相手と繰り返すというランダム・マッチングゲーム (random matching games) を紹介する．もしプレイヤーたちが会ったこともない他の全てのプレイヤーの過去の行動をすべて観察するのであれば，簡単にフォーク定理が成立するが，もっと自然な状況は，自分が出会っていない他のプレイヤーの過去の行動はわからないという情報構造であろう．その場合は単に不完全モニタリングのゲームであるだけでなく，「逸脱の可能性」により行動を変化させるというトリガー戦略は使えない．逸脱を観察した相手とはすぐに別れてしまうし，それ以降の相手はそのプレイヤーが過去に逸脱していたかはわからないから罰せないのである．

ここでは，神取 (Kandori, 1992a) とエリソン (Ellison, 1994) の例を使って，段階ゲームが囚人のジレンマであるときに，協力均衡が作れることを説明する．

$2n$ 人の社会があり，毎期 n ペアがランダムに作られて，各ペアでは表 8.4 の基準化された囚人のジレンマが行われるとする．各プレイヤーはずっとこの長期ゲームに参加しているが，各期のペアの相手についてはその過去の行動はわからず，自己の過去の経験しか観察できないとする．

表 8.4 基準化された囚人のジレンマ ($g > 0, \ell \geqq 0$)

$1 \setminus 2$	C	D
C	1, 1	$-\ell, 1+g$
D	$1+g, -\ell$	0, 0

このとき，最初は C をすることから始め，前期のペアにおいて D を経験したプレイヤーは，ある確率で次期は D をするフェーズに移り，D をするフェーズからもある確率で C をするフェーズに移る，という戦略を考える．社会が有限人であるので，もし全員がこの戦略をしているとすると，自分が D をし

て移行プロセスをスタートさせると，いずれは自分にはねかえって来る。しかしCをしていればそのようなことはないので，十分に将来を重視する（割引率が1に近い）場合，Dをすることはなくなるのである。移行確率をうまく調整することで，Cをするフェーズからの逸脱と，Dをするフェーズからの逸脱の両方を防ぐことができる。詳しい証明はエリソン (Ellison, 1994) を参照されたい。

命題 8.7.1. (エリソン, 1994) $n \geq 2$ である $2n$ 人の社会を考える。G を表 8.4 の形の囚人のジレンマで $g > 0$，$\ell \geq 0$ は任意であるとする[2]。毎回ランダムにペアをつくって G を無限回行い，各プレイヤーは共通の $\delta \in (0,1)$ を用いた割引総利得を最大にするとする。このとき $\underline{\delta} \in (0,1)$ が存在し，任意の $\delta \geq \underline{\delta}$ について，毎回全てのペアで (C,C) が均衡経路で行われるような逐次均衡が存在する。

神取とエリソンのモデルでは，毎回新しいプレイヤーと出会ってもお互いの過去はわからず，完全な私的戦略で均衡を作ったが，もちろん，お互いの過去の情報が伝われば協力はしやすくなる。松島 (Matsushima, 1990) では各期の後に各プレイヤーがそのペアで何が行われたかを社会にアナウンスするという段階を作り，真実をアナウンスさせることが均衡でできれば協力できるという発想で均衡を作っている。また奥野＝ポストルウェイト (Okuno-Fujiwara and Postlewaite, 1995) では，各期の後に社会的メカニズムがその期の全員の行動を観察していて，各プレイヤーに何らかのステータスを付け，それが新しいペアにおいて観察されるというモデルで協力均衡を作っている。例えば，クレジットカードシステムでは，カード会社が未払い行動を記録し，各店は個別にその情報を受けて新たな客とのクレジット取引をどうするかを決めるという形になっているのがこれに近いものである。

お互いの過去が全くわからないときに，段階ゲームの均衡でない行動をさせるもう一つの方法は，今の相手と確実に別れるのではなく，もしかしたら同じ相手と続けられるかもしれないという構造にすることである。そうすれば繰り返しゲームの要素が入って来るので，裏切って別れるより，今の相手

---

[2] 神取 (1992a) では δ のみならず ℓ も十分大きくするので，任意の段階ゲームではない。

と繰り返したいという構造になっていれば協力させることが可能になる。これがグレーヴァ＝奥野 (Fujiwara-Greve and Okuno-Fujiwara, 2009) のアイディアであるが，モデルは進化ゲームになっているので 10.6 節で説明する。

8.8 情報構造の研究の今後について

情報について本書でもっとも詳細に扱ったのが本章であるので，ここで情報構造の研究の今後の展望について少し述べておく。ただし，この節の記述は本書執筆時点の筆者の（まったく完全ではない）知識に依存していることを注意しておく。

これまでのゲーム理論においては，情報構造は外生的に与えられると仮定するものが多い。しかし，少なくとも二つの方向にこの仮定を緩めることが可能であり，それぞれ現在研究が進んできている分野となっている。一つの方向は，プレイヤーが情報の量，質，さらにそれを利用するかを選べるということを考えるものである。例えば，不完全モニタリングの繰り返しゲームにおいて，調査コストをかければライバル社の行動の詳細を調べられることはあるだろう。するとプレイヤーは，自己の情報構造を選択できるというモデルになる。(宮川＝宮原＝関口 (Miyagawa, Miyahara, and Sekiguchi, 2008) などを参照。) また，一般の不完全情報ゲームにおいても，専門家に情報の調査を依頼することも考えられる。この場合はその専門家もプレイヤーとした大きなゲームを考え，専門家の利得まで考えると，どのような情報が得られるのか，あるいは得られないのかを探ることができる。(イライ＝ヴァリマキ (Ely and Välimäki, 2003) などを参照。) バネジー (Banerjee, 1992), ビクチャンダニ他 (Bikhchandani et al., 1992) に始まる herding のモデルでは，外性的に与えられる情報はあるが，各プレイヤーが実際にそれを意思決定に使用するか，無視するのかが問題になる。

もう一つの方向は，ゲームをプレイすればするほど情報が集まるが，プレイしなければ情報が来ないのでさらにプレイしない，という風に，ゲームを行うことと情報が来ることが相互作用を持っているということを考えることである。本書執筆時点ではこのようなゲーム理論的研究はまだ端緒についた

8.8 情報構造の研究の今後について

に過ぎないが，経済学からの研究としてはフェルドカンプ (Veldkamp, 2005) などがある。グレーヴァ他 (Fujiwara-Greve et al., 2010) では簡単な投資ゲームを用いて内生的情報を扱っている。また，これとは少し違うが，金子=松井 (Kaneko and Matsui, 1999) は各プレイヤーが自分の直面しているゲームを，プレイしながら論理学的に構築していくというモデルを考えている。これも，ゲームをプレイすることで情報が追加されていくモデルと考えられる。

これらとは別に，たくさん情報を集めれば「真実」がわかるのか，(専門家に依頼するのでなくて，自分で行うのであっても) 情報収集行動そのものにリスクやコストがかかる場合，十分に情報を集めることができるか，といった情報収集そのものの問題もある。統計学や，(一人で行う) 意思決定理論にももちろんそのような研究があるが，ゲーム理論においても考えるべき問題である。例えば，利得が不確実な戦略と確実な戦略の間でどう選ぶかという bandit モデルなどがその出発点となる。ボルトン＝ハリス (Bolton and Harris, 1999) では，複数のプレイヤーが同じ問題に直面すると，自分が危険な戦略を使用して得た情報が他者にも伝わるので，情報のフリーライダー問題が起こるというモデルを分析している。これはチームによる学習の問題とも言える。

さらに，「情報」と，「それを全てのプレイヤーが同じように理解すること」は一致しないことがあるという問題もある。価格のような数値情報の場合は全てのプレイヤーが同じように理解するとしても問題ないが，例えばある企業が外国で賄賂を使って仕事を得た，という情報があったとする。これを，賄賂を使ったことを犯罪として判断するか，仕事を得るための必要悪として判断するかは人によるかもしれない。また，親会社のスキャンダルが，会社名が似ているということで子会社の評判まで落とすということもある。このように，現実には「プレイヤーが感じる情報」が行動を左右しているのであって，それは同じ状況であっても人によって異なっていたり，その異なり方は外部の観察者にはわからなかったりする。この問題は，理論的問題であると同時に，実証研究によって認知パターンが解明されることが必要であろう。ヨンソン他 (Jonsson et al., 2009) では，風評の実証研究を行って，スキャンダルを起こした企業とどのように関係があれば人々は反応するのかを調べている。上述した金子=松井 (Kaneko and Matsui, 1999) のモデルも，「プレイヤーが理解するゲーム」が行動を左右しているという解釈ができるモデルである。

練習問題

8.1 8.1 節で定義した二つの摂動完全均衡の定義が同値であることを証明しなさい。

8.2 以下のゲームにおいて (A,X) が摂動完全均衡であることを証明しなさい。

P1 \ P2	X	Y
A	0, 1	0, 1
B	-1, 2	1, 0
C	-1, 2	2, 3

8.3 以下のゲームの純戦略によるナッシュ均衡を全て求め，そのうちただ一つだけが摂動完全均衡であることを証明しなさい。(どれか？)

P1 \ P2	A	B	C
A	0, 0	0, 0	0, 0
B	0, 0	1, 1	3, 0
C	0, 0	0, 3	3, 3

8.4 摂動完全均衡と部分ゲーム完全均衡の関係を調べる。以下の展開形ゲームを考える。(利得は第 1 座標が P1 の利得である。)

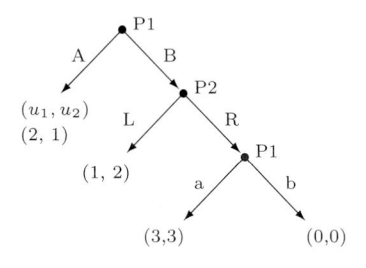

```
              P1
            A/  \B
           /     \P2
       (u_1,u_2) L/ \R
        (2,1)   /    \P1
             (1,2)  a/ \b
                   /    \
                 (3,3) (0,0)
```

(a) このゲームのただ一つの部分ゲーム完全均衡は何か？

(b) このゲームを（2 人のプレイヤーによる）誘導標準形に直し，(Aa, L) が摂動完全均衡であることを証明しなさい。これはプロパー均衡か？

(c) 最初に意思決定する P1 と最後に意思決定する P1 を分けて，3 人のエージェント標準形ゲームにし，純戦略による摂動完全均衡を求めなさい．

8.5 以下の3人標準形ゲームを考える．プレイヤー1は行 x, y を，プレイヤー2は列 X, Y を，プレイヤー3は行列 L, R を選ぶ．利得は第1座標がプレイヤー1，第2座標がプレイヤー2，第3座標がプレイヤー3のものである．

1\2	X	Y
x	1, 1, 2	1, 0, 2
y	1, 1, 2	0, 0, 2

1\2	X	Y
x	1, 2, 0	0, 0, 0
y	0, 2, 0	1, 0, 1

3：表 L　　　　　　　　表 R

(a) (y, X, L) は弱く支配されていない戦略によるナッシュ均衡であることを証明しなさい．

(b) (y, X, L) は摂動完全均衡でないことを証明しなさい．

8.6 （マイソン）以下の標準形ゲームの純戦略によるナッシュ均衡，摂動完全均衡，プロパー均衡を求めなさい．

1\2	A	B	C
A	1, 1	0, 0	$-9, -9$
B	0, 0	0, 0	$-7, -7$
C	$-9, -9$	$-7, -7$	$-7, -7$

8.7 以下の二つの2人ゲームについて，プレイヤー1の行動 A は Game 1 において逐次均衡の帰結であるが，Game 2 においてはどんな逐次均衡でもプレイされないことを証明しなさい．

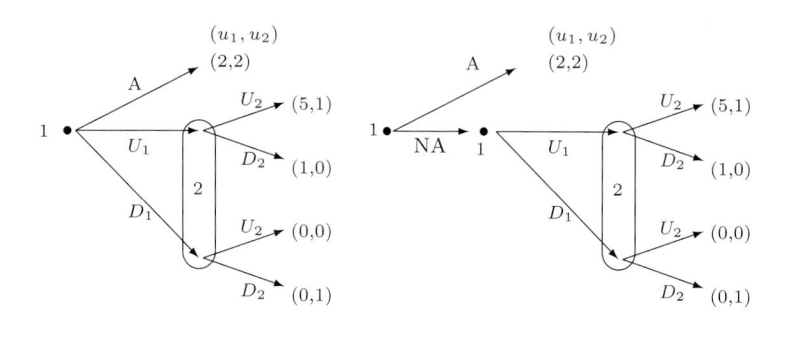

Game 1

Game 2

8.8 以下のゲームにおける逐次均衡と，その誘導標準形における摂動完全均衡を比較しなさい．同じであるか？

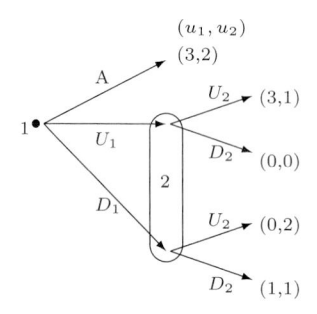

8.9 命題 8.5.1 の証明において，$b^n < p_n < b^{n-1}$ のとき，Accommodate が正の確率でおきるが $1-b$ より小さい確率であることを証明しなさい．

第 9 章

均衡選択

(Equilibrium Selection)*

9.1 利得支配とリスク支配

　複数のナッシュ均衡が存在したとき，戦略のぶれや追加的な合理性の条件を均衡条件として課して，新たな（より狭い）均衡概念を作るのが均衡の精緻化 (refinement) である．しかし，厳密なナッシュ均衡が複数ある場合は，それらの中からは選べない．これに対し，均衡概念はナッシュ均衡をそのまま使用するが，少しの不完備情報の導入をしたり，交渉，学習，進化などの過程の結果として考えて，どのナッシュ均衡が起こりやすいかを議論することを均衡選択 (equilibrium selection) という．この考え方はハルサニ＝ゼルテン (Harsanyi and Selten, 1988) の本から始まり，主として利得の効率性によって選ぶ利得支配 (payoff dominance) という概念と，各自が一人だけで逸脱したときのリスクの積を比較するリスク支配 (risk-dominance) という概念で表現されている．今のところ，どちらの概念で均衡を選択するのがよいかに確答はない．前提とするモデルが異なれば，異なる選択がよりもっともらしくなるのである．

　本章では，リスク支配，利得支配という概念を定義し，その意義を述べるとともに，リスク支配の一般化である p-支配，および，近年重要視されてきたゲームのクラスであるグローバル・ゲーム (Global Games) というモデルによる均衡選択を紹介する．

　再び，表 8.1 の複数のナッシュ均衡があるゲームを考えよう．

表 9.1　表 8.1 のゲーム（再掲）

1 \ 2	A	B
A	1, 1	0, 0
B	0, 0	0, 0

8章の摂動完全均衡の考え方では，ナッシュ均衡 (B,B) は相手の選択の微小なぶれに対して不安定であるということで排除された．しかしもう一つの考え方としては，このゲームに直面した二人の思考というものを導入し，明らかに (A,A) という戦略の組み合わせだけが二人にとって利得が高く，「意味のある」組み合わせであり，フォーカルポイント (focal point) になるのではないかとも言える．あるいは，複数のナッシュ均衡の中で，もっとも二人にとって利得が高い戦略の組み合わせが，お互いに合意しやすい戦略の組み合わせであろう，という議論ができる．このことを定式化したのが利得支配 (payoff dominance) の概念である．

定義 9.1.1. ナッシュ均衡 $\sigma^* \in \Delta(S_1) \times \cdots \times \Delta(S_n)$ がナッシュ均衡 $\sigma' \in \Delta(S_1) \times \cdots \times \Delta(S_n)$ を利得支配 (payoff dominate) する[1]とは，任意の $i = 1, 2, \ldots, n$ について

$$Eu_i(\sigma^*) > Eu_i(\sigma')$$

となることである．

もしナッシュ均衡間に利得支配関係があったら，支配される方のナッシュ均衡には合意されないだろう，あるいは他の全てのナッシュ均衡を利得支配する均衡が選ばれるだろう，という予想が成り立つ．他のすべてのナッシュ均衡を利得支配するナッシュ均衡を利得ドミナント (payoff dominant) なナッシュ均衡と呼ぶ．ただし，利得の支配という均衡間の二項関係は完全性を満たさないので，支配関係がない場合はある．例えば，表 3.1 の待ち合わせゲームの二つの純戦略のナッシュ均衡の間には利得支配関係はない．

---

[1] これも戦略の「支配」関係と同様，利得的に「優越する」と訳した方が，より直観的かもしれない．

9.1 利得支配とリスク支配

複数のナッシュ均衡があるゲームにおいて，合理的なプレイヤーたちは利得ドミナントなナッシュ均衡に合意するということを，何らかのモデルを使ってでも厳密に証明するのは簡単ではない．他のナッシュ均衡も，自己拘束的であることにはかわりないからである．一つの方法は，ゲーム前の話し合い (pre-play communication) をもうけるというように，追加的構造を入れることである．この場合，たとえゲーム前の話が利得にはまったく影響のない無駄話（チープトーク）であったとしても，全員にとって利得が低いナッシュ均衡をしていた場合は，シグナルを送り合って，より利得の高いナッシュ均衡に移ることができるが，利得ドミナントなナッシュ均衡をしていた場合は他のナッシュ均衡に移ることはできない．（厳密には進化ゲームを使うので，10.3 節，およびロブソン (Robson, 1990) を参照されたい．）

では少しゲームを変えて，有名なスタグハントゲーム (Stag Hunt games) にしてみる[2]．これは以下のようなストーリーである．二人の猟師がおり，ウサギ (Hare) を狩りに行くか，シカ (Stag) を狩りに行くかを選択する．ウサギは一人で猟るので，相手の戦略にかかわらず利得 2 を得る．シカを猟るには二人必要で，二人がシカを選べば全体で 6 の利得を半分ずつにして 3 を得るが，一人でシカ猟に行ってしまうと何もとれず 0 になってしまう．これを行列表現にしたのが表 9.2 である．

表 9.2 スタグハント (Stag Hunt) ゲーム

1 \ 2	Stag	Hare
Stag	3, 3	0, 2
Hare	2, 0	2, 2

このスタグハントゲームには厳密なナッシュ均衡が二つあるが，利得支配関係がある．二人とも Stag を選ぶ均衡が二人とも Hare を選ぶ均衡を利得支配している．しかし，表 8.1 と異なるのは，相手は戦略を変更しやすいかどうかというリスクである．(Stag, Stag) から相手が一人で戦略を変更しても

---

[2] このゲームはルッソー (Rousseau) の『人間不平等起源論』(1755) にまで起源をさかのぼることができる．

3 − 2 = 1 の損しかないが, (Hare, Hare) から変更すると 2 − 0 = 2 の損がある. つまり, 利得支配されている (Hare, Hare) の方が, (お互いにとって) 相手が変更するリスクが少ないと考えられる. 表 8.1 においては (B,B) 均衡からはまったく損なく A へと戦略変更ができてしまうので, この意味でも (B,B) 均衡は不安定だと考えられる. このような比較を定式化したのがリスク支配 (risk dominance) の概念である. (簡単化のため, 以下では 2 人ゲームについて記述する.)

まず準備として, ある戦略の組み合わせ (α_1, α_2) からプレイヤー i が一人で戦略 β_i に逸脱したときの損 (unilateral deviation loss) を以下で定義する.

$$u_i(\alpha_1, \alpha_2) - u_i(\beta_i, \alpha_j).$$

そして, 二人の損を掛け合わせたものが, その戦略の組み合わせ (α_1, α_2) から別な戦略の組み合わせ (β_1, β_2) に変更するための損であるとする. すると, 逸脱の損がより大きい組み合わせからは, どちらのプレイヤーも変更しにくいので, 相手の戦略変更のリスクに関して安全であるということになる.

定義 9.1.2. ナッシュ均衡 $s^* \in S_1 \times S_2$ がナッシュ均衡 $s' \in S_1 \times S_2$ をリスク支配 (risk dominate) するとは,

$$\begin{aligned}&\{u_1(s_1^*, s_2^*) - u_1(s_1', s_2^*)\}\{u_2(s_1^*, s_2^*) - u_2(s_1^*, s_2')\} \\ > \quad &\{u_1(s_1', s_2') - u_1(s_1^*, s_2')\}\{u_2(s_1', s_2') - u_2(s_1', s_2^*)\}\end{aligned}$$

となることである.

この基準で測ると, (Stag, Stag) の組み合わせから逸脱する総リスクは $(3-2)^2 = 1$ であるのに対し, (Hare, Hare) から逸脱する総リスクは $(2-0)^2 = 4$ であるから後者がリスク支配するのである. リスク支配の概念はハルサニ=ゼルテン (Harsanyi and Selten, 1988) の本によって提唱され, そこでは公理的特徴付けがなされている. すなわち, いくつかの公理を満たす概念はリスク支配のみであることが示されている. また, 明らかにリスク支配の概念と利得支配の概念は独立である.

(Stag, Stag) と比して (Hare, Hare) の方がリスクが少ないということの, もう一つの解釈は, Stag をするにはある程度の確率で相手も Stag を選ぶと

いう予想が必要となってくるということである．例えば，相手の選択がまったくわからないということをよく五分五分の予想で表すが，1/2 の確率でしか相手が Stag をしないと予想すると，期待利得は Hare が 2，Stag が 1.5 であるから Hare をした方がいいのである．Stag を選ぶには，2/3 以上の確率で相手も Stag であるという予想がなければならない．逆に，Hare を選ぶには，1/3 以上の確率で相手も Hare であるという予想があればよい．すると，相手がある均衡の戦略をする確率がどれくらいあれば自分もその均衡の戦略をしたくなるか，という最低限必要な確率から考えて，(Hare, Hare) の方が安心であるとも言える．この考え方からも上記の定義と同値のリスク支配を定義できる．しかもこちらからはもっと一般のリスク支配関係へと発展させることができる．

定義 9.1.3. 任意の $p \in [0,1]$ について，戦略の組み合わせ $s^* \in S_1 \times S_2$ が p-ドミナント (p-dominant) であるとは，任意の $i = 1, 2$ と相手の純戦略の集合 $S_j (j \neq i)$ 上の任意の確率分布 λ で，$\lambda(s_j^*) \geqq p$ であるものについて

$$\sum_{s_j \in S_j} \lambda(s_j) u_i(s_i^*, s_j) > \sum_{s_j \in S_j} \lambda(s_j) u_i(s_i, s_j) \quad \forall s_i \in S_i \setminus \{s_i^*\}$$

となることである．

つまり，お互いに相手が s_j^* をしてくる確率が少なくとも p であるような信念のときは s_i^* がただ一つの最適反応であるとき，(s_1^*, s_2^*) は p-ドミナントとされる．対称な 2×2 協調ゲームの場合，(s^*, s^*) が (s', s') をリスク支配するとは各 $i = 1, 2$ について $u_i(s^*, s^*) - u_i(s', s^*) > u_i(s', s') - u_i(s^*, s')$ となることであるから，各 $i = 1, 2$ について

$$\frac{1}{2}\{u_i(s^*, s^*) + u_i(s^*, s')\} > \frac{1}{2}\{u_i(s', s^*) + u_i(s', s')\}$$

となり，(s^*, s^*) が $\frac{1}{2}$-ドミナントであることと同値である．p-ドミナントの概念についていくつかの性質が簡単に導かれる．（証明は練習問題 9.1 とする．）

注意 9.1.1. (1) (s_1^*, s_2^*) が厳密なナッシュ均衡であることの十分条件はそれが 1-ドミナントであることである．

(2) (s_1^*, s_2^*) が p-ドミナントであるならば，任意の $q \in [p, 1]$ について (s_1^*, s_2^*) は q-ドミナントである。

(3) (s_1^*, s_2^*) が 0-ドミナントであるならば，各 s_i^* は厳密な支配戦略である。

しかも，p-ドミナントの概念は，均衡をペアにして比べるリスク支配の二項関係と違って，任意の戦略の組み合わせに定義されているものであり均衡間の順序付けが可能になる。これをモリス＝ロブ＝シン (Morris, Rob and Shin, 1995) の例を使って説明する。

表 9.3　モリス他のゲーム

P1 \ P2	L	C	R
T	7,7	0,0	0,0
M	0,0	2,2	7,0
D	0,0	0,7	8,8

表 9.3 のゲームには 3 つの純戦略のナッシュ均衡がある。(T,L) は (M,C) をリスク支配し，(M,C) は (D,R) をリスク支配するが，(D,R) は (T,L) をリスク支配する。これではうまく比較できない。

これに対し，p-ドミナントの概念を使うと (T,L) は任意の $p \geq \frac{8}{15}$ について p-ドミナントであり，(D,R) は任意の $p \geq \frac{2}{3}$ について p-ドミナントであり，(M,C) は任意の $p \geq \frac{7}{9}$ について p-ドミナントである。すると，$\frac{8}{15} \leq p < \frac{2}{3} < \frac{7}{9}$ となる p については (T,L) だけが p-ドミナントである。p が小さいほど，安全な戦略の組み合わせと考えられるので，(T,L) が選択されやすいと考えられる。このように多数の厳密なナッシュ均衡があっても，p-ドミナントとなる p を比較することで一つを選べるということは，ほとんどのゲームで成立する。

命題 9.1.1. (i) $p \leq 1/2$ ならば，最大で一つの p-ドミナントな戦略の組み合わせしか存在しない。

(ii) generic な任意の標準形ゲームについて，厳密な混合戦略によるナッシュ均衡しか存在しないか，あるいは p-ドミナントな戦略の組み合わせが一意に存在するような p が存在する。

証明：(i) $p \leq 1/2$ かつ $(a_1, a_2) \neq (b_1, b_2)$ が両方とも p-ドミナントであるとすると，各 i について

$$\frac{1}{2}\{u_i(a_i, a_j) + u_i(a_i, b_j)\} > \frac{1}{2}\{u_i(b_i, a_j) + u_i(b_i, b_j)\}$$

かつ

$$\frac{1}{2}\{u_i(b_i, b_j) + u_i(b_i, a_j)\} > \frac{1}{2}\{u_i(a_i, a_j) + u_i(a_i, b_j)\}$$

が成立するので矛盾である．

(ii) 純戦略のナッシュ均衡が存在するならば，generic なゲームにおいては（利得が等しい部分はないので）少なくとも一つ厳密なナッシュ均衡が存在する．さらに，generic なゲームにおいては，厳密なナッシュ均衡は複数あったとしてもそれぞれ異なる p（の範囲）について p-ドミナントとなる．従って最小の p が一意に存在する． □

このように，利得支配，リスク支配あるいは p-ドミナントという概念が並び立ち，いずれも場合によっては納得的な均衡選択を与える．以下では，複数のナッシュ均衡を持つ標準形ゲームに追加的な構造を与えて，利得支配，リスク支配のどちらかの均衡選択が常に行われることがあるという研究を紹介する．p-ドミナントについての同様の研究も行われつつあり，例えば尾山 (Oyama, 2002) は完全予見動学という動学プロセスにおいては，厳密なナッシュ均衡が線形安定であるということと，それが $1/2$ より小さい p について p-ドミナントな均衡であることが必要十分であることを示している．

9.2 グローバルゲーム **

ハルサニ流のベイジアンゲームという定式化以外の不完備情報の定式化として，カールソン＝ヴァン・ダム (Carlsson and van Damme, 1993) のグローバルゲーム (global games) を紹介する．厳密に分析するのはかなり数学的に高度であるので，ここでは彼らの例を紹介してそのアイディアを理解できるようにする．2人のプレイヤーが以下のような対称同時ゲーム $g(x)$ に直面しているとする．

表9.4 ゲーム $g(x)$

	α_2	β_2
α_1	x, x	$x, 0$
β_1	$0, x$	$4, 4$

ここで，$x > 4$ ならば α_i が β_i を厳密に支配するので，$\alpha = (\alpha_1, \alpha_2)$ がただ一つの支配戦略均衡である。（もちろん効率的すなわち利得支配でもある。）$4 > x > 2$ であれば，$x^2 - (4-x)^2 > 0$ より α が $\beta = (\beta_1, \beta_2)$ をリスク支配するが，β が効率的なナッシュ均衡である。$2 > x > 0$ であれば，β が α をリスク支配かつ利得支配する。そして，$0 > x$ のときは，β がただ一つの支配戦略均衡である。

しかし x の値はランダムであり，下限が $\underline{x} < 0$，上限が $\overline{x} > 4$ である $[\underline{x}, \overline{x}]$ 区間上の一様分布に従っているとする。しかも，プレイヤー i が x について観察できるのはノイズを持った値で，ある $\epsilon > 0$ について $[x-\epsilon, x+\epsilon]$ 区間上の一様分布に従う確率変数 X_i であるとする。ここで，二人の観察エラー $X_1 - x$ と $X_2 - x$ は独立であると仮定する。

ゲームは，自然が x の値を選び，それについて二人がノイズを持った観察を同時に行い，その後 α_i または β_i の行動を同時に選んで終わる。利得は真実の $g(x)$ によって与えられる。そしてこの不完備情報ゲームの構造は二人の共有知識であるとする。

このゲームでどのような行動戦略（観察した値から $\{\alpha_i, \beta_i\}$ への関数）が安定的かを考えるのに，厳密に支配される戦略の逐次消去を行う。対称ゲームなので以下プレイヤー1についての議論を行う。

まず，プレイヤー1が観察値 x_1 を知ると，真実の x の事後的確率分布は $[x_1 - \epsilon, x_1 + \epsilon]$ 上の一様分布となる。従って，x_1 が $[\underline{x}+\epsilon, \overline{x}-\epsilon]$ の範囲で観察された場合（真実でありうる x の範囲が $[\underline{x}, \overline{x}]$ 区間をはみださないので），α_1 の期待利得は x_1 そのものとなる。

次に，プレイヤー2の観察値 x_2 の（自分の観察値 x_1 を条件とした）事後確率分布を考える。相手の観察値 x_2 の最大値は $x_1 + 2\epsilon$，最小値は $x_1 - 2\epsilon$ であるから，区間 $[x_1 - 2\epsilon, x_1 + 2\epsilon]$ 上の確率分布である。さらに，x_1 を境に

対称的な分布をしているはずである。このことを以下でまず示す。

ケース1：$x_2 \in [x_1 - 2\epsilon, x_1]$ の事後的確率を考える。最小値 $x_1 - 2\epsilon$ から x_2 までの距離を Δ とする。すると $x_2 = \Delta + x_1 - 2\epsilon$ と書ける。以下の図 9.1 よりわかるように、二人の観察値が x_1, x_2 となりうる x の範囲は $[x_1 - \epsilon, x_2 + \epsilon] = [x_1 - \epsilon, x_1 - \epsilon + \Delta]$ であるから、長さは Δ である。（図 9.1 は x_2 が $x_1 - \epsilon$ より小さいケースを描いているが、$x_1 - \epsilon$ より大きくても、x_1 より小さければ同じ区間である。）

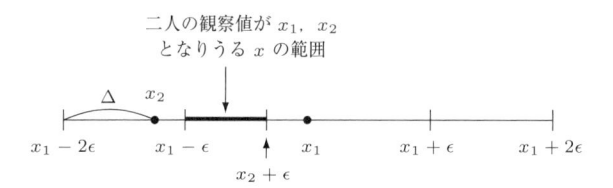

図 9.1 $x_2 \in [x_1 - 2\epsilon, x_1]$ のケース

この範囲 $[x_1 - \epsilon, x_2 + \epsilon]$ に x があるという事象の事後的確率は、区間 $[x_1 - \epsilon, x_1 + \epsilon]$ 上の長さ Δ の範囲の確率なので $\Delta/(2\epsilon)$ であり、x_2 の事後確率はこれに比例する。つまり、$x_1 - 2\epsilon$ から離れて、x_1 に近づくほど x_2 の事後的確率は大きくなる。

ケース2：$x_2 \in [x_1, x_1 + 2\epsilon]$ の事後的確率はケース1の逆で、最大値 $x_1 + 2\epsilon$ からの距離に比例する。

したがって、任意の観察値 x_1 について、

$$Pr[X_2 < x_1 \mid x_1] = Pr[X_2 > x_1 \mid x_1] = \frac{1}{2}$$

であることがわかる。（この対称的確率構造だけが今後の分析で重要である。）

以上を踏まえて、観察値 x_1 に応じて、厳密に支配される行動について順次消去していく。まず $\epsilon < -\underline{x}$ かつ $x_1 < 0$ の場合を考える。このときは、$x_1 - \epsilon > \underline{x}$ であるので（図 9.2 参照）、α_1 の期待利得は前述のように x_1 そのものであり、負である。これに対し、β_1 をすれば最悪でも 0 が得られるので、α_1 は β_1 に厳密に支配されている。

第 9 章 均衡選択 (Equilibrium Selection)*

$$
\begin{array}{c}
x_1 - \epsilon \quad x_1 \\
\underline{x} \quad\quad 0 \quad\quad 4 \quad\quad \overline{x}
\end{array}
$$

図 9.2 左端のケース

次に $x_1 = 0$ を観察したとする．すると $Pr[X_2 < 0 \mid x_1 = 0] = 1/2$ であるから，プレイヤー 1 は，プレイヤー 2 が少なくとも $1/2$ の確率で β_2 をすると信じることができる．すると β_1 の事後的期待利得は少なくとも 2 となるので，事後的期待利得が 0 である α_1 は逐次消去される．

これを一般化して，x_1^* を α_1 が逐次消去されない最小の観察値とする．二人のプレイヤーは対称的であるので，$x_1^* = x_2^*$ となり，この共通の値を x^* とする．逐次消去のプロセスから，任意の $x_i < x^*$ については β_i をプレイすることになる．ここで，プレイヤー 1 が，$x_1 = x^*$ を観察したとする．すると $Pr[X_2 < x^* \mid x_1 = x^*] = 1/2$ であるから，プレイヤー 1 は少なくとも $1/2$ の確率を β_2 に付与する．そのときのプレイヤー 1 の β_1 からの事後的期待利得は少なくとも 2 であり，α_1 からの事後的期待利得は x^* である．従って，x^* の定義から $x^* \geqq 2$ でなくてはならない．

今度は逆に大きい方から，$\epsilon < \overline{x} - 4$ かつ $x_1 > 4$ のケースから考える．上と同様の議論から，$x_1 = 4$ まで観察値が下がっても，β_1 は逐次消去される．x^{**} を β_1 が逐次消去されない最大の観察値とする．上と同様の議論によって，プレイヤー 1 が x^{**} を観察すると β_1 からの事後的期待利得は少なくとも 2 であり，α_1 からの事後的期待利得は x^{**} であるから，$x^{**} \leqq 2$ でなくてはならない．

あきらかに $x^* \leqq x^{**}$ であるので，これらを総合して，$x^* = x^{**} = 2$ ということになる．つまり，$x_i > 2$ を観察したプレイヤー i は α_i をプレイし，$x_i < 2$ を観察したら β_i をプレイする．つまり，各プレイヤーは $g(x_i)$ のリスク支配する方の行動をすることになる．

カールソン＝ヴァン・ダム (Carlsson and van Damme, 1993) の論文ではさらに，上記の仮定のうち，対称ゲームであることや一様分布，ゲームのパラメーターが 1 次元であることなどは落とせることが示されている．ただし，逐次消去のプロセスを始めるために，支配戦略が存在するゲームが可能なゲーム

の集合の中に存在することはもちろん必要である。これをさらに一般化して，任意の数（連続体を含む）のプレイヤーによる戦略的補完性のあるゲームにし，ノイズの列と独立に残る戦略について調べたのがフランケル等（Frankel, Morris, and Pauzner, 2003）である。

グローバルゲームの枠組みのよさは，支配される行動の逐次消去という最も議論の少ない均衡概念を用いて，複数均衡のゲームに不完備情報を少し導入することでリスク支配均衡がただ一つ出てくるという明確な均衡選択を行っているところである。モリス＝シン（Morris and Shin, 1998）の応用研究はこの特徴をうまく用いて，通貨危機が起こるメカニズムを提示している。

9.3　神取＝メイラス＝ロブのモデル **

神取＝メイラス＝ロブ（Kandori, Mailath, and Rob, 1993）は，基本的には一つの戦略にコミットしているプレイヤーたちが時々戦略をランダムに変更するという長期モデルを使って，2人2戦略ゲームにおいて「よりとどまりやすい」という性質を使って複数の厳密なナッシュ均衡のうちどれが長期的により安定かを考えた。

ここでは簡単な例を使って説明する。10人の学生がいて，2種類のコンピューター s_1, s_2（OSの違いと考えるとわかりやすい）のどちらかを持っているとする。これが戦略である。学生たちはランダムに二人ずつ出会って，もし二人とも s_1 のコンピューターを持っていたなら，いいソフトウェアを共同で使うことができて3ずつの利得を得ることができるとする。しかし異なる種類のコンピューターを持った学生が出会った場合は，s_2 を持っていれば相手のコンピューターとは関係なく作業ができるので2を得るが，s_1 の場合はうまくいかず，0の利得となるとする。また s_2 同士が出会っても，2の利得であるとする。すると二人が出会ったあとのゲームはスタグハントゲームとなる。

表9.5のゲームには二つの厳密なナッシュ均衡 (s_1, s_1) と (s_2, s_2) があり，混合戦略のナッシュ均衡は，s_1 を確率2/3で行うものである。混合戦略均衡の確率は，ランダムに出会う前にどちらの戦略にするのが合理的であるかを

表9.5 スタグハントゲーム（再掲）

$1 \backslash 2$	s_1	s_2
s_1	3, 3	0, 2
s_2	2, 0	2, 2

考えるときの境界値をもたらす．つまり，（事前の）最適反応は，2/3 より多い学生（ここでは 7 人以上）が s_1 を使っていれば s_1，そうでなければ s_2 である．学生たちは，ランダムマッチングゲームをずっと繰り返すとし，ときどきコンピューターを変更する機会があるとする．そのときは，現在の戦略分布を見てそれに対して最適反応となるものを選ぶとする．（従って，5 章や 8 章で扱ったような長期的な利得最大化は行っていない．）すると，長期的な戦略の分布は初期の分布に依存して，7 人以上が s_1 だった場合は全員が s_1 に，そうでなかった場合は全員が s_2 に行く．しかし，このように初期分布に完全に依存するのでは，長期的性質としてはどちらがより安定かは議論しにくい．なるべく初期分布に依存しない性質がよいのである．

そこで，少しのランダム性を導入する．毎期，微小だが正の確率で各学生は出て行き，新しい学生が入ってくるとする．新しい学生は外生的な確率 $\epsilon \in (0, 1)$ で元の学生と異なるコンピューターを持っているとする．このランダムな変更が入ると，戦略の分布の長期過程は，決して一つの均衡にはとどまらなくなり，初期分布にも依存しなくなる．例えば，最初は全員が s_2 であったとしても，偶然 7 人以上が s_1 であるという分布に変化することがあり得る．それ以降は全員が s_1 をする均衡へと戦略分布が変化して行く．同様にして，全員が s_1 であったとしても，偶然に 4 人以上が s_2 であるような分布に変化すれば，それ以降は全員が s_2 をする均衡へと向かって行く．しかし，この議論からもわかるように，s_2 均衡へと向かっていくのに必要な偶然の変更は 4 人（以下）であるのに対し，s_1 均衡へと向かっていくには，場合によっては 7 人の偶然の変更が必要であるから，s_2 均衡の方が「長期的にはとどまりやすい」と考えられる．

上記の動学過程は，有限個の状態 (state) の集合を持つ既約マルコフ過程 (irreducible Markov chain) として定式化できる．既約マルコフ過程にはただ

9.3 神取＝メイラス＝ロブのモデル ** 265

一つの定常分布が存在し，ϵ が 0 に収束したときのその定常分布の収束先の性質を調べることができる．このとき，リスク支配しているナッシュ均衡の方が，そうでないナッシュ均衡よりも「出ていきにくい」ために，長期的にはそちらが残るのである．

このことを簡単な 2 状態マルコフ過程で説明する．状態は全員が s_1 をするという状態 1 と，全員が s_2 をするという状態 2 の二つだけとする．（例えば，毎期，全員が前期の戦略分布に対して最適反応の戦略に変更するという**最適反応動学** (best response dynamic) では，この二つの状態でよい．）状態 1 から状態 2 への移行確率を p，状態 2 から状態 1 への移行確率を p' とすると，状態 1 から状態 2 に行くには，期末に 4 人以上の人が戦略 2 に変更すればいいので，

$$p = \sum_{n=4}^{10} \binom{10}{n} \epsilon^n (1-\epsilon)^{10-n}$$

である[3]．これは ϵ^4 でくくれることに注意．同様に，状態 2 から状態 1 へ行くには 7 人以上の変更が必要なので

$$p' = \sum_{k=7}^{10} \binom{10}{k} \epsilon^k (1-\epsilon)^{10-k}$$

である．こちらは ϵ^7 でくくれる．計算すると，

$$\frac{p'}{p} = \epsilon^3 \frac{120 - 315\epsilon + 280\epsilon^2 - 84\epsilon^3}{210 - 1008\epsilon + 2100\epsilon^2 - 2400\epsilon^3 + 1575\epsilon^4 - 560\epsilon^5 + 84\epsilon^6}$$

となり，ϵ が 0 に収束すれば p'/p は 0 に収束する．

さて，各状態 $i = 1, 2$ について，t 期にその状態 i にいる確率を $x_i(t)$（ただし $x_1(t) + x_2(t) = 1$）と書いたとき，次期の分布は以下のような変換で表される．

$$\begin{pmatrix} x_1(t+1) \\ x_2(t+1) \end{pmatrix} = \begin{pmatrix} 1-p & p' \\ p & 1-p' \end{pmatrix} \begin{pmatrix} x_1(t) \\ x_2(t) \end{pmatrix}$$

---

[3] ここで $\binom{10}{n}$ は 10 のものから n 個のものを選ぶ組み合わせの数である．また，ϵ は戦略の変更確率とする．

なぜなら，例えば状態1に行く確率は，今期は状態1にいて，状態2に行かない確率と，今期は状態2にいたが，次期に状態1に移る確率を足したものであり，それは $(1-p)x_1(t) + p'x_2(t)$ であるからである。状態2に行く確率も同様であり，あわせると上記の行列表現ができる。

この動学過程の定常分布 (x_1^*, x_2^*) はこの変換の不動点であり，それは

$$(x_1^*, x_2^*) = (\frac{p'}{p+p'}, \frac{p}{p+p'})$$

である。(この証明は練習問題9.2とする。) すると，ϵ が0に収束すると

$$x_2^* = \frac{1}{1+p'/p} \to 1$$

となり，状態2，すなわちリスク支配している方のナッシュ均衡にいることが確率1となる。

神取＝メイラス＝ロブは2人2戦略ゲームに限定して分析していたが，同じEconometrica誌の同じ号に掲載されたヤング (Young, 1993) は，もっと大きい「非循環ゲーム」の集合で確率的学習モデルを分析し，似たような結果を導いている。そこでも微少な確率ではあるがランダムに行動が変化する長期過程においては，リスク支配しているナッシュ均衡の方が，その他のナッシュ均衡より安定であることが示される。直観的に言うと，ランダムな行動変化という「実験」(experimentation) あるいは「失敗」にさらされる長期過程は，初期分布に依存しない定常分布を持ち，長期的に生き残る状態はランダムな変化に強いはずであるから，利得の大小よりも，均衡の周辺の状態の集合で，そこに入ったら均衡へと向かうものを集めた**誘導領域** (basin of attraction) が大きいという性質が利く。そして，誘導領域がより大きいこととリスク支配していることは同値なのである。(練習問題9.3を参照。)

一般には，動学過程を，そもそもナッシュ均衡（の一つ）に収束させるだけでも難しく，ナッシュ均衡を発見させるために，ランダムな行動の変化によって十分にいろいろな行動の組み合わせが起こることが必要である。そしてランダムな行動の変化の下で長期的に安定なのはリスク支配的なナッシュ均衡の方であるから，利得支配（効率的）であったとしてもリスク支配でないナッシュ均衡に収束させるのは難しい。(ただし，2戦略の純粋協調ゲームのようにリスク支配かつ利得支配であるナッシュ均衡が存在する場合もある。

練習問題 9.4 を参照。）ましてや，囚人のジレンマのように効率的な行動の組み合わせがナッシュ均衡でない場合はそれに収束させるのは非常に困難である。

練 習 問 題

9.1 注意 9.1.1 の3つの主張を証明しなさい。

9.2 神取＝メイラス＝ロブの例におけるマルコフ過程

$$\begin{pmatrix} x_1(t+1) \\ x_2(t+1) \end{pmatrix} = \begin{pmatrix} 1-p & p' \\ p & 1-p' \end{pmatrix} \begin{pmatrix} x_1(t) \\ x_2(t) \end{pmatrix}$$

の定常分布 (x_1^*, x_2^*) は

$$(x_1^*, x_2^*) = \left(\frac{p'}{p+p'}, \frac{p}{p+p'}\right)$$

であることを証明しなさい。

9.3 2×2 純粋協調ゲーム において，リスク支配と誘導領域が大きいことの同値性を調べる。以下のゲームで a_1, a_2 ともに正であるとする。

	1	2
1	a_1, a_1	0, 0
2	0, 0	a_2, a_2

非常に大きい社会を考え，その中でランダムに2人のプレイヤーが出会ってこのゲームを行う。各プレイヤーはどちらかの純戦略を持っているとする。社会において戦略1を持つプレイヤーの割合を $p \in [0,1]$ とし，これがランダムに出会った相手が戦略1をする確率とする。

(a) $p > \frac{a_2}{a_1+a_2}$ ならば戦略1を持つプレイヤーが，$p < \frac{a_2}{a_1+a_2}$ ならば戦略2を持つプレイヤーが，もう一つの戦略を持つプレイヤーより期待利得が高いことを示しなさい。

ゆえに，もし戦略を変える機会があれば，$p > \frac{a_2}{a_1+a_2}$ のときは戦略1に，$p < \frac{a_2}{a_1+a_2}$ ならば戦略2に変更することになる。このとき，戦略1の誘導領域とは $(\frac{a_2}{a_1+a_2}, 1]$ 区間であり，戦略2の誘導領域とは $[0, \frac{a_2}{a_1+a_2})$ である。

(b) 戦略の組み合わせ $(1,1)$ がリスク支配均衡であることと，戦略 1 の誘導領域の測度（ここでは長さ）が戦略 2 の誘導領域の測度より大きいことは同値であることを示しなさい．

9.4 上記の 2 戦略の純粋協調ゲームにおいて，リスク支配するナッシュ均衡と利得支配するナッシュ均衡が同じであることを証明しなさい．

第10章

進化的安定性

(Evolutionary Stabilities)*

10.1 進化的安定戦略

これまでは，自己の利得関数を最大にしようと意思決定するプレイヤー，すなわち合理的なプレイヤーを仮定して均衡分析を行ってきた。しかし，個別プレイヤーの合理性を仮定しなくても，社会全体の戦略分布の安定性を議論できる。それが戦略分布の進化的安定性である。進化ゲームの想定では，各プレイヤーは生まれながらに一つの行動パターンを持っており，それが戦略であり，個別主体の戦略は終生変わらない。しかし各主体が残す子孫の数は，当該プレイヤーの戦略と，社会の中で出会う他のプレイヤーの戦略に依存して決まるとする。そして，長期的には，もっとも多くの子孫を残す戦略がその社会に蔓延し，安定となると考えるのである。

どのような戦略の分布が安定かを定式化する方法は二通りあり，一つはメイナード・スミス＝プライス (Maynard-Smith and Price, 1973) とメイナード・スミスの本 (Maynard-Smith, 1982) によって始まった不等式条件による定式化である。もう一つは戦略分布の時間を通じた変化の過程を定式化し，その収束先を安定な分布とする考え方である。本章では，まず不等式条件による静的安定性概念をいくつか紹介し，動的概念としては，動学過程の中で最もよく使われている再生動学 (replicator dynamics) による安定性を紹介する。

最もシンプルなモデルとして，単一人口モデルを扱う。これは，社会を一種類の動物（個体）の集団と想定し，それらがランダムにえさ場などで出会

うとする．各個体は行動パターン（戦略）の集合 Σ の中の一つを生まれながらに持っていて，それに従って行動している．（この集合 Σ は純戦略のみの集合であったり，混合戦略の集合であったり，場合による．）$s \in \Sigma$ という戦略を持った個体と $t \in \Sigma$ という戦略を持った個体が出会うと，前者は $u(s,t)$ という**適応度関数** (fitness function) で表される数の子孫を残すとする．（簡単化のため，無性生殖を仮定して，1 個体から $u(s,t)$ 個体の子孫が残ると考える．有性生殖を考えたりすると，雌雄の出会いの確率など複雑なことを考えなくてはならず，それは戦略分布の安定性の分析にはあまり重要でない．）

メイナード・スミス (Maynard-Smith, 1982) は，社会における戦略分布の進化的安定性として，現在の戦略とは異なる戦略を行う突然変異体が現れたとしても，彼らが十分少数であるならば淘汰されるということであると定義した．

定義 10.1.1. 社会における戦略分布 $s^* \in \Sigma$ が**進化的安定戦略** (evolutionarily stable strategy, ESS) であるとは，任意の他の戦略 $s \in \Sigma \setminus \{s^*\}$ について，ある（小さい）実数 $\epsilon_s > 0$ が存在し，任意の実数 $\epsilon \in (0, \epsilon_s)$ について

$$(1-\epsilon)u(s^*, s^*) + \epsilon u(s^*, s) > (1-\epsilon)u(s, s^*) + \epsilon u(s, s) \tag{10.1}$$

が成立することである．

（ここでは適応度の期待値で表記している．文献によっては，期待適応度関数として $u(s^*; (1-\epsilon)s^* + \epsilon s)$ と表記することもある．本書でも，記号の簡略化のためにこの書き方も使用する．）

不等式 (10.1) の左辺は変異体 s がわずかに侵入したときの，既存戦略（の分布）s^* の期待適応度であり，右辺はそのときの変異体の期待適応度である．どんな変異体であっても，十分に小さい割合で侵入してくる場合は，ESS である戦略の方が侵入後の期待適応度が厳密に高いことを要求している．しかも，ϵ の上限は変異体に依存して変わってよい．つまり任意の変異体について存在するような一様の侵入障壁 (uniform invasion barrier) は要求していない．ただし，ヴィッカース＝キャニングス (Vickers and Cannings, 1987) が，有限ゲームにおいては ESS が要求する上限の存在と一様侵入障壁の存在が同値であることを示している．

10.1 進化的安定戦略

補助定理 10.1.1. (ヴィッカース＝キャニングス, 1987) Σ が有限の純戦略上の混合戦略の集合であるとする．このとき s^* が ESS であることと，ある実数 $\bar{\epsilon} > 0$ が存在して，任意の実数 $\epsilon \in (0, \bar{\epsilon})$ と任意の $s \in \Sigma \setminus \{s^*\}$ について

$$(1-\epsilon)u(s^*, s^*) + \epsilon u(s^*, s) > (1-\epsilon)u(s, s^*) + \epsilon u(s, s)$$

が成立することは同値である．

この証明は煩雑なので彼らの論文や，ウェイブル (Weibull, 1995) の本の命題 2.5 を参照されたい．

ESS の性質を調べてみよう．(10.1) 式において $\epsilon \to 0$ とすると

$$u(s^*, s^*) \geqq u(s, s^*) \; \forall s \neq s^*$$

となるので，ESS の組み合わせ (s^*, s^*) は対称2人ゲーム $G = (\{1, 2\}, \Sigma, \Sigma, u, u)$ の対称ナッシュ均衡である．合理性をまったく仮定していないにもかかわらず，突然変異体に対する耐性を要求すると，ナッシュ均衡になるのである．さらに，ESS の定義はナッシュ均衡であること以上を要求している．以下に定義 10.1.1 と同値なもう一つの定義を示す．

定義 10.1.2. $s^* \in \Sigma$ が進化的安定戦略であるとは，(s^*, s^*) が $G = (\{1, 2\}, \Sigma, \Sigma, u, u)$ の対称ナッシュ均衡であり，かつ，任意の $s \in \Sigma \setminus \{s^*\}$ について，

(1) $u(s^*, s^*) > u(s, s^*)$

または

(2) $u(s^*, s^*) = u(s, s^*)$ かつ $u(s^*, s) > u(s, s)$

が成立することである．

上記の二つの定義の同値性の証明は練習問題 10.1 とする．これらが同値であることから，進化的安定性の概念は，対称ナッシュ均衡の部分集合であることがわかる．実際，後に分析する 2×2 ゲームにおいて，対称ナッシュ均衡であっても ESS でないものの例を示す．また，定義 10.1.2 からすぐわかることとして以下の性質がある．

補助定理 10.1.2. (s^*, s^*) が $G = (\{1, 2\}, \Sigma, \Sigma, u, u)$ の厳密なナッシュ均衡であれば s^* は ESS である．

274　第 10 章　進化的安定性 (Evolutionary Stabilities)*

証明：厳密なナッシュ均衡であるから，任意の $s \neq s^*$ について $u(s^*, s^*) > u(s, s^*)$ すなわち，定義 10.1.2 の (1) 式が満たされる。　　□

　厳密な対称ナッシュ均衡はこの後出てくる全ての進化的安定性の概念を満たすことになる。なぜなら，進化的安定性の基本的な考え方が，ごく僅かな他の戦略（変異体）の侵入に対して何らかの意味で優位であるということであり，それ自身に対して厳密な最適反応であるならば，ごく僅かな戦略分布の変化に対しても最適反応であることが保証されているからである。しかし，厳密な対称ナッシュ均衡が存在するようなゲームは多くないのが問題である。

　また，$s \in \Sigma$ は社会の戦略分布とも解釈できる。これが純戦略であれば，すべての個体が同じ行動パターンを持つという対称戦略分布と考えられる。混合戦略である場合は，二通りの考え方があり，全ての個体が同じ混合戦略を持つという対称戦略分布でもよいし，混合戦略のサポートに入る純戦略を持つ個体が混合戦略が示す割合で存在する非対称戦略分布とも解釈できる。後者の解釈の場合，2 戦略のゲームにおける ESS 戦略は，期待適応度関数のグラフの交点の内，ある種の安定的な性質を満たすものとすることもできる。このことを，タカ・ハトゲーム (Hawk-Dove games) を例にとって見てみる。

表 10.1　タカ・ハトゲーム (Hawk-Dove game) の例

	H	D
H	−10, −10	10, 0
D	0, 10	5, 5

　2 つの個体が出会ったとき，タカ (H) 戦略を持つ個体同士であるとお互いに攻撃し合って傷つき，負の適応度になる。片方がタカ戦略で，もう一方がハト (D) 戦略である場合，タカ戦略の個体がハト戦略の個体を追い出してえさを独占するのでタカの適応度が 10，ハトは 0 であるとする。ハト同士が出会うとえさを分け合うので 5 ずつの適応度であるとする。このゲームでは Σ を純戦略の集合としてしまうと，そもそも対称ナッシュ均衡が存在しないので ESS は存在しない。

　Σ を混合戦略の集合とすれば，ただ一つの対称ナッシュ均衡があり，それ

はタカ戦略を $\frac{1}{3}$, ハト戦略を $\frac{2}{3}$ の確率で行うものである。このとき, $(\frac{1}{3}, \frac{2}{3})$ という混合戦略分布が ESS であることは定義からも確かめられるが, 以下のように図で考えることもできる。混合戦略分布の第二の解釈を用い, 社会には純戦略を持つ個体しかいないとし, そのうち $\alpha \in [0, 1]$ の割合の個体がタカ戦略, 残りの個体がハト戦略をもっているとすると, それぞれの戦略の期待適応度は

$$\alpha u(H, H) + (1-\alpha)u(H, D) = \alpha(-10) + (1-\alpha)10 = 10 - 20\alpha$$
$$\alpha u(D, H) + (1-\alpha)u(D, D) = \alpha \cdot 0 + (1-\alpha)5 = 5 - 5\alpha$$

である。これらをグラフで表したのが図 10.1 である。

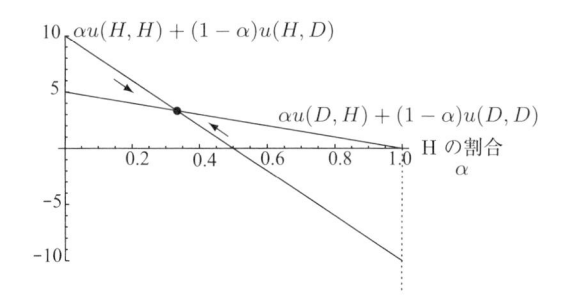

図 **10.1** タカ・ハトゲームの例の期待適応度

タカ戦略とハト戦略の期待適応度は $\alpha = \frac{1}{3}$ で一致する。もしタカ戦略の割合がこれより少し増えると, むしろハト戦略の期待適応度がタカ戦略のそれを上回るので, タカの割合が減ると考えられ, もしタカ戦略の割合がこれより減ると, タカ戦略の期待適応度がハト戦略のそれより高いので, タカの割合が増えると考えられるであろう。従って, ちょうど $\alpha = \frac{1}{3}$ の割合で 2 戦略が共存していると, 少々片方の戦略の割合が増えても, 他方の戦略の期待適応度が上がって元の割合に戻る力が働くので, 進化的に安定である。このように, ESS は個体の混合戦略ではなく, 社会の安定的戦略分布であるとも解釈できるのである。

次に, 協調ゲーム (coordination games) を考えてみる。

表 10.2 対称協調ゲーム (coordination game) の例

	s_0	s_1
s_0	6, 6	0, 0
s_1	0, 0	4, 4

表 10.2 のゲームには 3 つの対称ナッシュ均衡があり，全員が s_0 または s_1 をする純戦略均衡と，s_0 を $\frac{2}{5}$，s_1 を $\frac{3}{5}$ の確率でとる混合戦略による均衡である。社会における s_0 戦略の割合を $\alpha \in [0,1]$ として s_0 戦略と s_1 戦略の期待適応度を図にすると図 10.2 のようになる。

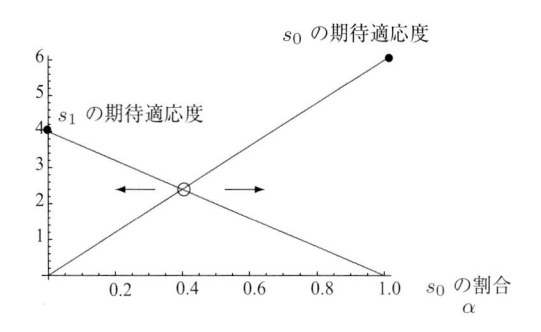

図 10.2 対称協調ゲームの例の期待適応度

タカ・ハトゲームのときとは異なり，協調ゲームでは，混合戦略のナッシュ均衡に対応する期待適応度のグラフの交点 $\alpha = \frac{2}{5}$ は安定的でない。s_0 戦略が $\frac{2}{5}$ より少しでも増えると，むしろ s_0 戦略の期待適応度は s_1 戦略の期待適応度より高く，逆に $\frac{2}{5}$ より少しでも減ると，s_1 戦略の期待適応度の方が高い。したがって，社会全員が s_0，または社会全員が s_1 の純戦略をとっている分布だけが進化的に安定である。これらの厳密なナッシュ均衡に対応した分布であれば，他の戦略が侵入してきても期待適応度は既存戦略の方が高くなっている。

ウェイブル (Weibull, 1995) に従って，練習問題 3.4 で扱った基準化された対称 2×2 ゲームを使って，対称 2×2 ゲームにおける ESS の存在を証明し

よう。generic な 2 人 2 戦略対称ゲームは表 10.3 で $a_1 \times a_2 \neq 0$ であるもので表現できる。

表 10.3 基準化された 2 人 2 戦略対称ゲーム ($a_1 \times a_2 \neq 0$)

	1	2
1	a_1, a_1	0, 0
2	0, 0	a_2, a_2

命題 10.1.1. 任意の基準化された 2 人 2 戦略対称ゲームで $a_1 \times a_2 \neq 0$ であるものにおいて，Σ を混合戦略全体の集合としたとき，ESS が存在する。

証明：a_1 と a_2 の符号について 3 つのケースにわける。

ケース 1：$a_1 \times a_2 < 0$（囚人のジレンマ）

ただ一つの厳密な対称ナッシュ均衡が純戦略で存在するので補助定理 10.1.2 よりその戦略は ESS である。

ケース 2：$a_1, a_2 < 0$（チキンゲーム，タカ・ハトゲーム）

このゲームには対称なナッシュ均衡はただ一つしかなく，それは厳密な混合戦略 $s^* = (\frac{a_2}{a_1+a_2}, \frac{a_1}{a_1+a_2})$ を両者がとるものである。（ここで，第 1 項が戦略 1 につける確率である。）任意の他の混合戦略を $s = (p, 1-p) \in \Sigma$（ただし $p \neq \frac{a_2}{a_1+a_2}$）とする。このとき，混合戦略均衡より $u(s^*, s^*) = u(s, s^*)$ であるので，定義 10.1.2 の条件 (2) をチェックする。

$$\begin{aligned} u(s^*, s) - u(s, s) &= \frac{a_2}{a_1+a_2} p a_1 + \frac{a_1}{a_1+a_2}(1-p)a_2 - p^2 a_1 - (1-p)^2 a_2 \\ &= -(a_1+a_2)\{p - \frac{a_2}{a_1+a_2}\}^2 \end{aligned}$$

である。ここで $a_1 + a_2 < 0$ かつ $p \neq \frac{a_2}{a_1+a_2}$ より，$u(s^*, s) - u(s, s) > 0$ となり，(2) が成立する。

ケース 3：$a_1, a_2 > 0$（協調ゲーム）

このゲームには厳密な対称ナッシュ均衡が二つと，厳密な混合戦略による対称ナッシュ均衡がある。厳密なナッシュ均衡の戦略は補助定理 10.1.2 により ESS である。 □

表 10.2 の例で示唆したように，$a_1, a_2 > 0$ の協調ゲームのケースでは，厳密な混合戦略による対称ナッシュ均衡の戦略は ESS ではない。(この証明は練習問題 10.2 とする。) このことからも ESS は対称ナッシュ均衡の部分集合であることがわかる。

しかし，ESS の存在が保証されるのはここまでで，2 人対称ゲームであっても戦略の数が 3 つ以上になると，混合戦略の範囲まで考えても，もはや存在が保証されない。一般に，進化ゲームの安定性概念は存在が問題になることが多い。ここでは，表 3.5 のじゃんけんゲーム (表 10.4 に再掲) により 3 つの純戦略がある対称ゲームには ESS が必ずしも存在しない反例とする。

表 10.4 じゃんけんゲーム (再掲)

	R	S	P
R	0, 0	1, -1	-1, 1
S	-1, 1	0, 0	1, -1
P	1, -1	-1, 1	0, 0

じゃんけんゲームにはただ一つのナッシュ均衡が存在し，それは厳密な混合戦略 $s^* = (\frac{1}{3}, \frac{1}{3}, \frac{1}{3})$ による対称均衡である。しかし定義 10.1.2 の (1) は満たされないのは混合戦略均衡の性質から明らかであり，(2) についても，例えば純戦略 R を変異体にしてみると，

$$u(s^*, R) = 0 = u(R, R)$$

であるから満たされない。実際，任意の純戦略が侵入できるのである。この他に対称ナッシュ均衡は存在しないので，じゃんけんゲームには ESS は存在しない。

進化的安定戦略 (ESS) が存在しにくいのは，かなり「強い」均衡概念であるからであり，ゲームによっては要求が強すぎて存在しなくなるとも言える。しかし，強い概念である以上，ESS はいくつかよい性質を満たしていることを以下で示しておく。まず，コールバーグ＝マルタンス流の安定性 (7.4 節参照) からいうと弱く支配される戦略が含まれない均衡がよいのであるが，ESS はそれを満たしている。

10.1 進化的安定戦略

命題 10.1.2. 弱く支配される戦略は ESS にならない。

証明：$s \in \Sigma$ を弱く支配される戦略とする。すると，ある $s' \in \Sigma$ が存在して

$$u(s,t) \leqq u(s',t) \quad \forall t \in \Sigma \tag{10.2}$$

$$u(s,t') < u(s',t') \quad \exists t' \in \Sigma$$

である。この s' が侵入できることを示す。(s,s) がナッシュ均衡でなければ証明完了なので，ナッシュ均衡であるとする。すると，任意の $t \in \Sigma$ について，$u(s,s) \geqq u(t,s)$ である。特に $t = s'$ としても成立するので，$u(s,s) \geqq u(s',s)$ であるが，(10.2) 式で $t = s$ とすると，逆の不等式も成り立ち，結局 $u(s,s) = u(s',s)$ とならなくてはならない。ゆえに，定義 10.1.2 の条件 (1) は満たされない。

また，(10.2) 式で $t = s'$ とすると $u(s',s') \geqq u(s,s')$ も成立するので，定義 10.1.2 の条件 (2) も満たされない。 □

さらに，ESS は単に対称ナッシュ均衡になるだけでなく，その厳密な部分集合であるプロパー均衡になる。プロパー均衡は合理性を仮定したナッシュ均衡の精緻化であったから，合理性を仮定していない進化ゲームの安定性がこれを意味するところになるのは非常におもしろい。

命題 10.1.3. (ヴァン・ダム, 1987) s^* が ESS ならば，(s^*, s^*) は $G = (\{1,2\}, \Sigma, \Sigma, u, u)$ のプロパー均衡である。

この証明はヴァン・ダム (van Damme, 1987) の本を参照するか，または次節の命題 10.2.1 から間接的にも出る。（しかし命題 10.2.1 のプロパー均衡の部分の証明も本書では扱わないので，原論文を参照されたい。）つまり，全員が ESS をしているという戦略分布は，その分布に対して最適反応でないような戦略にはほとんどぶれない，という制約を加えた戦略のぶれの列をうまく作ることができて，対称プロパー均衡になるのである。

10.2 ESS より弱い安定性概念

メイナード・スミス (Maynard-Smith, 1982) は進化的安定戦略 (ESS) がなかなか存在しない問題に気づいており，少し弱い概念として中立的安定戦略 (NSS) も定義した．これは ESS の定義の厳密な不等号を，等号を許す弱い不等号に変えたものである．この安定性の下では，安定な戦略は変異体より厳密に期待適応度が高いわけではないので，変異体がいずれ絶滅するとはもはや言えないが，少なくとも変異体が安定戦略を凌駕するほど繁栄することはなく，その意味で変異体は社会の大部分を占めている安定戦略の分布に対して害はなさず，中立的ということである．

定義 10.2.1. 社会における（対称）戦略分布 $s^* \in \Sigma$ が**中立的安定戦略** (neutrally stable strategy, NSS) であるとは，任意の他の戦略 $s \in \Sigma \setminus \{s^*\}$ について，ある実数 $\epsilon_s > 0$ が存在し，任意の実数 $\epsilon \in (0, \epsilon_s)$ について

$$(1-\epsilon)u(s^*, s^*) + \epsilon u(s^*, s) \geqq (1-\epsilon)u(s, s^*) + \epsilon u(s, s)$$

が成立することである．

表 10.4 のじゃんけんゲームにおける対称ナッシュ均衡の戦略は ESS ではなかったが，中立的安定戦略 (NSS) である．しかし，そのじゃんけんゲームの利得を少し変えるだけで，中立的安定戦略も存在しなくなる．例えば，表 10.5 の例を見ればよい．（このゲームはウェイブル (Weibull, 1995) の例を参考にしてある．）このゲームにおいても，じゃんけんゲームと同様に $s^* = (\frac{1}{3}, \frac{1}{3}, \frac{1}{3})$ が唯一の対称ナッシュ均衡の戦略であり，$a = 0$ の場合は s^* は NSS である．まず，混合戦略均衡の性質から定義 10.2.1 の不等式の両辺の第 1 項は等しくなり，第 2 項の大小を調べるだけでよい．ここで，どんな他の戦略 s が侵入しても，$u(s^*, s) = \frac{a}{3} = 0 = u(s, s)$ となるから $a = 0$ のときは両辺の第 2 項も一致するので s^* は NSS である．しかし $a < 0$ であるときは，$u(s^*, s) = \frac{a}{3} < 0 = u(s, s)$ となり，NSS ではない．この他に対称ナッシュ均衡は存在しないので，結局 $a < 0$ のときは NSS は存在しないことになる．

10.2 ESS より弱い安定性概念

表 10.5 変形じゃんけんゲーム ($a \leqq 0$)

	1	2	3
1	0, 0	$1+a, -1$	$-1, 1+a$
2	$-1, 1+a$	0, 0	$1+a, -1$
3	$1+a, -1$	$-1, 1+a$	0, 0

ESS 概念を弱める方法は一つでなく，いろいろある。スウィンケルス (Swinkels, 1992) は，可能な変異体に制約をもうけるという方向で安定性概念を弱めることを考えた。この発想はプロパー均衡の発想と似ているが，プロパー均衡の場合は，均衡を支持するためのぶれの列を制約することは均衡概念を強めるのに対し，進化的安定性の場合は，侵入可能な変異体が減るのであるから均衡概念を弱めることになる。

スウィンケルス (Swinkels, 1992) の考え方は，変異体とは，一部の個体が試す新しい行動パターンであると解釈し，任意の行動パターンが試されるのではなく，変更後にそれなりの利得が期待できる，合理的な行動パターンだけが試されるとするのである。例えば，既存戦略が s^* であるとき，別な戦略 s が ϵ の割合で侵入したとすると，侵入後の分布は $(1-\epsilon)s^* + \epsilon s$ となるが，これに対して s が最適反応であれば侵入してくるし，そうでなければ侵入してこない，と考えることができる。この考え方を定式化したのが，以下の安定性概念である。以下では Σ は混合戦略の集合とし，(混合) 戦略分布 σ に対する，期待適応度で測った最適反応の集合を

$$BR(\sigma) = \{s \in \Sigma \mid u(s;\sigma) \geqq u(s';\sigma) \ \ \forall s' \in \Sigma\}$$

と定義する。

定義 10.2.2. 社会における戦略分布 $s^* \in \Sigma$ が均衡侵入者に対して頑健である (robust against equilibrium entrants, REE) であるとは，ある実数 $\bar{\epsilon} > 0$ が存在し，任意の $\epsilon \in (0, \bar{\epsilon})$ と任意の $s \in \Sigma \setminus \{s^*\}$ について

$$s \notin BR((1-\epsilon)s^* + \epsilon s)$$

が成立することである。

REE は変異体によらない一様侵入障壁を使用して定義してあるが，Σ が有限の純戦略上の混合戦略の集合の場合は補助定理 10.1.1 により ESS も同様に定義できる．これを使えば，s^* が ESS ならば，任意の $s \neq s^*$ について $s \notin BR((1-\epsilon)s^* + \epsilon s)$ が成立するから，s^* は REE である．つまり，REE は ESS より弱い安定性概念である．さらにスウィンケルスは REE がナッシュ均衡やプロパー均衡より強い安定性概念であることを証明した．

命題 10.2.1. （スウィンケルス，1992）$s^* \in \Sigma$ が REE ならば (s^*, s^*) は $G = (\{1, 2\}, \Sigma, \Sigma, u, u)$ の（対称）ナッシュ均衡である．さらに，s^* が REE ならば，(s^*, s^*) は対称プロパー均衡である．

証明：s^* を REE とし，(s^*, s^*) がナッシュ均衡となることを示す．REE の定義から，$\epsilon \in (0, \bar{\epsilon})$ を一つ固定しておく．任意の $s \in \Sigma$ について $B(s) = BR((1-\epsilon)s^* + \epsilon s)$ という対応を考える．この対応 $B : \Sigma \to\to \Sigma$ には定理 3.7.1 の証明と同様に，角谷の不動点定理が使えるので，$x \in \Sigma$ で $x \in B(x)$ となるものが存在する．しかし s^* が REE であるから $x = s^*$ になるしかない．ゆえに $s^* \in B(s^*) = BR(s^*)$ であり，(s^*, s^*) はナッシュ均衡である．

プロパー均衡になることはスウィンケルス (Swinkels, 1992) を参照されたい． □

したがって，ESS ならば REE，REE ならばプロパー均衡（およびナッシュ均衡）の戦略，という関係が成り立つ．REE が厳密に ESS より弱い概念であることを示すために，再び表 10.4 のじゃんけんゲームを考える．このじゃんけんゲームには ESS は存在しないが，ただ一つの対称ナッシュ均衡の戦略 $s^* = (\frac{1}{3}, \frac{1}{3}, \frac{1}{3})$ は REE である．$s \neq s^*$ であるようなどんな戦略についても $(1-\epsilon)s^* + \epsilon s$ は，全ての純戦略には等しい確率を付けないので，偏りがある．そして，偏りがある（混合）戦略に対する最適反応は純戦略しかない．しかも，その純戦略は例えば R に偏りがあるような混合戦略に対しては P が最適反応である，というように s が重みを付ける純戦略とは異なる．したがって，s が $(1-\epsilon)s^* + \epsilon s$ の最適反応になることはない．

ところが，REE と NSS は独立な概念である．ESS が存在すればもちろんそれは NSS かつ REE であるが，NSS であって REE でない戦略も存在する．

例えば，すべての戦略の組み合わせが同じ適応度であるような（つまらない）ゲームにおいては，すべての戦略は NSS であるが，どの戦略も REE ではない。また，REE も一般には存在が保証されないことが，この例でわかる。そこでスウィンケルスは REE を拡張した集合の安定性を定義するということも考えているが，それでも存在が保証されていない。

集合の安定性としては，ギルボア＝松井 (Gilboa and Matsui, 1991) による循環的安定集合 (cyclically stable set) もある。この概念は動学的過程の収束先のような形になるため，必ず存在する。

このように，進化的な安定性の定義は多種あり，いずれも一長一短である。言い換えれば，この分野はまだ進化の途中なのである。

10.3　チープトークゲーム

9.1 節で述べたように，標準形ゲームをする前にメッセージを送り合うというゲームを考えると，利得支配の行動を選ぶ戦略が進化的に安定になるかもしれない。メッセージを送る段階があると展開形ゲームなのであるが，ここでは誘導標準形として分析する。しかし，もとが展開形である誘導標準形においては，経路外が異なる戦略同士は同じ利得を得るので，厳密に高い期待適応度を要求する ESS は存在せず，NSS を考えることにする。（このことは 10.5 節の例でも確認できる。）展開形ゲームの戦略そのものについて進化的安定性を考えることもできるが，それはまだ標準的な均衡概念が確立していない分野である。（ただし 10.5 節を参照。）本節の分析はロブソン (Robson, 1990) を参考にしている。

9.1 節で扱ったスタグハントゲーム（表 10.6 に再掲）を考える。

表 **10.6**　スタグハント (Stag Hunt) ゲーム（再掲）

	Stag	Hare
Stag	3, 3	0, 2
Hare	2, 0	2, 2

第 10 章 進化的安定性 (Evolutionary Stabilities)*

スタグハントゲームには2つの厳密なナッシュ均衡があり，(Stag, Stag) は効率的（利得ドミナント）な均衡であるが，(Hare, Hare) 均衡が (Stag, Stag) 均衡をリスク支配している．非常に大きな一つの社会において，対称的なプレイヤーがランダムに出会ってこのゲームをするのだが，ゲームをする前に，$M = \{a, b\}$ という二つのメッセージの集合から各プレイヤーはメッセージを送ることができるという，プレイ前のコミュニケーションの段階を設ける．ただし，メッセージそのものは適応度に影響を及ぼさず，無駄話（チープトーク）であるとする．このとき各プレイヤーの戦略は，メッセージの選択と，出会った相手のメッセージを観察したあと $\{S, H\}$ の集合の要素を選ぶというものになる．（ここでは純戦略だけを考える．また，自分の送ったメッセージにもその後の行動を依存させてもいいが，それは分析の本質を変えないのでここでは省略する．）

純戦略だけを考えると，メッセージが2通り，相手のメッセージ（2通り）に対する反応のしかたがそれぞれ2通りあるので8種類であり，全てを表 10.7 にリストアップしてある．1列目が自分が送るメッセージ，2列目が相手のメッセージに依存したスタグハントゲームにおける条件付き行動である．例えば一番目の戦略は $(a, (SS))$ と表記することにする．

表 10.7 チープトーク付きスタグハントゲームの戦略

メッセージ	a を見たときの行動	b を見たときの行動
a	S	S
a	S	H
a	H	S
a	H	H
b	S	S
b	S	H
b	H	S
b	H	H

このとき，どちらでもいいので一つのメッセージ $m \in \{a, b\}$ を固定して全員が $(m, (HH))$ を行っているという対称戦略が中立的安定戦略 (NSS) でないことを示す．例えば，$s^* = (a, (HH))$ が社会全体で行われていたとしよう．

変異体として，$s = (b, (HS))$ を行う個体が侵入してきたとする．s は，既存戦略 s^* と出会うとメッセージ a を観察するので H を行い，その結果の行動の組み合わせは (H, H) となる．変異体同士で出会うと b を観察するので S を行い，その結果の行動の組み合わせは (S, S) となる．したがって，s の割合を $\epsilon > 0$ とすると変異体 s の期待適応度は

$$(1-\epsilon)u(s, s^*) + \epsilon u(s, s) = (1-\epsilon)2 + \epsilon 3$$

であるのに対し，既存戦略は何と出会っても (H, H) という行動の組み合わせとなるので，その期待適応度は

$$(1-\epsilon)u(s^*, s^*) + \epsilon u(s^*, s) = 2$$

であるから厳密に低くなってしまうのである．この理由は，既存戦略と異なるメッセージを送ることで変異体同士がお互いを認識することができ，より効率的な行動の組み合わせを実現でき，既存戦略と出会ったときもそれを認識して不利にならないように行動できるからである．

逆に，任意のメッセージ $m \in \{a, b\}$ について，戦略 $(m, (SS))$ は表 10.7 の範囲の戦略を Σ 全体としたとき NSS である．（この証明は練習問題 10.5 とする．）なぜなら，同じメッセージを送りあっている既存戦略同士では効率的な 3 を得ることができるので，十分 ϵ が小さければ，たとえ変異体に対して 0 を得たとしても，変異体の適応度より小さくなることはないからである．ここでは，(S, S) が利得支配していることが利いている．

しかし，メッセージの数が固定されていてそれらを混合戦略として行えるとすると，実は利得支配していないナッシュ均衡の行動を行う既存戦略が全てのメッセージを正の確率で送り合うことでシグナル混雑を行い，変異体同士を認識させないようにすることが可能である．例えば $(m, (HH))$ でメッセージは $m = \alpha a + (1-\alpha) b$ という形（ただし $\alpha \in (0, 1)$）であるような戦略を考える．このときはどちらのメッセージも正の確率で観察されるため，変異体同士で利得支配行動の組み合わせを行おうと思っても，誰が仲間なのかがわからないので既存戦略に侵入することができなくなる．つまり，効率的でないナッシュ均衡を行うような戦略が不安定になるのは，既存戦略が使用してい

るのとは異なるメッセージが存在するということが鍵となっている。(ファーレル (Farrel, 1993) を参照。)

10.4 非対称ゲーム

これまでは対称ゲームだけを扱っていた。しかし，より一般的には非対称ゲームをプレイする社会における進化的安定性も考えたい。例えば，同じ種の動物であっても，えさ場に先に来たか後に来たかで立場が異なり，非対称ゲームのようなことをしている場合があるからである。単一種，1対1のゲーム（2人ゲーム）という仮定はそのままに，非対称ゲームを考えるとすると，自然な設定は，ランダムにどちらかのプレイヤーになるというものである。

$G = (\{1,2\}, \Sigma_1, \Sigma_2, u_1, u_2)$ をランダムにペアになった主体がプレイするとする。このとき各個体は条件付き戦略，すなわち，プレイヤー1になった場合の行動パターン $\sigma_1 \in \Sigma_1$ とプレイヤー2になった場合の行動パターン $\sigma_2 \in \Sigma_2$ の組み合わせ (σ_1, σ_2) を持っていると仮定する。また，どちらのプレイヤーになるかはペアになったときに $\frac{1}{2}$ の確率で決まるとする。すると，事前には以下のような対称ゲームに変換できる。各プレイヤーの戦略の集合は条件付き戦略 (σ_1, σ_2) の集合であり，これを $\Sigma = \Sigma_1 \times \Sigma_2$ と書くとすると，全員共通の集合である。利得は，(σ_1, σ_2) を持った主体と (τ_1, τ_2) を持った主体が出会う場合，前者の期待適応度が

$$U((\sigma_1, \sigma_2), (\tau_1, \tau_2)) = \frac{1}{2} u_1(\sigma_1, \tau_2) + \frac{1}{2} u_2(\tau_1, \sigma_2)$$

であるとする。この期待適応度は対称であるから，対称ゲームとなり，これまでの進化的安定性の概念がそのまま使えるのである。

しかし，このような「対称化されたゲーム」における ESS は非常に強い概念となることが知られている。

命題 10.4.1. $(\sigma_1, \sigma_2) \in \Sigma_1 \times \Sigma_2$ が「対称化されたゲーム」における ESS であることと，$(\sigma_1, \sigma_2) \in \Sigma_1 \times \Sigma_2$ が元の非対称ゲーム $G = (\{1,2\}, \Sigma_1, \Sigma_2, u_1, u_2)$ の厳密なナッシュ均衡であることは同値である。

10.4 非対称ゲーム

証明：$\sigma = (\sigma_1, \sigma_2) \in \Sigma_1 \times \Sigma_2$ が $G = (\{1,2\}, \Sigma_1, \Sigma_2, u_1, u_2)$ の厳密なナッシュ均衡であると仮定する。厳密なナッシュ均衡の定義より以下の不等式群が成立する。

$$u_1(\sigma_1, \sigma_2) > u_1(\tau_1, \sigma_2), \quad \forall \tau_1 \neq \sigma_1;$$
$$u_2(\sigma_1, \sigma_2) > u_2(\sigma_1, \tau_2), \quad \forall \tau_2 \neq \sigma_2.$$

両辺に $1/2$ をかけて辺々を足し、$\tau = (\tau_1, \tau_2)$ とおくと、τ_1 と τ_2 の少なくとも一つが σ_1 か σ_2 と異なれば、

$$\frac{1}{2}u_1(\sigma_1, \sigma_2) + \frac{1}{2}u_2(\sigma_1, \sigma_2) > \frac{1}{2}u_1(\tau_1, \sigma_2) + \frac{1}{2}u_2(\sigma_1, \tau_2)$$
$$\iff U(\sigma, \sigma) > U(\tau, \sigma)$$

が成立する。従って、任意の変異体 $\tau = (\tau_1, \tau_2) \neq (\sigma_1, \sigma_2)$ について、十分小さい $\epsilon_\tau \in (0,1)$ が存在して、任意の $\epsilon \in (0, \epsilon_\tau)$ について

$$(1-\epsilon)U(\sigma, \sigma) + \epsilon U(\sigma, \tau) > (1-\epsilon)U(\tau, \sigma) + \epsilon U(\tau, \tau)$$

も成立する。

逆に、$\sigma = (\sigma_1, \sigma_2)$ が「対称化されたゲーム」における ESS であることを仮定すると、任意の変異体 $\tau = (\tau_1, \tau_2) \neq (\sigma_1, \sigma_2)$ について、十分小さい $\epsilon_\tau \in (0,1)$ が存在して、任意の $\epsilon \in (0, \epsilon_\tau)$ について、

$$(1-\epsilon)[\frac{1}{2}u_1(\sigma_1, \sigma_2) + \frac{1}{2}u_2(\sigma_1, \sigma_2)] + \epsilon[\frac{1}{2}u_1(\sigma_1, \tau_2) + \frac{1}{2}u_2(\tau_1, \sigma_2)]$$
$$> (1-\epsilon)[\frac{1}{2}u_1(\tau_1, \sigma_2) + \frac{1}{2}u_2(\sigma_1, \tau_2)] + \epsilon[\frac{1}{2}u_1(\tau_1, \tau_2) + \frac{1}{2}u_2(\tau_1, \tau_2)] \quad (10.3)$$

が成立する。

任意の $\tau_1 \neq \sigma_1$ を固定すると、$\tau = (\tau_1, \sigma_2) \neq \sigma$ であり、(10.3) より

$$(1-\epsilon)[u_1(\sigma_1, \sigma_2) + u_2(\sigma_1, \sigma_2)] + \epsilon[u_1(\sigma_1, \underline{\sigma_2}) + u_2(\tau_1, \sigma_2)]$$
$$> (1-\epsilon)[u_1(\tau_1, \sigma_2) + u_2(\sigma_1, \underline{\sigma_2})] + \epsilon[u_1(\tau_1, \underline{\sigma_2}) + u_2(\tau_1, \underline{\sigma_2})]$$
$$\iff u_1(\sigma_1, \sigma_2) > u_1(\tau_1, \sigma_2)$$

が成立する。

同様に、任意の $\tau_2 \neq \sigma_2$ を固定すると、$\tau = (\sigma_1, \tau_2) \neq \sigma$ であり、(10.3) より

$$(1-\epsilon)[u_1(\sigma_1, \sigma_2) + u_2(\sigma_1, \sigma_2)] + \epsilon[u_1(\sigma_1, \tau_2) + u_2(\underline{\sigma_1}, \sigma_2)]$$
$$> (1-\epsilon)[u_1(\underline{\sigma_1}, \sigma_2) + u_2(\sigma_1, \tau_2)] + \epsilon[u_1(\underline{\sigma_1}, \tau_2) + u_2(\underline{\sigma_1}, \tau_2)]$$
$$\iff u_2(\sigma_1, \sigma_2) > u_2(\sigma_1, \tau_2)$$

も言える。ゆえに、$\sigma = (\sigma_1, \sigma_2)$ は $G = (\{1,2\}, \Sigma_1, \Sigma_2, u_1, u_2)$ の厳密なナッシュ均衡である。 □

この結果から、もし元の非対称ゲームに厳密なナッシュ均衡が存在しないならば、対称化したゲームにおいて ESS は存在しないことになる。

10.5 展開形ゲームにおける進化的安定性

ランダムに出会った主体が展開形ゲームをプレイするときには，どのような戦略が進化的に安定と言えるか。これは実はまだ十分に理論が確立していない問題である。展開形ゲームはもちろん誘導標準形に変換できるのであるから，標準形ゲームに定義された安定性概念を使えると思われがちであるが，そうではない。例えばゼルテン (Selten, 1983) の図 10.3 の例を考える。

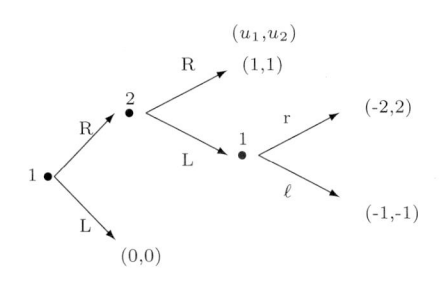

図 10.3 ゼルテンの例

このゲームは非対称ゲームであるので，10.4 節の設定を使い，2 個体が出

10.5 展開形ゲームにおける進化的安定性

会ったときにランダムにどちらのプレイヤーになるかが決まるとする。各個体の戦略は条件付き戦略となる。図 10.3 のゲームには多数のナッシュ均衡がある。純戦略を (プレイヤー 1 になったときの 2 つの情報集合での行動の組み合わせ, プレイヤー 2 になったときの行動) と書くと, ナッシュ均衡は $(L\ell, L)$, (Lr, L), $(R\ell, R)$ であり, このうち部分ゲーム完全均衡は $(R\ell, R)$ だけである。しかし, これは進化的安定戦略 (ESS) ではない。すべての個体が $(R\ell, R)$ すなわちプレイヤー 1 になったら $R\ell$ を行い, プレイヤー 2 になったら R を行うという条件付き戦略を持っていたとする。この戦略の期待適応度は $U((R\ell, R), (R\ell, R)) = \frac{1}{2}u_1(R\ell, R) + \frac{1}{2}u_2(R\ell, R) = 1$ である。これに対し, (Rr, R) という変異体を考える。すると, $U((Rr, R), (R\ell, R)) = 1$, かつ $U((Rr, R), (Rr, R)) = 1 = U((R\ell, R), (Rr, R))$ であるので, 定義 10.1.2 の条件はどちらも満たされないのである。

つまり, 10.3 節でも述べたが, 展開形ゲームの場合, 経路外の部分でだけ既存戦略と異なる行動をとる変異体は既存戦略と同じ適応度になってしまうので, ESS の定義では排除できないのである。中立的安定戦略 (NSS) を考えると, 経路外だけで異なる行動をする変異体がいてもかまわないのであるが, 逆に, ほとんどの (混合戦略を含む) ナッシュ均衡が NSS になってしまう。

そこで, ゼルテンは展開形ゲームをエージェント標準形に変換して, 各エージェントが必ず $\epsilon_k > 0$ の確率で全ての行動を選ぶというぶれたゲームの列 $\{G(\epsilon_k) : k = 1, 2, \ldots\}$ で $\lim_{k \to \infty} \epsilon_k = 0$ となるものを考えた。各 $G(\epsilon_k)$ に ESS があれば, その列 $\sigma(k)$ の収束先が安定的であるとし, これをリミット進化的安定戦略 (limit evolutionarily stable strategy) と定義した。この考え方は逐次均衡に似ており, 逐次合理性をもたらす。実際, 上記の例では唯一の部分ゲーム完全均衡 $(R\ell, R)$ だけがリミット進化的安定戦略となる。(この証明は練習問題 10.6 とする。)

しかし, 展開形ゲーム全体についての行動計画である戦略の変化を見るのでなく, エージェント標準形に直して部分的な戦略の変化を見る, ということが, 進化的安定性として妥当であるかは議論があるところである。

10.6 自発的繰り返しゲームにおける進化的安定性 **

　ここでは，グレーヴァ＝奥野 (Fujiwara-Greve and Okuno-Fujiwara, 2009) の自発的に退出可能な繰り返し囚人のジレンマ (voluntarily separable repeated Prisoner's Dilemma) のモデルとその進化的安定な戦略分布を簡単に説明し，展開形ゲームにおける進化的安定性として NSS も有効な概念であることを示す。また，このゲームは対称ゲームであるにも関わらず，非対称（混合戦略）均衡が対称（純戦略）均衡より効率的であるという興味深い現象が起こることを示す。これは毎期ランダムに出会い，1 回限りのゲームを行うというモデルでは起こらないことである。例えば，10.1 節の図 10.2 を見るとわかるであろう。

　通常の繰り返しゲームにおいては同じプレイヤーのグループが同じ段階ゲームを決められた回数（無限回を含む）繰り返すという設定になっている。しかし，現実の意思決定においては，途中でいやになったらゲームから降りるということは可能であることが多いであろう。逆に，本章でこれまで暗黙のうちに仮定してきたランダム・マッチングゲームでは，毎回必ずランダムに新しい相手とゲームを行うという設定であったが，それも極端であり，現在の相手が合意すれば同じ仲間でもう一度ゲームをすることも可能であろう。そこで，これらの中間的ゲームとして，ランダムに出会った二人ずつで一般の囚人のジレンマ（表 10.8 に再掲）の行動を同時に選び，お互いの行動を観察後に，現在の関係を継続するか，この関係から退出するかを同時に決めるというモデルを考える。二人とも関係継続を選択すればもう 1 回繰り返すことができ，一人でも退出を選んだらこのペアは解消され[1]，次期にランダムに新しい相手と出会うとする。このとき，2 人が継続し続ければ繰り返しゲームになり，逆に毎回どちらかが退出すればランダム・マッチングゲームの形と

---

[1] 一人でも退出を選んだら関係を解消するというルールは西條他 (Saijo et al., 2010) では mate selection mechanism と呼ばれており，自然界ではよくあることである。離婚手続きのように二人が合意しないと関係解消ができない場合は，何がおこっても継続する，という行動と，囚人のジレンマにおけるトリガー戦略を併用すればフォーク定理が成立するので，本質的に繰り返しゲームとは異ならない。

なる．各プレイヤーはこのような自発的に退出可能な繰り返しゲームにおける行動計画を戦略として持って生まれてくると考える．

表 10.8　囚人のジレンマ ($g > c > d > \ell$)

	C	D
C	c, c	ℓ, g
D	g, ℓ	d, d

次に情報構造であるが，このモデルでは，現在の相手と，過去の相手と，将来出会うかもしれない相手がいる．これら全ての相手の行動が観察できてしまえば，モデルは（社会全体の）繰り返しゲームと実質的に変わらなくなる．そこで，それよりは情報が少ない状況を分析対象とすべきであり，自然な状況としては，現在の相手同士はお互いの行動を完全に観察できるが，他のペアにいるプレイヤーたちの行動は観察できないとすることである．すると，ランダムマッチングで出会った新しい相手については，そのプレイヤーの過去の行動の履歴はわからないことになる．

それでも，もし社会の戦略分布がわかっていれば，相手を失うのはなにか悪いことをしたときだけである，というようなことがわかり，ランダムに出会う相手の過去の行動が推論できてしまうこともある．そこで，各期末に $1 - \delta$ の確率で各プレイヤーは「死に」[2]，ゲームそのものから退出するとする．（ここで $\delta \in (0, 1)$ とする．）また，その分だけ新たなプレイヤーがゲームに入ってくるとする．従って人口の大きさは常に一定である．

パートナーが死んでしまったプレイヤーは自動的にランダムマッチング過程に行くことになり，それは過去の行動とは無関係である．この可能性を入れておけば，新たに出会った相手の過去を予想することに意味はなく，新たなペアでは心機一転，お互いゲームの当初から始まるのと同じ戦略をするというのが自然になる．つまり，各プレイヤーの戦略は，出会ったときは空集合に，その後はペア内の行動の組み合わせにのみ依存した行動計画というこ

---

[2]　もちろん，これを文字通りに解釈する必要はなく，何らかの外性的要因（景気の悪化，引っ越しなど）でゲームから出て行けばいい．

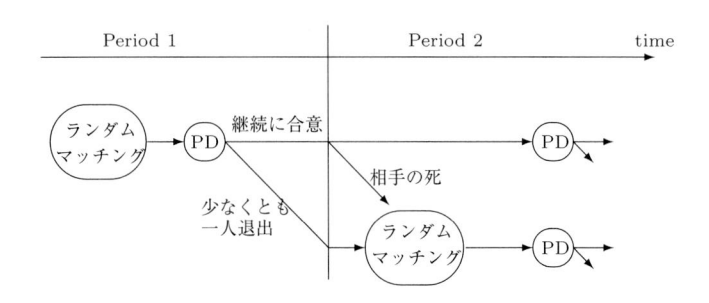

292   第 10 章 進化的安定性 (Evolutionary Stabilities)*

図 10.4 自発的退出可能な繰り返し囚人のジレンマ

とになる．図 10.4 にこの長期ゲームの構造の概略を図示しておく．

　次に，利得の構造について考える．これまでの進化ゲームの安定性は，一期間の戦略を考え，その利得の大小を比較するものであったが，この長期ゲームにおいては戦略も長期に渡る行動計画であるから，各戦略の平均適応度の大小を比較することで安定性を考えることにする．通常の繰り返しゲームであれば，(割引) 平均利得は長期利得に (1− 割引因子) をかけたものとして定義できるが，自発的繰り返しゲームでは，もう少し複雑になる．社会に複数の戦略が存在するとき，出会った相手によっては長期に渡ってペアを続け，利得を繰り返し得られるが，相手によっては短期で終わってしまうことがある．これらをならして平均にしなくてはならない．進化的安定性を考えるには，既存の戦略が 1 種類だとしても，必ず他の戦略の侵入による複数戦略の状態を考えなくてはならないので，複数戦略のときの平均適応度の計算は重要である．

　具体的な戦略を考えて平均適応度を説明する．まず，囚人のジレンマであるから，利己的な行動 D をするのは 1 回だけを見れば最適である．そこで，以下のような（短絡的な）戦略 d_0 を考える．

　　戦略 d_0：出会った最初の期は囚人のジレンマで D を行い，その
　　期の両者の行動の組み合わせが何であっても退出する[3]．

---

3) 正確には，戦略としては，経路外の行動（例えば 2 期目以降）も設定する必要があるが，この戦略が退出を選ぶ以上，必ず関係は 1 期間で解消されるし，本節で扱う進化的安定性の概念

10.6 自発的繰り返しゲームにおける進化的安定性 **

社会全体が d_0 をしているという分布を考えてみよう。この対称分布における1個体の平均期待適応度（利得）は，まず1期目にランダムに他の個体と出会って (D,D) が行われ，利得 d を得て別れる。確率 δ でこの個体が次期も生存し，またランダムに他の個体と出会って (D,D) を行って d を得て別れる...となるはずである。どのペアも1期間だけ続き，そこで得られる利得は d であるから，ペア内の長期利得も短期利得も等しく，それが1個体の得る平均適応度となる。

しかし，複数の戦略が社会にいれば，ペア毎に長期利得が異なる場合がある。このことを明示的に計算するために，この社会に，$\epsilon > 0$ の割合で以下のような変異体 c_1 が侵入することを考える。

> 戦略 c_1：出会った最初の期は囚人のジレンマで D を行い，その期の両者の行動の組み合わせが何であっても継続を選ぶ。同じ相手との2期目以降は囚人のジレンマでは C をして，お互いに (C,C) であったら継続を，そうでなかったら退出を選ぶ。

この戦略を「1期間信頼形成戦略」と呼ぶ。出会った最初の期だけは協力せず，信頼を形成するための待ち時間と考え，1期経ったら，そして継続できたら信頼が形成されたということで，その後は裏切られるまでは協力する（つまり2期目以降は退出を罰としたトリガー戦略）という戦略である。（信頼形成の期間はもちろん1期である必要はないので，特に「1期間」と名付けてある。後で，2期間の戦略も紹介する。）

d_0 戦略を持った個体は，d_0，c_1 のどちらの戦略を持った個体に出会っても利得 d を1回もらって別れてしまい，平均利得は引き続き d である。しかし，c_1 戦略を持った個体は出会う相手によって長期利得とペアの期待継続期間が異なる。c_1 が d_0 戦略を持った個体と出会うとペアは1期間だけ続き，そこで d をもらって別れる。（片方が退出を選べばペアは解消するからである。）しかし，c_1 戦略同士が出会うと，このペア内の長期利得は，二人ともが次期ま

ではゲームの最中の最適化は考慮しないので，特定化しなくても問題はない。

第 10 章 進化的安定性 (Evolutionary Stabilities)*

で生き残る確率 δ^2 でずっとペアが継続し，最初は d，その後は c を得るので

$$V(c_1, c_1) = d + \delta^2 c + \delta^4 c + \cdots = d + \delta^2 \frac{c}{1-\delta^2} \tag{10.4}$$

となる．またペアの期待継続期間は

$$1 + \delta^2 + \delta^4 + \cdots = \frac{1}{1-\delta^2}$$

である．このことから，社会の戦略分布が $(1-\epsilon)d_0 + \epsilon c_1$ であるときの c_1 の平均適応度を以下のように定義する．

$$v(c_1; (1-\epsilon)d_0 + \epsilon c_1) = \frac{(1-\epsilon)d + \epsilon(d + \delta^2 \frac{c}{1-\delta^2})}{(1-\epsilon) \cdot 1 + \epsilon \frac{1}{1-\delta^2}}.$$

分子は期待長期利得，分母は期待継続期間である．この書き方を踏襲すれば d_0 の平均適応度は

$$v(d_0; (1-\epsilon)d_0 + \epsilon c_1) = \frac{(1-\epsilon)d + \epsilon d}{(1-\epsilon) \cdot 1 + \epsilon \cdot 1} = d$$

で，整合的である．

ではこれらを使って，安定的な戦略分布の分析を行ってみよう．

命題 10.6.1. 任意の $\delta \in (0,1)$ について，社会全体が d_0 をしているという対称戦略分布は，自発的に退出可能な繰り返し囚人のジレンマゲームのナッシュ均衡である．即ち，任意の他の戦略 s[4] について

$$v(d_0; d_0) \geqq v(s; d_0)$$

である．

証明：任意の戦略 s を二つに分類し，出会った最初の期に C をするものとそうでないものに分ける．社会全体が d_0 をしているとき，後者の平均適応度は $v(s; d_0) = d$ であり，$v(d_0; d_0) = d$ を上回らない．前者は最初の期に $\ell < d$ を得て，ペアは解消するので，$v(s; d_0) < d$ である． □

---

4) ここでは純戦略のみ考える．

ナッシュ均衡の定義は，一個体だけが既存戦略でないというのがポイントである．したがって，上記の分析では $s \neq d_0$ は必ず d_0 とペアを組むことになるので，d_0 より高い平均適応度を持つことはない．これに対し，進化的安定性では，正の割合で他の戦略が侵入してくることを考えるので，変異体同士がペアを組むことが（非常に小さい割合ではあるが）ある．その場合，変異体同士のペアにおける適応度も重要になってくる．特に，このモデルでは，既存戦略とはすぐに別れてしまっても，変異体同士では長期的協力関係を築けるかもしれず，このことから，以下で見るように d_0 は中立的安定戦略 (NSS) ではない．

ある戦略 s^* が NSS であることを平均適応度を使って定義しておくと，任意の他の戦略 s について，ある実数 $\epsilon_s > 0$ が存在して，任意の $\epsilon \in (0, \epsilon_s)$ について

$$v(s^*; (1-\epsilon)s^* + \epsilon s) \geqq v(s; (1-\epsilon)s^* + \epsilon s)$$

が成立することである．

命題 10.6.2. 任意の $\delta \in (0,1)$ について，d_0 は自発的に退出可能な繰り返し囚人のジレンマゲームの *NSS* ではない．

この命題の証明は練習問題 10.7 とする．アイディアとしては，c_1 戦略をもった変異体が正の割合で侵入すると，彼らは既存戦略である d_0 と出会えば d_0 と同じ利得を得るし，彼ら同士で出会えばそれより高い平均利得を得るので，長期的には d_0 を駆逐できるのである．これは，チープトークによる差別化とも似ている．1 期目に継続に合意するかどうかで仲間を見分けているのである．

以上の分析から，このゲームにおいても，NSS はナッシュ均衡の厳密な部分集合となることがわかった．では，実際にどのような NSS が存在するかであるが，繰り返しゲームを可能にするモデルであるから，例えば δ が 1 に近ければフォーク定理の直観から NSS も多数あるだろうということは予想できる．詳しい分析はグレーヴァ＝奥野 (Fujiwara-Greve and Okuno-Fujiwara, 2009) に譲るとして，c_1 戦略を社会全員がしている分布が NSS になる場合があるということを簡単に説明する．c_1 戦略に対して高い利得を得られそうなのは，以下の戦略（2 期間信頼形成戦略，c_2 と書く）である．

第 10 章 進化的安定性 (Evolutionary Stabilities)*

戦略 c_2：出会った最初の期は囚人のジレンマでは D を行い，その期の行動の組み合わせが何であっても継続を選ぶ。第 2 期も D を行い，その期の行動の組み合わせが何であっても継続を選ぶ。第 3 期以降は，囚人のジレンマでは C を選び，(C,C) を観察したら継続，そうでなかったら退出を選ぶ。

この戦略を持つ変異体は，c_1 と出会えば 2 期目に大きな g をもらえ，自分たちで出会えば 3 期目以降はずっと c を得られるので，最も強力な変異体である（このことの証明はグレーヴァ＝奥野参照）。

そこで，$(1-\epsilon)$ の割合で c_1 戦略が，ϵ の割合で c_2 戦略がいる分布を考えて，c_1 戦略の平均適応度の方が高い場合があるかを調べてみよう。c_1 同士が出会った場合の長期利得は (10.4) より $V(c_1, c_1) = d + \frac{\delta^2 c}{1-\delta^2}$ であった。c_1 が c_2 戦略を持った変異体と出会うと，ペアはどちらかが死なない限り 2 期間続き，ペア内の長期利得は

$$V(c_1, c_2) = d + \delta^2 \ell$$

で，期待継続期間は $1 + \delta^2$ となる。逆に c_2 が c_1 とのペアから得られる長期利得は

$$V(c_2, c_1) = d + \delta^2 g$$

で，期待継続期間は $1 + \delta^2$ である。c_2 同士が出会ったときの長期利得は

$$V(c_2, c_2) = d + \delta^2 d + \delta^4 c + \delta^6 c + \cdots = d + \delta^2 d + \delta^4 \frac{c}{1-\delta^2}$$

で，期待継続期間は $1/(1-\delta^2)$ である。従って，c_1 戦略と c_2 戦略の平均適応度は，

$$v(c_1; (1-\epsilon)c_1 + \epsilon c_2) = \frac{(1-\epsilon)(d + \delta^2 \frac{c}{1-\delta^2}) + \epsilon(d + \delta^2 \ell)}{(1-\epsilon)\frac{1}{1-\delta^2} + \epsilon(1+\delta^2)}$$

$$v(c_2; (1-\epsilon)c_1 + \epsilon c_2) = \frac{(1-\epsilon)(d + \delta^2 g) + \epsilon(d + \delta^2 d + \delta^4 \frac{c}{1-\delta^2})}{(1-\epsilon)(1+\delta^2) + \epsilon \frac{1}{1-\delta^2}}$$

である。ここで ϵ が非常に小さければ，

$$\lim_{\epsilon \to 0} v(c_1; (1-\epsilon)c_1 + \epsilon c_2) = (1-\delta^2)d + \delta^2 c$$

10.6 自発的繰り返しゲームにおける進化的安定性 **

$$\lim_{\epsilon \to 0} v(c_2; (1-\epsilon)c_1 + \epsilon c_2) = \frac{1}{1+\delta^2}(d + \delta^2 g)$$

であり，例えば，このときの c_1 の平均適応度が厳密に c_2 のそれを上回っていれば，それぞれの平均適応度は ϵ の連続関数なので，$\epsilon = 0$ の近傍では大小が逆転せず，c_1 は NSS である．具体的には，

$$(1-\delta^2)d + \delta^2 c > \frac{1}{1+\delta^2}(d+\delta^2 g) \iff \delta > \sqrt{\frac{g-c}{c-d}}$$

となるので，$g+d < 2c$ かつ δ が十分に大きければ c_1 戦略だけから成る対称戦略分布は NSS である．

次に，出会った最初の 1 期目に因人のジレンマで協力的行動 C ができるかを考える．例えば，通常のトリガー戦略に似た，以下のような戦略を考える．

> 戦略 c_0：(出会った最初の期を含め) 因人のジレンマではいつも C
> を行い，その期の行動の組み合わせが (C,C) ならば継続を選び，
> そうでなかったら退出する．

この c_0 戦略はそれを社会全体で行うことはナッシュ均衡にすらならない．なぜなら，d_0 戦略への逸脱を考えると，社会全員が c_0 戦略であれば，新しい相手に出会うたびに，d_0 戦略の個体は段階ゲームにおいては最高の利得である g を得て，また次の相手にいけるので，$v(d_0; c_0) = g$ となり，もちろんこれは c_0 戦略の平均利得 $v(c_0; c_0) = c$ より大きいからである．これは，通常の繰り返しゲームと違って，このモデルでは自分だけで関係を解消でき，しかも次の相手には自分の過去がわからないからである．

しかし，c_0 戦略と (d_0 戦略に対して強い) c_1 戦略が両方存在していると，安定的に共存できることがある．これを説明し，c_1 のみから成る対称戦略の NSS と比較してみる．

社会の中の $\alpha \in [0,1]$ の割合の個体が c_0 戦略を持ち，残りの個体が c_1 戦略を持つという (非対称) 戦略分布を考えてみる．同じ戦略を持った個体同士が出会えば，ゲームを繰り返すことに合意できるが，異なる戦略を持った個体同士が出会えば，第 1 期に c_0 プレイヤーは C を，c_1 プレイヤーは D を行うので，すぐに c_0 プレイヤーが退出を選んで関係が終わってしまう．

戦略 c_0 の個体同士が出会うと，どちらかが死なない限り毎期 c をもらえるので，長期利得は

$$V(c_0, c_0) = c + \delta^2 c + \delta^4 c + \cdots = \frac{c}{1-\delta^2}$$

である。同様に，戦略 c_1 を持つプレイヤー同士が出会うと，長期利得は (10.4) より $V(c_1, c_1) = d + \frac{\delta^2 c}{1-\delta^2}$ であった。ここで，$V(c_0, c_0) > V(c_1, c_1)$ であることに注意する。ナッシュ均衡ですらない戦略のペアの方が利得は高いのである。（これは段階ゲームが囚人のジレンマであるからである。）

戦略 c_0 を持つプレイヤーが戦略 c_1 を持つプレイヤーと出会うと，前者は ℓ，後者は g を得た後，前者によってペアが解消されるので，長期利得はそれぞれ

$$V(c_0, c_1) = \ell$$
$$V(c_1, c_0) = g$$

となる。したがって $V(c_1, c_0) > V(c_0, c_1)$ は明らかであるが，δ が十分大きければ，長く継続することがよいので，$V(c_1, c_1) > V(c_1, c_0)$ と考えられる。

まとめると，c_0 戦略を持つプレイヤーの平均適応度は

$$v(c_0; \alpha c_0 + (1-\alpha)c_1) = \frac{\alpha V(c_0, c_0) + (1-\alpha)V(c_0, c_1)}{\alpha \frac{1}{1-\delta^2} + (1-\alpha)}$$

となる。同様に，

$$v(c_1; \alpha c_0 + (1-\alpha)c_1) = \frac{\alpha V(c_1, c_0) + (1-\alpha)V(c_1, c_1)}{\alpha + (1-\alpha)\frac{1}{1-\delta^2}}$$

が c_1 プレイヤーの平均適応度となる。

これらの式から，二つの戦略の平均適応度は，c_0 戦略の割合 α に関して非線形の関数になっていることは，簡単にわかるはずである。また，図 10.5 が示すように，c_0 の平均適応度が α の凹関数であるのに対し，c_1 の平均適応度は α の凸関数である。（この証明は練習問題 10.8 とする。）

平均適応度が非線形になる直観的理由は，他の戦略との出会いの確率が，長期的にみて戦略のシェアと一致しないからである。通常の進化ゲームは本質的にはランダム・マッチングゲームと同じなので，複数の戦略が社会にい

10.6 自発的繰り返しゲームにおける進化的安定性 **

図中のラベル:
- $v(c_0; \alpha c_0 + (1-\alpha)c_1)$ c_0 戦略の平均適応度
- c_1 戦略の平均適応度 $v(c_1; \alpha c_0 + (1-\alpha)c_1)$
- α
- c_0 プレイヤーの割合

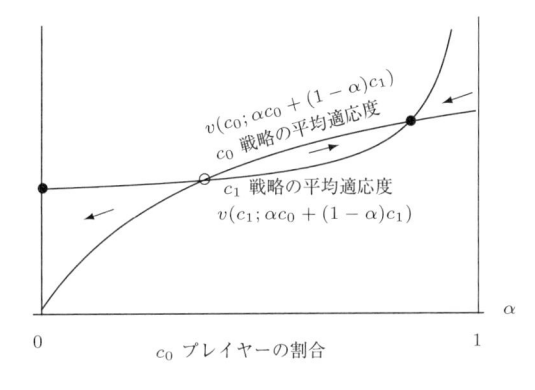

図 **10.5** 二つの戦略の平均適応度

たときは，1回限りのゲームを行った後，毎期他の戦略とそのシェアに応じた割合で出会うことになる．しかし，自発的に退出可能な繰り返しゲームで c_0, c_1 戦略のみの分布を考えると，同じ戦略同士のペアはほとんど解消されないので，異なった戦略とペアになったときだけ，次期にペアを解消してランダムに新たな戦略と出会うことになる．したがって，長期的な出会いの確率は戦略のシェアと一致せず，当初の戦略分布とそのプレイヤーが持っていた戦略に大きく依存する．

例えば $\alpha = 0$ に近い，ほとんど c_1 戦略だけからなる社会から出発すると，c_0 戦略を持つプレイヤーはほとんど c_1 戦略と出会ってしまい，しかもその場合またすぐにペアを解消するのでまた c_1 戦略と出会ってしまうことが多くなる．このため，c_1 戦略の優位性から c_0 プレイヤーの数が減るだけでなく，減り方が加速度的に大きくなる．

逆に，$\alpha = 1$ に近い，ほとんど c_0 戦略だけから成る社会から出発すると，c_0 戦略を持つプレイヤーはほとんど c_0 同士で出会えるので，あまり別れることがなく，c_1 戦略の方が優位であるから人数は減るものの，減り方はさほどでもない．

c_1 戦略を持つプレイヤーについては，$\alpha = 0$ に近いところから出発すると，同じ c_1 同士で会うことが多いので，c_0 と出会って「食いもの」にすることがあまりできない．したがって α が低いところでは適応度の変化はゆるやかである．しかし，$\alpha = 1$ に近いところから出発すると，ほとんど c_0 と出会える

ので非常に高い利得を得るうえに，獲物である c_0 が増えると適応度が加速度的に上がるのである。

凸関数と凹関数であるので，図 10.5 のように交点が二つあることがあり[5]，そのうち大きい方が安定である。図 10.5 では二つの中立的安定な戦略分布が黒丸で，不安定なナッシュ均衡が白丸で示してある。

$\alpha = 0$ では，c_1 戦略を社会全員がしているという対称戦略分布が安定である。$\alpha = 0.8$ あたりの黒丸は約 80% のプレイヤーが c_0 戦略を，約 20% のプレイヤーが c_1 戦略をしている非対称戦略分布も安定であることを示している。なぜなら，これより α が大きくなる，すなわち c_0 プレイヤーが増えると，その平均適応度は c_1 プレイヤーのそれより低くなるので，c_1 プレイヤーが増える方向になり，逆に α が小さくなると c_0 プレイヤーが増えることになるからである[6]。

しかも，平均適応度は α の増加関数であるから，c_1 戦略だけの対称均衡より，c_0 と c_1 が共存する非対称均衡の方が社会全員の平均適応度が高いこともわかる。これは，通常の 1 回限りのゲームをランダムな相手と行うというモデルでは起きなかったことである。(10.1 節参照。) c_1 戦略と c_0 戦略の関係は協調ゲームと似ている。同じ戦略同士だとうまく行き，異なる戦略が出会うとうまくいかないからである。ただし，10.1 節で見たように，協調ゲームをランダムマッチングゲームで行うならば，各純戦略の（平均）期待適応度は戦略の割合について線形で，増加あるいは減少関数であるから，混合戦略の均衡の期待適応度は，純戦略均衡の適応度より必ず低くなる。また，混合戦略すなわち複数の戦略の共存は安定的でなかった。

これに対し，本節のモデルでは，囚人のジレンマ的な要素もあるので，c_0 には，うまくすれば最初から長期的協力関係を築けるという有利さがあり，c_1 にも，c_0 と出会うと搾取できるし，1 期間待てばお互いでも長期的協力関係ができるという有利さがあり，これらの共存は他の戦略を寄せ付けない。また，c_0 が正の割合存在するので，最初から協力的利得を得る個体がおり，全

---

[5] 正確には，任意のパラメターの下ではなく，十分条件が必要となる。
[6] もちろん厳密には他の戦略への変異を考える。詳しくはグレーヴァ＝奥野論文を参照されたい。

員が c_1 である分布より効率的である．

このように，ランダムに出会った相手と行うゲームの長さが固定されているか，内生的であるかで戦略の安定性の構造はかなり異なってくるのである．

10.7 再生動学

進化的動学過程としてもっとも重要なモデルの一つ，**再生動学** (replicator dynamics) を紹介する．簡単化のため，Σ を有限個の純戦略の集合 $S = \{1, 2, \ldots, K\}$ 上の確率分布全体の集合（$K-1$ 次元単体）とし，各純戦略を持つ個体のシェアの分布（これは Σ 上の 1 点となる）が長期的にどう変化するかという動学過程を考える．時間は連続とし，一時点を t と書く．

時点 t において，戦略 $i \in S$ を持つ個体数を $p_i(t)$ とし，そのときの総人口を $p(t) = \sum_{i \in S} p_i(t)$ とする．ただし，各 t について $p(t) > 0$ であるものとする．総人口は変動することを許すので，動学過程の状態 (state) は，各時点 t における K 個の戦略のシェアの分布

$$\mathbf{x}(t) = (x_1(t), x_2(t), \ldots, x_K(t)) := \left(\frac{p_1(t)}{p(t)}, \frac{p_2(t)}{p(t)}, \ldots, \frac{p_K(t)}{p(t)} \right) \in \Sigma$$

とする．

社会状態（戦略のシェアの分布）$\mathbf{x}(t)$ の変化は，まず人口の変化の過程を仮定してから導出する．以下では，通常の動学の記述法に合わせ，$\dot{p}_i(t) = \frac{dp_i}{dt}$，$\dot{x}_i(t) = \frac{dx_i}{dt}$ のように，時間に関する変化率を「ドット」で表現する．

t 時点の社会状態を $\mathbf{x}(t)$ とすると，戦略 $i \in S$ を持つ個体数 $p_i(t)$ の変化率 $\dot{p}_i(t) = \frac{dp_i}{dt}$ は，$p_i(t)$ に比例し，かつ，外性的な要因による自然増加分 $\beta \geqq 0$ と自然減少分 $\delta \geqq 0$ を許し[7]，さらに，社会状態 $\mathbf{x}(t)$ に対する戦略 i の適応度 $u(i; \mathbf{x}(t))$ に比例して増えるとする．これを式に表すと，

$$\dot{p}_i(t) = [\beta + u(i; \mathbf{x}(t)) - \delta] p_i(t) \tag{10.5}$$

---

[7] この部分は無視してもよい．

となる。同様に，総人口の変化分は

$$\dot{p}(t) = [\beta + u(\mathbf{x}(t), \mathbf{x}(t)) - \delta]p(t) \tag{10.6}$$

という式で決まるとする。(ここで，$u(\mathbf{x}(t), \mathbf{x}(t)) = \sum_{i \in S} x_i(t) u(i; \mathbf{x}(t))$ である。これは社会全体の平均適応度である。)

定義により

$$p(t)x_i(t) = p_i(t)$$

であるから，両辺を t で微分して整理すると

$$p(t)\dot{x}_i(t) = \dot{p}_i(t) - \dot{p}(t)x_i(t)$$

となる。この右辺に (10.5) 式と (10.6) 式を代入すると (以下記述の簡略化のため t を省略する)，

$$\begin{aligned} p\dot{x}_i &= [\beta + u(i; \mathbf{x}) - \delta]p_i - [\beta + u(\mathbf{x}, \mathbf{x}) - \delta]px_i \\ &= [\beta + u(i; \mathbf{x}) - \delta]p_i - [\beta + u(\mathbf{x}, \mathbf{x}) - \delta]p_i \\ &= [u(i; \mathbf{x}) - u(\mathbf{x}, \mathbf{x})]p_i. \end{aligned}$$

この両辺を p で割ると，以下の**再生方程式** (replicator equation) が得られる。

$$\dot{x}_i = [u(i; \mathbf{x}) - u(\mathbf{x}, \mathbf{x})]x_i \tag{10.7}$$

この方程式の意味は，各戦略 i はそれが正の割合で存在し，しかも現在の社会状態 $\mathbf{x}$ に対して持っている適応度 $u(i; \mathbf{x})$ が，社会全体の平均適応度 $u(\mathbf{x}, \mathbf{x})$ を上回っているときだけ増加するということである。しかし，これは現在の社会の状態 $\mathbf{x}$ に依存するので，ある状態 $\mathbf{x}$ においては増加した戦略が，その結果たどり着いた別な状態 $\mathbf{y}$ において減少を始めるということはもちろんあり得る。

命題 10.7.1. 状態 $\mathbf{x}$ がナッシュ均衡であるとき，$\mathbf{x}$ は再生方程式の定常点 (任意の $i \in S$ について $\dot{x}_i = 0$) である。

この主張の証明は練習問題 10.9 とする。この他，再生動学のいくつかの重要な性質を挙げておく。

命題 10.7.2. 再生動学過程は適応度関数の正のアフィン変換について不変である。

証明：適応度関数が u から $\lambda u + \mu$ ($\lambda > 0$) に変化しても再生方程式は $\dot{x}_i = \lambda[u(i; \mathbf{x}) - u(\mathbf{x}, \mathbf{x})]x_i$ になるだけなので，微分方程式の解曲線は変わらない。（変化の速度は異なるが，時間の単位を変えれば速度も同じにできる。） □

有限個の戦略なので，社会の戦略のシェアの分布が $\mathbf{x}^T = (x_1, x_2, \ldots, x_K)$ であるときの戦略 i の適応度 $u(i; \mathbf{x})$ は，行列を使って表現すると

$$u(i; \mathbf{x}) = \mathbf{e}_i^T U \mathbf{x}$$

のように書ける[8]。ここで，$\mathbf{e}_i^T$ は第 i 座標が 1，他の座標が 0 の行ベクトルであり，U は $u(i, j)$ を第 ij 要素に持つ $K \times K$ の利得行列である。同様に

$$u(\mathbf{x}, \mathbf{x}) = \mathbf{x}^T U \mathbf{x}$$

と表現できるから，再生方程式は戦略のシェア x_i についての多項式

$$\dot{x}_i = [\mathbf{e}_i^T U \mathbf{x} - \mathbf{x}^T U \mathbf{x}]x_i$$

とも言える。多項式なので，ピカール＝リンデレーフ (Picard-Lindelöf) の定理により，各初期点について，再生方程式の解曲線は一意に決まる。また，初期点が単体内なので，解曲線はずっとその単体内に留まる。（これらの証明は省略する。）従って，安心して戦略のシェアの分布の動学過程として見ることができるのである。また，明らかに，単体の端点（即ち一つの純戦略にしか正のシェアがない状態）から出発すると，再生動学過程はそこで留まってしまうので，特に 2 戦略の場合は，内点から出発する過程にしか意味はない。

命題 10.7.3. generic な基準化された 2 人 2 戦略対称ゲーム（10.1 節の表 10.3）においては，ナッシュ均衡以外の任意の内点から出発すると再生動学過程は ESS に収束する。

---

[8] 以下，ベクトル $\mathbf{x}$ は列ベクトルと考え，$\mathbf{x}^T$ はその転置，すなわち行ベクトルとする。

証明：表 10.3 の 2×2 ゲームにおいて，利得行列は

$$U = \begin{pmatrix} a_1 & 0 \\ 0 & a_2 \end{pmatrix}$$

であり，したがって再生方程式は（$x_2 = 1 - x_1$ より）

$$\begin{aligned}
\dot{x}_1 &= [a_1 x_1 - (a_1 x_1^2 + a_2 x_2^2)] x_1 \\
&= [a_1 x_1 (1 - x_1) - a_2 x_2^2] x_1 \\
&= [a_1 x_1 - a_2 x_2] x_1 x_2
\end{aligned}$$

と $\dot{x}_2 = -\dot{x}_1$ となる。

ケース 1：$a_1 \times a_2 < 0$ の場合（囚人のジレンマ）

$a_i > 0 > a_j$ とすると戦略 i が支配戦略であり，厳密なナッシュ均衡の戦略であるからただ一つの ESS であった。このとき $a_i x_i - a_j x_j > 0$ となるので，$\dot{x}_i > 0$ かつ $\dot{x}_j < 0$ となる。したがって再生動学過程は支配戦略すなわち ESS の戦略 i だけの分布に収束する。

ケース 2：$a_1, a_2 > 0$ の場合（協調ゲーム）

戦略 1 の増加率は $a_1 x_1 = a_2 x_2$，すなわち $x_1 = a_2/(a_1 + a_2)$ である分布を境に異なり，$x_1(0) < \frac{a_2}{a_1+a_2}$ ならば $\dot{x}_1 < 0$，$x_1(0) > \frac{a_2}{a_1+a_2}$ ならば $\dot{x}_1 > 0$ である。ちょうど $x_1(0) = \frac{a_2}{a_1+a_2}$ だとこれはナッシュ均衡の状態であるので，そこからは動かない。従って，ナッシュ均衡以外の任意の内点から出発すると戦略 1 または 2 だけの分布に収束し，これらは ESS である。

ケース 3：$a_1, a_2 < 0$ の場合（タカ・ハトゲーム）

ケース 2 と似ているが，進む方向が逆で，$x_1(0) < \frac{a_2}{a_1+a_2}$ ならば $\dot{x}_1 > 0$，$x_1(0) > \frac{a_2}{a_1+a_2}$ ならば $\dot{x}_1 < 0$ である。従って，任意の内点から出発して，混合戦略のナッシュ均衡 $\frac{a_2}{a_1+a_2}$ に収束するが，これが唯一の ESS である。 □

しかし，3 戦略以上になると ESS が存在しない場合もあるのであるから，再生動学過程もきれいに収束するばかりではない。例えば ESS が存在しない変形じゃんけんゲーム（表 10.5）の各戦略の組み合わせの利得に 1 を足した，以下のような利得行列のゲーム（ウェイブル (Weibull, 1995) による）での動

10.7 再生動学

きを見てみよう。利得行列は

$$U = \begin{pmatrix} 1 & 2+a & 0 \\ 0 & 1 & 2+a \\ 2+a & 0 & 1 \end{pmatrix}$$

である。したがって，再生方程式は

$$\dot{x}_1 = [x_1 + (2+a)x_2 - \mathbf{x}^T U \mathbf{x}]x_1$$
$$\dot{x}_2 = [x_2 + (2+a)x_3 - \mathbf{x}^T U \mathbf{x}]x_2$$
$$\dot{x}_3 = [x_3 + (2+a)x_1 - \mathbf{x}^T U \mathbf{x}]x_3$$

となる。これでは直観的によくわからないので，3つの戦略のシェアの積 $x_1 x_2 x_3$（あるいは，その対数をとったもの）の動学過程を見るのが便利である。なぜなら，$f(\mathbf{x}) = \log(x_1 x_2 x_3) = \log x_1 + \log x_2 + \log x_3$ とすると

$$\begin{aligned} \dot{f}(\mathbf{x}) &= \dot{x}_1/x_1 + \dot{x}_2/x_2 + \dot{x}_3/x_3 \\ &= (x_1 + x_2 + x_3) + (2+a)(x_1 + x_2 + x_3) - 3\mathbf{x}^T U \mathbf{x} \\ &= 3 + a - 3\mathbf{x}^T U \mathbf{x} \end{aligned}$$

と簡単になるからである。さらに $\mathbf{x}^T U \mathbf{x}$ を簡単にする。

まず，$\|\mathbf{x}\|^2 = x_1^2 + x_2^2 + x_3^2$ より，

$$1 = (x_1 + x_2 + x_3)^2 = \|\mathbf{x}\|^2 + 2(x_1 x_2 + x_2 x_3 + x_1 x_3),$$

また，

$$\begin{aligned} \mathbf{x}^T U \mathbf{x} &= x_1^2 + (2+a)x_1 x_2 + x_2^2 + (2+a)x_2 x_3 + x_3^2 + (2+a)x_1 x_3 \\ &= 1 + a(x_1 x_2 + x_2 x_3 + x_1 x_3) \end{aligned}$$

であるから，これらを合わせて

$$\mathbf{x}^T U \mathbf{x} = 1 + \frac{a}{2}(1 - \|\mathbf{x}\|^2)$$

と簡単化できる。従って

$$\dot{f}(\mathbf{x}) = \frac{a}{2}(3\|\mathbf{x}\|^2 - 1)$$

である．単体上のベクトル $\mathbf{x}$ のノルムの二乗 $||\mathbf{x}||^2$ の最大値は 1（端点のとき）であり，最小値は 1/3（中心のとき）であるから $s^* = (\frac{1}{3}, \frac{1}{3}, \frac{1}{3})$ 以外の状態においては $3||\mathbf{x}||^2 - 1 > 0$ である．つまり，シェアの積の増加率は a の符号と一致することになる．

$a = 0$ の場合，$\dot{f}(\mathbf{x}) = 0$ となるから，各 t 時点において $x_1(t)x_2(t)x_3(t) = x_1(0)x_2(0)x_3(0)$ となるような閉曲線上をずっと回転していくことになる．すると，定常点であるナッシュ均衡 $s^* = (\frac{1}{3}, \frac{1}{3}, \frac{1}{3})$ の任意の近傍から出発しても，ある近傍が存在して，後者の中の任意の点から出発する列はもとの近傍内に留まっていると言える．この意味で，$a = 0$ のゲームにおいては $s^* = (\frac{1}{3}, \frac{1}{3}, \frac{1}{3})$ は安定である．（この安定性は**リアプーノフ安定性** (Liapunov stability) と言う．一般には，存在すべき近傍は必ずしも元の近傍でなくてもよい．）

$a > 0$ のときはシェアの積は増加していくので，解曲線は単体の内側へ（s^* の方へ）と向かっていく．この場合，定常点 $s^* = (\frac{1}{3}, \frac{1}{3}, \frac{1}{3})$ から少しずれても，また戻ってくる．これはリアプーノフ安定性よりさらに強い安定性である**漸近安定性** (asymptotic stability) を満たしている．逆に $a < 0$ のときはシェアの積が減少していくので，解曲線は単体の外側へと向かっていき，s^* から少しでも離れると二度と戻ってこないので不安定である．これは，NSS が存在しない場合と対応している．NSS による安定性を考えても，再生動学による安定性を考えても，s^* は不安定なのである．

例えば，$a = 0$ のときの一つの解曲線は図 10.6 のようになる．$\mathbf{x}^T U \mathbf{x} = 1$ なので，初期点が，例えば戦略 1 が多く $\mathbf{x}(0) = (0.6, 0.3, 0.1)$ であったとすると，

$$\begin{aligned}
\dot{x}_1 &= [x_1 + 2x_2 - 1]x_1 = 0.12 \\
\dot{x}_2 &= [x_2 + 2x_3 - 1]x_2 = -0.15 \\
\dot{x}_3 &= [x_3 + 2x_1 - 1]x_3 = 0.03
\end{aligned}$$

となり，戦略 3 が増加，戦略 2 が減少する方向へ向かう．同様に，戦略 3 が多くなると，今度は戦略 1 が減少する方向へ，戦略 2 が多くなると，戦略 3 が減少する．

再生動学過程のこの他の重要な性質としては，サムエルソン＝張 (Samuelson and Zang, 1992) により，厳密に支配される戦略の逐次消去で消される戦略

10.7 再生動学

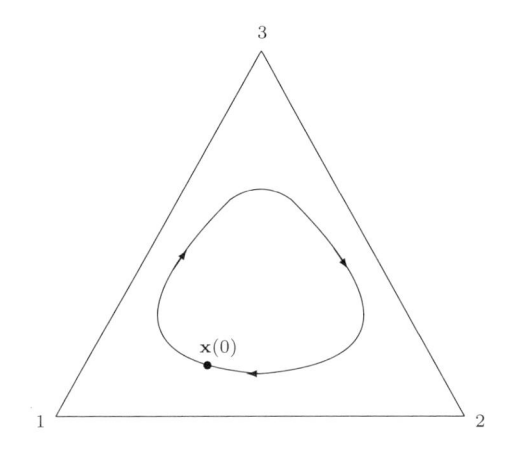

図10.6 $a=0$ のじゃんけんゲームの再生動学過程

は，任意の内点から始まる再生動学過程において，シェアが0に収束するということが証明されている．従って，（適応度で見て）「合理的でない」戦略はいずれ消え去ると解釈できる．ただし，弱く支配されている戦略については必ずしも消え去るとは言えない．

このように，進化的動学過程を考えると，戦略のシェアの分布全体の集合上のグローバルな動きを微分方程式の解曲線として分析できる．しかし，動学過程は再生動学以外にも最適反応動学 (best response dynamic)（9.3節参照）などいろいろあり，どの動学過程が（どんな意味で）よいのかなどはまだ確立されていないのが現状である．

練習問題

10.1 ESS の二つの定義が同値であることを証明しなさい。

10.2 基準化された 2×2 ゲーム（表 10.3）において a_1, a_2 がともに正であるとき，厳密な混合戦略による対称ナッシュ均衡の戦略が ESS でないことを証明しなさい。

10.3 単一人口において，2つの個体がランダムに出会い，以下の非対称ゲームを行うとする。各個体は役割に依存した行動をとるという戦略を持っているとする。どの個体も，役割 1 になる確率は 1/2 であるとする。

役割 1 \ 役割 2	L	D
L	0, 0	2, 1
D	1, 2	0, 0

(a) 各個体の純戦略を列記しなさい。

(b) 混合戦略の範囲ですべての ESS を求めなさい。

10.4 （ウェイブル）単一人口において2つの個体がランダムに出会い，以下のゲームをする。

P1 \ P2	Hawk	Dove
Hawk	$-1, -1$	4, 0
Dove	0, 4	2, 2

(a) このゲームにおける ESS は何か。

(b) 二つの戦略が同時に人口に侵入することができるとする。純戦略 Hawk と純戦略 Dove がそれぞれ $\frac{1}{2}\epsilon$ の（事後）割合で侵入したとする。すると，侵入後の分布は (a) で求めた ESS を x とすると $(1-\epsilon)x + \frac{1}{2}\epsilon \cdot H + \frac{1}{2}\epsilon \cdot D$ という形になる。このとき戦略 x は少なくとも一つの侵入戦略より低い適応度であることを証明しなさい。

10.5 10.3 節の 2 メッセージのチープトーク付きスタグハントゲームにおいて，任意のメッセージ $m \in \{a,b\}$ について戦略 $(m,(SS))$ が NSS であることを証明しなさい．

10.6 10.5 節のゼルテンの例において，$(R\ell, R)$ だけが（純戦略の範囲で）リミット進化的安定戦略であることを証明しなさい．

10.7 10.6 節の自発的に退出可能な繰り返し囚人のジレンマゲームにおいて，d_0 戦略が NSS でないことを証明しなさい．（ヒント：c_1 戦略が侵入できる．）

10.8 10.6 節の自発的に退出可能な繰り返し囚人のジレンマゲームにおいて，δ が十分大きいとき，c_0 の平均適応度

$$v(c_0, \alpha c_0 + (1-\alpha)c_1) = \frac{\alpha V(c_0, c_0) + (1-\alpha) V(c_0, c_1)}{\alpha \frac{1}{1-\delta^2} + (1-\alpha)}$$

は α の凹関数，c_1 の平均適応度

$$v(c_1, \alpha c_0 + (1-\alpha)c_1) = \frac{\alpha V(c_1, c_0) + (1-\alpha) V(c_1, c_1)}{\alpha + (1-\alpha) \frac{1}{1-\delta^2}}$$

は α の凸関数であることを証明しなさい．（ヒント：それぞれを α で微分して，$g > c > d > \ell$ を使用する．）

10.9 命題 10.7.1：状態 $\mathbf{x} \in \Sigma$ がナッシュ均衡であるとき，$\mathbf{x}$ は再生動学の定常点（$\dot{x}_i = 0$ for all $i \in S$）であることを証明しなさい．

付録 A

位相数学の基礎

本書では，非常に初歩的な位相数学しか用いないので，その範囲での解説を行う．まず，その準備として，論理的記述と，それを用いた証明方法に慣れることから始める．本書の目的は論理学や数学の解説ではないので，より厳密な議論については専門書を参照されたい．

A.1 論 理

論理的な分析をするためには，分析対象を定義し，その性質を定理，命題などの形で証明する．定義を行う際には，それがどのような条件（性質）のもとで定義されるのかを明記しなくてはならないし，その条件は誰にでもきちんと確認することができないとならない．（ただし，数学における公理のように，それ自体証明できないものも理論の一部としてあるが，本節ではこれ以上深入りしない．）

例えば，「やさしい人」というものは論理的な定義ではない．「やさしい」という条件を誰でも共通に確認することができないからである．これに対し，「身長 160cm 以上の人」は巻き尺さえあれば誰にでも確認できる条件によって定義されているので論理的な定義である．

ある定義を満たすものをすべて集めたものを集合という．たとえば，四角形の集合，平行四辺形の集合などがある．集合の要素（元）であるかどうかは，その集合を規定している定義を満たしているかどうかで明確にできる．三角形をとってきて，これが四角形の集合に入るかを調べることができるし，

ひし形をとってきてこれが四角形の集合に入るかも調べることができる．あるもの x がある集合 A の要素である（その集合 A に属する）とき，これを $x \in A$ と記述する．また，x が集合 A の要素でないとき，これを $x \notin A$ と記述する．

さらに集合の間に包含関係があるかどうかも明確に調べられる．二つの集合 A, B において $A \subseteq B$ である[1]とは，A の中の任意の（すべての）要素が，B の要素にもなっているということである．図 A.1 の 4 つの例でいうと，(i) の場合，$A \subseteq B$ であるが，その他の場合は $A \subseteq B$ ではない．

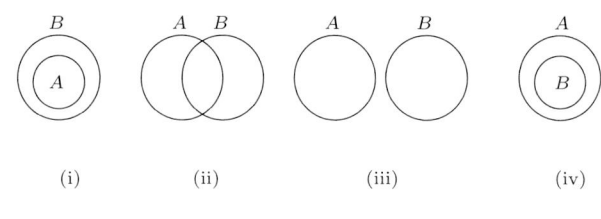

図 A.1　二つの集合の関係

平行四辺形の集合が四角形の集合に含まれることを証明してみよう．念のためにそれぞれの定義を書いておく．
定義:ある図形が四角形であるとは，その図形が 4 つの線分で囲まれていることである．

また図形を囲む線分を辺と呼ぶ．これを踏まえて平行四辺形を定義すると以下のようになる．
定義:ある図形が平行四辺形であるとは，その図形が 4 つの辺を持ち，さらに向かい合う 2 組の辺がそれぞれ平行であることである．
命題:平行四辺形の集合は四角形の集合に含まれる．
証明：任意の平行四辺形を考える．定義によりその図形は 4 つの線分に囲まれている．従って四角形である． □

---

[1] 本書では $A \subseteq B$ の表記において $A = B$ の場合を含む．

次に四角形の集合は平行四辺形の集合に含まれないことを証明してみよう。そのためには，集合が含まれるという定義を満たさないことを証明する。つまり「四角形の集合の中のすべての要素が平行四辺形の集合に入るわけではない」ということを証明する。これをさらに言い換えると，「四角形の集合の中に，ある要素が存在して，それは平行四辺形の集合に属さない」ということである。

このようにある性質のものが存在することを証明するには具体例を作れる場合，それを作るのがよい。例えば図 A.2 のような具体例がある。

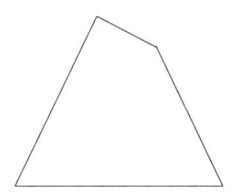

図 A.2　四角形の集合の要素であって平行四辺形の集合の要素でないもの

以上の記述を論理記号でまとめておく。集合 A が集合 B に含まれるとは，

$$\forall a \in A, a \in B$$

あるいは

$$a \in A \Rightarrow a \in B$$

と書く。ここで $\forall$ は「任意の」を表す論理記号，$\Rightarrow$ は「左（矢印の出発点）の条件を満たすならば必ず右（矢印の終点）の条件が成立する」という記号である。矢印の出発点の条件を「前件」，終点の条件を「後件」と呼ぶ。

すると，集合 A が集合 B に含まれないというのはこれらの否定であり，

$$\exists a \in A; \quad a \notin B$$

と書く。（セミコロンのところを英語で such that とすることもよく行われる。）セミコロン以下の性質を持ったセミコロン前のものが存在するという意

味である。ここで，∃は「存在する」を表す論理記号であり，任意記号と否定の関係にあるわけである。

ゲーム理論などの理論では，「任意の」なのか「存在」すればいいのかは非常に重要である。例えば，第 2 章で定義した，「厳密に支配される戦略」であるかどうかは，他のプレイヤーの「任意の」戦略の組み合わせについて条件を調べる必要がある。第 10 章の進化的安定性の定義では，ある（正の）ϵ が「存在」すればよい，ということになっている。

集合間の基本的演算を定義しておく。集合 A, B の共通部分 (intersection) とは $x \in A$ かつ $x \in B$ を満たす要素 x の集合である。図 A.1 の (i) と (ii) の場合には A と B の共通部分が存在するが，(iii) の場合は存在しない。集合 A, B の合併 (union) とは $x \in A$ または $x \in B$ を満たす要素 x の集合である。集合 A, B の直積 (product) とは

$$A \times B = \{x = (a,b) \mid a \in A, \ b \in B\}$$

という集合である。（カンマは「かつ」を表す。）

定義 A.1.1. 有限集合 A の分割 (partition) とは，A の部分集合の集まり $P = (A_1, A_2, \ldots, A_K)$ で，各要素間に共通部分がなく，すべての合併をとるとちょうど A と一致するものである。つまり，任意の $k = 1, 2, \ldots, K$ について $A_k \subseteq A$，任意の $k \neq k'$ について $A_k \cap A_{k'} = \emptyset$，かつ $\cup_{k=1}^{K} A_k = A$ という性質を満たすものである。

A.2 位 相

本書ではすべて有限次元ユークリッド空間（実数空間）の位相を扱う。従って以下の記述はすべてその範囲での記述である。さらに深い知識を得るには専門書を参照されたい。

実数の集合を $\Re$ と書き，非負の実数の集合は $\Re_+$，正の実数の集合は $\Re_{++}$ とする。n 次元ユークリッド空間は $\Re$ の n 個の直積であり，$\Re^n$ と書く。

付録 A

定義 A.2.1. （実数空間における距離）$\Re^n$ 上の 2 点 $x = (x_1, x_2, \ldots, x_n)$, $y = (y_1, y_2, \ldots, y_n)$ 間の距離を $|x - y|$ と書き

$$|x - y| = \sqrt{\sum_{i=1}^{n}(x_i - y_i)^2}$$

と定義する。

（正確には，距離の 3 公準を満たす関数なら何でもよいが，直観的にわかりやすい上記の定義を使用する。）

定義 A.2.2. 中心 $x \in \Re^n$, 半径 $r \in \Re_{++}$ の開球 (open ball) を $B_r(x)$ と書き,

$$B_r(x) = \{y \in \Re^n \mid |x - y| < r\}$$

と定義する。

定義 A.2.3. 集合 $X \subset \Re^n$ が開集合 (open set) であるとは，X の任意の要素 x について半径 $r \in \Re_{++}$ が存在し，$B_r(x) \subset X$ とできることである。

定義 A.2.4. 集合 $X \subset \Re^n$ に含まれる最大の開集合を X の内部 (interior) と呼び，$int X$ と書く。

定義 A.2.5. 集合 $F \subset \Re^n$ が閉集合 (closed set) であるとは，その補集合

$$F^c = \{x \in \Re^n \mid x \notin F\}$$

が開集合であることである。

定義 A.2.6. 集合 $X \subset \Re^n$ が有界 (bounded) であるとは，原点の周りに（十分大きな）$r \in \Re_{++}$ の半径の開球が存在して

$$X \subset B_r(0)$$

とできることである。

定義 A.2.7. 集合 $X \subset \Re^n$ がコンパクト集合 (compact set) であるとは，X が有界な閉集合であることである。

定義 A.2.8. 集合 $X \subset \Re^n$ 上の点列 (sequence) とは，自然数 N から X への写像である．

点列は $\{x_k\}_{k=1}^{\infty}$ のように書き，X 上の点列の場合，任意の $k = 1, 2, \ldots$ について $x_k \in X$ である．

また，集合 $X \subset \Re^n$ 上の点列 $\{x_k\}_{k=1}^{\infty}$ をもたらす写像を $\pi : N \to X$ と書くとき，自然数から自然数への増加関数 $\psi : N \to N$ で変換した $\pi \circ \psi : N \to X$ による列は（もとの列をとびとびに拾って行くものとなり）$\{x_k\}_{k=1}^{\infty}$ の部分列 (subsequence) と呼ぶ．

定義 A.2.9. $\{x_k\}_{k=1}^{\infty}$ を $\Re^n$ 上の点列としたとき，$x \in \Re^n$ について，x を含む任意の開集合 U について，ある（十分大きな）$k_0 \in N$ が存在し，

$$x_k \in U \quad \forall k \geqq k_0$$

とできるとき，点列 $\{x_k\}_{k=1}^{\infty}$ は x に収束する (converge) と言う．このとき x は点列の極限 (limit) と呼ぶ．

命題 A.2.1. 集合 $F \subset \Re^n$ が閉集合であることの必要十分条件は，F 上の任意の点列 $\{x_k\}_{k=1}^{\infty}$ について，$\{x_k\}_{k=1}^{\infty}$ が x に収束するならば $x \in F$ となることである．

命題 A.2.2. $X \subset \Re^n$ がコンパクト集合であることの必要十分条件は，X 上の任意の点列 $\{x_k\}_{k=1}^{\infty}$ に収束する部分列が存在することである．

定義 A.2.10. $X \subset \Re^n$，$Y \subset \Re^m$ について，関数 $f : X \to Y$ が $x \in X$ において連続 (continuous at x) であるとは，x に収束する任意の X の点列 $\{x_k\}_{k=1}^{\infty}$ について，Y の点列 $\{f(x_k)\}_{k=1}^{\infty}$ が $f(x)$ に収束することである．

同じことを，任意の $\epsilon > 0$ について $\delta > 0$ が存在して，

$$|x_k - x| < \delta \Rightarrow |f(x_k) - f(x)| < \epsilon$$

とできる，とも表現できる．

定義 A.2.11. $X \subset \Re^n$，$Y \subset \Re^m$ について，関数 $f : X \to Y$ が X 上で連続 (continuous) であるとは，任意の $x \in X$ において連続であることである．

命題 A.2.3. $X \subset \Re^n$ について,関数 $f : X \to \Re$ と $g : X \to \Re$ は X 上で連続であるとする。このとき以下の関数は X 上で連続である。

(a) $|f(x)|$

(b) $af(x)$ (ここで $a \in \Re$)

(c) $f(x) + g(x)$

(d) $f(x)g(x)$

(e) $1/f(x)$ (ただし $f(x) \neq 0$)

(f) $\max\{f(x), g(x)\}$

(g) $\min\{f(x), g(x)\}$

命題 A.2.4. (Bolzano-Weierstrass の定理) $X \subset \Re^n$ をコンパクト集合,$f : X \to \Re$ を連続とすると,f は X 上で最大値と最小値を持つ。

定義 A.2.12. $X \subset \Re^n$ が凸集合 (convex set) であるとは,任意の $x, y \in X$ と任意の $\alpha \in [0,1]$ について

$$\alpha x + (1-\alpha)y \in X$$

が成立することである。

命題 A.2.5. $X, Y \subset \Re^n$ を凸集合とすると $X \times Y$ も凸集合である。

次に,1点の値を与える関数ではなく,集合を値とする対応 (correspondence) についての定義を与える。

定義 A.2.13. $X \subset \Re^n$,$Y \subset \Re^m$ について,対応 $F : X \to\to Y$ が $x_0 \in X$ において優半連続 (upper hemi-continuous) であるとは,値の集合 $F(x_0)$ を含む任意の開集合 $V \subset \Re^m$ について,x_0 を含む開集合 $U \subset \Re^n$ が存在し,

$$F(x) \subset V \quad \forall x \in U$$

とできることである。

また，対応 $F: X \to\to Y$ が優半連続 (upper hemi-continuous) であるとは，任意の $x_0 \in X$ において優半連続であることである．

定義 A.2.14. $X \subset \Re^n$, $Y \subset \Re^m$ について，対応 $F: X \to\to Y$ がコンパクト値（凸値，非空値）であるとは，任意の $x \in X$ について $F(x)$ がコンパクト（凸，非空）集合であることである．

定義 A.2.15. $X \subset \Re^n$, $Y \subset \Re^m$ について，対応 $F: X \to\to Y$ のグラフ (graph) とは，
$$gr(F) = \{(x,y) \in X \times Y \mid y \in F(x)\}$$
という集合である．

命題 A.2.6. コンパクト集合 Y を値域に持つ，コンパクト値の対応 $F: X \to\to Y$ が優半連続であることの必要十分条件は $gr(G)$ が閉集合であることである．

命題 A.2.7. (角谷の不動点定理) $X \subset \Re^n$ を非空，コンパクト，凸集合とする．対応 $F: X \to\to X$ が 非空値，凸値，閉値，優半連続であるとき，$x^* \in F(x^*)$ となる $x^* \in X$ が存在する．

付録 B
動的計画法

ここでは，非常に簡略に本文の理解に必要な動的計画法についてだけ解説する。用語も特に日本語訳をしなかった。きちんと勉強したい読者は動的計画法についての専門書（例えばロス (Ross, 1995) など）を読むことを勧める。

B.1 無限期間動的計画法

一人の意思決定者が，以下のように行動 $a_1, a_2, \ldots$ を選んで無限期間の報酬の割引和

$$u(a_1; s_1) + \delta u(a_2; s_2) + \delta^2 u(a_3; s_3) + \cdots = \sum_{t=1}^{\infty} \delta^{t-1} u(a_t; s_t)$$

を最大にするという問題を考える。

1. 初期状態 s_1 が決まる。行動 $a_1 \in A(s_1)$ を選ぶと報酬 $u(a_1; s_1)$ を得る

2. 状態 s_2 が決まる。行動 $a_2 \in A(s_2)$ を選ぶと報酬 $u(a_2; s_2)$ を得る。

3. 状態 s_3 が決まる。行動 $a_3 \in A(s_3)$ を選ぶと報酬 $u(a_3; s_3)$ を得る。

　　$\ldots$

一般には，状態の変化は意思決定者の過去の行動すべてと過去の状態全てに依存する。また，意思決定者は各期の状態によって行動を変えることができるので，一人ゲームの展開形の戦略を決めると考えることができる。x を戦略とし，第 1 期の行動は条件つきでないので x_1 と書くことにする。各期の状

態と行動は以下のように決まっていくと考える。(状態の変化は仮定。行動は純戦略を用いるとこうなる、ということ。簡単化のため、行動の集合 $A_t(s_t)$ はすべて有限集合と仮定する。)

$$s_2 = s_2(x_1, s_1), \quad a_2 = a_2(x, s_2(x_1, s_1))$$
$$s_3 = s_3(x_1, a_2, s_1, s_2(x_1, s_1)), \quad a_3 = a_3(x, s_3(x_1, a_2, s_1, s_2)$$
$$\cdots \quad \cdots$$

簡略化して書くと

$$s_t = s_t(x, s_1), \quad a_t = a_t(x, s_1)$$

とすることができる。

定義 B.1.1. 報酬の割引和を Value function といい、初期状態 s_1 の下で、戦略 x を選んだとき、以下のように定義する。

$$V(s_1, x) = \sum_{t=1}^{\infty} \delta^{t-1} u(a_t(x, s_1); s_t(x, s_1))$$

戦略 x を選んで Value function を最大にしたものを Optimal value function といい、

$$f(s_1) = \sup_x V(s_1, x)$$

と書く[1]。

B.2 ベルマン方程式 (Bellman Equation)

命題 B.2.1. *Optimal value function f* は以下の式 *(Bellman Equation)* を満たす。

$$f(s_1) = \max_{a_1 \in A(s_1)} \Big[u(a_1, s_1) + \delta f(s_2(a_1, s_1)) \Big].$$

---

1) 戦略が無限個あるので、max が存在するとは限らないが、最小上界 (sup) は存在する。ある集合 X について、その最小上界 $sup X$ とは、「全ての $x \in X$ について $y \geq x$」となる y の中で最小のもの。

証明：まず左辺 $\leqq$ 右辺を示す。

任意の戦略 x について，定義より Value function は以下の式を満たす。

$$V(s_1, x) = u(x_1, s_1) + \delta V(s_2(x_1, s_1), x).$$

$V(s_2(x_1, s_1), x) \leqq \sup_a V(s_2(x_1, s_1), a) =: f(s_2(x_1, s_1))$ であるから

$$\begin{aligned} V(s_1, x) &\leqq u(x_1, s_1) + \delta f(s_2(x_1, s_1)) \\ &\leqq \max_{a_1 \in A(s_1)} [u(a_1, s_1) + \delta f(s_2(a_1, s_1))]. \end{aligned}$$

x は任意だったから，

$$sup_x V(s_1, x) = f(s_1) \leqq \max_{a_1 \in A(s_1)} [u(a_1, s_1) + \delta f(s_2(a_1, s_1))].$$

次に，左辺 $\geqq$ 右辺を証明する。

a_1^* として，今日の報酬と，明日からは最適になっているとしての報酬の和を最大にする（以下の式を満たす）ものをとる。

$$u(a_1^*, s_1) + \delta f(s_2(a_1^*, s_1)) = \max_{a_1 \in A(s_1)} [u(a_1, s_1) + \delta f(s_2(a_1, s_1))].$$

sup の定義より，任意の状態 s と任意の（小さい）$\epsilon > 0$ について，戦略 $a'(s)$ が存在して $V(s, a'(s)) \geqq f(s) - \epsilon$ とすることができる。

戦略 a として，1期目は a_1^* を，2期目以降は $a'(\cdot)$ に従うものを考えると

$$\begin{aligned} V(s_1, a) &= u(a_1^*, s_1) + \delta V(s_2(a_1^*, s_1), a') \\ f(s_1) \geqq V(s_1, a) &\geqq u(a_1^*, s_1) + \delta f(s_2(a_1^*, s_1)) - \delta \epsilon. \end{aligned}$$

a_1^* の定義より

$$f(s_1) \geqq \max_{a_1 \in A(s_1)} [u(a_1, s_1) + \delta f(s_2(a_1, s_1))] - \delta \epsilon.$$

$\epsilon \to 0$ としても，等号付きの不等式は成立するので

$$\begin{aligned} f(s_1) &\geqq \lim_{\epsilon \to 0} \Big[\max_{a_1 \in A(s_1)} [u(a_1, s_1) + \delta f(s_2(a_1, s_1))] - \delta \epsilon \Big] \\ f(s_1) &\geqq \max_{a_1 \in A(s_1)} \Big[u(a_1, s_1) + \delta f(s_2(a_1, s_1)) \Big]. \end{aligned}$$

$\square$

次に命題 5.5.1 ("One-step deviation principle") を導出する。

定義 B.2.1. ある戦略 x からの **1 ステップ逸脱戦略** (one-step deviation strategy) とはある期 $t = 1, 2, \ldots$ とそれまでのある歴史の後で、t 期だけ x が指定するものと異なる行動を行い、$t+1$ 期からはまた x に従う戦略である。

もし、任意の初期状態 s_1、任意の期 $t = 1, 2, \ldots$ とそれまでの任意の歴史について、戦略 x からのどんな 1 ステップ逸脱戦略の割引総利得も x の割引総利得より高くないならば、x は **1 ステップ改善不可能** (unimprovable in one step) であると言う。

補助定理 B.2.1. 任意の初期状態 s_1 を固定する。ある戦略 x が 1 ステップ改善不可能であるならば、任意の有限回のステップだけ x から逸脱してその後 x に戻るどんな戦略と比べても x の割引総利得は低くない。

証明：x は 1 ステップ改善不可能であるから、第 1 期において

$$V(s_1, x) = \max_{a_1} \Big[u(a_1; s_1) + \delta V(s_2(a_1, s_1), x(a_1, s_1)) \Big]$$

が成立する。ここで、$x(a_1, s_1)$ は継続戦略と呼ばれ、$s_2(a_1, s_1)$ を初期状態とみなし、戦略 x が歴史 $h_1 = (a_1, s_1)$ に対して指定する行動 $x(a_1, s_1)$ を初期行動としてあとは x と同じことをする戦略である。

歴史 $h_1 = (a_1, s_1)$ の後も戦略 x は 1 ステップ改善不可能であるから、

$$V(s_2(h_1), x(h_1)) = \max_{a_2} \Big\{ u(a_2; s_2(h_1)) + \delta V\big(s_3(a_2, s_2(h_1)), x(a_2, s_2(h_1))\big) \Big\}$$

が成立する。これらを合わせると

$$\begin{aligned} V(s_1, x) &= \max_{a_1} \Big[u(a_1; s_1) + \delta \cdot \max_{a_2} \Big\{ u(a_2; s_2(h_1)) \\ &\qquad + \delta V\big(s_3(a_2, s_2(h_1)), x(a_2, s_2(h_1))\big) \Big\} \Big] \\ &= \max_{a_1, a_2} \Big[u(a_1; s_1) + \delta u(a_2; s_2(a_1, s_1)) \\ &\qquad + \delta^2 V\big(s_3(a_2, s_2(a_1, s_1)), x(a_2, s_2(a_1, s_1))\big) \Big] \end{aligned}$$

となり、x は 2 ステップ逸脱した戦略より割引総利得は低くない。これを繰り返せばよい。□

命題 B.2.2. 任意の初期状態 s_1 を固定する。ある戦略 x が 1 ステップ改善不可能であるならば、x は $f(s_1)$ を達成する最適戦略である。

証明：背理法の仮定として、x は 1 ステップ改善不可能なのに最適でないとする。すると他の戦略 y と $\epsilon > 0$ が存在して

$$V(s_1, x) + 2\epsilon \leqq V(s_1, y)$$

となる。V は割引和なので、十分大きい T について、y と最初の T 期間は同じ行動計画をする任意の戦略 z について、$V(s_1, y)$ と $V(s_1, z)$ はほとんど同じにできる。すなわち、

$$V(s_1, y) - \epsilon \leqq V(s_1, z)$$

となる。特に z として T 期以降は x と同じ行動計画を持つ戦略にしてもよい。2 つの不等式を合わせると、

$$V(s_1, x) + \epsilon \leqq V(s_1, z)$$

となるが、z は T 期間しか x と違う行動をしないから、これは補助定理 B.2.1 より x が任意の有限回のステップで改善不可能であることに矛盾する。 □

練習問題解答

第 2 章

2.1 (a) 行列表現は以下のようになる。

A \ B	E	N
E	1, 1	3, 0
N	0, 3	1, 1

(b) 行列表現は以下のようになる。

A \ B	E	N
E	-1.5, -1.5	0.5, 0
N	0, 0.5	1, 1

(c) 行列表現は以下のようになる。(単位 1000 円)

P1 \ P2	98	95
98	8, 8	0, 10
95	10, 0	5, 5

2.3 消し方その 1：プレイヤー 1 の up は down に弱く支配されているので，それを消去する。するとプレイヤー 2 の left は center と right に厳密に支配されるのでそれを消去する。残ったのは

1 \ 2	center	right
middle	2, 2	2, 2
down	2, 2	2, 2

であるがこれ以上は消去できない。

消し方その 2：プレイヤー 1 の up と middle を，両方とも down に弱く支配されていることから消す。その後，プレイヤー 2 の left も center と right に厳密に支配されるので消去すると残ったのは

1 \ 2	center	right
down	2, 2	2, 2

となる．他にも消し方はあるが，プレイヤー 2 の left を消す前にプレイヤー 1 の up と middle を消すのがポイント．つまり消去の順番によって残る「均衡」の集合が異なってしまう．

2.5 (a) P1 は自己の利得のみの以下のような表に直面していると思えばよい．

表 1-0			
P1 \ P2	a	b	c
A	4	5	−2
B	3	4	1
C	2	1	−1
D	5	2	0

従って，C はしない．同様に P2 は自己の利得だけの表

表 2-0			
P1 \ P2	a	b	c
A	1	2	1
B	3	4	2
C	5	1	6
D	0	4	5

に直面しているが，これからはどの戦略もおとすことはできない．（列を比較することに注意．）ゆえに，$\{A,B,D\} \times \{a,b,c\}$ が残る．

(b) K_0 と P1 の利得関数を P2 が知っているということは，P1 が表 1-0 に直面していることを P2 は知っている．ゆえに P1 が C をしないことが P2 にわかる．従って P2 は以下の表を考えればよい．

表 2-1			
P1 \ P2	a	b	c
A	1	2	1
B	3	4	2
D	0	4	5

すると a は b に厳密に支配されているので，P2 は a をしなくなる．しかし，P1 は K_0 と P2 の利得関数を知っていても，P2 が表 2-0 に直面していることしかわからない．つまり，P2 が a をしないとは予想できない．従って，P1 は C 以外の戦略はまだ消去できないので，$\{A,B,D\} \times \{b,c\}$ が残る．

(c) P1 はここでやっと P2 が表 2-1 で考えることを知る。すると a はありえないので，P1 は以下の表で考えればよい。

表 1-2		
P1 \ P2	b	c
A	5	-2
B	4	1
D	2	0

従って P1 は D をしなくなる。しかし，P2 は K_2 を使っても，(b) で見たように P1 が C をしないことまでしか予想できないのでそれ以上自分の戦略はけずれない。従って，$\{A, B\} \times \{b, c\}$ が残る。

(d) (A, b)

第 3 章

3.1 明らかに，$BR_i(\sigma_{-i}) \subseteq \overline{BR}_i(\sigma_{-i})$ であるから，逆の包含関係を証明すればよい。$\overline{BR}_i(\sigma_{-i})$ から任意の要素 σ_i を取ってくる。$\overline{BR}_i(\sigma_{-i})$ の定義と期待利得の定義より，任意の $x \in S_i$ について

$$Eu_i(\sigma_i, \sigma_{-i}) \geqq Eu_i(x, \sigma_{-i}) = \sum_{s_{-i} \in S_{-i}} \sigma_{-i}(s_{-i}) u_i(x, s_{-i}) \tag{3.1}$$

である。ただし，

$$\sigma_{-i}(s_{-i}) := \sigma_1(s_1) \times \cdots \times \sigma_{i-1}(s_{i-1}) \times \sigma_{i+1}(s_{i+1}) \times \cdots \times \sigma_n(s_n)$$

である。

任意の $\tilde{\sigma}_i \in \Delta(S_i)$ をとる。これは S_i 上の確率分布であるから，$x \in S_i$ に $\tilde{\sigma}_i$ が与える確率を $\tilde{\sigma}_i(x)$ と書ける。(3.1) の両辺に $\tilde{\sigma}_i(x)$ をかけると

$$\tilde{\sigma}_i(x) Eu_i(\sigma_i, \sigma_{-i}) \geqq \sum_{s_{-i} \in S_{-i}} \tilde{\sigma}_i(x) \sigma_{-i}(s_{-i}) u_i(x, s_{-i}), \quad \forall x \in S_i$$

となり，この両辺を $x \in S_i$ について足し合わせると，$\sum_{x \in S_i} \tilde{\sigma}_i(x) = 1$ より

$$\sum_{x \in S_i} \tilde{\sigma}_i(x) Eu_i(\sigma_i, \sigma_{-i}) \geqq \sum_{x \in S_i} \sum_{s_{-i} \in S_{-i}} \tilde{\sigma}_i(x) \sigma_{-i}(s_{-i}) u_i(x, s_{-i})$$

$$\iff Eu_i(\sigma_i, \sigma_{-i}) \geqq \sum_{(x, s_{-i}) \in S} \tilde{\sigma}_i(x) \sigma_{-i}(s_{-i}) u_i(x, s_{-i}) = Eu_i(\tilde{\sigma}_i, \sigma_{-i})$$

となる。 □

3.3 (a) P2 が L をとる確率を q とすると，P1 の純戦略の期待利得は

$$Eu_1(U,q) = 3(1-q)$$
$$Eu_1(M,q) = 5q$$
$$Eu_1(D,q) = 1$$

これらを図示すると，P2 がどんな混合戦略をしても，戦略 D は最適反応にはならないということがわかる．したがって，混合戦略のナッシュ均衡を探すには，U と M を混合する戦略のみを考えればよい．P1 の最適反応は

$$BR_1(q) = \begin{cases} \{U\} & \text{if } q < \frac{3}{8} \\ \Delta\{U,M\} & \text{if } q = \frac{3}{8} \\ \{M\} & \text{if } q > \frac{3}{8} \end{cases}$$

P1 が U をとる確率を p，M をとる確率を $1-p$ として最適反応を考えると，

$$BR_2(p) = \begin{cases} \{L\} & \text{if } p < \frac{1}{2} \\ \Delta\{L,R\} & \text{if } p = \frac{1}{2} \\ \{R\} & \text{if } p > \frac{1}{2} \end{cases}$$

したがって，純戦略の均衡 (U,R),(M,L) と，混合戦略の均衡 $((\frac{1}{2},\frac{1}{2},0),(\frac{3}{8},\frac{5}{8}))$ がある．

(b) こんどの期待利得は

$$Eu_1(U,q) = 3(1-q)$$
$$Eu_1(M,q) = 5q$$
$$Eu_1(D,q) = 2$$

となり，P1 の最適反応は

$$BR_1(q) = \begin{cases} \{U\} & \text{if } q < \frac{1}{3} \\ \Delta\{U,D\} & \text{if } q = \frac{1}{3} \\ \{D\} & \text{if } \frac{1}{3} < q < \frac{2}{5} \\ \Delta\{D,M\} & \text{if } q = \frac{2}{5} \\ \{M\} & \text{if } q > \frac{2}{5} \end{cases}$$

となる．すると，P1 が均衡において混合戦略をするとすると，U,D を混合する場合と D,M を混合する場合が考えられる．（3つをすべて正の確率でとることはどんな q に対しても最適反応ではない．）ところで，M と D だけを混合した場合，P2 の最適反応は純戦略の L であり，それに対する P1 の最適反応は混合戦略ではない．したがって，U,D を混合するケース

だけを考える．P1 が U をとる確率を p，D をとる確率を $1-p$ とすると，P2 の最適反応は

$$BR_2(p) = \begin{cases} \{L\} & \text{if } p < \frac{1}{3} \\ \Delta\{L,R\} & \text{if } p = \frac{1}{3} \\ \{R\} & \text{if } p > \frac{1}{3} \end{cases}$$

したがって，P1 が $(\frac{1}{3}, 0, \frac{2}{3})$ という混合戦略をとれば，P2 の最適反応として，$(\frac{1}{3}, \frac{2}{3})$ が存在するので，これはナッシュ均衡となる．純戦略のナッシュ均衡 (U,R),(M,L) はひきつづき存在するので，この 3 つですべてである．

(c) まず P1 は U と M をうまく混合すると，P2 の戦略にかかわらず必ず 1 より高い利得を得ることができるので戦略 D は厳密に支配されている．従ってナッシュ均衡には入らない．また，明らかにどの純戦略の組み合わせもナッシュ均衡ではない．P1 が p の確率で U を，$1-p$ の確率で M をするとき，P2 の最適反応は

$$BR_2(p) = \begin{cases} \{R\} & \text{if } p < \frac{4}{5} \\ \Delta\{L,R\} & \text{if } p = \frac{4}{5} \\ \{L\} & \text{if } p > \frac{4}{5} \end{cases}$$

である．P2 が q の確率で L を，$1-q$ の確率で R をするとき，P1 の最適反応は

$$BR_1(q) = \begin{cases} \{U\} & \text{if } q < \frac{3}{8} \\ \Delta\{U,M\} & \text{if } p = \frac{3}{8} \\ \{M\} & \text{if } q > \frac{3}{8} \end{cases}$$

となるので，このゲームにはただ一つのナッシュ均衡が存在して，それは $((\frac{4}{5}, \frac{1}{5}, 0), (\frac{3}{8}, \frac{5}{8}))$ である．

(d) 行列表現は以下のようになる．

1 \ 2	進軍	退却
進軍	$-1000, -1000$	$100, -10$
退却	$-10, 100$	$0, 0$

したがって，純戦略のナッシュ均衡は（進軍，退却）と（退却，進軍）の二つである．（厳密な）混合戦略のナッシュ均衡はただ一つあり，$(\frac{100}{1090}, \frac{990}{1090})$（ただし第 1 項が進軍の確率）を両将軍ともとるというものである．つまりこのゲームはチキンゲームあるいはタカ・ハトゲーム (Hawk-Dove game) である．

3.5 (a) 全員が例えばゴルフを選んでいるとする．このとき，各プレイヤーは誰とペアになっても利得 2 を得るから期待利得は 2 である．他人の戦略を所与

練習問題解答

として，自分だけワインに変えると誰と出会っても利得が 0 になってしまうから変更することはない。同様にして全員がワインを選んでいるのもナッシュ均衡である。

(b) このような形の戦略の組み合わせは 6 通りあるが，誰がゴルフを選んでいるかは重要でない。ただ，一人だけゴルフにしているプレイヤーを考える。他人の戦略は全員ワインであるから期待利得は 1 である。自分だけワインに変えると誰と出会っても利得が 3 になるので期待利得が 3 になる。ゆえにゴルフの人は他人の戦略の組み合わせに対して最適反応をしていないので，このような形のナッシュ均衡はない。

(c) このときゴルフを選んでいる人が最適反応でないことを示す。ゴルフを選んでいる人の期待利得は $\frac{1}{5} \times 2 + \frac{4}{5} \times 1 = \frac{6}{5}$ である。なぜなら，他の 5 人のうちゴルフを選んでいるもう一人と出会う確率が $\frac{1}{5}$ でそのときの利得が 2，ワインを選んでいる人と会う確率が $\frac{4}{5}$ でそのときの利得が 1 だからである。この人がワインに変えると，期待利得は $\frac{1}{5} \times 0 + \frac{4}{5} \times 3 = \frac{12}{5}$ になるから，ゴルフは最適反応ではない。ゆえにこのような形のナッシュ均衡はない。（ちなみに，ワインを選んでいる人は最適反応である。）

(d) 全ての人が最適反応をしていない。例えばゴルフを選んでいる人の期待利得は $\frac{2}{5} \times 2 + \frac{3}{5} \times 1 = \frac{7}{5}$ であるが，ワインに変えると $\frac{2}{5} \times 0 + \frac{3}{5} \times 3 = \frac{9}{5}$ に利得を上げることができる。ワインを選んでいる人の期待利得は $\frac{3}{5} \times 0 + \frac{2}{5} \times 3 = \frac{6}{5}$ であるが，ゴルフに変えると $\frac{3}{5} \times 2 + \frac{2}{5} \times 1 = \frac{8}{5}$ に利得を上げることができる。ゆえにこのような形のナッシュ均衡はない。

3.7 (a) Π_B を b について微分して，

$$300 - c - 90 - 2b = 0$$

となる b が最適反応である。ゆえに $b^* = (210 - c)/2$。

(b) 同様にして $c^* = (210 - b)/2$ が最適反応である。両者の最適反応の式を連立して解くと，$b = 70$，$c = 70$ 頭がナッシュ均衡の放牧数の組み合わせである。

(c) $\Pi = \Pi_B(b,c) + \Pi_C(b,c)$ を最大にする。

$$\Pi(x) = (300 - x)x - 90x$$

となるから x について最大化すると

$$300 - 90 - 2x = 0$$

を解いて，効率的な総放牧数は B，C 合わせて $x = 105$ 頭である。

(d) (b) で求めたナッシュ均衡における総放牧数は 140 頭であり，これは効率的な総放牧数より多い．

3.9 この解答はもちろん一つではない．例えば，

P1 \ P2	a	b
A	3, 3	0, 0
B	0, 0	0, 0

3.11 2人ゲームなので，安心して，厳密に支配された戦略の逐次消去をすればよい．P1 の戦略 D は U と M をうまく混合したものに厳密に支配されるので D を除くことができる．しかし他には誰のどの戦略も厳密には支配されないので，合理化可能戦略の組の集合は $\Delta(\{U, M\}) \times \Delta(\{L, R\})$ である．

第 4 章

4.1 先手のプレイヤー E を行プレイヤー，後手のプレイヤー M を列プレイヤーとして行列表現を書くと以下のようになる．それぞれただ一つの意思決定点（かつ情報集合）を持つので，行動がそのまま戦略である．

E \ M	H	L
Enter	30, 50	−10, 10
Out	0, 100	0, 100

純戦略によるナッシュ均衡は二つあり，(Enter,H) と (Out,L) である．混合戦略のナッシュ均衡を考える．E が Enter と Out をともに正の確率で行うとすると，M にとって H が唯一の最適反応である．しかしそのとき E にとって Enter と Out は同じ利得を与えないので，そのような混合戦略のナッシュ均衡は存在しない．M が H と L を混合することは可能で，E が純戦略 Out を取っていれば，M にとって両者は同じ利得を与える．このとき，E にとって Out が最適反応になるのは M が $(q, 1-q)$ の確率で H と L をそれぞれ混合したとすると $q \leqq \frac{1}{4}$ のときである．したがって $(\text{Out}, (q, 1-q))$ for any $q \leqq \frac{1}{4}$ という多数（無数）の混合戦略によるナッシュ均衡がある．

4.3 (a) 樹形図は以下のようになる．利得は第 1 座標が買い手 (B)，第 2 座標が売り手 (S) のものとする．

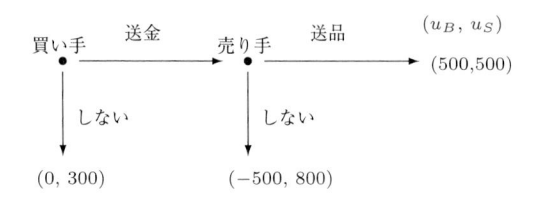

```
          送金           送品
買い手 ●─────── 売り手 ●─────────→ (u_B, u_S)
  │                │                (500, 500)
  │ しない         │ しない
  ↓                ↓
(0, 300)       (−500, 800)
```

練習問題解答　　　　331

後ろ向きに解くと，売り手は送品せず，それを読んで買い手は送金しない。従ってただ一つの解があり，買い手の戦略，売り手の戦略の順に書くと，(送金しない，送品しない) である。

(b) 今度は以下のような樹形図になる。(利得に注意。)

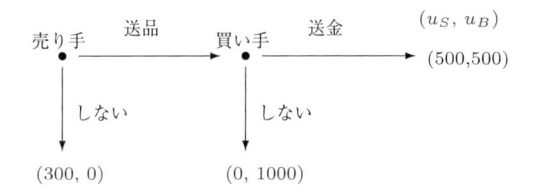

売り手 →送品→ 買い手 →送金→ (u_S, u_B) (500,500)
　↓しない　　　↓しない
　(300, 0)　　(0, 1000)

やはり，ただ一つの後ろ向きの帰納法の解があって，売り手の戦略，買い手の戦略の順に書くと (送品しない，送金しない) である。

(c) 樹形図は以下のようになる。(利得の単位は 100 円とする。)

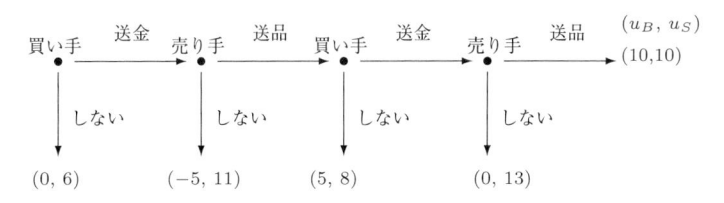

買い手 →送金→ 売り手 →送品→ 買い手 →送金→ 売り手 →送品→ (u_B, u_S) (10,10)
　↓しない　　　↓しない　　　↓しない　　　↓しない
　(0, 6)　　(−5, 11)　　(5, 8)　　(0, 13)

ただ一つの後ろ向きの帰納法による解があり，買い手の戦略 (最初の意思決定点，2 番目の意思決定点)，売り手の戦略 (最初の意思決定点，2 番目の意思決定点) と書くと，((送金しない，送金しない)，(送品しない，送品しない)) である。

(d) 　i (a) の樹形図のうち，(送金，送品しない) のプレイの後の利得が以下のようになる。

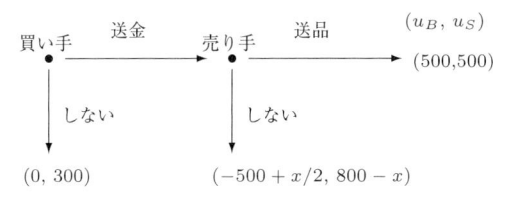

買い手 →送金→ 売り手 →送品→ (u_B, u_S) (500,500)
　↓しない　　　↓しない
　(0, 300)　　(−500 + x/2, 800 − x)

　ii 売り手にとって「送品」がただ一つの最適な行動となるには，$500 > 800 − x$，すなわち $x > 300$ とすればよい。このとき，買い手は送金すれば送品してもらえて 500 が利得となるので，x が何であろうとも送金の方が送金しないより利得が高い。従って条件は $x > 300$ だけである。

第 5 章

5.1 (a) 行列表現は以下のようになるので，純戦略のナッシュ均衡は $(1,2)$, $(2,1)$, $(3,0)$, $(0,3)$, $(3,3)$ の 5 つ。(これはナッシュの Demand game と呼ばれるものの離散形である。)

兄 \ 弟	0	1	2	3
0	0, 0	0, 1	0, 2	<u>0</u>, <u>3</u>
1	1, 0	1, 1	<u>1</u>, <u>2</u>	<u>0</u>, 0
2	2, 0	<u>2</u>, <u>1</u>	0, 0	<u>0</u>, 0
3	<u>3</u>, <u>0</u>	0, <u>0</u>	0, <u>0</u>	<u>0</u>, <u>0</u>

(b) 樹形図は以下のようになる。太い矢印が，それぞれの部分ゲームの弟（プレイヤー 2）の最適反応である。

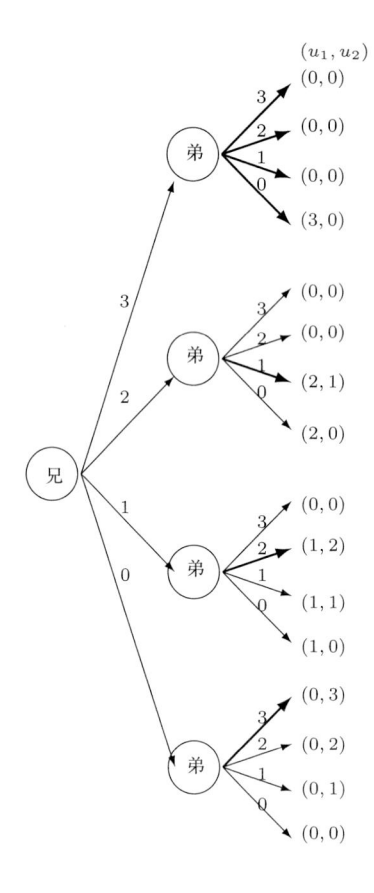

兄が3と言ったときに、弟の最適反応がたくさんあるので、純戦略に限っても部分ゲーム完全均衡は多数ある。戦略の記述法を、(兄の戦略, (兄が3と言った後の弟の行動, 兄が2と言った後の弟の行動, 兄が1と言った後の弟の行動, 兄が0と言った後の弟の行動)) とすると、$(3,(0,1,2,3))$, $(2,(1,1,2,3))$, $(2,(2,1,2,3))$, $(2,(3,1,2,3))$ である。

5.3 (a) 後ろ向きの帰納法が使える。部分ゲームとしてプレイヤー3の左の情報集合から始まるものにおいては最適行動はF、右の情報集合から始まるものにおいては最適行動はE'である。これらを踏まえて、プレイヤー2の手番から始まる部分ゲームにおいては2の最適戦略はD、最後に1の手番から始まる全体のゲームにおいて1の最適戦略はAである。従って部分ゲーム完全均衡はただ一つあり、$(A, D, (F, E'))$ という戦略の組み合わせである。

(b) このゲームには厳密な部分ゲームはないので、実質上ナッシュ均衡を求めることになる。3人ゲームの行列表現を書くと以下のようになる。

1\2	C	D
A	0, 0, 0	0, 0, 0
B	0, 0, 1	1, 1, 1

1\2	C	D
A	3, 2, 2	3, 2, 2
B	4, 4, 0	1, 1, 1

3：表 E   表 F

ゆえに、(B,D,E) と (A,D,F) がナッシュ均衡（かつ部分ゲーム完全均衡）である。

5.5 段階ゲームのナッシュ均衡で利得が異なる (A,A)(C,C) があるので、二回目は (A,A) を「罰」として使用し、(C,C) を「ご褒美」とするような戦略を考えればよい。特に、一回目に P1 が B を出すとすると、P2 は C をしたくなり、逆に P2 が B をするとき、P1 は A をしたくなるので、1回目に (B,C) か (A,B) が起こったら「罰」を与えるような形にしないとプレイヤーたちは1回目に B をしなくなる。このような構造の戦略は多数ある。(一回目の行動, (2回目の行動計画)) という順にして、2回目の行動計画は左から (A,A),(A,B),(A,C),(B,A),(B,B),(B,C),(C,A),(C,B),(C,C) の後の行動とすると

(B, (∗, A, ∗, ∗, C, A, ∗, ∗, ∗))

という形の戦略なら ∗ のところは (A,A)(C,C) のどちらでもよい。（解答としては、このような形の戦略の組を一つ答えればよい。例えば、「1回目は B をし、2回目は、(B,B) の後だったら C を、そうでなかったら A をする」という純戦略が答えられれば十分である。) 2回目の部分ゲームはすべてナッシュ均衡になっているので、全体でナッシュ均衡になっているかを調べよう。プレイヤー2が上記の戦略をしているとして、プレイヤー1の最適反応を考える。動的計画法より、1回目の行動を選んで2回の利得の和が最大になっているものを探せばよい。一

回目に A をすると，利得の和は $6+2=8$，一回目に B をすると $5+4=9$，一回目に C をすると $2+2=4$ または $2+4=6$ であるから，B をするのが最適であることがわかる．

5.7 (a) プレイヤー1にとって，U と M は D に厳密に支配されているので，ナッシュ均衡は D を使用するものだけである．そうするとプレイヤー2は L と R が同じ利得にはならないので，混合戦略のナッシュ均衡は存在せず，ただ一つのナッシュ均衡は (D,L) である．

(b) i. プレイヤー1を考える．$\max_{x \in \{U,M,D\}} u_1(x,L) = 2$, $\max_{x \in \{U,M,D\}} u_1(x,R) = 4$ であるからプレイヤー2が L をとったときが最小で，$v_1 = 2$．同様にして $v_2 = 2$．

ii. プレイヤー1は支配戦略 D を持っているので，混合戦略の範囲まで拡大しても同じで $\underline{v}_1 = 2$ である．しかしプレイヤー2についてはそうではない．まずプレイヤー1が D をしてしまうと最小でも 4 を与えてしまうので，それを除外して，プレイヤー1がうまく U と M を混合すると 2 よりプレイヤー2の利得を下げることができる．プレイヤー1が p の確率で U を $(1-p)$ の確率で M をするとすると，プレイヤー2の最大利得は $\max\{3p, 2(1-p)\}$ である．これは $3p$ が p の増加関数，$2(1-p)$ が減少関数なので，ちょうど $3p = 2(1-p)$ つまり $p = \frac{2}{5}$ のとき最小値 $\frac{6}{5}$ を取る．これが $\underline{v}_2$ である．

(c) 以下の図の 5 角形のふちと内部．

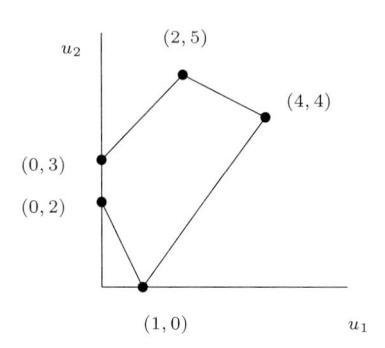

5.9 (a) 樹形図は以下のようになる．P は無限個の戦略を持っているので，ここでは直線でつなげてある．（本文のように弧にしても，もちろんよい．）利得は第1座標が P の利得である．

練習問題解答

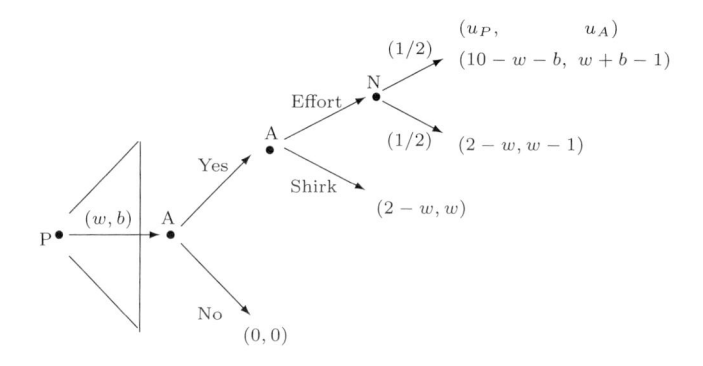

(ゲームツリー図)
- P → (w,b) → A
  - Yes → A
    - Effort → N
      - (1/2) → $(10-w-b,\ w+b-1)$ — $(u_P,\ u_A)$
      - (1/2) → $(2-w,\ w-1)$
    - Shirk → $(2-w,\ w)$
  - No → $(0,0)$

(b) i. 努力することが，さぼることよりよいのは $w+\frac{1}{2}b-1 \geq w \iff b \geq 2$ のとき，またそのときのみである。

　ii. 今後努力する場合，Yes が No よりよいのは $w+\frac{1}{2}b-1 \geq 0$ のときである。

　iii. 今後さぼる場合，Yes が No よりよいのは $w \geq 0$ のときである。

　iv. 場合分けする。努力させようとしたら，$b \geq 2$ かつ $w+\frac{1}{2}b-1 \geq 0$ を満たす契約 (w,b) を提示する必要がある。この中で，P の利得を最大にするのは，$b=2$ かつ $w=0$ というものである。このときの P の期待利得は $\frac{1}{2}(10-2)+\frac{1}{2}2=5$ である。さぼってもいいとすると，$w=0$ かつ $b<2$ となる任意の契約を提示すればよい。このときの P の利得は最大で 2 である。従って，$(w,b)=(0,2)$ が最適契約である。

5.11 このゲームでは (fight, fight) が続く歴史の後の部分ゲームが全て同じ形になっている。従って第 1 期だけ分析すればよい。毎期 p の確率であきらめるという行動戦略を両者がとっているとする。これがただ一つの p について部分ゲーム完全均衡になることを示す。

相手が上記の行動戦略をとっているとき，fight を選ぶと $pv+(1-p)(-1+\delta W)$ という形の割引総利得が得られる。ここで W は二人とも上記の行動戦略をとっていて，ゲームが続いたときの継続利得である。相手が上記の行動戦略をとっているとき，stop を選んだときの割引総利得は 0 である。あるプレイヤーが上記の行動戦略をとるのは，fight と stop が同じ期待総利得を与えるとき，即ち $W=0$ かつ

$$pv+(1-p)(-1+\delta \cdot 0)=0$$

のときである。これを解いて $p=1/(1+v)$ であればよい。　□

第6章

6.1 (a) good のときの同時ゲームでは，Not は Buy に支配されているので，(Buy, Buy) のみがナッシュ均衡である。

bad のときは，純戦略のナッシュ均衡が二つあり，(Buy, Buy) と (Not, Not) である。ここから，混合戦略のナッシュ均衡もありそうなことがわかる。プレイヤー2が Buy をする確率を q として，プレイヤー1の最適反応を求めると以下のようになる。

$$BR_1(q) = \begin{cases} \{Buy\} & \text{if } q > \frac{5}{6} \\ \Delta\{Buy, Not\} & \text{if } q = \frac{5}{6} \\ \{Not\} & \text{if } q < \frac{5}{6} \end{cases}$$

プレイヤー2についてもまったく同じ計算ができるので，混合戦略のナッシュ均衡は，第1座標を Buy の確率とすると $((\frac{5}{6}, \frac{1}{6}), (\frac{5}{6}, \frac{1}{6}))$ である。

(b) プレイヤー1の戦略は good のときと bad のときそれぞれの行動の組み合わせである。(good のときの行動, bad のときの行動) と書くとすると，$(B, B), (B, N), (N, B), (N, N)$ の4つある。プレイヤー2は情報を知らないので Nature の選択に依存せず，Buy または Not を選ぶのが戦略である。期待利得を計算すると以下のようなベイジアン標準形の行列表現が書ける。

P1 \ P2	Buy	Not
(B,B)	3.7, 3.7	-2, 0
(B,N)	3, -0.5	1.5, 0
(N,B)	0.7, 2.2	-3.5, 0
(N,N)	0, -2	0, 0

(c) (b) より，純戦略によるベイジアン・ナッシュ均衡は二つあって，((B,B),B) と ((B,N),N) である。

6.3 (a) 期待利得を考えればよい。買うときの期待利得は $0.5 \times 1 + 0.5 \times (-2) = -0.5 < 0$ であるから，最適戦略は買わない (Not)。

(b) 果物屋の戦略は (Ripe のとき, Unripe のとき) と行動の組み合わせで書くと，行列表現は以下のようになる。(最適反応に下線が引いてある。)

C \ S	(S,S')	(S,N')	(N,S')	(N,N')
Buy	-0.5, <u>2</u>	<u>0.5</u>, 1	-1, 1.5	<u>0</u>, 0.5
Not	<u>0</u>, <u>0.5</u>	0, <u>0.5</u>	<u>0</u>, <u>0.5</u>	<u>0</u>, <u>0.5</u>

(c) (b) の下線より，純戦略によるベイジアン・ナッシュ均衡は (Not, (S,S'))，(Not, (N,S'))，(Not, (N,N')) の3つ。いずれにせよ買わないことに注意。

6.5 (a) 先生の純戦略はタイプに依存した行動の組み合わせで，(前，前)，(前，後)，(後，前)，(後，後) の4つである．(左がタイプ F のときの行動とする．)

(b) 期待利得を使って標準形を作る．

先生 \ 学生	前	後
(前，前)	1.2, 3	0, −1
(前，後)	2.4, 0.6	1.2, 1.4
(後，前)	0, 1.4	1.2, 0.6
(後，後)	1.2, −1	2.4, 3

ゆえに純戦略のベイジアン・ナッシュ均衡はただ一つ存在して，それは，先生が（後，後），学生が「後」をするものである．(このゲームはフィクションであるから，安心しないように．)

第7章

7.1 (a) $q = 0, r = 1$

(b) 学生が Not(Not') を選んでいたら，$q = 0$ より Hire の利得は 0 であり，Not の利得は 1 であるから，Not がよい．学生が Education (Education') を選んでいたら，$r = 1$ より Hire' の利得は 2 であり，Not' の利得は 0 であるから，Hire' がよい．

(c) タイプごとに，他の行動に変えても利得が上がらないことを示せばよい．High タイプのとき，Not に変えると学生の利得は 1 であるが，Education のときの利得は 1.5 であるから，利得は上がらない．Low タイプのとき，Education' に変えると学生の利得は 0 であるが，Not' のときは 1 であるから利得はやはり上がらない．ゆえに，(b) で求めたリクルーターの戦略を所与とすると「High タイプのときには Education を選び，Low タイプのときは Not' を選ぶ」が最適である．

7.3 (a) 乙姫が一括戦略をしているので $q = 0.6$ のままである．箱を開ける戦略の期待利得は $(0.6)(-5) + (0.4)10 = 1$ で，開けないときの利得 0 より大きいので開けるべきである．

(b) (a) の議論から，乙姫が一括戦略で (Give, Give') をしているとき，浦島は箱を開ける．すると乙姫の利得は 5 である．もし，どちらかのタイプの乙姫が Not Give にすると利得は 0 に下がってしまうので，乙姫も最適反応をしている．ゆえに

$$((Give, Give'), Open, q = 0.6)$$

は完全ベイジアン均衡である．

7.5 (a) 二人とも知らないので，それぞれ純戦略は A,B しかない。利得を期待値で求めると以下のようなベイジアンゲームの行列表現が書ける。

P1 \ P2	A	B
A	2, 2	2, 0
B	0, 2	2, 2

(b) 2 が A をする確率を q とすると，1 の純戦略の期待利得は $Eu_1(A,q) = 2$，$Eu_1(B,q) = (1-q)2$ となる。従って，最適反応は

$$BR_1(q) = \begin{cases} \{A\} & \text{if } q > 0 \\ \Delta\{A,B\} & \text{if } q = 0 \end{cases}$$

同様にして 1 が A をする確率を p とすると

$$BR_2(p) = \begin{cases} \{A\} & \text{if } p > 0 \\ \Delta\{A,B\} & \text{if } p = 0 \end{cases}$$

従って，ナッシュ均衡は混合戦略をすべて含めても，(A,A) と (B,B) しかない。

(c) 以下のような樹形図になる。タイプは上下逆でもよい。

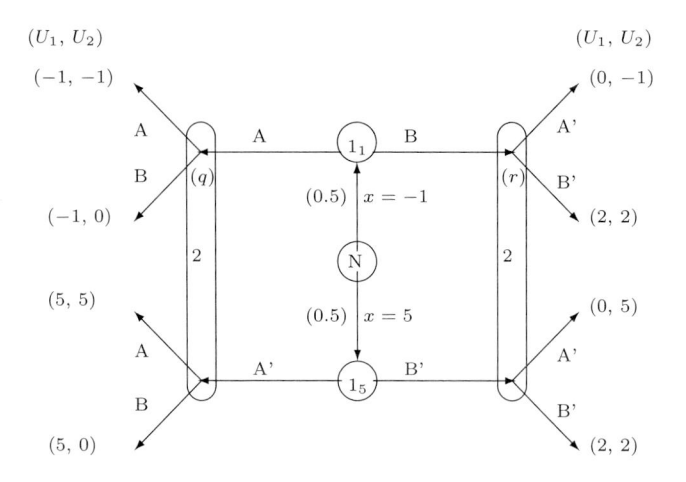

(d) P1 の一括戦略は (A,A') か (B,B') である。(A,A') を考えると，$x = -1$ を知っているタイプは，左の情報集合で P2 がどんな行動をしようとも -1 の利得を得るが，B に変えれば，最低でも 0 がもらえるので，このような一括戦略は均衡にならない。

同様に (B,B') を考えると, $x = 5$ を知っているタイプは,右の情報集合で P2 がどんな行動をしようとも,A' を選んだ方が利得が増えるので,このような一括戦略は均衡にならない.

したがって,このゲームに一括均衡は存在しない.

第 8 章

8.1 定義 8.2.1. $\Rightarrow$ 定義 8.2.3

定義 8.2.1 の定義による摂動完全均衡を σ とする.すると厳密な混合戦略の列 $\{\sigma^{(k)}\}$ が存在して,$\lim \sigma^{(k)} = \sigma$ かつ各 $k = 1, 2, \ldots$ について σ_i は $\sigma_{-i}^{(k)}$ に対する最適反応である.ゆえに,各 $k = 1, 2, \ldots$,各 $i = 1, 2, \ldots, n$,各 $s_i \notin BR_i(\sigma_{-i}^{(k)})$ について $\lim_{k \to \infty} \sigma_i^{(k)}(s_i) = \sigma_i(s_i) = 0$ となる.そこで,例えば,各 $k = 1, 2, \ldots$ について

$$\epsilon(k) := 1.1 \times \max_{i=1,\ldots,n} \max_{s_i \notin BR_i(\sigma_{-i}^{(k)})} \sigma_i^{(k)}(s_i) > 0$$

とする.すると $k \to \infty$ につれて $\epsilon(k) \to 0$ であり,かつ,任意の s_i について

$$s_i \notin BR_i(\sigma_{-i}^{(k)}) \Rightarrow \sigma_i^{(k)}(s_i) < \epsilon(k)$$

となる.

定義 8.2.3 $\Rightarrow$ 定義 8.2.1

ある正数列 $\{\epsilon(k)\}_{k=1}^{\infty}$ で 0 に収束するものについて,$\epsilon(k)$-完全均衡の列 $\{\sigma^{\epsilon(k)}\}$ を作り,その収束先を σ^* とする.この部分列 $k' = 1, 2, \ldots$ が存在して,任意の k' と任意の $i = 1, 2, \ldots, n$ について σ_i^* が $\sigma_{-i}^{\epsilon(k')}$ に対する最適反応であることを示せばよい.それには,σ_i^* が正の確率をつける戦略である任意の $s_i \in supp(\sigma_i^*)$ について s_i が $\sigma_{-i}^{\epsilon(k')}$ に対する最適反応であればよい.

収束先で正の確率がついているのであるから,$\lim_{k \to \infty} \sigma_i^{\epsilon(k)}(s_i) > 0$ である.そこで,$\delta := \frac{1}{2} \min_{i=1,2,\ldots,n} \min_{s_i \in supp(\sigma_i^*)} \sigma_i^*(s_i) > 0$ を考える.すると十分大きい K が存在して,任意の $k' \geqq K$ について $\sigma_i^{\epsilon(k')}(s_i) > \delta > \epsilon(k')$ とできる.従って定義 8.2.3 より s_i は $\sigma_{-i}^{\epsilon(k')}$ に対する最適反応であり,K から先だけをとった列について定義 8.2.1 が満たされる. □

8.3 純戦略によるナッシュ均衡は (A,A),(B,B),(C,C) の 3 つあるが,(B,B) だけが摂動完全均衡である.

8.5 (a) 最適反応の利得に下線を付けると以下のようになる.

1\2	X	Y
x	<u>1</u>, <u>1</u>, <u>2</u>	<u>1</u>, 0, <u>2</u>
y	<u>1</u>, <u>1</u>, <u>2</u>	0, 0, <u>2</u>

3：表 L

1\2	X	Y
x	<u>1</u>, <u>2</u>, 0	0, 0, 0
y	0, <u>2</u>, 0	<u>1</u>, 0, 1

表 R

ゆえに (y, X, L) はナッシュ均衡である。

また，プレイヤー 1 の戦略 y は，他のプレイヤーが (Y, R) を選ぶとき x より高い利得を与えるので弱く支配されていない。プレイヤー 2 の戦略 X はあきらかに Y を厳密に支配している。プレイヤー 3 の戦略 L も R を厳密に支配している。

(b) L に収束するプレイヤー 3 の厳密な混合戦略の列を考え，プレイヤー 2 は厳密な混合戦略をしているとすると，x の期待利得は y の期待利得を上回る。

8.7 Game 1 について：(A, D_2) が逐次均衡であることを示す。それには，プレイヤー 2 の下の意思決定点に 1/2 以上の条件付き確率を付けるような混合戦略の列を作ればよい。例えば，十分小さい $\epsilon > 0$ について $\sigma_1(A) = 1 - 3\epsilon^k$，$\sigma_1(U_1) = \epsilon^k$ かつ $\sigma_1(D_1) = 2\epsilon^k$ という列を作る。プレイヤー 2 については $\sigma_2(U_2) = \epsilon^k$ かつ $\sigma_2(D_2) = 1 - \epsilon^k$ としておく。すると各 $k = 1, 2, \ldots$ についてプレイヤー 2 の信念は上にいる確率を 1/3 にするので，最適戦略は D_2 である。D_2 に高い確率がつくので，プレイヤー 1 の最適戦略は A となる。

Game 2 について：このゲームには厳密な部分ゲームが存在する。プレイヤー 1 は二つ目の情報集合において U_1 が D_1 を厳密に支配するので，任意の逐次均衡において，U_1 はかなり高い確率で行われる列を作らなくてはならない。それに対するプレイヤー 2 の最適反応は U_2 であるから，プレイヤー 1 の最初の情報集合での最適行動は NA となる。ゆえに A はどんな逐次均衡でもプレイされない。

8.9 まず Fight の確率を計算する。$p_n < b^{n-1}$ より，それは

$$p_n + (1 - p_n)\frac{(1 - b^{n-1})p_n}{(1 - p_n)b^{n-1}} = \frac{p_n}{b^{n-1}}$$

である。Accommodate の確率は $1 - \frac{p_n}{b^{n-1}}$ となる。これが $1 - b$ より小さいということは $\frac{p_n}{b^{n-1}} > b$ で，これは $p_n > b^n$ から成立する。 □

第 9 章

9.1 (1)：(s_1^*, s_2^*) を 1-ドミナントな戦略の組み合わせとする。すると定義より，$u_i(s_i^*, s_j^*) > u_i(s_i, s_j^*)$ $\forall s_i \in S_i$ であるから，これは (s_1^*, s_2^*) が厳密なナッシュ均衡であることに他ならない。 □

(2)：任意の $q \geqq p$ について，$\lambda(s_j^*) \geqq q$ であるような S_j 上の確率分布は，p-ドミナントの条件の λ の集合に含まれる。 □

(3)：0-ドミナントということは，相手の純戦略の集合 S_j 上の任意の確率分布 λ について $\sum_{s_j \in S_j} \lambda(s_j) u_i(s_i^*, s_j) > \sum_{s_j \in S_j} \lambda(s_j) u_i(s_i, s_j)$ $\forall s_i \in S_i$ が成立するということであるから，これは s_i^* が厳密な支配戦略であるということである。 □

9.3 (a) 戦略 1 の期待利得が戦略 2 の期待利得より高いとは，

$$Eu(1,p) = pa_1 > (1-p)a_2 = Eu(2,p)$$

が成立することであるから，これを変形して $p > \frac{a_2}{a_1 + a_2}$ が得られる。戦略 2 についても同様である。

(b) $\frac{a_2}{a_1 + a_2} < \frac{1}{2}$，すなわち $a_2 < a_1$ であれば戦略 1 の誘導領域が戦略 2 のそれより大きい。戦略 1 が $\frac{1}{2}$-ドミナント（リスク支配）均衡である条件は

$$Eu(1, \frac{1}{2}) = \frac{1}{2}a_1 > \frac{1}{2}a_2 = Eu(2, \frac{1}{2})$$

であり，同値である。 □

第 10 章

10.1 定義 10.1.1 ⇒ 定義 10.1.2

(10.1) 式で $\epsilon \to 0$ とすると，$u(s^*, s^*) \geqq u(s, s^*)$ となる。従って，(1) または $u(s^*, s^*) = u(s, s^*)$ が成立する。後者の場合 (10.1) より $u(s^*, s) > u(s, s)$ が成立する。

定義 10.1.2 ⇒ 定義 10.1.1

(1) が成立するならば，$u(s, s) > u(s^*, s)$ だとしても十分小さい $\epsilon > 0$ が存在して (10.1) 式が成立する。(2) の場合はあきらかに (10.1) 式が成立する。

10.3 (a) 条件付き戦略の集合は $\{(L,L),(L,D),(D,L),(D,D)\}$ である。（第 1 座標が役割 1 になったときの行動とする。）

(b) 行列表現は

	(L,L)	(L,D)	(D,L)	(D,D)
(L,L)	0, 0	1, 0.5	1, 0.5	1.5, 1.5
(L,D)	0.5, 1	1.5, 1.5	0, 0	1, 0.5
(D,L)	0.5, 1	0, 0	1.5, 1.5	1, 0.5
(D,D)	1.5, 1.5	0.5, 1	0.5, 1	0, 0

純戦略の対称均衡は ((L,D),(L,D)) と ((D,L),(D,L)) である。どちらも厳密なナッシュ均衡なので (L,D) と (D,L) は ESS である。混合戦略による対称ナッシュ均衡もあるがこれらは $u(s^*, s) = u(s, s^*) \Rightarrow u(s^*, s) > u(s, s)$ の条件を満たさないので ESS ではない。

10.5 一般性を失わず，既存戦略は $s^* = (a, (SS))$ であるとする。($m = b$ のときも同様に議論できる。)

変異体が $s = (a, (SH))$ であるとき：

$$(1-\epsilon)u(s^*, s^*) + \epsilon u(s^*, s) = (1-\epsilon)3 + \epsilon 3$$
$$(1-\epsilon)u(s, s^*) + \epsilon u(s, s) = (1-\epsilon)3 + \epsilon 3$$

であるから，任意の ϵ について変異体の期待適応度は既存戦略のそれを上回らない。

変異体が $s = (a, (H*))$ であるとき（$*$ はどちらの行動でもよい）：

$$(1-\epsilon)u(s^*, s^*) + \epsilon u(s^*, s) = (1-\epsilon)3 + \epsilon 0$$
$$(1-\epsilon)u(s, s^*) + \epsilon u(s, s) = (1-\epsilon)2 + \epsilon 2$$

であるから，ϵ が十分小さければ，変異体の期待適応度は既存戦略のそれを上回らない。

変異体が $s = (b, (SS))$ であるとき：

$$(1-\epsilon)u(s^*, s^*) + \epsilon u(s^*, s) = (1-\epsilon)3 + \epsilon 3$$
$$(1-\epsilon)u(s, s^*) + \epsilon u(s, s) = (1-\epsilon)3 + \epsilon 3$$

であるから，任意の ϵ について変異体の期待適応度は既存戦略のそれを上回らない。

変異体が $s = (b, (SH))$ であるとき：

$$(1-\epsilon)u(s^*, s^*) + \epsilon u(s^*, s) = (1-\epsilon)3 + \epsilon 3$$
$$(1-\epsilon)u(s, s^*) + \epsilon u(s, s) = (1-\epsilon)3 + \epsilon 2$$

であるから，任意の ϵ について変異体の期待適応度は既存戦略のそれを上回らない。

変異体が $s = (b, (HS))$ であるとき：

$$(1-\epsilon)u(s^*, s^*) + \epsilon u(s^*, s) = (1-\epsilon)3 + \epsilon 0$$
$$(1-\epsilon)u(s, s^*) + \epsilon u(s, s) = (1-\epsilon)2 + \epsilon 3$$

であるから，ϵ が十分小さければ，変異体の期待適応度は既存戦略のそれを上回らない。

変異体が $s = (b, (HH))$ であるとき：

$$(1-\epsilon)u(s^*, s^*) + \epsilon u(s^*, s) = (1-\epsilon)3 + \epsilon 0$$

$$(1-\epsilon)u(s,s^*) + \epsilon u(s,s) = (1-\epsilon)2 + \epsilon 2$$

であるから，ϵ が十分小さければ，変異体の期待適応度は既存戦略のそれを上回らない。

以上により $(a,(SS))$ が NSS であることが示された。

10.7 正の $\epsilon > 0$ について以下を示せば良い。

$$v(c_1; (1-\epsilon)d_0 + \epsilon c_1) > d = v(d_0; (1-\epsilon)d_0 + \epsilon c_1)$$
$$\iff (1-\epsilon)d + \epsilon(d + \delta^2 \frac{c}{1-\delta^2}) > d\{(1-\epsilon) + \epsilon \frac{1}{1-\delta^2}\}$$

これは $c > d$ より成立する。

10.9 正の確率で使用される各純戦略 $i \in S$ については $u(i;\mathbf{x}) = u(\mathbf{x},\mathbf{x})$ である。また，正の確率でない純戦略 j については $x_j = 0$ である。したがって，任意の $i \in S$ について $\dot{x}_i = 0$ となる。

参考文献

書籍

岡田章 (1996)『ゲーム理論』有斐閣
金子守 (2003)『ゲーム理論と蒟蒻問答』日本評論社
クラウゼヴィッツ (2001)『戦争論（レクラム版）』（日本クラウゼヴィッツ学会訳）芙蓉書房出版
鈴木光男 (1994)『新ゲーム理論』勁草書房
中谷宇吉郎 (1958)『科学の方法』岩波新書
中山幹夫 (1997)『はじめてのゲーム理論』有斐閣ブックス
中山幹夫 (2005)『社会的ゲームの理論入門』勁草書房
西村清彦 (1990)『経済学のための最適化理論入門』東京大学出版会
松井彰彦 (2002)『慣習と規範の経済学』東洋経済新報社
Asheim, Geir B. (2006): *The Consistent Preferences Approach to Deductive Reasoning in Games*, Springer, Dordrecht, the Netherlands.
Aumann, Robert J. (1989): *Lectures on Game Theory*, Westview Press, Boulder, CO., USA.（邦訳：『ゲーム理論の基礎』丸山，立石訳，勁草書房 1991．）
Aumann, Robert. (2000): *Collected Papers*, Vol. 1, MIT Press, Cambridge, MA., USA.
Axelrod, Robert. (2006): *The Evolution of Cooperation: Revised Edition*, Basic Books, New York, NY., USA.
Bellman, Richard. (2010): *Dynamic Programming*, (Princeton Landmarks in Mathematics and Physics) Princeton University Press, Princeton, NJ., USA.
Bergin, James. (2005): *Microeconomic Theory: A Concise Course*, Oxford University Press, Oxford, UK.
Binmore, Ken. (1992): *Fun and Games*, D.C. Heath, Lexington, MA., USA.
Binmore, Ken. (2008): *Game Theory: A Very Short Introduction*, Oxford University Press, Oxford, UK.（邦訳：『ゲーム理論（＜一冊でわかる＞シリーズ）』金澤他訳，岩波書店 2010．）
Cournot, Antoine Augustin. (1838): *Recherches sur les principes mathématiques de la théorie des richesses* (Researches into the Mathematical Principles of the Theory of Wealth), Paris. (English translation, 1897.)
van Damme, Eric. (1987): *Stability and Perfection of Nash Equilibria*, Springer Verlag, New York, NY., USA.

Dixit, Avinash and Susan Skeath. (1999): *Games of Strategy*, Norton, New York, NY., USA.

Fudenberg, Drew and David Levine. (1998): *The Theory of Learning in Games*, MIT Press, Cambridge, MA., USA.

Fudenberg, Drew and Jean Tirole. (1990): *Game Theory*, MIT Press, Cambridge, MA., USA.

Harsanyi, John and Reinhard Selten. (1988): *A General Theory of Equilibrium Selection in Games*, MIT Press, Cambridge, MA., USA.

Klemperer, Paul. (2004): *Auctions: Theory and Practice*, Princeton University Press, Princeton, NJ., USA.

Kreps, David M. (1988): *Notes on the Theory of Choice*, Westview Press, Jackson, TN., USA.

Kreps, David M. (1990): *A Course in Microeconomic Theory*, Princeton University Press, Princeton, NJ., USA.

Kreps, David M. (2003): *Microeconomics for Managers*, Norton, New York, NY., USA. (邦訳:『MBAのためのミクロ経済学入門』中泉他訳, 東洋経済新報社 2008。)

Luce, Duncan R. and Howard Raiffa. (1957): *Games and Decisions: Introduction and Critical Survey*, Wiley, New York, NY., USA.

Mailath, George J. and Larry Samuelson. (2006): *Repeated Games and Reputations*, Oxford University Press, New York, NY., USA.

Maynard-Smith, John. (1982): *Evolution and the Theory of Games*, Cambridge University Press, Cambridge, UK. (邦訳:『進化とゲーム理論』寺本他訳, 産業図書 1985。)

Milgrom, Paul. (2004): *Putting Auction Theory to Work*, Cambridge University Press, Cambridge, UK. (邦訳:『オークション 理論とデザイン』川又, 奥野監訳, 東洋経済新報社 2007。)

Myerson, Roger B. (1991): *Game Theory*, Harvard University Press, Cambridge, MA., USA.

Nelson, Richard and Sidney Winter (1982): *An Evolutionary Theory of Economic Change*, Belknap Press of Harvard University Press, Cambridge, MA., USA. (邦訳:『経済変化の進化理論』角他訳, 慶應義塾大学出版会 2007。)

von Neumann, John and Oskar Morgenstern. (1944): *Theoy of Games and Economic Behavior*, Princeton University Press, Princeton, NJ., USA. (邦訳:『ゲームの理論と経済行動 <1> - <3>』銀林他訳, ちくま学芸文庫, 筑摩書房 2009。)

Osborne, Martin J. (2004): *An Introduction to Game Theory*, Oxford University Press, Oxford, U.K.

Osborne, Martin J. and Ariel Rubinstein. (1990): *Bargaining and Markets*, Academic Press, San Diego, CA., USA.

Osborne, Martin J. and Ariel Rubinstein. (1994): *A Course in Game Theory*, MIT Press, Cambridge, MA., USA.
Owen, Guillermo. (1995): *Game Theory*, (Third Edition), Academic Press, San Diego, CA., USA.
Rasumsen, Eric. (2006): *Games and Information: An Introduction to Game Theory*, (Fourth Edition), Wiley-Blackwell, Hoboken, NJ., USA.
Rubinstein, Ariel. (2006): *Lecture Notes in Microeconomic Theory*, Princeton University Press, Princeton, NJ., USA.
Ross, Sheldon. (1995): *Introduction to Stochastic Dynamic Programming*, Academic Press (new edition), San Diego, CA., USA.
von Stackelberg, Heinrich. (1934): *Marktform und Gleichgewicht* (Market Structure and Equilibrium), Vienna. (English translation, 2011.)
Tirole, Jean. (1988): *The Theory of Industrial Organization*, MIT Press, Cambridge, MA., USA.
Vega-Redondo, Fernando. (1996): *Evolution, Games, and Economic Behaviour*, Oxford University Press, Oxford, UK.
Vega-Redondo, Fernando. (2003): *Economics and the Theory of Games*, Cambridge University Press, Cambridge, UK.
Watson, Joel. (2002): *Strategy: An Introduction to Game Theory*, Norton, New York, NY., USA.
Weibull, Jørgen. (1995): *Evolutionary Game Theory*, MIT Press, Cambridge, MA. USA. (邦訳：『進化ゲームの理論』三沢訳，オフィスカノウチ 1999。)
Young, H. Peyton. (1998): *Individual Strategy and Social Structure: An Evolutionary Theory of Institutions*, Princeton University Press, Princeton, NJ., USA.
Young, H. Peyton. (2004): *Strategic Learning and its Limits*, Oxford University Press, Oxford, UK.

論文

Abreu, Dilip. (1988), "On the Theory of Infinitely Repeated Games with Discounting", *Econometrica*, 56(2), 383-396.
Abreu, Dilip, David Pearce, and Ennio Stacchetti. (1986), "Optimal Cartel Equilibria with Imperfect Monitoring", *Journal of Economic Theory*, 39(1), 251-269.
Abreu, Dilip, David Pearce, and Ennio Stacchetti. (1990), "Toward a Theory of discounted Repeated Games with Imperfect Monitoring", *Econometrica*, 58(5), 1041-1063.
Abreu, Dilip, Lones Smith, and Prajit Dutta. (1994), "The Folk Theorem for Repeated Games: A Neu Condition", *Econometrica*, 62(4), 939-948.

Akerlof, George. (1970), "The Markets for Lemons: Quality Uncertainty and the Market Mechanism", *Quarterly Journal of Economics*, 84(3), 488-500.

Aumann, Robert J. (1964), "Mixed and Behavior Strategies in Infinite Extensive Games", in M. Dresher, L.S. Shapley and A. W. Tucker (eds.), *Advances in Game Theory*, Annals of Mathematic Studies, 52, Princeton University Press, Princeton, 627-650.

Aumann, Robert, Y. Katznelson, Roy Radner, Robert Rosenthal, and B. Weiss (1973), "Approximate Purification of Mixed Strategies", *Mathematics of Operations Research*, 8, 327-341.

Banerjee, Abhijit. (1992), "A Simple Model of Herd Behavior", *Quarterly Journal of Economics,* 107(3), 797-818.

Banks, Jeffrey, and Joel Sobel. (1987), "Equilibrium Selection in Signaling Games", *Econometrica*, 55(3), 647-661.

Benoit, Jean-Pierre, and Vijay Krishna. (1985), "Finitely Repeated Games", *Econometrica*, 53(4), 905-922.

Berger, Ulrich. (2005), "Fictitious Play in $2 \times n$ Games", *Journal of Economic Theory*, 120(2), 139 -154.

Bernheim, Douglas. (1984), "Rationalizable Strategic Behavior", *Econometrica*, 52(4), 1007-1028.

Bertrand, Joseph, L. (1883), "Théorie des Richesses: revue de Théories mathématiques de la richesse sociale par Léon Walras et Recherches sur les principes mathématiques de la théorie des richesses par Augustin Cournot", *Journal des Savants*.

Bhaskar, V. (1998), "Informational Constraints and the Overlapping Generations Model: Folk and Anti-Folk Theorems", *Review of Economic Studies*, 65(1), 135-149.

Bikhchandani, Sushil, Hirshleifer, David, and Ivo Welch. (1992). "A Theory of Fads, Fashion, Custom, and Cultural Change as Informational Cascades." *Journal of Political Economy*, 100(5), 992-1026.

Blackwell, David. (1965), "Discounted Dynamic Programming." *Annals of Mathematical Statistics*, 36(1), 226-235.

Bolton, Patrick, and Christopher Harris. (1999), "Strategic Experimentation", *Econometrica*, 67(2), 349-374.

Borel, Emile. (1921), "La théorie du jeu et les équations intégres à noyau symétrique", *Comptes Rendus de l'Académie des Sciences*, 173, 1307-1308. (英訳：(1953). "The Theory of Play and Integral Equations with Skew Symmetric Kernels", *Econometrica*, 21(1), 97-100.)

Borel, Emile. (1924), "Sur les jeux où interviennent l'hasard et l'habileté des joueurs", *Théorie des Probabilités*, Paris: Librairie Scientifique, J. Hermann,

204-224.（英訳：(1953). "On Games that Involve Chance and the Skill of the Players", *Econometrica*, 21(1), 101-115.）

Borel, Emile. (1927), "Sur les systémes de formes linéaires à déterminant dymétrique gauche et la théorie générale du jeu", *Comptes Rendus de l'Académie des Sciences*, 184, 52-53.（英訳：(1953). "On Systems of Linear Forms of Skew Symmetric Determinant and the General Theory of Play", *Econometrica*, 21(1), 116-117.）

Brandenburger, Adam. (2007), "The Power of Paradox: Some Recent Developments in Interactive Epistemology", *International Journal of Game Theory*, 35(4), 465-492.

Brown, George W. (1951), "Iterative Solution of Games by Fictitious Play", in C. Koopmans (ed.), *Activity Analysis of Production and Allocation*, 374-376.

Bulow, Jeremy, John Geanakoplos, and Paul Klemperer. (1985), "Multimarket Oligopoly: Strategic Substitutes and Complements", *Journal of Political Economy*, 93(3), 488-511.

Carlsson, Hans, and Eric van Damme. (1993), "Global Games and Equilibrium Selection", *Econometrica*, 61(5), 989-1018.

Cho, In-Koo, and David Kreps. (1987), "Signaling Games and Stable Equilibria", *Quarterly Journal of Economics*, 102(2), 179-221.

Coase, Ronald. (1972), "Durability and Monopoly", *Journal of Law and Economics*, 15(1), 143-149.

Crawford, Vincent and Joel Sobel. (1982), "Strategic Information Transmission", *Econometrica*, 50(6), 1431-1451.

van Damme Eric, and Sjaak Hurkens. (1999), "Endogenous Stackelberg Leadership", *Games and Economic Behavior*, 28(1), 105-129.

van Damme Eric, and Sjaak Hurkens. (2004), "Endogenous Price Leadership", *Games and Economic Behavior*, 47(2), 404-420.

Ellison, Glenn. (1994), "Cooperation in the Prisoner's Dilemma with Anonymous Random Matching", *Review of Economic Studies*, 61(3), 567-588.

Ely, Jeffery, and Juuso Välimäki. (2003), "Bad Repuation", *Quarterly Journal of Economics*, 118(3), 785-814.

Fan, Ky. (1953), "Minimax Theorems", *Proceedings of the National Academy of Sciences*, 39, 42-47.

Farrell, Joseph. (1993), "Meaning and Credibility in Cheap-Talk Games", *Games and Economic Behavior*, 5(4), 514-531.

Farrell, Joseph, and Matthew Rabin. (1996), "Cheap Talk", *Journal of Economic Perspectives*, 10(3), 103-118.

Frankel, David, Stephen Morris, and Ady Pauzner. (2003), "Equilibrium Selection in Global Games with Strategic Complementarities", *Journal of Economic Theory*, 108(1), 1-44.

Friedman, James. (1971), "A Non-cooperative Equilibrium for Supergames", *Review of Economic Studies*, 38(1), 1-12.

Fudenberg, Drew, and Eric Maskin. (1986), "The Folk Theorem in Repeated Games with Discounting or with Incomplete Information", *Econometrica*, 54 (3), 533-554.

Fudenberg, Drew, and Eric Maskin. (1991), "On the Dispensability of Public Randomization in Discounted Repeated Games", *Journal of Economic Theory*, 53(2), 428-438.

Fudenberg, Drew, and Jean Tirole. (1983), "Sequential Bargaining with Incomplete Information", *Review of Economic Studies*, 50(2), 221-247.

Fudenberg, Drew, and Jean Tirole. (1991), "Perfect Bayesian Equilibrium and Sequential Equilibrium", *Journal of Economic Theory*, 53(2), 236-260.

Fujiwara-Greve, Takako. (2010), "Prisoner's Dilemma of Neuroeconomics", manuscript, Keio University.

Fujiwara-Greve, Takako, and Masahiro Okuno-Fujiwara. (2009), "Voluntarily Separable Repeated Prisoner's Dilemma", *Review of Economic Studies*, 76(3), 993-1021.

Fujiwara-Greve, Takako, Henrich Greve, and Stefan Jonsson. (2010), "Asymmetry of Reputation Loss and Recovery under Endogenous Relationships: Theory and Evidence", manuscript, Keio University, INSEAD, and Uppsala University.

Gilboa, Itzak, and Akihiko Matsui. (1991), "Social Stability and Equilibrium", *Econometrica*, 59(3), 859-867.

Govindan, Srihari, Reny, Philip, and Arthur Robson. (2003), "A Short Proof of Harsanyi's Purification Theorem", *Games and Economic Behavior*, 45(2), 369-374.

Green, Edward, and Robert Porter. (1984), "Noncooperative Collusion under Imperfect Price Information", *Econometrica*, 52 (1), 87-100.

Gul, Faruk, Hugo Sonnenschein, and Robert Wilson. (1986), "Foundations of Dynamic Monopoly and the Coase Conjecture", *Journal of Economic Theory*, 39 (1), 155-190.

Hamilton Jonathan, and Steven Slutsky. (1990), "Endogenous Timing in Duopoly Games: Stackelberg or Cournot Equilibria", *Games and Economic Behavior*, 2(1), 29-46.

Harsanyi, John. (1967-68), "Games with Incomplete Information played by 'Bayesian' Players I – III", *Management Science*, 14(3,5,7), 159-182, 320-334, 486-502.

Harsanyi, John. (1973), "Games with Randomly Disturbed Payoffs: A New Rationale for Mixed-Strategy Equilibrium Points", *International Journal of Game Theory*, 2(1), 1-23.

Hofbauer, Josef, and William H. Sandholm. (2002), "On the Global Convergence of Stochastic Fictitious Play", *Econometrica*, 70(6), 2265-2294.

Ivaldi, Marc, Bruno Jullien, Patrick Rey, Paul Seabright, and Jean Tirole. (2003), "The Economics of Tacit Collusion", Final Report for DG Competition, European Commission.

Jonsson, Stefan, Henrich Greve, and Takako Fujiwara-Greve. (2009), "Undeserved Loss: The Spread of Legitimacy Loss to Innocent Organizations in Response to Reported Corporate Deviance", *Administrative Science Quarterly*, 54(2), 195-228.

Kahneman, Daniel, and Amos Tversky. (1979), "Prospect Theory: An Analysis of Decision under Risk", *Econometrica*, 47(2), 263-291.

Kajii, Atsushi, and Stephen Morris. (1997), "The Robustness of Equilibria to Incomplete Information", *Econometrica*, 65(6), 1283-1309.

Kalai, Ehud, and Dov Samet. (1984), "Persistent Equilibria in Strategic Games", *International Journal of Game Theory*, 13(3), 129-144.

Kandori, Michihiro. (1992a), "Social Norms and Community Enforcement", *Review of Economic Studies*, 59(1), 63-80.

Kandori, Michihiro. (1992b), "Repeated Games played by Overlapping Generations of Players", *Review of Economic Studies*, 59(1), 81-92.

Kandori, Michihiro. (2002), "Introduction to Repeated Games with Private Monitoring", *Journal of Economic Theory*, 102(1), 1-15.

Kandori, Michihiro. (2003), "Randomization, Communication, and Efficiency in Repeated Games with Imperfect Public Monitoring", *Econometrica*, 71(1), 345-353.

Kandori, Michihiro, George Mailath, and Rafael Rob. (1993), "Learning, Mutation, and Long Run Equilibria in Games", *Econometrica*, 61(1), 29-56.

Kandori, Michihiro, and Ichiro Obara. (2006), "Efficiency in Repeated Games Revisited: The Role of Private Strategies", *Econometrica*, 74(2), 499-519.

Kaneko, Mamoru, and Akihiko Matsui. (1999), "Inductive Game Theory", *Journal of Public Economic Theory*, 1(1), 101-137.

Kim, Yong-Gwan, and Joel Sobel. (1995), "An Evolutionary Approach to Pre-Play Communication", *Econometrica*, 63(5), 1181-1193.

Klemperer, Paul. (1999), "Auction Theory: A Guide to the Literature", *Journal of Economic Surveys*, 13(3), 227-286.

Kosfeld M., M. Heinrichs, P. Zak, U. Fischbacher, and E. Fehr. (2005), "Oxytocin Increases Trust in Humans", *Nature*, 435, 673-676.

Kohlberg, Elon, and Jean-Francois Mertens. (1986), "On the Strategic Stability of Equilibria", *Econometrica*, 54(5), 1003-1037.

Kreps, David, Paul Milgrom, John Roberts, and Robert Wilson. (1982), "Rational Cooperation in the Finitely Repeated Prisoner's Dilemma", *Journal of*

Economic Theory, 27(2), 245-252.

Kreps, David, and Robert Wilson. (1982a), "Sequential Equilibria", Econometrica, 50(4), 863-894.

Kreps, David, and Robert Wilson. (1982b), "Reputation and Imperfect Information", Journal of Economic Theory, 27(2), 253-279.

Kuhn, Harold. (1953), "Extensive Games and the Problem of Information", in H. Kuhn and A. Tucker (eds.), Contributions to the Theory of Games, Vol. II, Princeton University Press, Princeton, 193-216.

Lagunoff, Roger, and Akihiko Matsui. (1997), "Asynchronous Choice in Repeated Coordination Games", Econometrica, 65(6), 1467-1477.

Matsushima, Hitoshi. (1990), "Long-term Partnership in a Repeated Prisoner's Dilemma with Random Matching", Economics Letters, 34(3), 245-248.

Maynard-Smith, John, and George Price. (1973), "The Logic of Animal Conflict", Nature, 246, 15-18.

Mertens, Jean-Francois and Shumel Zamir. (1985), "Formulation of Bayesian Analysis for Games with Incomplete Information", International Journal of Game Theory, 14(1), 1-29

Milgrom, Paul, and John Roberts. (1982), "Predation, Reputation and Entry Deterrence", Journal of Economic Theory, 27(2), 280-312.

Miyagawa, Eiichi, Yasuyuki Miyahara, and Tadashi Sekiguchi. (2008), "The Folk Theorem for Repeated Games with Observation Costs", Journal of Economic Theory , 139(1), 192-221.

Morris, Stephen. (1995), "The Common Prior Assumption in Economic Theory", Economics and Philosophy, 11(2), 227-253.

Morris, Stephen, Rafael Rob, and Hyun Song Shin. (1995), "p-Dominance and Belief Potential", Econometrica, 63(1), 145-157.

Morris, Stephen and Hyun Song Shin. (1998), "Unique Equilibrium in a Model of Self-Fulfilling Currency Attacks", American Economic Review, 88(3), 587-597.

Morris, Stephen and Hyun Song Shin. (2003), "Global Games: Theory and Applications," in M. Dewatripont, L. P. Hansen, and S. J. Turnovsky, eds., Advances in Economics and Econometrics: Theory and Applications: Eighth World Congress, Volume 1, Cambridge University Press: Cambridge.

Myerson, Roger. (1978), "Refinements of the Nash Equilibrium Concept", International Journal of Game Theory, 7(2), 73-80.

Nash, John. (1950a), "Equilibrium Points in N-Person Games", Proceedings of the National Academy of Sciences of the United States of America, 36, 48-49.

Nash, John. (1950b), "The Bargaining Problem", Econometrica, 18(2), 155-162.

Nash, John. (1951), "Non-Cooperative Games", Annals of Mathematics, 54, 286-295.

von Neumann, John. (1928), "Zur Theorie der Gesellschaftsspiele", *Mathematische Annalen*, 100, 295-320. (英訳：(1959), "On the Theory of Games of Strategy", in A. Tucker and R. Luce (eds.), *Contributions to the Theory of Games*, Vol. IV, Princeton University Press, Princeton, 13-42.)

Okuno-Fujiwara, Masahiro, and Andrew Postlewaite. (1995), "Social Norms and Random Matching Games", *Games and Economic Behavior*, 9(1), 79-109.

Ottaviani, Marco, and Peter Sorensen. (2006), "Professional Advice", *Journal of Economic Theory*, 126(1), 120-142.

Oyama, Daisuke. (2002), "p-Dominance and Equilibrium Selection under Perfect Foresight Dynamics", *Journal of Economic Theory*, 107(2), 288-310.

Pearce, David. (1984), "Rationalizable Strategic Behavior and the Problem of Perfection", *Econometrica*, 52(4), 1029-1050.

Piccione, Michele and Ariel Rubinstein. (1997), "On the Interpretation of Decision Problems with Imperfect Recall",*Games and Economic Behavior*, 20(1), 3-24.

Reny, Phillip. (1993), "Common Belief and the Theory of Games with Perfect Information", *Journal of Economic Theory*, 59(2), 257-274.

Robinson, Julia. (1951), "An Iterative Method of Solving a Game", *Annals of Mathematics*, 54(2), 296-301.

Robson, Arthur. (1990), "Efficiency in Evolutionary Games: Darwin, Nash and the Secret Handshake", *Journal of Theoretical Biology*, 144(3), 379-396.

Rosenthal, Robert. (1981), "Games of Perfect Information, Predatory Pricing and the Chain-Store Paradox", *Journal of Economic Theory*, 25(1), 92-100.

Rubinstein, Ariel. (1979), "Equilibrium in Supergames with the Overtaking Criterion", *Journal of Economic Theory*, 21(1), 1-9.

Rubinstein, Ariel. (1982), "Perfect Equilibrium in a Bargaining Model", *Econometrica* 50(1), 97-109.

Rubinstein, Ariel, and Asher Wolinsky. (1995), "Remarks on Infinitely Repeated Extensive-Form Games", *Games and Economic Behavior*, 9(1), 110-115.

Saijo, Tatsuyoshi, Yoshitaka Okano, and Takafumi Yamakawa. (2016), "The Approval Mechanism Experiment: A Solution to Prisoner's Dilemma", working paper, Kochi University of Technolog.

Samuelson, Larry, and J. Zang. (1992), "Evolutionary Stability in Asymmetric Games", *Journal of Economic Theory*, 57(2), 363-391.

Schulteis, Tim, Andres Perea, Hans Peters, and Dries Vermeulen (2007), "Revision of Conjectures about the Opponent's Utilities in Signaling Games", *Economic Theory* , 30(2), 373-384.

Selten, Reinhard. (1975), "Reexamination of the Perfectness Concept for Equilibrium Points in Extensive Games", *International Journal of Game Theory* 4(1), 25-55.

Selten, Reinhard. (1978), "The Chain Store Paradox", *Theory and Decision* 9(2),127-159.
Selten, Reinhard. (1983), "Evolutionary Stability in Extensive Two-person Games", *Mathematical Social Sciences*, 5(3), 269-363.
Selten, Reinhard. (1988), "Evolutionary Stability in Extensive Two-person Games: Correction and Further Development", *Mathematical Social Sciences*, 16(3), 223-266.
Shaked, Avner, and John Sutton. (1984), "Involuntary Unemployment as a Perfect Equilibrium in a Bargaining Model", *Econometrica*, 52(6), 1351-1364.
Smith, Lones. (1992), "Folk Theorems in Overlapping Generations Games", *Games and Economic Behavior*, 4(3), 426-449.
Sorin, Sylvain. (1995), "A Note on Repeated Extensive Games", *Games and Economic Behavior*, 9(1), 116-123.
Swinkels, Jeroen. (1992), "Evolutionary Stability with Equilibrium Entrants", *Journal of Economic Theory*, 57(2), 306-332.
Takahashi, Satoru, and Quan Wen. (2003), "On Asynchronously Repeated Games", *Economics Letters*, 79(2), 239-245.
Taylor, Peter, and Leo Jonker. (1978), "Evolutionarily Stable Strategies and Game Dynamics", *Mathematical Biosciences*, 40(1-2), 145-156.
Veldkamp, Laura. (2005), "Slow Boom, Suden Crash", *Journal of Economic Theory*, 124(2), 230-257.
Vickers, Glenn T., and Chris Cannings. (1987), "On the Definition of an Evolutionarily Stable Strategy", *Journal of Theoretical Biology*, 129(3), 349-353.
Wen, Quan. (1994), "The 'Folk Theorem' for Repeated Games with Complete Information", *Econometrica* 62(4), 949-954.
Yoon, Kiho. (2001), "A Folk Theorem for Asynchronously Repeated Games", *Econometrica* , 69(1), 191-200.
Yoon, Kiho. (2003), "The Effective Minimax Value of Asynchronously Repeated Games", *International Journal of Game Theory* , 32(4), 431-442.
Young, Peyton. (1993), "The Evolution of Conventions", *Econometrica*, 61(1), 57-84.
Zelmero, Ernst. (1913), "Uber eine Anwendung der Mengenlehre auf die Theorie des Schachspiels", in E. Hobson and A. Love (eds.), *Proceedings of the Fifth International Congress of Mathematicians*, Vol. II, Cambridge University Press, 501-504.

索　引

ア　行

意思決定点 (decision nodes)　77
後ろ向きの帰納法 (backward induction)　91
枝 (branches)　78
オークション
　イングリッシュ(English)　182
　共通価値 (common value)　182
　私的価値 (private value)　182
　全員支払い (all-pay)　183
　ダッチ (Dutch)　183
　封印第2価格 (sealed-bid second-price), 29, 182

カ　行

完全記憶 (perfect recall)　8, 83
完全情報 (perfect information)　8, 80, 81
完全モニタリング (perfect monitoring)　127
完備情報 (complete information)　7
帰結上同値 (outcome equivalent)　86
期待利得 (expected payoff)　49
共有事前確率 (common prior)　170, 172
共有知識 (common knowledge)　17
共有地の悲劇 (Tragedy of Commons)　71
極限 (limit)　316
均衡 (equilibrium)
　一括均衡 (pooling equilibria)　202
　ϵ-完全均衡 (ϵ-perfect equilibrium)　220
　ϵ-プロパー均衡 (ϵ-proper equilibrium)　225　279
　後ろ向きの帰納法　91

　完全ベイジアン均衡 (perfect Bayesian equilibrium)　201
　均衡の精緻化 (refinements)　207, 218
　クールノー・ナッシュ　38
　支配される戦略の逐次消去　21, 46, 260
　進化的安定戦略 (evolutionarily stable strategy)　272
　摂動完全均衡 (trembling-hand perfect equilibrium)　219　220
　戦略的安定性 (strategic stability)　211
　対称均衡 (symmetric equilibrium)　35
　逐次均衡 (sequential equilibrium)　228
　ナッシュ均衡 (Nash equilibrium)　33
　非対称均衡 (asymmetric equilibrium)　35
　部分ゲーム完全均衡 (subgame perfect equilibrium)　118　119
　分離均衡 (separating equilibria)　202
　プロパー均衡 (proper equilibrium)　225
　ベイジアン・ナッシュ均衡 (Bayesian Nash equilibrium)　174
逆淘汰 (adverse selection)　170
行列表現　18
繰り返しゲーム (repeated games)　126, 133, 240
クールノー (Cournot)　36
クールノー・ナッシュ均衡 (Cournot-Nash equilibrium)　38
Kuhn の定理 (Kuhn's Theorem)　88
グラフ　318
グリム・トリガー戦略 (grim-trigger strategies)　135

356　索　引

経路 (path)　78, 82
経路外 (off path)　202, 227
厳密な部分ゲーム (proper subgames)　118
ゲーム (games)　5
　位置選択ゲーム　44
　エージェント標準形ゲーム (agent normal form games)　231
　協調ゲーム (coordination games)　153, 275
　共通利害ゲーム (common interest games)　153, 157
　繰り返しゲーム　126, 133, 240
　グローバルゲーム (global games)　259
　ゲームの樹 (game tree)　77
　ゲームの結果 (帰結) (outcome)　7, 85
　交互提案交渉ゲーム (alternating offer bargaining game)　100
　構成要素　5
　最後通牒ゲーム (ultimatum game)　98
　囚人のジレンマ (Prisoner's Dilemma)　11, 124, 129
　消耗戦 (War of Attrition)　167
　自発的に退出可能な繰り返し囚人のジレンマ (voluntarily separable repeated Prisoner's Dilemma)　290
　じゃんけんゲーム　53, 278, 304
　スタグハントゲーム (Stag Hunt games)　255, 283
　戦略形ゲーム (strategic form games)　6
　タカ・ハトゲーム (Hawk-Dove game)　34, 274, 328
　段階ゲーム (stage game)　126
　チェーンストア・パラドックス　93
　チキンゲーム (Chicken game)　34, 328
　展開形ゲーム (extensive form games)　6
　2×2 ゲーム (two by two games)　276
　標準形ゲーム (normal form games)　6
　ビール・キッシュゲーム　207
　ベイジアンゲーム (Bayesian games)　169
　ペニー合わせ (Matching Pennies)　48
　ムカデゲーム (centipede game)　110
　無限回繰り返しゲーム (infinitely repeated games)　133
　有限回繰り返しゲーム (finitely repeated games)　127
　両性の闘い (Battle of the Sexes)　32
　ゲームのプレイ (play)　82
　シグナリングゲーム (signaling games)　196, 200
　チェーンストア・パラドックス　233
　ランダム・マッチングゲーム (random matching games)　246
行動 (actions)　6, 78, 127
行動戦略 (behavior strategies)　84
効率性 (efficiency)　15
個人合理性 (individual rationality)　145
混合拡大　50
混合戦略 (mixed strategies)　49
コンパクト集合 (compact set)　57
合理化可能戦略 (rationalizable strategies)　61
合理性 (rationality)　7

サ　行

再生動学 (replicator dynamics)　301
再生方程式 (replicator equation)　302
最適応答 (best reply)　33
最適反応 (best response)　33
最適反応動学 (best response dynamic)　265
自然 (Nature)　5, 170
始点 (origin または root)　81
支配 (dominance)
　p-ドミナント　257
　厳密に支配される (strictly dominated)　14, 62, 260
　弱く支配される (weakly dominated)　22
　リスク支配する (risk dominate)　256
　利得支配する (payoff dominate)　254
集合 (set)
　開集合 (open set)　315
　コンパクト集合 (compact set)　315
　集合の内部 (interior)　315
　凸集合 (convex set)　57, 317

閉集合 (closed set) 315
有界集合 (bounded set) 315
囚人のジレンマ 11, 124, 129
収束 (convergence) 316
終点 (terminal nodes) 78
進化的安定戦略 (evolutionarily stable strategy) 272
信念 (beliefs) 196, 200, 227
信念の体系 (system of beliefs) 227
ジェネリック (generic) 188
実現可能利得 138
情報集合 (information sets) 79
情報分割 (information partition) 79
整合性 (consistency) 196, 201
戦略 (strategies) 6, 75
　一括戦略 (pooling strategies) 202
　オウム返し (Tit for Tat) 141, 240
　均衡侵入者に対して頑健 (REE) 281
　繰り返しゲームにおける純戦略 128
　グリム・トリガー戦略 135
　厳密な混合戦略 (strict mixed strategies) 49
　公的戦略 (public strategies) 245
　行動戦略 (behavior strategies) 84
　混合戦略 (mixed strategies) 49
　私的戦略 (private strategies) 245
　支配戦略 (dominant strategy) 14
　進化の安定戦略 (ESS) 272
　純戦略 (pure strategies) 49
　相関戦略 (correlated strategies) 64, 109, 138
　中立的安定戦略 (NSS) 280
　展開形ゲームの純戦略 (pure strategies) 84
　トリガー戦略 (trigger strategies) 147, 150, 242
　分離戦略 (separating strategies) 198, 202
　リミット進化的安定戦略 (limit evolutionarily stable strategy) 289
戦略的代替性 (strategic substitutability) 37
戦略的補完性 (strategic complementarity) 41
漸近安定性 (asymptotic stability) 306
相関戦略 (correlated strategies) 109, 138

タ 行

タイプ (type) 173
談合 142
チェーンストア・パラドックス (Chain-store Paradox) 93, 233
逐次合理性 (sequential rationality) 196, 201
重複世代 (overlapping generations) 157
直観的基準 (Intuitive Criterion) 207
定理
　角谷の不動点定理 57, 282, 318
　クーンの定理 (Kuhn's Theorem) 88
　収入等価定理 (Revenue Equivalence Theorem) 183
　ナッシュ均衡の存在定理 56
　ハルサニの純化定理 (Purification Theorem) 188
　Fudenberg=Maskin の完全フォーク定理 147
　Friedman のフォーク定理 139
適応度関数 (fitness function) 272
手番 (moves) 77
展開形ゲーム (extensive form games) 75
点列 (sequence) 316
凸集合 (convex set) 57
凸値 (convex valued) 57, 318
トリガー戦略 (trigger strategies) 147, 150, 242
動的計画法 135, 319

ナ 行

ナッシュ均衡 (Nash equilibrium) 33, 46
ナッシュ均衡の存在定理 56

ハ 行

フォン・ノイマン (von Neumann) vii, 3
フォーク定理 (Folk Theorem)
　Fudenberg=Maskin の完全フォーク定理 147
　Friedman のフォーク定理 139
不確実性 (uncertainty) 106
不完全情報 (imperfect information) 8
不完備情報 (incomplete information) 7
部分ゲーム (subgames) 118

部分列 (subsequence) 316
ぶれ (perturbation) 185, 218, 289
プレイヤー (player) 5
ベイジアン・ナッシュ均衡 (Bayesian Nash equilibrium) 174
ベイズルール (Bayes rule) 172, 196
ベルトラン (Bertrand) 40
保証水準 (security level) 25
保証利得 (reservation payoff) 24
ホールドアップ問題 166

マ 行

ミニマックス値 (minmax value) 144
無駄話 (cheap talk) 205, 255, 284
モルゲンシュテルン (Morgenstern) vii

ヤ 行

有限ゲーム (finite games) 56

誘導標準形 (induced normal form) 76, 156
優半連続 (upper hemi-continuous) 57, 317

ラ 行

リアプーノフ安定性 (Liapunov stability) 306
リスク支配 (risk dominance) 256
利得 (payoff) 7
利得関数 (payoff function) 7, 13
利得支配 (payoff dominance) 254
歴史 (history) 78, 82, 128
連続 (continuity) 316

ワ 行

割引因子 (discount factor) 101, 133
割引和 (discounted sum) 133

グレーヴァ 香子（Greve・たかこ）
横浜生まれ。1986年慶應義塾大学経済学部卒業。1995年スタンフォード大学経営大学院Ph.D.取得。現在慶應義塾大学経済学部教授。ゲーム理論・ミクロ経済学を専攻。
〔主論文〕"Voluntarily Separable Repeated Prisoner's Dilemma", *Review of Economic Studies*, (2009), 76(3), 993-1021. "Undeserved Loss: The Spread of Legitimacy Loss to Innocent Organizations in Response to Reported Corporate Deviance", *Administrative Science Quarterly*, (2009), 54(2), 195-228.
〔編書〕『公共経済学の理論と実際』（東洋経済新報社）2003年．『理論経済学の復権』（慶應義塾大学出版会）2008年。

〈数理経済学叢書1〉

〔非協力ゲーム理論〕　　　　　　　　　　ISBN978-4-86285-107-9
2011年5月25日　第1刷発行
2020年5月25日　第3刷発行

著　者　グレーヴァ香子
発行者　小　山　光　夫
製　版　ジ　ャ　ッ　ト

発行所　〒113-0033 東京都文京区本郷1-13-2　株式会社 知泉書館
電話03(3814)6161 振替00120-6-117170
http://www.chisen.co.jp

Printed in Japan　　　　　　　　　　印刷・製本／藤原印刷

数理経済学叢書

意思決定理論 〔10〕
林 貴志著 意思決定とはいかにあるべきか? 人はどのように意思決定するか? 意思決定を公理的な視点から分析　菊/252p/4500円

確 率 解 析 〔9〕
楠岡成雄著 東京大学数理科学研究科での講義に基づいた,最先端のファイナンス理論にも応用できる第一級の教科書　菊/276p/4200円

非協力ゲーム理論 〔1〕
グレーヴァ香子著 講義と研究を基に工夫を加えてまとめた,初学者から研究者まで幅広い対象の本格的中級テキスト　菊/344p/4400円

ミクロ経済分析の基礎 〔2〕
長名寛明著 本書をマスターすればどのようなミクロ経済の問題も的確に理解できるよう配慮された第一級テキスト　菊/476p/6000円

経済現象の調和解析 〔8〕
丸山 徹著 綿密な数理学的手法を用い,周期的経済現象の解明のために調和解析の有効性を示した理論的概説書　菊/478p/9000円

最適化の数理 I　数理計画法の基礎 〔3〕
小宮英敏著 経済学の多くの場面で活用される最適化の数理を支える数学の手法を専門の数学者の立場で丁寧に解説　菊/294p/4600円

最適化の数理 II　ベルマン方程式 〔5〕
岩本誠一著 経済動学分野においてよく用いられる動的計画法の核心をなすベルマン方程式を分かり易く解説する　菊/468p/6500円

非線型経済動学　差分方程式・分岐・カオス 〔4〕
J.-M. グランモン/斉木吉隆訳 非線型力学系理論の要点を分り易く正確に説明,動学理論に関心をもつ人の必携書　菊/144p/3000円

極値問題の理論 〔7〕
イオッフェ,ティコミロフ/細矢祐誉・虞朝聞訳 最大や最小の問題を扱う極値理論の世界的に定評の教科書を訳出　菊/630p/9000円

凸解析の基礎　凸錐・凸集合・凸関数 〔6〕
W. フェンヒェル/小宮英敏訳 幾何学と解析学の両面から凸錐,凸集合,凸関数の基本的性質を網羅した融合の成果　菊/136p/3500円